BIBLIOTHÈQUE DES IDÉES

MICHEL CROUZET

STENDHAL
ET LE LANGAGE

GALLIMARD

TEXTES DE STENDHAL UTILISÉS
ET LISTE DES SIGLES ET ABRÉVIATIONS

Les textes de référence sont l'édition du *Divan* à laquelle renvoient, sauf indications contraires, les sigles suivants.

Les ouvrages de référence sont indiqués en abrégé dans les notes, et d'une façon plus complète dans la bibliographie.

C (suivi du tome)	*Correspondance.*
CA	*Courrier anglais.*
De l'A	*De l'Amour* (éd. Major, Divan, 1957).
EIP	*Écoles italiennes de peinture.*
HP	*Histoire de la peinture en Italie.*
Idées	*Idées italiennes sur quelques tableaux célèbres.*
Italie	*L'Italie en 1818* (réunie au texte précédent).
Marg.	*Marginalia et mélanges intimes.*
MA	*Mélanges d'Art.*
Mél.	*Mélanges de littérature.*
MPH	*Mélanges de politique et d'histoire.*
MN	*Mémoire sur Napoléon.*
MT	*Mémoires d'un touriste.*
Molière	*Molière, Shakespeare, la comédie et le rire.*
PI	*Pages d'Italie.*
FN	*Pensées, Filosofia nova.*
PR	*Promenades dans Rome.*
RNF	*Rome, Naples et Florence.*
RNF 17	*Rome, Naples et Florence* en 1817 (éd. Divan, 1956).
R et S	*Racine et Shakespeare.*

SE	*Souvenirs d'Égotisme* (éd. Major, Divan, 1950).
TA	*Table alphabétique.*
Th.	*Théâtre.*
VH-MM	*Vies de Haydn, Mozart et Métastase.*
VMF	*Voyage dans le Midi de la France.*
VN	*Vie de Napoléon.*
VR	*Vie de Rossini.*
HB	*Vie d'Henri Brulard* (éd. Major, Divan, 1949).
R et V	*Romans et nouvelles.* T. I : *Le Rose et le Vert.*
M de V	*Mina de Vanghel.*
Féder	T. II : *Féder.*
Let. à St.	*Lettres à Stendhal.*
174 Let.	*174 Lettres à Stendhal.*
PS	*Une position sociale*, est citée selon les *Mélanges de Littérature.*

Références autres que l'édition du Divan

O.I	Le Journal de Stendhal, cité d'après *Œuvres intimes*, La Pléiade, Gallimard, 1955.
R et N	*Le Rouge et le Noir*, éd. Garnier, 1960.
Ch de P	*La Chartreuse de Parme*, éd. Garnier, 1957.
A, P	*Armance* cité selon *Romans et Nouvelles*, La Pléiade, Gallimard, 1966.
*A,*GF	ou selon l'édition Garnier-Flammarion.
*LL,*P	*Lucien Leuwen*, selon *Romans et Nouvelles*, La Pléiade, Gallimard, 1966,
*Lamiel,*R	*Lamiel*, selon éd. Rencontre, Lausanne, 1962.
Ch.It., Cl	*Chroniques italiennes*, selon éd. Cluny, 1960,
*Ch.It.,*P	ou selon *Romans et Nouvelles*, La Pléiade, Gallimard.
J. Litt.	*Journal littéraire*, cité dans l'édition des *Œuvres complètes* du Cercle du Bibliophile.
*C,*P	*Correspondance*, La Pléiade, Gallimard, 1962, 1967, 1968.

Pour tout roman cité suivant *Romans et Nouvelles* de la Pléiade, le sigle normal est suivi de : *P*.

Pour toute œuvre citée dans les *Œuvres complètes* du Cercle du Bibliophile, le sigle normal est suivi de : *b.*

Pour *De l'Amour,* certaines références renvoient à l'édition de Cluny, 1959, on lira pour cette édition : *De l'A,* Cl.

La mention *Romans abandonnés* renvoie à notre édition, 10/18, Paris, 1968.

Autres recueils stendhaliens utilisés

Compléments	V. DEL LITTO, *Compléments et fragments inédits en marge des manuscrits de Stendhal,* P.U.F., Paris, 1955.
Y du P, *Promenades*	Y. DU PARC, *Quand Stendhal relisait les « Promenades dans Rome »,* Grand Chêne, Lausanne, 1974.
St. lecteur	J. FÉLIX FAURE, *Stendhal lecteur de Mme de Staël, Marginalia inédits,* Aran, Grand Chêne, 1974.
Ruff	M.-A. RUFF, *Feuillets inédits de Stendhal,* José Corti, Paris, 1957.

Autres abréviations en usage

S.C.	Stendhal-Club.
Ed. Rev	*Edimburgh Review.*
RSH	*Revue des sciences humaines.*
RHLF	*Revue d'Histoire littéraire de la France.*

CHAPITRE PREMIER

Révolte et langage

S'étonnant de l'immense investissement qui préside de nos jours à l'intérêt pour le langage, qui est en même temps sa mise en question, le sociologue se demande s'il est « impossible d'éviter le discours sur le discours, la logologie ou la logographie », ou encore la « logophobie »[1] ; parler de Stendhal et du langage ne vise pas à « vérifier » l'idéologie linguistique qui sévit maintenant, mais à explorer, aux origines justement de la passion « langagière », comment elle repose sur une certaine nécessité, comment l'écrivain se voit confronté, d'une manière privilégiée au problème du langage, de son attitude devant le langage ; la protestation simultanée contre l'instrument rhétorique et l'instrument verbal, renvoie comme à un centre commun à l'attitude révoltée ; le problème du langage est second, daté, comme le souci du langage, et le malaise qui s'ensuit, et les décisions contrastées ou conjointes d'y croire ou d'en désespérer. Le langage ne surgit que pour le soupçon, et Stendhal le fait surgir pour lui-même à titre de problème ; non d'une manière autonome, mais avec assez d'insistance pour que sa stylistique soit en effet marquée par toute la problématique du langage. Qu'est-ce que le *réalisme* sinon d'une certaine manière la conséquence d'une critique du langage littéraire traditionnel, critique qui chez le beyliste est soutenue et orientée par un malaise propre de la parole, par la « linguistique » idéologique, ses modalités de critique et de réinvention du langage,

---

1. H. Lefebvre, *Le Langage et la Société*, p. 22-26 ; cf. Barthes, *Le Degré zéro de l'écriture*, p. 122, sur la « fatalité » du signe.

et par l'acte de foi mesuré qui en naît dans la jonction possible des mots et des choses. La littérature cessant de se concevoir comme discours tend, on va le voir, à déborder sa situation dans le langage, en s'appuyant sur la substance du *réel*, ce qui est une manière de se cacher comme littérature, et aussi inversement, à s'inquiéter sans fin du langage, et à l'ébranler ; d'un côté elle déborde les mots, et les dépasse, elle est transparente aux choses, et les dit ; mais d'un autre côté, elle craint les mots, comme une obsession, et un danger, elle est à mi-chemin d'une foi absolue dans les mots, et d'une hantise de leur pouvoir et de leur fausseté. Le langage est le gage que l'on a dépassé la littérature, et là les mots ne sont rien, ils se sont abolis dans le « réel » ; ou bien le langage, c'est la « littérature », des mots et des mots, et seulement des mots, et les mots sont tout dans une inquiétante prolifération perverse. Dès qu'on pense au langage, on en est le vainqueur ou le vaincu ; plus difficile sera le pacte avec le langage, grâce auquel il est possible de vaincre les mots avec des mots, comme il faut vaincre l'art par l'art. Ce pacte, vers lequel le beyliste se trouve conduit à travers une sorte de drame de la parole, c'est le « réalisme ». Encore lui revient-il le mérite d'avoir dû en explorer préalablement les assises linguistiques.

A coup sûr, le problème du langage chez Stendhal ne nous fait parvenir à aucune dimension nouvelle : la linguistique de l'égotiste est *égotiste*, elle ne comprend au premier chef que les rapports des mots et du moi, secondairement des mots et de la vérité. L'essentiel est de dire *ma vérité*. D'emblée le langage de l'état de moyen qu'il était pour l'écrivain optant pour sa langue et son style, devient un obstacle. Peut-on dire *le moi* ? Quel peut être l'énoncé possible de l'individu ? Le problème de la « logique » stendhalienne est aussi le problème de la littérature stendhalienne. Dire le moi comme écart, comme ce qui diffère, et dont l'essence est de différer, l'homme qui refuse l'apparentement humain, l'homme pour qui il n'y a pas d'Homme, comme il n'y a pas de concept (tout au plus on l'a vu pour la logique, est-il de compréhension pure, comme épuisement d'un fait particulier), c'est le projet de l'Égotiste pour qui le principe *individuum ineffabile* ne peut pas être recevable. L'idéologie, ultime destruction des « universaux » et ouverture vers le positivisme, propose une connaissance du particulier et un langage du concret, un système de signes capable de recouvrir sans la masquer ni la trahir l'individualité. Stendhal est donc bien d'intention un « nominaliste » littéraire. Borges[1] dans un article « Des allégories aux romans » a magnifiquement situé le « moderne » en littérature ; par le renoncement à l'allégorie, aux dédoublements de sens du figuratif, le roman naît : c'est le passage « des espèces aux individus, du réalisme au nominalisme », la littérature allégorique est « une fable d'abstractions », un « réalisme » au sens philosophique, où le plus vrai est l'Idée, le genre, Dieu en définitive. Le grand débat s'est tranché en faveur du nominalisme : il « embrasse aujourd'hui tout le monde, sa victoire est si vaste et si fondamentale que son nom est devenu inutile. Personne ne se déclare nominaliste parce que personne n'est autre chose ». Ce glissement, Borges en propose un exemple savoureux : que Chaucer en 1382 traduise un vers de Boccace (« *e con gli occulti ferri i Tradimenti* »), exemple de l'écriture abstraite et générale, par « *The smyler with the Knyf under the cloke* », exemple de l'écriture par le concret, ou si l'on emploie le vocabulaire beyliste, écriture par le détail, qui traduit l'allégorie par l'individuel, et celui-ci par un signalement précis et matériel. On n'est pas si loin des problèmes contemporains de Stendhal : Maistre dont[2] on pressent qu'il ne sera pas avec les nominalistes, reproche à Bacon son style « matériel » ; il « corporise » la pensée, en fuyant toute expression abstraite, tout mot qui s'adresse à l'esprit ; il ne dit pas « nature », ni « essence », mais « forme », pas « préjugé », mais « idole », préfère le sensible au terme spiritualisé, soucieux par son style même de dénoncer l'esprit, de fuir « le verbe de l'intelligence qui se contemple elle-même ».

Le concept, le mot, ne peuvent désigner que des choses concrètes, des pluralités d'êtres sensibles, et non des espèces, des genres, des classes qui existeraient *in re*. Le signe dit l'expérience, et la pensée qui l'instaure. Il ne serait pas

---

1. Cf. *Enquêtes*, N. R. F., 1957, p. 224 et sq. Cf. Largeault, *op. cit.*, p. 183, « *in nuce* le positivisme est contenu dans le nominalisme » ; Foucault, *Les Mots et les choses*, p. 133, « le nominalisme fondamental de la philosophie depuis Hobbes jusqu'à l'idéologie, nominalisme qui n'est pas séparable d'une critique du langage... ».
2. *Examen... de Bacon*, Lyon, 1836, t. I., p. 56.

excessif de voir dans le « nominalisme » une possibilité d'unir
certains aspects de l'attitude de Stendhal, et de parler ainsi
de « nominalisme » littéraire[1]. S'il y a une primauté de
l'individuel, une saisie directe de lui, une exclusion des entités intermédiaires, toute la tradition classique s'effondre ; il
est possible de concevoir un style qui serait le miroir direct
des choses, l'adéquation simple du mot au fait, un style
immédiat des choses, non de l'esprit qui les voit, et qui ne
peut les dire que dans la vérité de leur nature idéale et essentielle ; la littérature du particulier se passe de l'art, si l'art
est l'approche ascétique et technique à la fois de la chose en
vérité. Il suffit de dire les choses, il ne faut plus les construire
et les concevoir pour les dire. Cassirer[2] l'avait dit : la
question centrale de l'opposition au classicisme, est le rapport du particulier au général. Le travail de l'écrivain, tout
l'appareil de la construction rhétorique le conduisaient à
s'effacer derrière la nécessité de l'objet, derrière quelque
chose de plus vrai que le particulier pur, de plus personnel
que la personne empirique, ou que l'apparence. Le discours
n'a plus à s'appuyer sur des règles de production, permettant
d'organiser le multiple, et de l'éclairer, il lui suffit d'en être le
reflet, et la saisie éphémère. C'est bien un nominalisme agissant dans le champ du savoir et dans celui du langage qui est
l'ennemi le plus direct des règles et des genres : ils sont relativement à l'expérience, comme les Idées pour le clinicien ou
l'expérimentateur. Que l'individu puisse lui-même être un
artefact, que le mot persiste à organiser le réel, et à anticiper
sur sa perception, ces points ne peuvent plus affleurer dans la
conscience du « nominaliste » dont la foi essentielle est qu'il

---

1. H. Friedrich, *Montaigne*, p. 169 et sq., a analysé chez son auteur l'attitude nominaliste et son importance centrale : elle comporte le sentiment
que les mots et l'individu vont mal ensemble, qu'il n'y a pas de nom ni de
mot adéquat à l'individu, que le danger permanent est de ramener la singularité inconnue à des généralités connues, qu'il faut éviter de se fixer dans
les mots par le recours à l'image, au récit, au cas (au « réel » pour le XIXe
siècle), au fragment ; l'on n'oubliera pas que le personnage qui proteste
contre son nom, signe dynastique créant une identité supposée qu'il résigne, c'est Roméo.
2. *La Philosophie des Lumières*, p. 284 ; cf. *Mme de Staël et ses correspondants*, p. 190, la lettre de Humboldt du 7 juin 1801, sur la nécessité
d'étudier les nuances de l'homme trop négligées, « c'est là surtout ce qui
rend ce me semble la philosophie en France si vague et la poésie aussi froide et peu intéressante ».

est en tant que moi, qu'il n'y a que des moi, et que la mission simple du langage, une fois qu'il est délivré des entraves qui le retiennent artificiellement dans la demi-vérité du général, ou dans « l'hypocrisie » des préceptes et des interdits, est de *classicisme* s'appliquer directement sur le détail du réel. Autant le moi est, autant il doit être pur de tout apport externe, autant le langage est, autant il ne peut qu'être l'instrument et le serviteur du moi. La « foi » positiviste, la foi anticlassique, est du même ordre et de même source que la foi dans le moi et son absolu. Alors que le classique est accusé de maintenir le langage dans une sorte d'autonomie à distance des choses, comme si parler dans le général et l'essentiel, était parler de loin, dans le vague des entités fictives et arbitraires, il s'agit maintenant de révéler[1] « non des types, mais des individus, concrets, authentiques, inaccoutumés, non des lois mais des événements, ni des raisons, mais des passions et des cris, et je ne sais quel essor libre du langage » : il est libre en effet de coller aux choses, de s'identifier à elles, de s'abolir comme un simple conducteur d'univers. « Si le romantisme tient de Jean-Jacques[2] une image des passions, bien plus sûrement il reçoit de Condillac la confusion des mots et des idées », ou j'ajouterai des mots et des faits.

Tel est, pourrait-on dire, le versant optimiste et positif : le langage délivré de l'artifice peut parvenir à cette jonction du réel et du dicible qui les définit l'un par l'autre. L'ordre de la vérité et l'ordre du langage sont identiques : une lecture exhaustive, sans ombre et sans résidu du réel est permise à la conscience qui sait comme à l'écrivain qui dit. La face externe du langage et sa face interne sont semblables. Encore faut-il que le langage soit lui-même conforme à son essence et à sa fonction : nominaliste, Stendhal l'est encore par la « grammaire générale », dont les prétentions qui ne sont pas sans faire penser à celles des linguistes contemporains aboutissent aux mêmes illusions et aux mêmes contradictions[3]. Une connaissance du langage, grâce à une

---

1. J. Paulhan, *Jacob Cow le pirate*, p. 101.
2. *Id.*, p. 15.
3. Voir dans G. Gusdorf, VI, p. 197, des remarques intéressantes et vigoureuses sur la surévaluation épistémologique de la linguistique au XVIIIe siècle, supposée posséder « des vertus explicatives extensibles à la totalité du savoir » ; de même p. 318.

linguistique rationnelle où le logique l'emporte sur le grammatical, promet une totale maîtrise de la langue ; comme la science des idées aboutit au contrôle des pensées, le savoir de la langue dûment décomposée, comme la pensée (le point de départ des linguistiques rationnelles est toujours la segmentation de la pensée) laisse apparaître comme une évidence originelle, et un idéal accessible, la parfaite adéquation du bien parler, du bien penser et du bien écrire. La grammaire est une logique et une rhétorique. La conscience est en dernière analyse discours et celui-ci, science. Pour que le langage soit entièrement et uniquement significatif du réel, voile léger et diaphane jeté sur les choses que la pensée ou le réel traverse sans s'y arrêter, il suffirait de bien user des lois du monde mental et du langage : alors même le mystère de la création littéraire pouvait être réduit, et Stendhal, un temps, longtemps, a pu croire à une victorieuse méthode analytique régissant l'écriture avec autant d'infaillibilité que l'algèbre. Le rêve de domination intellectuelle est au fond de se rendre indépendant des mots, et maître de la pensée, quelle que soit la voie suivie, maître du discours par la pensée, ou maître de la pensée par le discours. Mais il se passe ce qui se passe chaque fois que l'on oublie que mot et idée sont unis et antithétiques, différents, et inséparables ; la domination du discours est réversible ; je le domine, mais il me domine. Si le mot et l'idée sont indifférenciés, le discours peut être manié avec sûreté et évidence : ils sont sans écart ; et inversement si j'ose dire ; le mot qui dit le fait comme s'il l'était, devient un fait, une idée, il agit en moi comme une force ; le langage déterminé est aussi déterminant. S'il peut s'évanouir devant la chose, il peut aussi agir comme une chose. L'identité du signifié et du signifiant peut se dire dans les deux sens : et celui qui a cru vaincre les mots les voit revenir vers lui comme l'arme idéale et toute-puissante de l'hypocrisie. Ainsi le beyliste pourra penser que les mots ne sont rien et qu'ils sont tout ; redouter le verbalisme, et triompher du verbe ; et ce n'est pas contradictoire : dans les deux cas les mots ne sont pas *quelque chose,* ils ne sont que les parasites ou les transparents de la pensée, neutres ou opaques, ils ne connaissent pas le « clair-obscur », il faut les convaincre de ne plus être des mots, ou les voir comme de sourdes puissances hostiles s'ils restent des mots.

C'est sans doute qu'à l'origine, le révolté est mal avec les mots, ou comme le dit Sartre, qu'il a « mal aux mots »[1]. C'est là comme on va le voir la dimension la plus profonde sans doute de l'attitude de Stendhal ; la « grammaire générale » n'y apporte qu'un remède et qu'une vérification secondaires. La révolte est une mise en doute de la parole ; celui qui est obsédé par le faux ressent profondément l'absence de nécessité du discours : l'homme peut tout dire, et tout simuler. La parole a toute latitude, les mots sont *libres*. « Il y a des choses qu'on n'écrit pas. » Et pourtant si, on les écrit. La mauvaise foi peut tout : Alceste toujours est là pour contester la prostitution des mots, le creux du discours. Logique et passion, on l'a vu, tentent différemment de rendre à l'homme une sorte de fatalité ; mais qui rendra au langage la nécessité d'un *logos* ? Le classique est un bon exemple de la parole truquée : séparée du moi, comme un geste de politesse de son auteur, distante du réel, dont elle fait un spectacle, en faisant d'elle-même aussi un spectacle, elle apparaît comme « manière » parce qu'elle se détache de sa matière. Toute « terreur » est en quête de sa fatalité, et nomme « rhétorique » toute littérature qui joue le jeu ; devient « littéraire » ce qui refuse le jeu. Jankélévitch[2] a consacré quelques pages brillantes à cette montée du soupçon à l'encontre de la parole à mesure « que se perd la confiance dans le logos », que s'aggrave la défiance de l'expression, le schisme du dedans et du dehors ; le signe devient alors, en particulier avec Pascal, un « organe-obstacle », « le moyen qui empêche » ; avec Bergson la vérité rompt totalement avec le discours. Faut-il situer le beyliste dans cette crainte des mots qui a peut-être plus ravagé le XIXe siècle qu'on ne le croit, et ceci au moment même où il semble ne pas s'interroger sur eux ; Stendhal, qui est orfèvre, dénonce chez les autres romantiques une hypertrophie, une incontinence de la parole, une pléthore du signe ; c'est son angoisse, sa projection, mais aussi il pense que dans la crise

1. Voir Brice Parain, *De fil en aiguille* et ses propositions cardinales : p. 19, « personne ne peut démontrer que les mots signifient le réel ; il faut y croire ; c'est toute la théologie » ; p. 162, « j'avais tout perdu ayant perdu le sens de la parole, pour avoir trop menti » ; p. 192, « d'abord le langage ne nous exprime pas, il nous ordonne ».
2. In *Vertus*, p. 493-495 ; cf. G. Blin, *Stendhal et les problèmes de la personnalité*, p. 539, « il avait bien avant Bergson deviné que la subjectivité dans son fond comme dans son flux est musique ».

de l'art, il faut forcer la note, et la dose, déployer un surplus de langage[1]. Mais aussi il faut « trouver la langue ». Comme l'a dit Paulhan[2], les romantiques « sont des gens qui étouffent ». Stendhal quant à lui, va peut-être nous expliquer pourquoi. Le langage relève du pacte social, il lie mots et choses, mots et moi, il me lie. Le beyliste est hors la loi. Dans le langage, qui ne cesse de l'étonner, et de le gêner, il lui faut apprendre et suivre la loi. Il y est toujours plus ou moins en exil. « Avant de prendre la parole il faut l'avoir reçue toute faite[3] » ; le sincère n'accepte pas ce dépôt social en lui. Le langage le mutile ; comme toute « forme », il est le *social*, contrainte, gêne, profanation, altérité, tout à la fois insuffisant et extérieur, règle où il faut se mettre et se perdre, ordre lointain et négateur du moi. Il implique le « tu » et le « on » et le « je », il prévoit le moi et le dévie. Comme toute institution, il humilie le moi et le trahit : il est trop parce qu'il est là déjà, et qu'il lui faut obéir, trop peu, car principe d'orthodoxie et de dirigisme, il limite le moi au social, au convenu. La crise du langage vient de ce qu'il est perçu comme l'antagoniste de l'individu, et le signe du pouvoir[4] ; il y a un pouvoir des mots, et il y a les mots du pouvoir. La société triche avec le langage, qui est à la fois, à son image, vide et puissant. Sartre à propos de Genet[5] a montré comment le mensonge, le crime, le faux poétique, participent d'une même déloyauté à l'égard de la société. Le voleur prend les mots à rebours, et le langage à l'envers. Au pacte du langage qui unit les hommes et donne une réalité à leur communication, le menteur substitue son usage propre des mots, il les vide de leur sens pour leur laisser leur pouvoir de faire agir les autres, leur valeur magique ; alors que le *flatus vocis* aboutit à des échanges, des rapports, des

---

1. Cf. Alain Girard, *Journal*, p. 158 : « Il existe entre l'homme et l'expression qu'il donne de lui-même, fût-ce dans son journal, une distance analogue à celle qui sépare la personne du personnage. »
2. *Jacob Cow le pirate*, p. 93.
3. G. Gusdorf, *La Parole*, p. 51-52 ; le langage est du *troupeau* : cf. Gaède, *op. cit.*, p. 255.
4. Sur ce rôle de la *forme* : *RNF 17*, p. 74, il faut « donner une nouvelle forme au principe religieux, si la forme continue à choquer le fond, la source tarira » ; *De l'A*, Cl, p. 199 sur la « forme » médiévale qui alors n'avait pas l'insipidité qu'elle a maintenant.
5. *Saint Genet, comédien et martyr*, p. 315-317 ; cf. Berk van Michaël, « Sartre et les mots », in *Revue des Sciences humaines* 1972 ; les mêmes idées sont reprises à propos de Flaubert, cf. *L'Idiot de la famille*, I., p. 40.

opérations, et se trouve un instrument socialement réglé, pour lui il s'agit de le déréaliser, de jouer de son inanité et de sa frivolité ; le faux-vrai se moque du vrai-faux. Si le langage est le conformisme suprême, c'est au fabulateur, au destructeur des lois du langage, que revient la palme de la révolte.

D'un bout à l'autre Stendhal *est* ce problème ; il lui revient d'avoir été comme homme et comme auteur le plus pénétré de « comédie », le plus prompt à la dénoncer chez les autres, à la pratiquer : à l'exorciser[1]. « Je l'avouerais, c'est encore avec délices que je mens quelquefois », fait-il dire à l'un de ses personnages[2] ou prête-noms, à propos de ses débuts littéraires ; il ajoute, identifiant le poète au menteur, la feinte à la fiction, « je suis poète alors et un poète qui improvise ». L'écrivain est le grand héros affabulateur, le menteur exemplaire ; on sait le culte de Stendhal pour le héros de Corneille, les conteurs enchanteurs, qui ont de fait nourri de fables délicieuses la jeunesse de Beyle, l'Arioste, le Tasse, Cervantès, Shakespeare, les féeries arabes. « Les mots sont des fées[3] », dit Sartre à propos de Genet ; Beyle si épris de masques, de métamorphoses, de maquillages, d'opéras (qui ne vont guère pour lui sans le luxe des décors), de théâtre enfin, car le théâtre libère l'imaginaire (la femme de théâtre est désirable en soi parce qu'en soi elle est le centre vivant d'infinies cristallisations et délivre le réel de son apparence de sérieux oppressant, en faisant voir à celui qui a traversé l'hypocrisie, que faux et vrai, jeu et sérieux, bien et mal sont imbriqués), Beyle est déchiré entre cette passion pour un illusionnisme de magicien qui joue des mots, du fard, du carton et de tous les moyens de l'« histrion littéraire », et « l'honneur », le scrupule du vrai, le respect confondant de l'authentique. « J'adorais[4] l'éloquence », a-t-il reconnu pour ses enfances jacobines. Arrivant à Paris, il voulut se conformer à son idéal d'« homme »[5] : être un « amoureux passionné », et « en même

---

1. Cf. Valéry, *Œuvres*, II, p. 899, « un homme qui écrit n'est jamais seul, et comment être *soi* quand on est deux ?... » ; et II, p. 866, « confier sa peine au papier, drôle d'idée, origine de plus d'un livre et de tous les plus mauvais ».
2. *Mél.* I, p. 65.
3. *Saint Genet...*, p. 437, « il use du pouvoir nominatif pour se changer en qui il veut ».
4. *O. I*, p. 1529.
5. *O. I*, p. 370.

temps porter la joie et le mouvement dans toutes les sociétés », c'est-à-dire selon sa glose pratiquer un art de plaire universel, être le catalyseur tout-puissant de tous les plaisirs, agent d'un charme répandu sur tous, et d'essence *comique*, puisque le modèle en est la « joie pure et aérienne » de *Comme il vous plaira*, pièce qui pour le romantique, est une idylle de la théâtralité, une libération vertigineuse de tous les jeux du langage et du travesti, de toutes les illusions du mot et du corps. On est bien loin alors du culte des mathématiques comme excluant l'hypocrisie : c'est-à-dire entre autres choses, ce pouvoir nominal des mots, qui sans encaisse préalable, deviennent moyens d'échange, et créent ce qu'ils disent. Le mot devient l'être, mon être, dans la vie « comique », ou le mot, si l'on change les signes, n'est que mensonge, masque des pensées, paraître hypocrite à l'immense pouvoir d'influence et de direction. Ou confiance dans le pouvoir menteur, ou méfiance devant ce même pouvoir. Stendhal romancier retardé a mis tant de temps à donner corps à cette passion première de la fiction, fait tant de détours avant de la retrouver ; critique d'art, faisant parler l'art des autres, psychologue des passions, et pratiquant une confession par l'analyse, ou une autobiographie faiblement romancée, il se tient longtemps à distance, à l'entrée de la fiction. Puis il y donne. Elle cesse de lui être interdite ; enfin le comédien se déchaîne en lui comme romancier, par-delà les rôles de l'intimiste, du mystificateur, ou de l'hypocrite. La parole qui lui était interdite est enfin possible. Il accepte, sous conditions, de mentir sans remords. Il accepte de laisser mentir les mots. Mais pourquoi ce renversement ? Peut-être qu'il ne s'agit pas des *mêmes* mots. Il y a comme un bon et un mauvais usage du pouvoir fictif des mots. Il y a un langage discrédité parce que socialement menteur, qu'il faut vaincre, ou refaire pour le retrouver. La fiction n'est possible qu'une fois surmontée l'aversion pour le langage et la révolte contre lui.

CHAPITRE II

Parole du moi, parole des autres

La première inquiétude devant le langage, celle qui fonde toute la méfiance envers lui, c'est bien entendu la crainte d'être « dupe » de l'abus des mots, manipulé par le discours, soit qu'on le tienne soi-même, et qu'il échappe au moi pour se substituer à lui, soit qu'on le reçoive, comme une « machine à influencer », qui installe en moi le pouvoir d'autrui ; dans les deux cas le langage est en moi un étranger, un non-moi, de nature éminemment social, qui me confisque à moi-même et me donne à autre chose, ou à autrui. Au XVIe siècle[1] la crise du langage repose sur une hantise du contenant sans contenu, du discours comme moulin à paroles, d'un écart insurmontable du mot et de la chose, de l'être et de l'apparence ; l'homme sans le Verbe est pris dans le verbalisme, ou l'autonomie du langage dissocié de la vraie langue et livré à « la vacuité sémantique ». D'où l'épisode des *mots gelés*, qui sont des mots en eux-mêmes, c'est-à-dire nuls, constitués et conservés en dehors de leur temps et de leur émission. La parole vivante s'oppose à la parole en soi qui est morte. Le malaise du « romantique » commence au même point, avec cette nuance que la parole morte est d'obédience collective ; le malaise est moins théologique que social[2]. Pour que le langage fût vrai, en termes d'égotisme, il devrait être contemporain de l'existence, aussi spontané et frais que la sensation, aussi disponible et personnel que *l'utile* ; l'Idéolo-

---

1. Voir C. G. Dubois, *Mythe et langage du XVIe siècle*, Ducros, 1970, p. 40 sur Hamlet et les « mots gelés ».
2. Cf. le mot de Talleyrand sur les mots et le mensonge : *C.A.*, IV, p. 346.

gie n'est qu'une linguistique de l'utile. Et en fait le langage
est répétitif, comme le social, il répète et se répète. Il est
menacé de perdre son sens et d'éliminer le parleur parce que
les mots par leur usage sont cimentés en ensembles préfabri-
qués, en bancs de langage qui déposés en chacun le commandent et l'orientent. Les mots sont des dépôts sociaux. Comme
la *forme*, rituel de la politesse, stéréotype de la vanité, étiquette de l'action ou du sentiment, le mot nous produit en
reproduisant en nous la leçon collective. En lui, de par son
usage, le sens se fige, se bloque, il devient selon la métaphore
de Mallarmé un signe monétaire qui ne signifie que l'échange, et son mécanisme neutre. Le sens devient un objet, ou un
signal. La communication sociale, ou littéraire quand elle est
ajustée parfaitement au public, tend à se sédimenter en un
répertoire de pure consommation, qui s'oppose absolument à
la parole vive, qui pour être expressive, doit être une réinvention du langage, qui brise les blocs de mots et d'idées
congelés, qui rend aux mots leur innocence en leur rendant
leur nouveauté par-delà l'usure sociale ; la société impose
des signes, qui s'épuisent, alors que l'authenticité ne peut que
les renouveler en les modelant sur l'être et le sentiment. Le
premier problème du langage pour le beyliste c'est au fond la
difficulté de parler avec les mots et idées des autres ; le sincère ne peut se dire dans ce qui a déjà été dit. La parole du moi
est une nouvelle parole, incompatible avec ces mots mécaniquement enchaînés comme dans le caquet des sottes. Ce
bavardage social, c'est le « cliché », ou le lieu commun : or le
beyliste, G. Blin[1] l'a montré, sait que la répétition est l'âme
de l'affectation ; la sincérité est actuelle, ou n'est pas ; l'esprit ne peut pas être « un texte », sous peine de tomber à
n'être que des phrases ; l'esprit est « provisoire » et non
« provisionnel ». Le monde stendhalien sépare les hommes
vrais qui « cabriolent dans l'imprévu », des êtres banals et
donc faux qui « font le plein de leurs idées passe-partout, et
de leurs bons mots émérites ». La vraie parole est de rencontre et
de hasard, elle ne relève ni de la mémoire ni de la mimétique.
    Cette hostilité (si profondément négatrice d'une formation
de lettré) condamne comme autant de moments où le moi se
« laisse faire » par des automatismes anonymes, la politesse,

---

1. *Personnalité*, p. 327-331.

copie de mouvements[1], l'esprit « *appris, récité, su par cœur* », si peu sûr de lui qu'il se constitue des magasins d'anecdotes, et de traits (M. de Rênal en tient une dizaine qui sont un bien de famille hérité de son oncle, comme des meubles[2]), l'esprit si confortablement trivial qu'il porte sur lui son « étiquette », ou répète des mots que les autres savent déjà fort bien. Être ainsi en double emploi avec les autres est impossible ; la preuve que la parole est vivante, c'est que le sujet parlant la trouve en la parlant[3], dans l'imprévu « argent comptant » d'un éclair inspiré, « jaillie » de son cœur ou de son caractère, ou évidence inédite d'un raisonnement en marche[4] ; elle vient avec la progression d'une découverte, et non avec les liaisons déjà établies d'un assemblage tout fait de mots. C'est le danger dans les pays à romans qui guette les amants : difficilement la femme la « plus tendre dans les moments du plus grand abandon » éviterait de se « servir un peu des phrases qui l'ont fait pleurer »[5] ; et pour l'artiste, dès que la mémoire offre un précédent, il s'impose une comparaison paralysante avec un modèle. La mémoire, Stendhal le dit pour la rêverie amoureuse, qui renvoie à ce que j'ai été, me transforme en « science » de moi-même, et me condamne à m'imiter [6].

Le danger des mots, c'est donc de me prévoir ou de me retarder, de me dissocier de moi, ou de m'aligner sur autrui ; les mots usés et fixés qui trahissent mon être et ma pensée, ne peuvent rapporter que des idées « générales », c'est-à-dire communes à tous, c'est-à-dire à personne, et abstraites, ou vagues, car détachées de l'expérience vécue et sentie de chacun. Toute expression est un événement, le mot doit être mien, marqué de ma marque, et la pente fatale du langage est de se constituer en citations. Cette conscience du langage comme usagé, comme surchargé de valeurs que les mots ont prises dans les emplois passés, dont le poids demeure et les marque, conscience qui va définir la hantise du lieu commun

1. Voir *O.I*, p. 667 ; p. 395 ; *FN*, I, p. 187 ; *Molière*, p. 191 ; *C*, I, p. 327 ; *RNF b*, I, p. 277 ; p. 190 ; *MT b*, II, p. 309 ; *CA*, III, p. 142 ; *Mél.*, II, 22.

2. *RetN*, p. 14.

3. *HP*, II, p. 13-14 sur les sauvages qui ne « répètent jamais un raisonnement appris par cœur ».

4. Cf. *A*, GF, p. 148 ; *Romans*, I, p. 171 sur M. de Larçay ; *PS*, p. 85, sur Roizand ; *LL*, P, p. 1515.

5. *RNF*, I, p. 157.

6. *HP*, I, p. 204 ; *De l'A*, Cl, p. 67 ; *VR*, I, p. 16, p. 270 ; *PR*, III, p. 255.

et de l'idée reçue, on la trouve chez une contemporaine de Stendhal[1], Mme de Staël, qui non seulement voit dans la littérature italienne « un tissu artificiel », une « mosaïque » de plagiats, ou déplore que tant de mots soient compromis par leur usage sous la Révolution, mais surtout s'inquiète de la surcharge de valeur (de connotations) que les mots doivent à leur « histoire particulière », à leurs usages compromettants ; dans un passage pour lequel Beyle[2] se promet de « voir ce qu'il y a de vrai là-dedans », elle disait dans *De la littérature*, qu'il y avait des mots « usés », un dessèchement des langues ; dans *De l'Allemagne*, elle devait dire que le français souffrait d'avoir « subi toutes les aventures de la société », les mots n'y ont plus la fraîcheur qu'ils ont en allemand, langue socialement vierge qui n'a pas la marque du « grand monde ». Les mots sont donc grevés par leurs emplois, ils ont la trace de leurs anciens usages dans d'autres groupes de mots, ils ont une valeur additionnelle d'origine sociale, ou culturelle ; le mot alors définit moins un sens qu'un rôle social assumé ou souhaité ; il indique ce qu'il dit et le fait de le dire, il prend valeur de *citation*, et d'indice d'une situation dans la société. Dès lors la parole, loin de dire le moi, ou le vrai, n'est plus qu'un bavardage où à travers chacun, par le biais des clichés, c'est la société qui se commente et se confirme[3]. Tel est bien l'objet de la dérision et de l'inquiétude stendhaliennes, que la parole hors de tout exercice spontané et personnel, ne soit plus qu'une parlerie répé-

1. Cf. *De la littérature*, I, p. 282, sur l'« histoire particulière » de chaque mot ; I, p. 290, sur le pouvoir de la société sur les mots sous l'Ancien Régime ; sous la Révolution, I, p. 317, p. 325, car « la parole marche sans la pensée, sans le sentiment », et s'est instaurée une « litanie » terroriste ; p. 322, sur le style dégradé par la Révolution.
2. *Id.*, I, chap. 10, sur les « mots qui ont servi à des idées fausses, à de froides exagérations » ; ainsi l'italien est *usé* pour l'amour, le français pour la liberté ; et *J. Litt.*, I, p. 137 ; voir *Corinne*, I, p. 709, contre le verbalisme des lettres italiennes envahies par les mots ; *De l'Allemagne*, I, p. 113, sur le français marqué par son usage mondain, les mots « ont subi toutes les aventures de la société » ; Helvétius dans *De l'E*, p. 103, regrettait déjà que les « mots » sous une monarchie soient hiérarchisés par leur usage à la cour et marqués socialement.
3. La même idée est développée par H. Lefebvre, *op. cit.*, p. 155 et sq. ; ce qu'on nomme « idéologie » est en fait une rhétorique méconnue qui semble « manipuler » les consciences ; la société engendre une « parlerie » anonyme et quotidienne ; la même méfiance, mais exaspérée, à l'encontre du langage social est dominante chez Barthes.

titive, que la société détienne le répertoire des tours et des idées. D'où ce niveau sans cesse évoqué par lui d'un langage « tout fait » ânonné et anonyme : de *Letellier* à *Féder*, il a indiqué qu'à Paris, étant donné la moderne inflation du verbe et du jugement, il convenait d'avoir chaque jour son recueil de propos *tout faits* à placer. Letellier[1] se réjouit d'entendre ses articles faire le fond des conversations, ou se fait féliciter par un gros banquier bien sot des idées littéraires dont il est le fournisseur attitré. Féder a abonné Boissaux à une telle prestation journalière, et pour 10 F il reçoit le matin ce qu'il *faut* dire sur tout sujet, et il le dit intrépidement. « A Paris[2], on est assailli d'idées toutes faites sur tout » ; le lieu commun établi, on n'a plus que le « plaisir » de « bien dire ».

C'est là un thème infini : le discours greffé sur un autre discours, la communication comme citation (on sait le mot de Ninon de Lenclos, « il ne sait rien, il ne citera pas »[3]), le texte social de la culture, le vol de sens et de sentiment que commet la société. Brulard[4] nous confie que dans son examen final à l'École centrale il fut brillant non par sa mémoire mais pour avoir « inventé » des réponses ; *Poloski*, héros du *Roman de Métilde*[5], ne « savait sur rien la phrase convenue et de bon ton » ; inversement les « expressions consacrées » et les idées toutes faites sont son aversion[6]. Le XIXe siècle à cet égard table sur la confusion de l'« esprit » et de l'« esprit appris » : car « on apprend l'esprit des autres en lisant Laharpe ou Geoffroy »[7]. Ainsi la jeunesse libérale et classique se dispense de penser : les journaux lui donnent sa ration d'idées[8].

1. *Th.*, III, p. 39 ; p. 43 ; p. 99 ; p. 249 ; *Féder*, p. 1311-1312 et 1354.
2. *MT*, I, p. 20 ; bien entendu Stendhal a hérité de l'aversion d'Helvétius à l'encontre de la « science » distincte de l'esprit (*FN*, I, p.64 et Alciatore, « La distinction stendhalienne entre l'esprit et la science », *French Review* 1956) et de l'opposition entre « l'estime sur parole » et « l'estime sentie » : *O. I*, p. 668 ; *FN*, I, p. 12.
3. *O. I*, p. 668.
4. *O. I*, p. 294 ; Desroches a dit l'hostilité de Stendhal « contre tout ce qui sentait la dissertation ou la phrase faite... ».
5. *De l'A*, Cl, p. 312.
6. *O. I.*, p. 1252 ; *J. Litt.*, I, p. 205 ; *O. I.*, p. 641 ; p. 677, *RNF 17*, p.13 ; contre le « lieu commun », *MT*, II, p. 41 ; *J. Litt.*, III, p. 299 (chez Shakespeare).
7. *O. I.*, p. 1236 ; et *PR*, III, p. 155 ; p. 51 ; *RNF 17*, p. 184 et p. 215 sur les Génevoises, perroquets dûment sifflés par leurs bonnes qui ont « leur leçon faite et apprise par cœur » et répétée *ne varietur* ; *R et S b*, p. 106, p. 124, sur les « phrases » romantiques à distribuer à la jeunesse des écoles.
8. *R et S*, p. 120, p. 155.

Devant telle femme vue sous l'Empire dans une réception, ou plus tard devant le comte de Chambord[1], le beyliste découvre que ce sont des montages : mécanismes de gestes, d'expressions du visage, de paroles, où il n'y a « rien de produit par les circonstances présentes » : tout est « fade et appris par cœur » ; on peut ainsi devenir une récitation des pieds à la tête, être tissé dans ses mots comme dans son corps d'invariables liaisons, devenir un *texte* dont tous les points auraient leur source ; ou faire comme ces mauvais acteurs qui sont tout entiers mémoire des autres acteurs, et dont les gestes sont doublement truqués[2]. En tout cas pour les jeunes filles si aisément minaudières[3], pour les vaniteux qui se retranchent dans les « jugements tout faits », ou le pur mimétisme verbal si peu qu'une « manière de s'énoncer » leur semble de bon *aloi*, pour les provinciaux qui « répètent des phrases apprises par cœur »[4] en craignant avant tout la moindre variante, les snobs de haut rang qui « jugent » de tout « suivant l'état qu'on en fait dans le monde », nous entrons dans l'empire du lieu commun ; les savants, comme le grand-père de Stendhal[5], si prodigues de citations, sont aussi des ramasseurs d'expressions qu'ils ressortent à la bonne occasion. En Italie, tout « poète », tout prosateur n'écrit qu'une langue morte : sa parole est une suite de « centons »[6], alors que les Italiens, les vrais, qui tolèrent pourtant le « lieu commun de sentiment », sont purs de cette docilité, et dans le cas des femmes en particulier, parviennent à une véritable originalité où on ne répète plus « jamais ce qui a été dit, ou écrit »[7]. Au contraire, dès qu'il s'agit d'art, de voyages, de prétendues impressions personnelles, Stendhal est convaincu qu'un Français, un Anglais se soucient d'abord de ce qu'ils vont dire, c'est-à-dire piller et répéter[8]. Stendhal possède le premier de son siècle une conscience aiguë du lieu commun, et du poncif, la hantise du discours

---

1. *O. I.*, p. 1220 ; *C*, X, p. 180.
2. *MT*, II, p. 60.
3. Cf. *C*, I, p. 203 ; p. 257 ; *Let. à St*, I, p. 172 ; *FN*, II, p. 138.
4. *Ruff*, p. 31 ; *FN*, II, p. 362.
5. *J. Litt.*, I, p. 350 ; *FN*, I, p. 190 ; II, p. 95 ; *Mél.*, III, p. 128.
6. *RNF 17*, p. 154 ; *HP*, II, p. 400.
7. *PR*, II, p. 19 ; *RNF*, I, p. 131 ; et encore *RNF 17*, p. 136.
8. Cf. *VR*, II, p. 333 ; p. 95 ; I, p. 48 ; *RNF 17*, p. 24 ; *Mél.*, III, p. 397 ; *Italie*, p. 326 ; *PR*, III, p. 155 ; *HP*, II, p. 116 et p. 120.

trivial et de l'idée commune, du stéréotype de la parole et de la pensée, qui instituent (par la diffusion des lumières peut-être) une fausse communication et une fausse culture ; est faux ce qui est retrouvé et non trouvé, ce qui est suspect d'impersonnalité et de soumission à la norme du on-dit collectif.

Il n'est de parole que pure et fraîche ; on ne doit ni parler ni penser avec ce qui a été dit et pensé ; c'est le principe du beyliste dans sa jeunesse ; « je ne dois qu'à moi seul toute ma renommée » est son mot d'ordre, ce qui implique « aucune espèce de copie »[1] ; tout écrivain est tributaire de ses prédécesseurs : il le sait bien puisqu'on le voit sans cesse reprendre des sujets, songer à refaire les classiques ; son souhait profond, parvenir à suffisamment de maîtrise dans sa manière de voir et de peindre la nature, pour écrire « sans faire attention à ceux qui les auront traités avant moi », c'est le souhait de pouvoir user du langage comme s'il était totalement neuf. Le déjà dit le gêne : il est tenté de se l'approprier tel quel, ou de le tenir pour nul. Singulière dialectique du cliché : ou le langage volé reste visible comme des morceaux d'édifice dans une muraille postérieure, ou le langage se dérobe à toute comparaison possible. Brissot dans un texte de ses *Mémoires*[2] a curieusement analysé ce malaise de ne pouvoir coexister avec un modèle : ou il est tout et paralyse ou il faut le mettre à mort. L'ombre du « Père » pèse sur l'expérience littéraire : Brissot se sent stérilisé par l'enseignement, la rhétorique, annulé comme « machine à mémoire » ; « il me faut être moi-même, me donner des modèles, m'assujettir à des règles, c'est me réduire à la nullité... ». Le lieu commun au lieu d'être intégrable au nouveau langage, repris en lui comme prétexte et fondement d'un nouveau départ et d'un nouvel usage, est absolument interdit dans une perception du *commun* qui, loin d'y voir un acquis du langage, ou l'indice de la *doxa*, le récuse comme le tombeau du sens. La parole impure[3] qui oppose à la transparence et à la

1. *FN*, I, p. 33, et *Mél.*, III, p. 124.
2. T. I, p. 47.
3. Là encore on se reportera à H. Lefebvre, à la fois symptôme et diagnostic du malaise langagier, *op. cit.*, p. 362 et p. 367, sur l'opposition drastique entre une parole truquée et collective et une parole authentique et introuvable ; de même Barthes, « Rhétorique de l'image » in *Communications*, n° 4, p. 49.

spontanéité du moi son opacité d'objet tout fait, et de norme faussement évidente, est sans commune mesure, ou zone intermédiaire, avec la parole pure, qui est un début sans préalable. Par là est condamné non seulement le cliché, mais sa forme littéraire, la « figure » qui le soutient, l'allusion, le discours comme rappel d'un autre discours, l'affleurement du déjà dit dans ce qu'on dit ; ce discours au deuxième degré, qui use du discours établi comme d'un signal interne de complicité ou d'ironie, comme un signe de reconnaissance fait au lecteur, est rejeté comme une sorte d'hypocrisie ; il dit de biais, il entoure la pensée d'un réseau de pensées d'emprunt et de convention, plaqué sur le vrai discours. On a toujours l'impression qu'un autre parle : ainsi Stendhal qui a critiqué Byron[1] pour son « esprit d'allusion, l'esprit de la plus misérable sorte », qui court après la citation tirée d'un classique, ou ironisé sur Daru dont toute la gaieté était faite de telles applications (« un vers sérieux appliqué à une circonstance plaisante »[2]), et qui ne pouvait parler sans référence à un savoir, à un autre discours, a réservé au chevalier de Bonnivet, « jésuite » des plus inquiétants, cette forme d'esprit scolaire qui un temps amuse Mme d'Aumale curieuse de se faire expliquer les devinettes de lettré ; sa conversation est « une allusion perpétuelle et fort spirituelle aux chefs-d'œuvre des grands écrivains »[3] ; et il commente ses propos en analysant complaisamment le texte et sa reprise actuelle. C'est bien là que tout l'esprit est dans la mémoire, manuel portatif des grandes citations ; de Chateaubriand[4], relu en 1816-1818, Stendhal dit la même chose : « le génie de cet auteur n'est que de la mémoire » ; il pointe sévèrement les citations et les allusions, convaincu qu'ici le savoir littéraire vient « fausser la sensation directe », que les textes s'accumulent et se superposent pour rien : « souvenirs, souvenirs, rien que cela ; mais nous ne pensons point ».

Aussi va-t-il le traiter de « rhéteur tout pur ». Dans le cliché ou la réminiscence, le « signifiant », tiré de là pour être repiqué ici, se dégage de toute détermination vivante pour

---

1. *Mél.*, III, p. 280 ; mais son grand-père citait beaucoup (*HB*, I, p. 81), et *FN*, II, p. 309 reconnaît que les citations sont bonnes dans le monde.
2. *O. I.*, p. 1378.
3. *A*, GF, p. 155.
4. *J. Litt.*, III, p. 220-222.

imposer son dirigisme vide ; la banalité est le creux même. La conscience moderne du langage qui soupçonne conjointement l'« idéologie » et la rhétorique dénonce dans le *lieu commun* un automatisme verbal ; des mots unis par l'habitude, le consensus, sont comme des caillots qui obstruent le langage, et loin de montrer les choses, ils ne peuvent que s'énoncer à distance d'elles. Ce qui est *appris* bloque le jeu libre de la pensée et lui fait écran. Parlant des nouveaux besoins du public, Stendhal (avec témérité) dira : « la société actuelle a horreur des lieux communs »[1]. Joubert quant à lui défend les lieux communs[2] : c'est qu'ils sont à une place stratégique dans le « nouveau pacte » avec le langage. Parole vide, ou parole faite mais en attente d'un nouveau vent de la signification ? L'histoire, la société qui « pourrissent » l'écriture ne sont-elles pas en train de compliquer sinon d'interdire la littérature en « abîmant » tout langage sitôt qu'il est fait ? Depuis l'obligation de sincérité et d'innocence[3], le lieu commun est le point central de la « terreur », puisque, vu par R. de Gourmont dans des textes célèbres, il semble le triomphe de la logomachie et de la vacuité ; le mot, dès qu'il est émis, qu'il a servi, est aliénant. Le mot se retourne contre qui le dit, il devient autre, ou l'autre ; cette conscience apeurée domine le *moderne*. On ne reviendra pas sur l'attitude ambiguë de Baudelaire ou de Flaubert devant le poncif, ni sur celle de De Gourmont[4], que Paulhan a retenu comme théoricien de la Terreur, ou celle de Taine, pour qui « classique » n'est pas loin de signifier littérature des « lieux communs minces et sans substance »[5], ou celle de Valéry pour qui il s'agit d'être en écrivant une « exception » et pas une « épidémie », et de rejeter le « déjà fait, déjà exploité, connu d'avance ». Il ne doit point y avoir de point mort, de cheville inerte dans un langage servant tout entier à dire l'individuel, incomparable, incompatible. Le cliché relève de la mémoire, et de la « cécité cérébrale », et s'oppose au « mot

---

1. *MA*, p. 157.
2. *Carnets*, II, p. 756-757.
3. Cf. *Le Degré zéro...*, p. 27, sur la « mémoire » des mots et leur caractère commun ; de même p. 124, sur les « signes ancestraux et toutpuissants ».
4. Cf. *Esthétique de la langue française*, Paris, Mercure de France, 1904, p. 303, p. 308, p. 314 ; Paulhan, *Les Fleurs de Tarbes*, p. 29.
5. *Origines*, I, p. 302.

net correspondant à un fait nu »[1]. Cette puissance des mots se déplaçant par séquences devenues une sorte d'« unité linguistique » en dehors de tout motif interne ne peut être invoquée qu'en fonction de la croyance d'une part à une psycholinguistique associationniste qui n'est pas sans rapports avec les idéologues, et d'autre part à une « réalité intérieure » unique et irremplaçable, en tout point réclamant *son* langage et trahie par *le* langage. Tout est toujours à dire, et tout individu commence le monde, et contre ce que Nisard appelle, en « mainteneur », les « institutions du langage », qui sont non seulement la langue, mais les lois, les traditions, la morale.

Mais rien n'est plus net que l'usage limité du cliché par le beyliste : incapable de le chasser, il s'en sert, mais à des fins de parodie et d'agression. Son procédé « rhapsodique » d'emprunts et de pilotis suppose que les textes qui font le support du sien soient dissimulés ; il n'en vient que rarement à pratiquer au grand jour le renouvellement du lieu commun, alors que tant d'écrivains se servent d'une « expressivité existante comme d'un tremplin » ; quitte à faire entrer du prévisible dans l'imprévisible de sa parole, il préfère le détacher, l'isoler, faire sentir brutalement la discordance, la « différence de niveau » entre les énoncés, le sien, et celui d'autrui, piqué sur le texte, comme un « point d'ironie » selon la formule de Riffaterre[2]. Il y aurait toute une étude à faire sur la citation chez Stendhal : inexacte (comme s'il butait toujours sur l'impossibilité de parler tout à fait comme les autres sans introduire un écart personnel), subtilement parodique, elle désavoue le texte ou se désavoue elle-même. Rarement le personnage stendhalien qui s'exprime au travers d'un autre texte demeure de plain-pied avec ce texte : Fabrice peut parler par poèmes ou textes religieux interposés, Gina peut répondre par une fable de La Fontaine, comme amant, ou comme ironiste et politique, ils coïncident avec l'application. Tout autre est l'usage que Julien fait d'un vers de Rotrou[3] en pri-

---

1. R. de Gourmont, *loc. cit.*
2. *Essais*, p. 161 et sq., p. 171 et p. 178 sur un exemple tiré du *RetN* ; pourtant le passage de *Figaro* repris pour le salon de la Mole n'est pas parodique.
3. p. 486 ; bien que l'application du texte de Iago soit d'une autre valeur ; comme celle de Virgile (p. 336), de *Médée* (p. 453) ; mais c'est à contresens qu'il s'applique le rôle de Tartuffe (p. 323) et qu'il se répète encore un vers de Rotrou (p. 83).

son ; l'abrupte évocation de sa mort le mène à une pirouette verbale qui se moque et du texte et de lui-même. Le langage d'autrui introduit une dénivellation stylistique orientée vers le bas, la parodie ou le jeu ; Lucien et son père ont des dialogues d'acteurs, où ils n'assument leur situation de père et de fils qu'en la transformant en rôles[1] ; mais Stendhal use pour lui-même du cliché vaudevillesque ou bouffon, ou de la dissonance caricaturale : ainsi Alexandrine précédée d'une citation de *Britannicus*[2]. Au lieu d'aider le lecteur ou son personnage à s'y reconnaître, il l'égare dans le langage reconnu. Le plaisir de la locution, de la « scie », l'adhésion dans la complicité ingénieuse des mots de passe, il n'y fait appel qu'à des fins de dérision.

Le texte rapporté est alors menacé, ou diminué par le citateur. Et quand le romancier doit parler lui-même pour ses personnages la langue vulgaire, l'« idiolecte »[3] de la banalité, et rapporter les propos de pur remplissage comme des « photographies » du langage, il s'y refuse. Le cliché n'a pas cours, même à titre de « fait vrai » ; quand se présente l'équation de la « stéréotypie verbale et de l'ankylose mentale ou morale », le beyliste préfère renoncer à toute mimésis trop fidèle. Il déserte dès que son texte pourrait être envahi et recouvert par un texte quasi proverbial qu'il aurait la charge de proférer dans sa banalité et sa redondance logomachique. Certes il cède la parole au récitant social : ainsi le très beau et très détaché « vous n'avez pas donné plus d'ampleur à votre voyage »[4], délicatement isolé par l'Égotiste comme se passant de commentaire, ou constituant par lui-même son propre commentaire ; l'« idée reçue » fait dans le récit une percée brutale et confondante. Il n'y a rien à en dire, car il y

1. Cf. p. 1098 ; p. 1102 ; p. 1161-1162 ; dans *A*, GF, p. 100, un vers de *Polyeucte* joue le même rôle ; de même Lucien avec Mme d'Hocquincourt (p. 1013) ; Mosca s'appliquant un vers de La Fontaine (*Ch de P*, p. 95) lui conserve sa tonalité ; de même Octave et Virgile (*A*, P., p. 186) ; ou l'Égotiste (p. 66).
2. *SE*, p. 28 ; de même *Brulard* ouvert par un refrain de vaudeville (*O. I.*, p. 38 et p. 40).
3. Cf. Riffaterre, *op. cit.*, p. 176 et p. 177 qui commente le texte de Cholin ; de même *Les Fleurs de Tarbes*, p. 46, sur le cliché comme domination des mots.
4. *SE*, p. 75 ; du même genre, *MA*, p. 77 ; *LL b*, III, p. 116 ; *RNF b*, I, p. 85 ; *Mél.*, III, p. 427 ; *HB*, I, p. 20 ; *O. I.*, p. 1501 ; *LL*, P, p. 1242 ; p. 1363.

aurait trop à dire ; laissons-la parler par elle-même. Ou
Stendhal peut citer la lettre de Cholin, ses fautes et son rituel
« d'exécrable mémoire » ; le morceau s'isole encore sans
rejaillir sur la parole même du romancier. Mais lui faut-il
justement entrer davantage dans le jeu du mécanisme verbal,
de l'intarissable parlerie[1] qui se suit sans fin et sans
besoins, alors il préfère se retirer et couper la scène. Dès que
le langage ne tire plus son sens d'une adaptation à un état de
choses actuel, mais d'une manipulation spatiale des mots,
dès que commence en termes bergsoniens le domaine du rire,
et du langage comme un déclenchement mécanique, le
romancier n'évoque que de loin les propos tenus, et n'indique
que le sens général[2]. Sur un « air connu », à chacun de
restituer les paroles qui sont de pures paroles. Chaque fois
que Julien en appelle à sa mémoire, qu'il fasse du Rousseau
ou du Maistre, ce verbiage ne nous est pas donné. Pas plus
que les lettres russes et leur réponse, bel exemple pourtant
du langage à l'état pur se déployant pour lui-même ; mais le
final de la lettre de dénonciation de Mme de Rênal, le corps
même du discours de Julien aux jurés sont interceptés par le
romancier[3]. Comme les propos des conjurés de la *Note
secrète* dès que le thème a été lancé, et l'*esprit* du discours
indiqué. Il suffit de situer les discours, un échantillon suffit
pour chaque éloquence ; la suite justement ne dit rien de
plus, la parole ne dit qu'elle-même, et l'ellipse devient la
seule reproduction significative de ce qui n'a pas de signification.

On ne dit pas ce qui répète ou se répète. Le procédé esquissé dans le *Rouge* chaque fois que les personnages s'égarent
vers les modes nuls de la parole est généralisé dans *Lucien
Leuwen*. Cette fois, tous les milieux, sans exception, militai-

---

1. Qui demeure évoquée comme le réservoir d'idées et de propos plus ou
moins dictés par les têtes les plus fortes ; le curé Du Saillard fournit en
idées les châteaux normands (*R.*, p. 234) ; Mme de Fervaques (*RetN*,
p. 409) parle comme un « livre » ou comme sa table des matières ; Mme de la
Mole (p. 245) affectionne « les phrases toutes faites » et se trouve heureuse
de situer Julien par une formule ; M. Leuwen a une redoutable aptitude au
« style bête » fait de proverbes et de truismes et l'emploie avec les députés
de son « groupe » (*LL*, P, p. 1278, et p. 1281) ; Mme Guizot en est là elle-
même (*CA*, III, p. 169) ; de même le chevalier de Bonnivet fournit le commandeur en raisons et en phrases (*A*, P, p. 171).
2. Sur la « répétition » comme figure populaire en France, *Ch de P*, p. 59.
3. *RetN*, p. 449 ; p. 483.

res, nobles, provinciaux, parisiens, bourgeois, démocratiques, participent à la fête de l'idée reçue, puisqu'ils sont définis par des « idées » collectives et rivales. Le romancier inaugurant une « sociologie » des milieux romanesques ne peut mieux les peindre que par leurs habitudes de pensée et de parole ; c'est dire que le romancier peut seulement dire qu'il ne dit pas. Car ici la répétition prend d'immenses proportions, et la parole disparaît dans sa monotonie. Non seulement chez les légitimistes, où la même plaisanterie (le mot « voleur »[1] appliqué au Roi de Juillet) ne lasse pas un public que la partialité ou l'ennui rendent indulgent, mais dans le petit peuple qui a « pris de la bonne compagnie sa haine pour les idées présentées brusquement ». Dans toute la société le discours est roi[2], ça parle partout, mais le continuel moulin à paroles ne brasse qu'un répertoire immuable[3]. Le rituel est parfait : si l'homme d'État doit se cantonner dans « le lieu commun élégant et vide »[4], toute « opinion », qu'elle soit émise dans un salon, un quartier de cavalerie, chez un négociant bourgeois, dans une préfecture, a sa source, son type et son précédent. Les théories de Du Poirier, le faible nombre de *mots* dont chacun dispose, font que les conversations de la bonne société de Nancy sont réglées comme un dialogue de comédie : questions, réponses, sont connues d'avance. Se félicitant que Mlles de Serpierre[5] ne se conforment pas au genre à la mode, Lucien a la surprise de voir Mlle Berchu faire exactement ce que les autres ne faisaient pas. Toute parole se fait allocution, dissertation, produite par un modèle théorique ou écrit ; et cette pâte verbale si pesamment pétrie, il n'est pas question de la dire pour le romancier.

Il va donc se borner à énumérer les têtes de chapitres[6], pour Du Poirier les grands thèmes, nécessité des grands

1. *LL*, P, p. 888 ; mais Mme Kortis s'égare tout autant (p. 1137) dans les « précautions oratoires » et les monologues de tragédie.
2. *LL*, P, p. 879 ; p. 880 ; p. 883-884 ; p. 901 ; p. 1011-1012 ; p. 1015 ; p. 1024 ; p. 1026 ; sur le stock de plaisanteries pour chacun, p. 888 ; sur la lecture des journaux : p. 891 ; p. 923 ; p. 1095-1096 : toute idée a une source ; de même p. 1348.
3. *Id.*, p. 1223.
4. *Id.*, p. 876 et p. 879.
5. Par ex., p. 1013 et p. 1015 ; p. 1173 ; p. 1503 ; Lucien doit lui-même recourir à de tels discours : p. 1169.
6. P. 1313 ; et p. 993 ; p. 1138 ; p. 976 ; p. 1146 ; p. 1242 ; p. 1148 p. 1175.

ordres religieux, dangers de la division des terres et de l'excès de population, pour Mme Grandet, exemples de rubriques
qu'elle va aborder dans une conversation qu'elle veut toute
staëlienne, répertoire de problèmes en somme qu'elle tient
tout chauds. Ailleurs, quand l'esprit du « topo » est donné,
comme on donne à un bon secrétaire en deux mots l'esprit
d'une lettre (ainsi M. de la Mole et Julien), Stendhal coupe
court et termine par des etc., etc. ; parfois même la phrase
est inachevée : ainsi les remerciements au superlatif de
M. Leuwen au maréchal[1] ; le banquier ne sait quoi dire, et
Stendhal est incapable de le faire parler pour ne rien dire. Le
trait est constant : pour les comptes rendus de l'opération
militaire contre les ouvriers, les négociations avec Mme Kortis, les propos des officiers qu'ils veulent aimables envers
Lucien, les regrets de Develroy sur son savant décédé préma-
turément pour sa candidature, les propos du juge de Caen,
même les paroles de Mme Leuwen à son fils sur sa mission,
ou l'improvisation de Lucien pour défendre la messe, toujours, comme pour les réussites de Julien dans le style jésuitique, le romancier censure ses personnages, et s'en tient au
signe de la répétition et du pléonasme ; il ne dit même pas,
excédé, découragé, comme dans la *Chartreuse*, « la
conversation fut infinie en ce sens »[2]. Il refuse d'achever, de
résumer, d'entamer même le récit, et interdit au *flatus vocis*
d'encombrer ses pages. Ou bien il se contente d'en fixer « le
genre » (ainsi Du Poirier réduit au « genre plat »[3]). Ou bien
encore pour les « torrents de paroles »[4], Stendhal se contente
d'en estimer le débit et le volume, en pages s'il s'agit d'une
intervention de bon style[5] (Des Ramiers parle « huit pages »,
le colonel « trois pages »), en minutes[6], quand on est encore

---

1. Sur ces prétéritions, cf. G. Blin, *Roman*, p. 236-238 ; autres exemples
dans *RetN* : les propos flatteurs de Mme de Rênal à son mari (p. 132) ; de
Julien et de Fouqué (p. 178) ; la conversation avec le sous-préfet (p. 137) ;
la lettre de Mathilde à son père (p. 433) ; les pensées de Mme de Fervaques
(p. 407) ; le prêtre qui veut confesser Julien (p. 493) ; dans *PS*, p. 130, le
prince Savelli ; Valéry rappelle (*Œuvres*, II, p. 558) que Mallarmé
condamnait l'etc. car l'esprit « ne supporte pas la répétition, il semble fait
pour le singulier... ».
2. *Ch de P*, p. 287.
3. *LL*, P, p. 852.
4. *Id.*, p. 1052 ; de même pour le juge : p. 1240-1241.
5. *Id.* p. 1099 ; p. 837 ; p. 1052 et p. 1055.
6. *LL*, P, p. 1247-1248.

entre esprits vifs et fins, ainsi le roi et M. Leuwen, en heures ou en quarts d'heure quand la logorrhée niaise et lourde s'étale librement : ainsi Du Poirier et les nobles de Nancy pour le complot contre Lucien, les heures passent, et le docteur parle toujours et avance dans un épais brouillard de propos. L'abbé Le Canu[1] est habile à fuir la discussion en la prolongeant en une perpétuelle redondance ; comme des personnages d'épopée dans un combat singulier, « sept fois de suite » Lucien et lui se rencontrent et sept fois de suite il parvient à ne pas répondre ; enfin lorsqu'il va « conclure », c'est pour trouver un alibi et un délai.

Mais ce n'est rien encore auprès des causeries intimes du ménage Grandet ; l'un et l'autre sont de bons exemples de ceux que Stendhal nomme en 1829 les « surmenés » ; ce sont les « hommes nouveaux » de la démocratie en matière de culture, c'est-à-dire les hommes à qui une certaine disponibilité de tous les grands problèmes, l'Art, le Beau, Dieu, etc., traités ouvertement et partout, mis à la portée de tous et au fond démocratisés, permet d'être les demi-habiles de la modernité. M. Grandet est capable « d'épuiser toutes les phrases bien faites à ce qu'il croyait qu'un sujet quelconque pouvait lui fournir »[2] ; Mme Grandet a ses tiroirs pleins de tirades au point, et dès qu'on prononce devant elle les mots « terribles de bonheur, religion, civilisation, pouvoir législatif, mariage », le tiroir s'ouvre et en sortent les « tartines » qui la font soupçonner par Lucien de faire « provision d'esprit dans les manuels à trois francs »[3]. Alors que les grandes scènes d'intrigue de la *Chartreuse* sont relatées de bout en bout (par exemple la scène entre Gina et le prince), Stendhal ne peut pour Mme Grandet qu'établir les grandes lignes de ses dialogues, et chronométrer[4], ou laisser par exemple M. Leuwen suivre de l'œil la pendule de la cheminée. Mais ce qu'il est relativement à Mme Grandet, un esprit rapide et agile jusqu'au cynisme, elle l'est pour son mari, qui parle, qui parle, espérant pêcher « l'esprit » dans le flot des mots. Les débats conjugaux prennent l'allure d'une discussion à la Chambre ; l'éloquence s'y débite en tranches d'un quart d'heure. A

1. *LL*, P, p. 1340.
2. *Id.*, p. 1120.
3. *Id.*, p. 1322-1323 et p. 1342-1344.
4. *Id.*, p. 1343.

Mme Grandet de compter les minutes, et de voir avec inquiétude s'annoncer les « airs connus » de son mari, sur lesquels
il retombe quand il déserte l'imitation du journal du matin.

L'*etc.* stendhalien, si fréquent dans *Lucien Leuwen*, mais
présent partout (des personnages aussi différents que
Mme Hautemare ou Mina, pour peu qu'ils méprisent leur interlocuteur, l'une son mari, l'autre le « fat » M. de Ruppert,
les laissent s'étaler dans le bavardage pendant une heure de
grâce, avant de les ramener au point[1]), désigne bien un mode
de présentation elliptique, le blanc seul peut évoquer le langage d'où la pensée s'est absentée, et le narrateur s'absente
lui-même et ferme boutique, quand le cliché se déroule
comme un bruitage, ou se répand comme « le magma des
mots morts, des peaux d'idées, de la graisse de rhétorique »,
selon la formule de Valéry. L'écrivain se doit de fuir l'accord
paresseux avec le public, et de détester la formulation
consacrée ; elle est de la *phrase*, une substance verbale qui
n'est que *forme* et que *norme*, le tout venant du discours, ce
« trottoir » des idées dont devait parler Flaubert, d'où la
mécanique des mots, et leurs associations paresseusement
étirées (c'est ainsi que chemine M. Grandet à la quête de l'esprit), ont éliminé la pensée. Le banal est immédiatement perçu
comme de l'usagé, et du rien ; le langage subit la dégradation du social : il n'y a rien de valable, où sont les valeurs de
tous. Le langage souffre immédiatement de sa conformité : il
est loin du moi, indigne du moi, parce qu'il est à tous, point
de ressemblance, moyen d'imitation, donc de chute du moi.
Comme l'a fort bien vu Ricardou[2] après Paulhan,
l'anathème contre l'usage second, qui force la littérature à
procéder par « dévoration » d'elle-même, est la conséquence
de l'« introduction dans le champ du langage de l'idée d'expression vive, pure de toute rhétorique » ; les deux contraires
sont fils de la révolte du moi, de son préalable d'originalité et
d'unicité, de son postulat d'existence absolue et en soi, qui
condamne toute antériorité, tout exemple antécédent, comme
un obstacle et une oppression, et qui perçoit le langage
comme une de ces « institutions » faites par et pour les

---

1. *Lamiel*, R, p. 38 ; *M de V*, P, p. 1161 ; et *Ch de P*, p. 53, sur le général
blessé qui demande l'aide des soldats.
2. J. Ricardou, *Problèmes du nouveau roman*, Éd. du Seuil, Paris,
1967, p. 127.

autres, et qui est toujours *autre* que le moi pur. Le principe
premier de non-influence des autres discrédite, avec le « lieu
commun », le langage ; il est usé, marqué par son appartenance à la sphère des autres, et se trouve à distance du moi.
Entre le langage et lui, il y a l'obstacle de sa généralité ou de
sa vulgarité. Pas plus qu'il n'est supportable d'être comme
tout le monde, il n'est pas tolérable de parler comme tout le
monde. Le souhait du terroriste[1] d'une « langue innocente et
directe », sa nostalgie d'un « âge d'or où les mots ressemble-
raient aux choses, où chaque terme serait appelé, chaque
verbe accessible à tous les sens », « en sorte que nul pouvoir
des mots ne s'y puisse enfin glisser, si les mots y sont transparents », est dans le cas du beyliste précédé par un souhait
peut-être plus immédiat : celui de parler une langue neuve[2],
c'est-à-dire une langue qui ne serait pas indigne du moi, mais
égale en valeur à ce qu'il est. Le premier conflit n'est pas
celui des mots et des pensées, mais de l'exception et de la
banalité, des mots et du moi. Le premier grief n'est pas tant
qu'il faut obéir au langage, en observer les lois, mais c'est
qu'il est un lien, une similitude, un ralliement à la masse,
qu'à répéter les mots, on répète les autres. La condition de la
parole est humiliante, elle est une « prostitution », parce
qu'elle suppose une communauté. Alors il faut rompre cette
communauté, et restituer la parole à l'exception, soustraire
le sens aux autres, empêcher les mots et les écrits de circuler
indifféremment parmi tous, délivrer le langage de l'humiliation de l'usage.

D'où l'extrême importance du vœu stendhalien si souvent
rappelé d'une « langue sacrée ». On n'y voit trop uniquement
que le corollaire du recours aux seuls *happy few*[3], et du souci
d'un public rare et constituant une aristocratie de l'âme.
C'est aussi un problème de langage : du malaise dans un langage ouvert à toute compréhension, impur par nature, où il
est délicat de révéler publiquement ce qui doit relever d'une
communication plus vraie et plus cachée. Le moi hésite à par-

---

1. *Les Fleurs de Tarbes*, p. 151, et aussi, sur le tabou de l'originalité,
p. 38.
2. Cf. Mlle de Lespinasse, *Correspondance*, 1906, p. 97, « l'esprit trouve
les mots, l'âme avait besoin d'inventer une langue nouvelle, oui certainement, j'ai plus de sensations qu'il n'y a de mots pour les rendre... ».
3. *O.I*, p. 1171 ; *HP*, I, p. 206 ; p. 217 ; p. 338 ; *De l'A*, Cl, p. 24 et p. 48
n. ; *SE*, p. 5 ; *HB*, I, p. 17 ; *PR*, II, p. 190.

ler s'il n'y a pas une hiérarchie d'initiés, et la possibilité d'une langue réservée, de cette « langue immaculée » faite pour l'« écartement des importuns » que voulait Mallarmé[1]. En un sens c'est bien le même problème : que le public soit « profane », sinon il est profanateur. Le langage ne saurait être, imprudemment, un trait d'union. L'écrivain doit pouvoir parler comme s'il ne parlait pas, selon un principe de choix et d'exclusions, compris de qui il veut, quand il veut. Le malheur en effet c'est que le langage soit commun, et qu'on doive s'exprimer avec le même matériel linguistique que les autres, avec les mêmes procédures de signification, alors qu'il faudrait des signifiants sélectifs et hiérarchisés, une langue portant avec elle-même ses marques d'exclusion et d'intelligibilité réservée. Pour que le langage soit acceptable sans gêne ni remords, il lui faudrait se dédoubler en deux niveaux de sens, l'un grossièrement visible à tous, l'autre, le vrai, subtilement enfoui dans le premier. Que chaque chose ait deux noms, ou chaque nom deux sens : telle sera bien l'attitude de Mallarmé, distinguant deux langages, l'un commun, utile, avili, l'autre mystérieux, sacré, soustrait aux transactions vulgaires ; peut-être Stendhal et lui ne réagissent-ils que par un sursaut idéaliste et *pur,* devant la dégradation des mots dans le *temporel.* Le langage est affecté par ses bas usages, son contact avec toutes les bouches, et sa présence sur tous les objets. Le sentiment de la banalité inexpiable du langage est lié à sa matérialité : aussi va-t-il être identifié à l'argent, aux choses, à la « marchandise », devenir *chose* lui-même ; la chute dans le langage ordinaire est la chute dans le social. Ce que combat l'invocation au lecteur *unique,* ou la désignation des rares sublimes que le texte stendhalien se donne comme « auditoire » ; la parole vraie est restreinte, cachée, elle devrait être à la disposition du parleur pour qu'il pût en modifier les principes de manière à décider à chaque instant de son intelligibilité, et de sa possibilité de lecture. « Je ne désire être compris que des gens nés pour la musique », dira le beyliste[2] ; ou je « voudrais que l'on pût n'imprimer que pour quarante personnes »[3] ; « je voudrais qu'il me fût

---

1. *OC*, p. 257 et sq. ; cf. de Gaède le très bel article, « Mallarmé et le langage », in *Revue d'Histoire littéraire de la France*, 1968.
2. *PR*, I, p. 72.
3. *RNF*, I, p. 254 n.

possible de n'admettre à la lecture de cet ouvrage que les gens qui viennent de pleurer à *Otello* »[1]. Tel est le souhait : conserver sur sa parole un droit de reprise, et presque de propriété qui lui permette de n'y laisser entrer qu'un type idéal de lecteur.

Ou même à la limite lui-même : le langage sacré de Stendhal est voisin de sa parodie, les cryptographies semées dans ses ouvrages. Sacrées elles sont, car personne n'y touche, peut-être pas lui-même, si l'on admet qu'il ne s'est pas toujours retrouvé dans ses « alibis ». Le langage sibyllin est au-delà du langage : et l'initié des *happy few*, comme l'initié des rêveries rousseauistes, est moins pourvu d'un savoir ésotérique que d'une puissance de compréhension immédiate ; la langue alors disparaît dans une communication directe de l'âme à l'âme et dans l'ouverture des cœurs. L'initiation c'est l'intimité ; les inconnus amicaux et semblables pour qui le beyliste écrit, les hommes du futur devant qui il se dénude en toute sincérité, sont en réalité extrêmement proches (et peut-être confondus avec lui-même), car ils se définissent par une aptitude à sentir identiquement les mêmes œuvres d'art. La critique d'art est le langage initiatique : mais elle ne peut apprendre que ce qu'on sait, indiquer ce qu'on a su, se référer à cet au-delà du langage que sont les langages de l'art, et céder en dernier recours la parole au « langage des choses muettes ». Le critique ne peut que s'approcher de ce mutisme : là est la parole ultime, et celle qui *choisit* ceux qui la comprennent. De là le souhait de l'écrivain d'être un peintre ; le tableau est une présence, il est muet ou parlant selon la rencontre, tel y verra des choses, tel autre, le sens. L'esthétique, qui peut être ainsi présence ou absence, est l'image de cette langue sacrée que le beyliste a souhaitée. Les sentiments inspirés par l'art sont « donnés dans une langue que l'ignoble vulgaire ne souillera jamais de ses plates objections »[2]. Pour être autre que le vulgaire, il faudrait parler autrement ; ce qui est dit pour la première fois et révèle de nouvelles idées, c'est « un langage inconnu », comme le dit

---

1. *VR*, I, p. 181 ; cf. *FN*, I, p. 29, « le vulgaire nuit aux grands hommes en profanant leurs expressions trouvées dans les romans les plus insipides et les conversations les plus plates » ; même souhait *PR*, II, p. 190, « que ne puis-je écrire dans une langue sacrée comprise d'elles seules » ; *C*, I, p. 5, « je te parle un langage inconnu, je souhaiterais que tu pus [*sic*] le sentir ».
2. *HP*, I, p. 59.

Stendhal dans sa première lettre à Pauline où il tente de la convaincre de se cultiver l'esprit.

Pour s'exprimer « librement, sûr de n'être entendu que par ses pairs »[1], il faudrait une autre langue, car seule elle serait pudique (elle cache plus qu'elle ne montre) et surtout elle délivrerait de la nécessité d'en venir à user des mots après les autres. Le « vulgaire », note Stendhal dans sa jeunesse, « nuit aux grands hommes en profanant leurs expressions... » ; faudrait-il parler contre l'usage, et en dehors de lui ? Stendhal est avare du mot *amour* ou de la formule : « je vous aime » ; le mot lui est interdit : trop souvent « prononcé par ces êtres indignes d'en éprouver le sentiment », il « connote » pour lui trop de « couplets de vaudeville » ; au contraire le mot *love* : il comprend qu'on l'ait en prédilection parce que rien « ne souille » sa « brillante pureté »[2]. De même il regrette que l'abus du mot « charme » l'ait affaibli. Les mots rares, les mots *autres* ont la pudeur du vrai sentiment, car les mots vulgaires ont l'exhibitionnisme des faux sentiments ; ils montrent à la place de ce qu'ils ne disent pas ce qu'on a dit, l'étalage éhonté des sentiments et des idées toutes faites. Les mots ont donc pâti de leur office ; la langue vulgaire, cette sorte de « langue franque » du quotidien que Stendhal ressent comme un dialecte, comme un argot, en tout cas comme un langage auquel il est étranger, est pour lui « le chinois » qu'il ne parle pas[3]. A la langue de tous il reproche comme il le dit à plusieurs reprises d'être « souillée » par l'usage, « profanée par les bouches vulgaires », salie en somme par cette confusion des langues de la Babel romantique, qui n'est plus la confusion des langues des nations, mais de celles des humanités, la haute et la basse, la rare et la commune[4]. Les langues vulgaires sont faites pour les « choses généralement communes », alors que le langage des « âmes sensibles », la musique, leur permet enfin de communiquer en marge des liens sociaux et linguistiques[5] ; image parfaite de la langue

1. *RNF*, I, p. 155 et *PR*, II, p. 190.
2. *VHMM*, p. 337 ; de même sur l'abus du mot « charme », *RNF*, II, p. 229 ; cf. Valéry, (*Œuvres*, II, p. 692) sur l'impossibilité de dire « je vous aime », « ce n'est là que réciter une leçon, jouer un rôle... ».
3. *HB*, I, p. 117.
4. Cf. *HP*, I, p. 59, p. 196, n ; II, p. 230.
5. *VHMM*, p. 357 ; voir encore sur le rôle dégradant de l'usage, *CA*, III, p. 154.

sacrée, cryptographe lisible, il s'en dégage deux niveaux de sens : pour le vulgaire, elle n'est qu'un « bruit », comme le serait le vocable d'un sauvage parlant d'un objet inconnu dans une langue que nous ne savons pas, pour le beyliste elle est la langue toujours neuve et toujours changeante de l'intériorité.

Parler la même langue que tous est un problème ; parler une langue aussi ; on a l'impression que Stendhal est à l'étroit dans sa langue, et peut-être en toute langue : serait-ce pour cette raison que parlant et écrivant aussi mal toutes langues qu'il a voulu apprendre, il n'ait jamais pu s'assujettir à une seule, comme s'il protestait par ses fautes contre la contrainte d'une correction. Le langage le gêne et il n'hésite pas à le déborder ou à le saborder. Pas plus que son nom ne lui suffit, pas plus qu'il ne se contente de n'être qu'Henri Beyle, pas davantage il ne peut se limiter à un langage, à un langage correct, à un seul code, à une norme de diction. Il va donc jouer librement et capricieusement *entre* les langues, sans jamais pouvoir ou savoir se fixer à une seule dimension linguistique. Comme on écrit entre les lignes, Beyle donne l'impression de parler *entre* les langues, fidèle à cette virtuosité verbale, à ce polyglottisme ludique et magique que désirait le Privilégié : « cent fois par an il saura pour vingt-quatre heures la langue qu'il voudra »[1]. Brève rencontre avec un langage su pour un instant, en un instant, et renouvelant sans le charger un *bagage* verbal que le beyliste veut doué d'une constante mobilité expérimentale. Ainsi décentré par rapport à tout langage, et situé dans l'*utopie* d'une parole sans frontières et sans règles, ne va-t-il pas accéder à une *langue* sacrée qui serait en effet la somme et l'au-delà de toutes les langues (c'était sans doute le sens déjà de l'épisode de l'écolier limousin), le métalangage obtenu par cette agilité dans la *métamorphose* linguistique ? Le langage alors tient du déguisement, de la défroque vite mise et vite enlevée, et participe à un métabolisme vertigineux de la personne. Ce faisant, le beyliste est à l'extérieur de tout langage fixé, et comme conduit à le voir du dehors, comme quelque chose d'étranger à lui-même ; tout langage est sien, et aucun : *cosmopolite* là aussi, il est le moi qui transcende tout langage, et se meut au-delà de lui ; toute langue est un outil au service de

1. *O.I*, p. 1559.

sa spontanéité, mais cette alacrité méprisante et ludique se retourne contre lui : le contrat linguistique qu'il a refusé revient sur lui comme une perpétuelle inquiétude ; il a refusé de s'y fixer, mais il souffre de le sentir constamment incertain, et dès qu'il ne veut plus jouer des *fautes*, le souci grammatical le prend.

Il est bien l'homme du « cella »[1] : sorte de faute héroïque, et de défi à la règle ; pourquoi *cela* ? Pourquoi ces choses et non d'autres ? Raisonner le langage équivaut à une contestation de l'usage, et par là de la société. Comment le beyliste serait-il à son aise, et lui-même dans la convention établie par les autres ? La faute vue de l'autre côté est une singularité. De là cette distance de Stendhal par rapport aux mots, et inversement des mots par rapport à lui. S'il humilie le langage fixé, et entend le pratiquer à sa manière, le langage le lui rend bien. Il a donc dans ses textes personnels, mais aussi dans les livres publics (nous ne parlons pas ici du sabir) multiplié les *langues* dont il se sert ; l'anglais, l'italien lui viennent sans cesse en renfort du français, et il pratique une marqueterie linguistique où il fait flèche de tout mot, sans souci de l'unité de langue ni de ton, selon l'exemple de Montaigne qu'il a félicité de ne pas s'être borné à *un* français ; S. Ullmann[2] a montré comment la « couleur locale » de l'Italie stendhalienne résulte d'une « couleur » linguistique, que les corrections de la *Chartreuse* devaient encore majorer, ou libérer de tout scrupule. Les morceaux bruts d'italien insérés dans le texte sont les meilleurs conducteurs d'italianité et d'étrangeté. Mais spontanément, le beyliste essaie le mot qui lui vient, et qui lui plaît à quelque contexte de langue, de dialecte, de ton, qu'il appartienne[3]. La liberté qui le dégage de

---

1. *O.I*, p. 383 ; cf. Del Litto, « Stendhal, Monti et Pauline Beyle », *Studi sulla letteratura dell' ottocento*, Naples 1959, p. 108 sur l'orthographe, restée capricieuse, de Stendhal.

2. Cf. S. Ullmann, *Style in the french Novel*, Cambridge, At. Un. Press, 1957, p. 44-52.

3. Par exemple *SE*, p. 36 un *bias* ; *O.I*, p. 44, « pour me retirer du vice, suivant le style de ma famille » ; p. 49, « par ainsi comme disent les enfants » ; p. 50,« charmé d'une longue chiacchierata » ; *De l'A*, p. 108 n., la justification du mot « pique » qui n'est pas trop « français en ce sens, mais je ne trouve pas à le remplacer » et le beyliste se conforte des mots italiens et anglais qui le traduisent ; sur le titre hybride de *FN*, *HB*, I, p. 443 ; le Touriste (cf. *MT*, I, p. 1), nous en sommes prévenus, admet dans son français beaucoup de mots anglais ou espagnols ; de quelle langue est la « tête finoise » ? (*Lamiel*, R, p. 137.)

tout code rigide et unique le conduit à une technique de l'écart lexical, par défi à l'académisme, et à la « grammaticalité » attendue. On le voit avec Pauline[1] dans ses débuts, dans ses écrits intimes, ou dans ses œuvres pêcher des termes et des tournures dont il précise qu'ils relèvent de vocabulaires *différents*, techniques, scientifiques, ou familiers et argotiques[2] ; sans cesse, par le procédé de l'italique[3], affleurent des langages autres, ou une couleur de langage autre. Il semble que s'il le pouvait, il n'écrirait qu'en idiotismes rassemblés de toutes origines. Sa manière de protester contre le langage réside dans ce non-choix méthodique d'un registre unique de la parole, et dans la multiplication des traits spécifiques ou locaux du vocabulaire : le langage commun est rompu par l'apparition des langages spéciaux, des variantes sociales, ou régionales, grossières ou dialectales du français. La trame monotone d'une langue est diversifiée par les « façons de parler » marginales[4], inférieures le plus souvent, en tout cas particulières. Bien qu'ennemi du « chinois », il se fait patoisant : on connaît son souci de rendre à chacun son langage, et de restituer la tonalité, sinon l'intonation rustique ou provinciale, locale en tout cas, des tournures. Le romancier, le voyageur, est à l'affût des « façons de parler », des locutions méridionales, franco-suisses, dauphinoises, ou « franc-comtoises »[5], bref de ce qui se dit en un lieu, de

1. *C*, I, p. 368, « terme de marine » ; I, p. 303 « terme de manège » ; *O.I*, p. 701, « terme de peinture » ; *O.I*, p. 50, « langue mathématique » ; de même *PR*, III, p. 213 ; *RNF*, II, p. 13 ; « terme de chimie », *RNF 17*, p. 176 n. ; « termes de vigneron », *FN*, II, p. 194 et n. ; termes de peinture : *RNF*, II, p. 33 ; *MA*, p. 86 ; sur la langue des marins : *C*, II, p. 286.

2. Les mots « vulgaires » : *Lamiel*, R, p. 128 ; le mot venu du « vieux chirurgien » (« à lui le pompon ») *RetN*, p. 192 ; « langage de commis marchand » (*Lamiel*, p. 77) ; de même dans *HB*, le « né sous un chou » et le « c'était une Grolée » (I, p. 306).

3. Par exemple *O.I*, p. 697, « elle avait l'air chargée de sa longue robe, et son cyrus lui donnait le torticolis ».

4. Cf. *Féder*, P, p. 1278, « comme on dit dans les boutiques » ; sur les « façons de parler » : *VHMM*, p. 117 ; *Mél.*, II, p. 297, sur le « chanvre taillé en rite bien fine (j'ignore le mot français) » ; *LL*, P, p. 1097, « c'est le mot du pays » ; *RetN*, p. 129 « il passait sa colère, c'est le mot du pays » ; *LL*, P, p. 861 ; *O.I*, p. 91 ; sur la valeur historique et politique des termes : *Molière*, p. 159, sur « honnêtes gens », et la « trace profondément monarchique » dans la langue ; *id.*, p. 164 ; *O.I*, p. 106, sur « les enfants du commun » ; *FN*, I, p. 159 n., sur « brouille » et non « brouillerie », « donc de proche en proche c'est le gouvernement de sa patrie qui fait employer tel mot au lieu de tel autre ».

5. Par exemple, *MT*, III, p. 81-82 ; *SE*, p. 78 « en garaude » ; *HB*, I,

ce qui singularise le fait de langue. Dans *Brulard*, on le sait, avec son passé, il redécouvre son langage, ce qui fut la parole réelle de son temps et de son origine ; le temps retrouvé c'est le langage retrouvé, langage pourtant méprisé et haï, ce « français de Grenoble » dont il a tant cherché à se défaire. Mais il ne peut se replacer dans son enfance, sans se replacer dans la parole qui fut sienne ; d'où ce pèlerinage spontané au patois natal, le retour premier des mots locaux, que le narrateur traduit ou ne traduit pas, mais se répète comme une garantie qu'il revit bien ce qu'il fut puisqu'il reparle comme il parla. Comme le romancier voyageur se délecte d'écrire à mi-chemin de deux langages, le français et l'italien[1], allant de l'un à l'autre selon la saveur des locutions et le plaisir qu'elles lui donnent, et disposant ainsi pour les termes amoureux par exemple, ou artistiques, d'une réserve de périphrases en langue étrangère, qui l'exonère de l'ingrate monotonie d'une seule tonalité, de même pour vivre entre deux temps, il va et vient du français au patois.

Mais ce faisant, il révèle son incertitude, et son manque de tact linguistique. Il ne sent pas bien la valeur des mots, qui n'est pas réellement en sa possession ; on dirait que le langage ne lui est pas familier ou intérieur. On l'a montré pour *Brulard*[2] : Stendhal déçoit le dialectologue parce qu'il ne ressent pas de différence entre les « mots du cru » et les autres, et que passant de l'opposition français-patois à l'opposition langue académique-français familier, il donne pour patoisant ce qui n'est que commun, et inversement ; dans le *Rouge*[3] aussi, on trouverait qu'il accorde à l'idiome local ce qui n'est que le langage de la vulgarité. Et l'idiotisme qu'il produit

p. 80, sur les locutions ressuscitées du passé grenoblois ; et *O.I*, p. 105, p. 113, p. 181, p. 191, p. 192, p. 193, p. 252 ; p. 275, le « margageat ».

1. Sur les locutions italiennes surtout amoureuses et intraduisibles dans leurs nuances, *RNF 17*, p. 102, « servir une femme » ; p. 138 ; p. 181, « *in servitu* ».

2. Cf. A. Duroffour, « Notes d'exégèse stendhalienne ; sur le parler grenoblois dans la *Vie d'H.B.* », in *Mélanges de Philologie romane offerts à M.K. Michaelson*, Götebourg, 1952 ; le parler local est ainsi du patois pur, du patois francisé, du patois confondu avec le français usuel et populaire ; Stendhal semble intéressé par tout ce qui est *autre*, même s'il s'agit à ses yeux de cette langue « grossière » qui est justement une « langue étrangère » (cf. *MT*, I, p. 57).

3. Ainsi « un faraud » (p. 145), « jamais vous n'avez été si jeune » (p. 49).

ainsi, ou le mot étrange ou bas qu'il détache, le plus souvent par l'italique, et qu'il souligne en le traduisant et en le glosant, il le désavoue, le tient à distance comme n'appartenant pas à son langage à lui ; il le montre comme une discordance, une trouvaille, sinon une curiosité, il le justifie et le traduit, mais comme s'il relevait d'une langue étrangère. Sensation d'ailleurs qu'il affectionnait : tout écart verbal étonne autrui et lui-même, et semble révéler une existence neuve. Le change des dialectes est comme un miroitement de l'être : le héros stendhalien, Octave, Lucien[1], apprécie le « piquant de jouer la langue étrangère », de parler « bourgeois », ou « provincial », de retourner aux autres « leurs propres phrases », même de « chinoiser » jusqu'au point où les mots employés puissent par leur grossièreté révéler une dissonance interne et comme un partage de soi ; Lucien se sent *jurer* ou devenir stupide (« Quel beau temps pour les foins ! »), Octave jouit de son phrasé insolent, comme le bon hypocrite pratique la feinte comme une sorte de conversion linguistique et de changement de langage.

Mais ces langages mis en « montre », renvoient-ils en dessous à une parole où le beyliste serait chez lui ? On peut douter de ce point, et même douter que Stendhal y tienne. La spontanéité bouscule le langage, et ne s'y plie guère : elle répugne à se limiter à un ancrage comme à une appartenance. La preuve d'un malaise de Stendhal dans le français, c'est qu'il ne peut traiter avec sa langue que réflexivement ou rationnellement, que le sens intuitif et rapide de la cohérence et de la correction lui font défaut, bref, que sans cesse il s'interroge sur son langage, et gémit de son arbitraire. Dans un domaine de convention, il ne peut se fier ni à sa mémoire ni à la logique, « je comprends les mots dans les langues », dit-il en une formule capitale, « à force de finesse et non de mémoire »[2]. Mais cette finesse est douteuse. La rapide et violente étude de H. Morier[3] sur « le style code civil », dont le beyliste sort accablé, dresse un inquiétant bilan des impure-

---

1. *A*, GF, p. 101 ; et p. 129 ; *LL*, P, p. 1525 et p. 954 ou p. 956.
2. *Marg.*, I, p. 355.
3. In *La Psychologie des styles*, p. 336 et sq. qui, entre autres, isole un « trop excessif » que le lecteur d'ordinaire ne voit pas (p. 344), et relève impropriétés, lourdeurs, incohérences, cacophonies, vulgarismes, galimatias.

tés grammaticales et stylistiques tiré des pages les plus ras-
surantes du *Rouge*. Le lecteur des *Cahiers*, du *Journal*, des
Marginales, même quand elles sont en clair, découvre (mais
peut-être n'ose pas le dire) que Stendhal est spontanément
gauche, gêné, obscur et même incohérent. Est-il linguistique-
ment un déraciné ? Brulard nous enseigne comment la « hantise » de la sévérité de sa tante ou de l'ironie de son Grand-
Père réfrénait en lui toute tendance au « mot bas[1] »,
comment aussi le provincial transplanté à Paris, et dans le
« grand monde », le seul « qui parle bien et sans songer à bien
parler »[2], découvrit une autre prononciation dont il n'avait
pas idée, et presque une autre langue ; le choc fut certainement rude, et les aveux de Stendhal, sa gêne et son silence,
dont il nous parle, confirment qu'il dut avoir honte de cet
accent « traînard » et de la maladresse de son vocabulaire :
« on parle très mal à Grenoble », écrit-il à sa sœur, et ses lettres s'efforcent de la guérir de cette disgrâce en lui donnant
la bonne prononciation. Lui-même dans ses cahiers s'empresse de noter, par exemple au théâtre, ce qu'il faut dire, les
leçons de déclamation devaient le délivrer de son accent,
mais il doit encore user « toujours » des notations phonétiques du dictionnaire de l'abbé Gattel[3]. Brulard qui avoue
encore les quelques traits méridionaux et grenoblois qui ont
résisté à sa francisation multiplie les transcriptions du parler
local et demande que dans les régions plus reculées du Midi
on « affiche la prononciation française à la porte des
églises »[4]. De fait, Stendhal demeure un homme qui note
les prononciations, comme si elles faisaient problème pour
lui[5]. Comme il fait sa phonétique, il fait son dictionnaire :

1. *O.I*, p. 275 ; et *C*, I, p. 85 ; p. 294, « on parle très mal à Grenoble... » ;
C, II, p. 144 ; p. 115 ; *O.I*, p. 590 ; *O.I*, p. 226 ; p. 276-278 ; *O.I*, p. 1129 n. ;
cf. J. Prévost, p. 16, « il a conscience et horreur d'être un provincial » ;
cf. *RetN* : Julien doit se « défaire des façons de province ».
2. *C*, II, p. 154.
3. Par exemple, *FN*, I, p. 112 ; et *O.I*, p. 226 et p. 276 sur l'usage du dictionnaire ; sur les notations « phonétiques » du franglais : *O.I*, p. 1420 et
p. 1425.
4. *O.I*, p. 126.
5. Ainsi en voyage, à Florence, par exemple (*O.I*, p. 1166) ; ou le nom,
inconnu, de Byron (*C*, IV, p. 331) ; ou encore dans le midi de la France,
VMF, p. 65, p. 192, p. 228 ; ou à l'usage de son lecteur : *O.I*, p. 105, pour
« patets » ; mais aussi plus généralement et semble-t-il pour son usage :
O.I, p. 750; *C*, I, p. 84-85 ; II, p. 109 et p. 111 ; p. 120 ; IV, p. 371.

toujours en quête de nuances, et aussi toujours inquiet de l'irrationnel des faits de langue, devant lequel il se sent intuitivement démuni, et logiquement débordé, il doit contrôler l'impondérable du sens, et s'en donner explicitement acte.

De là les traces d'une « sémantique » historique et politique qu'il dresse à son usage, quand il note les variations de sens des mots de Molière[1], les « traces » monarchiques dans la langue, les usages que la Révolution a périmés (« confesser » disparu au profit d'*avouer*, « roi » devenu « *odieux* », « libertin », « obliger », variant de sens, « apothicaire », désuet pour « pharmacien »), les distinguos nécessaires pour les mots qui résument les valeurs sociales (par exemple, « honneur »)[2]. Cette curiosité et ce sentiment d'une nature évolutive de la langue, dont on retrouvera le développement dans le « romanticisme » linguistique du *Milanese* et sa dénonciation du fixisme toscan, ne va pas néanmoins sans une sorte d'accusation envers le langage : s'il varie, c'est qu'il trahit, car son mouvement est arbitraire. On ne peut ni le prévoir, ni le déduire, seulement le constater comme un effet de l'usage, de la convention, sinon de la mode. Mais c'est là le déterminisme de la convenance et de l'institution qui est insupportable pour le révolté. De là sans doute la double exigence que le beyliste va présenter au langage : ou bien relever de la logique, être l'œuvre de la raison, si bien qu'il puisse être *opéré* méthodiquement, rallié à la rationalité, et habité par les seuls effets d'une bonne réflexion, ou bien laisser au sujet une si entière liberté qu'il soit inversement l'arbitraire même, livré au caprice du moi qui fait sa langue « dans sa bouche » ; alors elle est si déréglée qu'elle ne suppose aucune distance par rapport à celui qui l'invente pour la parler. Mais c'est bien le paradoxe que nous énonce un texte des *Écoles italiennes de Peinture*[3] : Stendhal est d'autant plus proche de sa langue qu'elle n'est pas la sienne : il doit s'« étranger » pour être à soi : il lui faut une « langue étrangère » pour les sentiments « nobles et doux » ; les mots parlés ailleurs, au loin,

1. Cf. *Molière*, p. 159 ; p. 164 ; *Compléments*, p. 273 ; *Molière*, p. 117 ; p. 124 sur « obliger » ; *Molière* encore p. 60 et p. 99 ; *RetS*, p. 365.
2. *LL*, P, p. 1501 ; *Marg.*, II, p. 302 sur « homme de bien » et « honnête homme ».
3. *EIP*, II, p. 68.

sont « intacts » et « n'ont jamais perdu leur fleur », parce
qu'ils n'ont pas été salis par « la canaille écrivante et parlante ». Seuls sont intimes et chers les mots qui relèvent d'un
autre usage et d'une autre société ; ils semblent ne relever
d'aucun lieu et d'aucune règle pour peu qu'ils diffèrent de la
règle apprise et de la langue maternelle. Pour être à soi il
faut sortir de la loi commune ; parler une langue étrangère,
c'est en partie se soustraire à la loi, et différer de la communauté ; parler une langue toujours étrangère, par un mécanisme de substitutions infinies, de brouillages et de dérobé-
des devant la dénomination, parler une langue toujours éva-
nescente, c'est encore plus violer la règle. On a bien fait d'évoquer la « rage métalinguistique »[1] de Stendhal, sa « fuite et
sa surenchère » dans le domaine du langage, c'est là la preuve de son désir de ne pas être dans le langage.

On en a une confirmation dans le fait que Stendhal est toujours à questionner l'usage : il ne refuse pas de s'y plier,
mais il lui faut toujours l'apprendre, le réapprendre, comme
un moyen et une règle qui lui demeurent extérieurs, et
constituent une servitude toujours ingrate. Qu'on voie Stendhal dans sa jeunesse se recommander d'être un lecteur assidu
du dictionnaire, ou s'interroger au hasard des lectures sur la
correction des tournures[2], « faut-il dire, j'ai monté ou je suis
monté... peut-on dire, se fier au secret d'un homme »[3], qu'on
le voie plus tard enregistrer avec satisfaction que « Clara »
lui donne « une bonne règle pour les participes »[4], qu'on le
voie à nouveau dans les manuscrits de l'*Histoire de la peinture*, anxieux de doutes similaires si peu qu'il revienne sur ce
qu'il écrit, doutes qu'il ne peut que transmettre au fidèle
« Seyssins », compagnon « réaliste » et nanti par là d'un rôle
de correcteur grammatical et de mentor stylistique,
continuellement invoqué pour trancher en matière de correc-

1. Genette, *Figures*, II, p. 160.
2. Sur ses recours à la méthode et ses hésitations : voir *FN*, II, p. 144 n. ;
Marg., I, p. 336-337 sur un « recueil de tours », « Seyssins me recommande la lecture du dictionnaire » ; *J. Litt.*, I, p. 279, « consulter beaucoup les
grammairiens » avec l'indication d'ouvrages ; autre mention *RetS*, p. 248.
3. Voir ces inquiétudes : *J. Litt.*, I, p. 41 ; I, p. 292 ; on le voit encore
s'avancer dans des variations de mots ou de constructions où il semble
fixer pour lui-même une règle : *C*, II, p. 154 ; *Compléments*, p. 132 ; encore dans *RetS*, p. 365, un passage sur les nuances d'un mot.
4. *Marg.*, II, p. 103 ; ou pour les « nominatifs » : *Marg.*, II, p. 16-17.

tion, de clarté, d'euphonie, au reste moins consulté que muni de pleins pouvoirs, « choisis, To Seyssins »[1] : qu'on voie « cella »[2] et qu'on compare aux marginales de *Lucien Leuwen* : l'apprenti écrivain, le débutant, le romancier chevronné et célèbre ont les mêmes difficultés[3]. Cette fois, retiré dans son désert consulaire, il ne sent plus les nuances, il est délaissé par l'usage parisien, et diffère certaines corrections ou rédactions jusqu'au moment où il reprendra contact, c'est-à-dire pourra se fier à un autre « Seyssins », « lady K... », tant il est persuadé qu'il lui faut un guide sûr ou une imprégnation de vie parisienne pour « choisir entre les nuances de style » (décider entre « ultra » et « légitimiste ») et recevoir le *la* de l'air du temps et du lieu[4]. Mais aussi la qualité des mots, en ce qu'elle a de plus simple et de plus stable, le gêne : le permis, le « mauvais », le « bon », le « français » ou l'« expressif », sont à chaque pas l'objet de supputations sans conclusion.

Et l'orthographe ! Faute de pouvoir la subir comme règle, il en a fait un jeu. Il n'est pas question bien sûr de juger la régularité de son orthographe : trop d'éléments historiques qui nous manquent seraient nécessaires[5]. L'essentiel, c'est que Stendhal revendique ses erreurs et son *cella*[6]. Il conteste l'orthographe : l'Académie l'a ridiculement éloignée de la prononciation, elle est la « divinité » des sots et des pédants, heureux de pouvoir se raccrocher à une règle mécanique[7]. Ce genre de fautes perceptibles à tous mesure le mérite à la portée de tous ; son poète populaire, Ludovic le dit fort bien : « l'orthographe ne fait pas le génie »[8]. Heureux Canova qui ignore ce bel art[9] ; entre Blair, parangon du pédantisme, et

1. *Compléments*, p. 230, et *passim*, p. 250-285 ; et encore p. 259 et p. 262.
2. *Id.*, p. 269.
3. Cf. *LL*, P, p. 1411 ; p. 1490 ; p. 1494 ; p. 1497 ; p. 1528 ; p. 1555.
4. Voir ainsi *LL*, P, p. 1509 ; p. 1513 ; p. 1537 ; p. 1544 ; p. 1577 ; p. 1579 ; *Marg.*, II, p. 255, p. 260.
5. Cf. Del Litto, *J. Litt.* T.I, Préface, qui voit dans les fautes une preuve de spontanéité.
6. *O.I*, p. 383 ; cf. *Ch de P*, p. 116, « je ne sais rien, pas même le latin, pas même l'orthographe ».
7. *C*, I, p. 271 ; contre la codification académique : *MT*, III, p. 306 ; *VMF*, p. 177 ; Duclos, on le sait, était partisan d'une transcription phonétique ; cf. *C*, V, p. 44, la condamnation du « j'étois ».
8. *ChdeP*, P, p. 209.
9. *PR*, II, p. 188 ; *O.I*, p. 1008 ; *VR*, I, p. 138 ; et *CA*, I, p. 157.

une « pauvre Mlle de Lespinasse qui ne sait pas l'orthographe », il n'y a pas d'hésitation. Voltaire, dit-on, ne la savait pas : « tant pis pour l'orthographe ». Stendhal se réjouit fort de constater qu'Henri IV s'en moquait[1], que Vinci, avec son « amour particulier pour tout ce qui est original » avait entrepris d'inventer pour son usage une écriture, une syntaxe, une orthographe « particulières »[2]. Cette convenance tout externe entre donc dans la catégorie des tyrannies insidieuses du code social : instituée fortuitement et par décret, elle est une pure contrainte sans répondant nécessaire ou intérieur. Le droit de l'homme « singulier » est donc entier d'inventer pour lui-même un code d'expression ; écrire en gaucher, ou pratiquer l'orthographe de son choix, participent à un identique refus de l'usage ; l'écriture peut et doit être soustraite à l'empire de la règle. Lui-même s'y emploie et ce singulier pédagogue invite Pauline à écrire « ce qui te viendra », à mettre autant de spontanéité et de désinvolture dans ses idées que dans ses graphies ; il se donne en exemple : « Tu vois par mes lettres le cas que je fais des fautes contre le français et de l'orthographe[3]. » A cet égard son école est toute « buissonnière » et n'enseigne comme règle que celle de l'écart. En fait il se calomnie et il fait moins de fautes qu'il ne le dit ; mais il ajoute : « *J'en fais beaucoup et je les aime.* » Tel est le principe : le culte de la *faute* ; protestation visible contre le conformisme, débordement de la parole par le parleur, suprématie de la spontanéité sur l'ordre, de la matière sur la manière, refus de s'enchaîner à une forme fixe, de considérer que la langue est faite, et non toujours à refaire pour soi, crainte que la langue exigeant un respect méticuleux ne devienne le parasite de la pensée, il y a de tout cela dans l'amour de la faute.

Tout de même ces libertés avec la langue, il ne les prend pas si aisément : Stendhal nous précise qu'il se sent démuni et invalide devant l'orthographe. Il ne peut s'en souvenir, comme toutes les choses qui lui sont de peu d'intérêt. Savoir qui n'est pas vraiment sien, qui reste à la surface de son moi,

---

1. *O.I*, p. 555 ; et Beccaria (*Italie*, p. 283) ; Voltaire, *MT*, I, p. 282 ; Béranger, *CA*, V, p. 43.
2. *HP*, I, p. 283 et n.
3. *C*, I, p. 189 et p. 271 ; Crozet (*174 Let.*, I, p. 12) s'inquiète du « nombre immense » des fautes du ms d'*HP*.

et qui s'oublie quand il est saisi par l'essentiel, dans les moments de passion, quand il réfléchit ; l'orthographe est chez lui de pure forme, il l'oublie comme « tout ce qui n'est pas raisonnable »[1] ; à cet égard elle est comme les belles manières et les usages mondains : ni plus ni moins fondée, ni plus ni moins pénétrée en lui. On désinvestit le savoir qu'on ne veut pas savoir, il va et il vient sans rester dans la mémoire. Louant Napoléon de ses bévues orthographiques, il le justifie par la « bizarrerie de l'usage »[2], et aussi par l'incompatibilité de la pensée forte et du respect tout mécanique pour l'« opération » manuelle de l'écriture : cette justification est toujours la sienne ; quand il pense, l'acte d'écrire ne peut plus relever d'une quelconque calligraphie, ni d'un souci divergent ; il écrit à la diable, et l'orthographe est provisoirement au moins sacrifiée ; l'attention ne peut se diviser ; ainsi il avoue ne pas « avoir dans le moment un souvenir de l'orthographe du mot "eccès" »[3] ; mais cette division qui lui est nuisible, elle vient de ce que le mot ne lui vient pas tel qu'il est dans la grammaire, le mot est séparable de son visage et doué d'une sorte de liberté originelle ; il semble qu'on puisse l'accueillir sans forme, pour le tailler ensuite selon la forme convenue. Le mot-pour-moi n'est pas le mot-pour-tous ; Stendhal ne peut penser et écrire que si les mots, la langue peut-être, sont dans une sorte d'état naissant, et informe. La règle semble seconde par rapport à une absence de règles, qui serait l'état premier du langage, son état de plus grande intimité avec la pensée du moi. La faute est ingénue : elle vient d'un excès d'attention « de l'esprit aux grandes choses »[4] ; mais n'est-ce pas dire que le souci linguistique, ou littéral, est de nature différente donc inférieu-

---

1. *C*, IX, p. 19 ; de même *Idées*, p. XXXIII, où le même mépris condamne à l'oubli « l'allemand », la politesse et l'orthographe.
2. *O.I*, p. 1216 ; de même pour lui-même *O.I*, p. 1088, « j'oublie l'orthographe, c'est au moment où je suis attentif à la pensée que je manque un participe ou une chose plus aisée » ; ce qui se passe pour Rossini, *VR*, I, p. 176, musicalement parlant.
3. *O.I*, p. 1275, et ceci « à force de penser à la pensée » ; de même *Compléments*, p. 174, « quand j'invente ne pas chercher l'orthographe ».
4. *Compléments*, p. 128, sur les fautes de grammaire ; de même *O.I*, p. 847, sur le fait de sauter les mots en lisant : la pensée va plus vite que le matériel du langage ; d'où l'aveu célèbre, *O.I*, p. 427, l'oubli de l'orthographe dans « les grands transports de passion » ; trait prêté à Mme de Rênal (*RetN*, p. 119) qui pourtant « ordinairement la mettait fort bien ».

re du souci donné à l'idée ? Le langage est l'objet d'une sorte
de désinvolture, ou de mépris : Stendhal nous dit encore
qu'en lisant il saute les mots, parcourt vite les textes ; la
lettre est plus un obstacle, une inutilité qu'un soutien. Il ne
s'arrête pas aux mots, il les bouscule, les traverse, et se meut
en effet comme en dehors d'eux, en une région de liberté,
sinon de fantaisie, et de sens aussi, qui loin de coller à la lettre, lui est infiniment supérieure ; bref il semble qu'il y ait un
moi supérieur et antérieur aux mots, une langue-moi avant
les langues, et le langage lui-même.

Stendhal, dans son étude des langues, offre donc le spectacle (fréquent) d'un effort immense et ingrat ; dès le début il
était conscient que « peu d'hommes avaient aussi peu de dispositions pour apprendre les langues » que lui[1]. Néanmoins il
s'y met, et sans doute la curiosité pour les lettres étrangères
n'explique pas cette constance, et cette alliance de l'infirmité
linguistique et du jeu avec les langues. En fait le beyliste a
besoin de variantes verbales, il consomme les langues comme
les identités, et se masque d'une défroque verbale qui est
l'analogue de ses pseudonymes. En même temps qu'il joue
des langues, il déjoue leur contrainte. Mais cette virtuosité
qui définit le moment flamboyant et au reste stérile de l'hypocrisie, la croyance à un pouvoir polymorphe et absolu sur soi,
qui permet au beyliste de dominer son paraître, et de n'y être
jamais, se retrouve dans la situation beyliste au sein des langages, ou des moyens d'expression considérés dans leur
ensemble. Peut-être l'échec de Beyle dans sa jeunesse ne
vient-il que d'un excès de facilité tant littéraire que verbale.
Dans cette expérience initiale, les mots n'ont pas de poids, ou
en ont un si lourd et si écrasant qu'il va osciller entre l'impuissance et l'acrobatie, le silence et le bavardage. La difficulté est bien d'être dans sa parole, de l'avoir à soi, comme la
difficulté première était bien d'être son dehors, d'appartenir
au « monde », d'être du « temporel » et du social ; le langage
qui me fait apparaître est aussi du ressort du paraître ; la
même perception qui transforme le monde en un environne-
ment fortuit ou hostile, en un « milieu » étranger que l'on

1. *C*, I, p. 114 ; voir Alciatore, « Stendhal et l'étude des langues », in
French Review, 1950, qui relève ces velléités, en étudie les motifs, et
remarque fort pertinemment que d'emblée Stendhal tend à mélanger les
langues et à les faire coexister.

peut refuser ou que l'on doit dominer, obstacle en tout cas ou *chose*, s'applique au langage. Le beyliste donne le sentiment de lui être extérieur, donc de s'y prêter, comme à une mascarade qui relève d'un truquage complet, donc maladroit, ou si l'on change le signe de la perception et de sa valeur, d'une humiliation si redoutable que le langage devient une *chute* et une dégradation. La différence, c'est que cette chute peut être faite volontairement, agressivement, ou refusée farouchement. Telle est la première distance du beyliste par rapport au langage et à sa parole ; il en est absent, soit qu'il en use sans mesure parce qu'ils ne sont rien, soit qu'il ne puisse plus parler et se cantonne dans un quant-à-soi farouche, parce qu'il recule devant la tâche redoutable de se dire, et de se confier aux mots. Ou ils ne sont pas plus qu'un déguisement, qui n'interfère pas sur le moi profond, ou ils sont sa chance ultime d'être dit, trop frêle planche de salut qui le mène aux autres.

En ce sens les relations de Beyle avec le « classicisme », c'est-à-dire avec tous les moyens établis d'expression et d'écriture, qu'il trouve bien rangés à sa disposition en venant à l'existence littéraire, doivent être réétudiées ici. Marquées par une certaine duplicité, puisque au fond, comme on l'a vu, toujours la révolte conteste les communications convenues, mais que par ailleurs Stendhal s'efforce d'en user comme si de rien n'était, et comme s'il pouvait être un « classique » comme il est un séducteur, ou un ambitieux, elles donnent le sentiment que le jeune Beyle pratique les conventions comme une « rhétorique » pure, une conformité gratuite, où il est d'autant plus à l'aise qu'il n'y est pas en personne, selon la croyance fondamentale que le faux et le vrai sont à l'état pur, qu'il y a une parole vraie, celle-là presque interdite, et une parole de pure technique, qui se déploie dans l'artifice intégral, et à la surface du moi, là où il n'est qu'un opérateur, et non une personne. De là sans doute l'une des raisons (il y en a d'autres, venues de l'idéologie celles-là, mais qui vont dans le même sens en déduisant l'écriture d'une démarche logique) de l'entêtement « classique » du révolté ; parce que le système de la poétique et de la rhétorique établies lui est étranger, il s'y tient, il s'y trouve exonéré de la tâche d'être présent dans sa parole, il préfère en un sens et pour un temps le schisme entre une écriture vouée au « Connais-toi » et à la retransmission d'une expérience indifféremment vécue et écrite, et une écriture vouée au « paraître » littéraire, et presque exclusivement, ou très largement abandonnée à l'artifice. De là le caractère presque imperméable des séries de cahiers, et de sincérités. Là est son moi, ici est son œuvre : sa démarche première est de tenir les deux domaines séparés, contrairement à son souhait le plus profond, à sa visée la plus essentielle. Parce qu'il croit à la possibilité d'une parole entièrement consentie aux autres, faite pour eux et selon eux, et à la possibilité symétrique d'une parole entièrement retenue pour le moi, en une sorte de circuit fermé de *je* et *moi*, il va rater l'une et l'autre, et s'interdit par cette dialectique d'agonie du vrai et du faux toutes les médiations et gradations de l'un à l'autre ; le faux se construit avec du vrai, le vrai avec du faux, il faut pour être littérairement un moi user de rhétorique, et pour être un pur auteur de comédies, il faut user de soi ! Pas plus que le moi ne peut se dire totalement présent en son être, ou totalement absent dans son masque, l'écrivain ne peut agencer du dehors un langage comme on combine une horlogerie, ou rêver d'apparaître nu et vrai dans sa parole. Ce qui écarte le beyliste du « monde », et de soi, l'écarte initialement du langage, de tout langage, et la révolte instaure un double registre du langage, soit inutile, soit impossible.

De cette aporie (peut-être si moderne que l'on en verrait d'autres exemples, et qui traduit tout à la fois la difficulté d'être du beyliste, et son désaveu du langage comme s'il n'était pas sien, mais suspect et étranger), je donnerai comme preuve le fait que dans sa période de formation il semble en tant qu'auteur, se placer à l'opposé de ce qu'il voudra être ou paraître[1]. Il se présentera comme l'écrivain spontané et vérace, si respectueux de ce qu'il dit, jusque dans le caprice, qu'il en méprise les suites, ou en attend plus le scandale que le succès ; l'essentiel est qu'il soit présent dans ce qu'il dit, qu'il assume en sa personne, fût-ce la personne fictive de l'« auteur », la portée et la vérité de ce qu'il dit. Et il commence par être un auteur virtuose, sinon charlatan, prêt

---

1. Voir la chronologie de cette période dans Del Litto, *Vie*, p. 96, pour les premiers projets, p. 102 sur la *Pharsale*, p. 107 pour les *Deux Hommes*, p. 256 et sq. sur les nouveaux projets de 1804 ; sur le pronom personnel : « ma » pièce, « ma scène », *mes* personnages, *FN*, I, p. 100 ; p. 101 ; p. 242 ; p. 264 ; p. 316 ; p. 320.

à tout, et capable de tout, jamais arrêté dans un projet (il ne s'agit que de projets), par ce qu'il peut être pour lui, par ce qu'il représente de sincérité ou d'authenticité. Il prévoit, et parfois prépare ses « œuvres » avec autant d'euphorie, de cynisme, que l'hypocrite ses rôles, et pratique ce qu'il veut fuir, la comédie de l'écrivain, avec une sorte d'effronterie. Comme s'il était à la tête d'un atelier comique, il se sent à tout instant en mesure d'entamer la fabrication ; comme si cette technique pure se distinguait mal d'une magie, il se sent une capacité illimitée d'œuvres, qui lui semblent tout aussi proches et tout aussi propres.

V. del Litto a fait l'histoire de cette manie des projets foisonnants, et de cette première période de l'écrivain raté ; le scénario en est identique : ébranlement d'une lecture, saisie par une influence, un exemple, fièvre de la conception, peau de l'ours vendue, car d'emblée l'œuvre semble faite, et même vendue justement, gasconnades du « génie » sûr de lui, accumulations de références, de procédés purement techniques et purement imitatifs, effort de *méthode*, retombée, chute, abandon. Seule varie la durée de la gestation, qui a pu aller de quelques instants à de longues années. A la fois il ne doute de rien[1], parle de son « génie dramatique », se donne « du grand homme », et dresse déjà le sommaire de ses œuvres complètes, à la fois il doute de tout, et ne passe pas du projet à l'acte ; mais jamais il ne s'est inquiété de savoir s'il peut, et veut tel sujet. Certes il renonce à la tragédie, à l'épopée, mais dans la comédie il maintient cette sorte d'inconscience euphorique (et rongée de doutes dans l'action d'écrire), qui traite en formalité sa parole future. Il peut la déployer à tout propos et infailliblement. Il peut tout, et cette parole sortie sans effort, sans accent personnel, sera comme douée d'ubiquité et de toute-puissance. Il est sûr de pouvoir jouer en maître absolu du rire et des larmes, d'inventer un comique réellement *mortel* pour son adversaire, de savoir à son gré ridiculiser absolument tout[2], « les maximes les plus chères du public, Dieu le Père », s'il le faut ; bref « tout peut se comiquer » et entre ses mains « tous les sujets seraient bons[3], je ne crains plus que les sujets me manquent... ». Le chef-d'œuvre

---

1. *FN*, II, p. 306 ; II, p. 114 ; *FN*, I, p. 123 sur ses œuvres complètes ; *FN*, II, p. 311 encore.
2. *Th.* III, pp. 100, 110 et 120 ; *Compléments*, p. 163.
3. *O.I*, p. 552.

est inclus dans un pouvoir indivis de chefs-d'œuvre[1] : refaire Molière, « bâcler »[2] (le mot est fréquent), faire *calamo currente*, tel projet mineur traité comme jeu, sont des soucis habituels pour un auteur qui au reste vit d'avenir et de promesses, et contemple à l'horizon sa gloire[3], ses œuvres intégrales, et se fixe un programme de travail accéléré en raison de la possibilité d'une mort prématurée.

Sans cesse le *but* l'emporte sur l'acte et le remplace : c'est que Stendhal se joue à lui-même la comédie du génie, et qu'il s'enivre de sa toute-puissance littéraire. Le chef-d'œuvre est sûr, et indéterminé ; la gloire certaine, l'œuvre déjà faite, la forfanterie persistante alliée à l'échec pratique et impliquant de sauter la réalisation pour parvenir au moment de la fin, toutes ces manœuvres contribuent à vider l'acte d'écrire de toute réalité. Et davantage, Stendhal, chez qui des vélléités de « carrière » littéraire, par la recherche et la fréquentation[4] des « gens dont on parle », ne sont pas absentes, ne peut mieux faire, lorsque son travail capote, et que ses projets s'enlisent, que de s'encourager par le cynisme du faiseur littéraire : veut-il s'exciter au travail et à l'inspiration, qu'il emprunte avec lui-même le ton positif de l'ambitieux littéraire. Ses motifs d'écrire, qu'il choisit singulièrement vulgaires et prosaïques[5], c'est « se donner une entrée dans le monde », avoir de la gloire évidemment, mais aussi « de jolies femmes », de l'argent (il dresse déjà sa publicité et règle ses prix de vente)[6], de la considération, « avoir tout en abondance, jouir » enfin, il est temps à « vingt et un ans dans trois jours », sortir de l'obscurité dont il se dit « las » ; jusqu'à l'*Histoire de la peinture* il n'a pas renoncé à ce type de succès immédiat et souverainement rentable ; en 1816 il raisonne encore de son œuvre dans les mêmes termes[7]. Plus

1. Cf. Del Litto, *Vie*, p. 475, sur le « sera-t-il dieu, table... » beyliste : en 1814 il a tout essayé.
2. *FN*, II, p. 321 ; I, p. 171 ; *Compléments*, p. 89, p. 147.
3. *FN*, I, p. 125, « je n'ai plus que 25 ans de travail et il faut qu'à 45 ans tout soit créé » ; I, p. 64, « rien de bête comme de donner jeune ses principes de littérature ».
4. *O.I*, p. 716 ; *C*, I, p. 194 ; *Mél.*, II, p. 37 ; *J. Litt.*, I, p. 181.
5. *FN*, I, p. 81 ; I, pp. 79, 101 et 136 ; *O.I*, p. 511 ; *FN*, II, p. 321 ; *Th.*, II, p. 73.
6. *FN*, I, p. 313 ; *C*, I, p. 193.
7. *C*, IV, p. 382-384 ; on comparera avec la lettre à Balzac, *C*, X, p. 267 et sq., où le beyliste se décrit comme « un orphelin abandonné dans la rue ».

précisément encore dans les considérations qui doivent dicter ses choix pour telle ou telle entreprise, on le voit se fixer sur ce qui lui est avantageux, penser aux circonstances, calculer les opportunités, bref tenter de donner à son « œuvre » virtuelle une allure concertée et *utile*[1]. Arrivisme littéraire certes velléitaire, puisque de toute façon il n'écrit pas, mais même ainsi postulé il renseigne sur une sorte de traitement hypocrite de la parole : il peut tout en faire, car elle ne semble pas vraiment la sienne ; le sentiment de la finalité de l'œuvre et de ses suites, finit par être plus important que l'œuvre elle-même, car le beyliste croit à une virtuosité infinie du verbe, une plasticité sans limites de ses talents, et à l'étendue de ses pouvoirs de séduction.

Le mot n'est pas trop fort : il pratique en fait la littérature comme l'art de séduire, sans y mettre davantage de soi. Qu'on voie ses projets de préface à la *Filosofia nova*, il ne trouve pas de meilleure « captatio »[2] que de faire la cour au public en le flattant. Il suffit de lui parler selon son attente et ses besoins : conception qui subsiste dans *Racine et Shakespeare* et que l'écrivain Stendhal n'a cessé de contredire point par point. En tout il en est là initialement. Il envisage alors toute une technique d'insinuation et toute une pédagogie aimable et facile de ses « vérités éternelles », dont l'un des points majeurs est de suggérer « avec une finesse qui semble naturelle » que ses idées ont pour elles l'aval de la « bonne compagnie », qu'il est de bon ton de « penser ainsi » ; car, dit machiavéliquement le beyliste, « personne ne veut être peuple », toute idée émise sous le couvert du bon ton est proposée à la vanité des lecteurs qui s'empressent de s'en saisir et ne songent pas à la discuter. Mais c'est d'une manière générale que l'écrivain beyliste envisage de se plier au conformisme : lui déjà si alerté contre le classicisme, et le mettant en doute *in petto*, joue si docilement le jeu de l'apprenti littéraire qu'il semble pratiquer un « classicisme » strict, ou mieux, scolaire.

---

1. *Th.*, II, p. 62 ; *FN*, I, p. 124 ; I, p. 67 ; II, p. 114 ; II, p. 30 ; p. 68 ; *O.I*, p. 527 ; ceci n'étant pas incompatible avec les protestations de désintéressement : *FN*, I, p. 33, p. 81.

2. *FN*, II, p. 137 ; p. 118 ; *Compléments*, p. 146 ; *FN*, II, p. 145 ; p. 157 ; p. 167 ; *FN*, I, p. 234 ; p. 237 ; p. 292 ; *Th.*, II, p. 129 ; *FN*, II, p. 119 ; *O.I*, p. 520 ; *Th.*, III, p. 103, p. 132 ; *FN*, II, p. 168 ; sur ce point M. Bardèche, *op. cit.*, p. 30-31.

De toutes les raisons de son premier échec, c'est là sans doute la principale : quelque nombreux que soient les problèmes neufs et novateurs auxquels il se heurte dans ses essais malheureux, ils semblent toujours surgir à partir d'une volonté de conformisme, d'une impersonnalité de la parole, d'un retrait de Beyle hors de sa littérature. Le révolté est sous le masque du bon élève : « j'ai très peu de génie immédiat »[1], nous dit-il, et c'est là la clef de cette conduite scindée qui unit un refus de la discipline et de la méthode traditionnelles à un recours servile, apeuré, à la limite de la paralysie à cette même discipline et méthode. Il s'absente de ce qu'il dit, et se confie, par une sorte d'annulation de soi, à la répétition anxieuse des modèles. L'obsession des conduites de falsification dans le domaine social fait ici retour sur lui ; le « faux », c'est les autres, et le moi, incapable de faire son œuvre, est rivé à l'angoisse des imitations, des précédents, des théories et des recettes, angoisse que la pratique insolente des plagiats ne fait que retourner sans la supprimer. Et cette parole fabriquée qu'il tente d'élaborer, qui a peine à se dissocier du modèle, a par ailleurs la toute-puissance magique du sitôt conçu, sitôt fait. Dans sa première période, Stendhal est « classique » ou dans le classicisme par le *faux* ; il se livre à une mimétique du classique, sinon à une surenchère sur lui ; une fois admis, semble-t-il nous dire, qu'il faut s'y conformer, il est possible de le faire si on le veut. Écrivain Protée, ou Tartuffe, il peut tout faire, et se meut dans un univers littéraire purement instrumental, où il s'égare sans doute, mais aussi se borne à une hypocrisie toute mécanicienne. Classique donc par la lettre pure, et l'inlassable volonté de se l'approprier, mais comme une chose étrangère et distante qui ne mobilise en lui que des procédés d'imitation et de démontage. C'est là l'infinie médiation truquée que son manque de « génie immédiat » le condamne à pratiquer.

Ainsi cet ennemi des unités ne s'en plaint jamais lorsqu'il entreprend des comédies ; ce silence n'étonnera pas : parce qu'il les croit fausses, ces règles ne le gênent pas[2] ; il saura leur obéir s'il le faut, ce n'est qu'une preuve de plus du savoir technique qu'il ambitionne ; en 1810 et en 1811 quand il reprend *Letellier*, il note bien que sa version spontanément

1. *FN*, I, p. 136.
2. *Th.*, III, pp. 203 et 247.

faite présente un arrangement « par rapport au plaisir du spectateur », et qu'ensuite il se rangera à l'artifice requis. Ce n'est semble-t-il qu'un problème technique regrettable mais non insoluble. De même, s'agit-il de faire des vers, Stendhal affronte la corvée avec la même certitude de réussir[1] et la même incrédulité intérieure ; à la fois il n'y croit pas du tout, à la fois il va y arriver. De là l'immense pensum de la mise en vers des *Deux Hommes*, pensum de plus en plus infaisable, puisque plus il avance, plus il peine, plus il gaspille de temps à ces travaux forcés poétiques, et moins il réussit. L'intéressant ce n'est pas tant les comptes harassés des vers faits, Dieu sait comme, mais l'extraordinaire docilité avec laquelle Stendhal essaie de surprendre des secrets de fabrication, les procédés reconnus et utilisés : il faut apprendre à faire des vers[2] et il l'entreprend par ces procédés de mimétique ; il faut beaucoup apprendre par cœur, déclamer, copier des vers, dresser sa mémoire et son oreille et il faut aussi analyser longuement et point par point les secrets des grands versificateurs : de là ces articles de dictionnaire[3] poétique, cette comptabilité des rimes, des hiatus, enjambements, coupes, licences, où Beyle apprend la poésie. Il se fonde sur l'exemple, la statistique, le précédent ; c'est un problème d'analyse : du vers fait, il conclut à la technique, aux composants indispensables. Le même matériel démonté peut être remonté. Stendhal ne cherche que la recette, et le mécanisme ; il y a pour lui une « raison » des bons vers, il suffit de la trouver et de la prendre à son compte. Quand il aura renoncé pour lui-même à ce travail, il demeurera convaincu que « c'est un métier »[4] que de faire le vers, et qu'il appartient au *Mocenigo* de recourir pour quelques louis à des professionnels qui mettront ses comédies en vers. Mais cette croyance aux vertus du démontage stylistique comme autorisant une sorte de vol et de placage des procédés est si profonde chez Stendhal qu'on le voit dans sa jeunesse prévoir de « calculer le style des auteurs »[5], c'est-à-dire de dresser un

1. Voir son assurance pour un prix de poésie (*O.I*, p. 559) ; les projets en vers : *FN*, I, p. 17, p. 202, p. 215 ; p. 207.
2. *O.I*, p. 436 ; *C*, I, p. 73 ; I, p. 128.
3. Cf. *J. Litt.*, I, p. 262 et sq. et *FN*, I, p. 102 ; p. 86 ; p. 163 ; II, p. 307 ; *Compléments*, p. 72 ; *Th.*, III, p. 72.
4. *O.I*, p. 1238.
5. *J. Litt.*, I, p. 291.

tableau du nombre des substantifs, adjectifs, etc., du nombre de fois où la particule « que » est répétée par page, d'obtenir enfin une « moyenne proportionnelle » pour chaque auteur ; qu'au moment d'écrire l'*Histoire de la peinture*, qui, on le sait, s'inspire de Montesquieu pour sa composition et sa disposition, il s'ordonne d'établir « l'économie interne de l'*Esprit des lois* »[1], cette fois la statistique porte sur le nombre de mots par chapitre, sur le nombre et la longueur des chapitres ; l'imitation n'est plus de l'ordre de la parodie, ni du plagiat ; comme s'il se sentait incapable d'inventer « à la manière de », le beyliste réclame un décalque, une transposition stricte, et en même temps mécanique et ici numérique des procédés. S'interdisant de reprendre à son compte, et de l'intérieur, ce qu'il veut imiter, il ne veut admettre qu'une transcription artisanale et réduite à la lettre pure. Dans le même esprit il opère ces analyses scène par scène des pièces dont il veut dérober le secret de composition[2].

Le moment « classique » de Beyle est marqué par ce malaise. Veut-il se fonder sur la parole déjà dite, celle des *autres*, qu'il est condamné à un mot à mot, à une étude myope et machinale, comme si toute sensibilité et tout tact le désertaient, comme s'il ne pouvait en rien se maintenir vis-à-vis du modèle ; perdant alors toute possibilité d'innovation, sinon de compréhension intérieure du modèle, il ne peut en prendre qu'un relevé technique, et le déchiffrer par la lettre pure ; mais par là est posé autant le problème du « classique », perçu selon les modalités de l'« œdipe » brulardien, comme une présence si écrasante qu'elle ne laisse aucune place au moi, aucun jeu à son innovation personnelle, que le problème de la parole stendhalienne : elle ne peut aisément coexister avec celle que les autres ont faite ou marquée. Ou le moi s'annihile, et ne reste que cette parole établie, étrangère, mais respectée et maintenue loin du moi, pleinement extérieure par rapport à lui. Ou bien il veut sa parole singulière, et alors, on va le voir, il perd la parole. Difficile alliance entre le moi qui se veut premier et unique, et les formes établies d'expression et de compréhension : l'invention semble

1. *Compléments*, p. 237 ; Desroches l'avait dit déjà : cf. G. Blin, *Personnalité*, p. 455.
2. *J. Litt.*, I, p. 47 ; p. 131.

incompatible avec le passage par le déjà dit. Ou la parole est absolue, ou elle est perdue. Le moi ne coexiste pas, il est tout, ou il n'est rien. Et Stendhal est aussi mauvais imitateur que mauvais hypocrite : l'hypocrisie littéraire, et « classique », la volonté supposée de l'écrivain conformiste de se situer dans la parole des *autres*, de s'y perdre jusqu'à l'impersonnalité du *on* littéraire et social, est pratiquée par le beyliste qui privé de tout sentiment, de toute perception du *convenable* quand il s'agit de l'univers réglé et établi des œuvres, ne peut s'inspirer d'eux qu'hypocritement et faussement, et perdre leur « esprit » et le sien[1]. Comme pour jouer un rôle, il faut l'épouser, être lui et soi ; pour parler après un auteur, il faut se mettre derrière lui, et en lui, il faut être soi et l'ombre du modèle.

C'est ce qui paraît impossible à l'écrivain révolté ; c'est ce qui permet de saisir le sens de ses relations avec les classiques : hostiles et serviles, très proches et très lointaines, fascinées et étrangères. Naturellement, il l'avoue, sa parole se plie au modèle : « sans m'en douter et malgré moi », il écrit « dans le style de l'auteur que je viens de lire... »[2]. Parodiste spontané, mettant sa parole immédiatement dans celle d'un autre, il a non moins spontanément, et pour son plus grand dommage, un besoin d'autorité, de modèles, de lisière (de là son « habitude de ne pas faire un pas sans être tenu par la main »)[3] ; l'original recèle un copiste maniaque, inapte à tout pas hors du sentier frayé, à toute marche à découvert du modèle. Lui-même s'en épouvante : il se sent « perdu » à l'idée que les *Deux Hommes* sont la copie des copies déjà faites de la « nature ». Incapable d'être *comme* autrui, il se perd à être *dans* autrui, élaborant une parole qui ne parvient que difficilement à se démarquer du déjà dit.

L'aversion pour le cliché que l'on retrouve ici inversée en fascination pour la parole consacrée est née de l'infaisable tâche d'être soi, dès lors que le moi et le modèle sont mortellement exclusifs l'un de l'autre, et que l'emprunt se borne au vol des « attributs » littéraux du modèle. Ce que le geai prend au paon, ce n'est que parure et futilité. En ce sens l'anticlas-

1. Sur ce rôle écrasant du modèle, voir Del Litto, *Vie*, p. 111 et sq. sur l'exemple des *Deux hommes*.
2. *FN*, I, p. 311 ; sur l'instinct copiste, voir *FN*, I, p. 78 ; p. 106.
3. Del Litto, *id.*, p. 111.

sique se conduit en hyperclassique : imitateur comme un
scribe, mais scribe haineux. N'est-ce pas ainsi au fond que
Beyle a interprété Alfieri qu'il jugera mieux plus tard dans
Rome, Naples et Florence : classique outrancier, par haine
des classiques, révolté par orgueil nobiliaire, destructeur qui
conserve la caricature de ce qu'il détruit. De là cette longue
fréquentation si servile et si stérile à tant de points de vue
(non à tous) de Stendhal et des classiques[1] : qu'on prenne ses
« commentaires » des pièces, écrits dans le genre de ceux de
Corneille par Voltaire, l'on a l'étrange impression de voir les
classiques éreintés par eux-mêmes, ou au nom d'une surenchère de sévérité et de pureté ; jamais critique ne fut davantage fixée sur les *défauts*, et plus rapide sur les « beautés » ;
vers à vers, mot à mot (mais vite le beyliste se lasse), Fénelon, Corneille, Racine, Rousseau sont l'objet de griefs « vétil-
lards », conformistes, ou sans motifs, et de corrections aussi
sévères que frivoles ; et que dire des hardiesses relevées par
le beyliste ! ou de ses étonnements critiques devant la moindre tournure et la moindre figure ; en fait, pris par le genre
même du « commentaire » au compte-gouttes, il perçoit
comme une anomalie le moindre *écart* relativement à une
pureté insoutenable, et va jusqu'à méconnaître les originali-
tés stylistiques les plus évidentes ; ainsi les *concetti* du Tasse
ou ceux de Shakespeare que le « mythe » shakespearien ne
peut intégrer. Encore les aime-t-il, mais pour Corneille et
Racine, il en vient à un refus digne du sénateur Pococurante,
« à tous moments j'y trouve des fautes »[2]. Est-il quant au
jugement, laxiste ou puriste ? Pour la langue, il ne manque
pas de jouer l'Aristarque : trouvant Molière, Marivaux
« grossiers » et même « bas », Voltaire « vulgaire »[3]. Des
autres, il attend au gré de ses lectures et « études », des recettes de style, des exemples de langue, des tables de locutions

1. *Marg.*, I, p. 240 et sq. ; *Mél.*, III, p. 11-13 où dans Racine le beyliste
conteste la hardiesse de « de quel œil Hermione peut voir », ou regrette que
« et fait couler des pleurs » ne soit pas « il fait couler... » ; voir aussi sur
Crébillon, *Marg.*, I, p. 340 ; sur Fénelon, *Marq.*, I, p. 302-303 ; *Compléments*, p. 58 ; sur Rousseau, *J. Litt.*, I, p. 274 et sq. ; *J. Litt.*, I, p. 324,
sur La Fontaine ; *id.*, p. 170 et sq., sur Le Tasse.
2. *O. I*, p. 965 ; sur les vers refaits : *O.I*, p. 674 ; p. 586 ; sur le principe
du commentaire vers à vers : *FN*, I, p. 205.
3. Par exemple *O.I*, p. 529 ; p. 538 ; p. 744 ; *Molière*, p. 165, p. 170 ;
Marg., II, p. 157 ; *J. Litt.*, I, p. 77 ; *FN*, II, p. 32 n.

et tours[1], des recueils de bons mots, des modèles de personnages et d'action, bref une régulation constante et minutieuse. La préparation de sa *Pharsale*[2], pour laquelle il envisage une comptabilité des rimes et des métaphores dans ses modèles, et dresse une invraisemblable liste d'ouvrages propres à le guider, dont la lecture lui semble le préalable à tout travail, n'est jamais que le révélateur d'une difficulté que l'apprenti écrivain ne résoudra jamais : passer de l'étude, de la réflexion sur les précédents, les méthodes, les effets, à l'acte d'écrire. Sa parole noyée d'emblée dans la masse des autorités, gênée par toute référence aux autres, est non moins paralysée par le souci de ses cautions : elles peuvent être de toutes sortes, les modèles pour les tout premiers pas, la « théorie » pour le comique débutant. Ce qu'il voudrait dire, il ne peut facilement le déduire de la transformation d'une parole déjà faite, et instaurer un va-et-vient du précédent à lui-même, qu'il s'agisse d'une autorité ou d'un idéal théorique dont il veut partir.

Il est certes difficile à l'écrivain de soutenir sa parole par lui seul, et de la déployer toute neuve dans un espace vierge. C'est peut-être le drame de l'écrivain « moderne », dont cette note de 1815 fait l'aveu en nous révélant l'étrange angoisse du romanticiste : remarquant qu'il est difficile de se juger en écrivant, Stendhal admet qu'en rédigeant l'*Histoire de la peinture*, il a « été souvent découragé, ce découragement me rejetait dans La Harpe et les éléments »[3]. Ne faut-il pas pour dire, comme pour être, un appui, un secours ? Passer par l'autre pour être soi, par le simulacre pour être dans son être, par l'hypothèse pour arriver au vrai ? C'est ce détour, et cet aveu de faiblesse et d'incomplétude qui est le plus impossible pour le beyliste et qui le rend si réceptif à toutes les réclames, toutes les feintes, toutes les mimiques qui sous l'excès dissimulent le manque. L'hypocrisie sanctionne l'impossibilité de feindre et la loi absolue de la feinte ; être c'est

1. Cf. *FN*, I, p. 102 ; p. 307 ; I, p. 61 ; p. 39 ; II, p. 199 ; *J. Litt.*, III, p. 172 ; *Marg.*, I, p. 337 ; *Mél.*, III, p. 21 ; *J. Litt.*, I, p. 324.

2. Del Litto, *Vie*, p. 92 ; *Mél.*, I, p. 335 et sq. ou *J. Litt.*, I, p. 18, I, p. 67-69 ; I, p. 103 et sq. ; *Compléments*, p. 64-65, p. 70, p. 80 ; *FN*, I, p. 42 et sq. ; p. 49 ; p. 60 ; p. 126 ; p. 136 ; cf. encore les projets dans le « genre de » : *O. I*, p. 460 ; p. 887 ; *Compléments*, p. 145 ; les projets d'études et de lectures : *FN*, I, p. 114 ; p. 158 ; p. 210.

3. *Marg.*, I, p. 216.

être c'est

être en dette, et en dépendance. Le moi n'a pas sa lumière à soi ; et le problème se repose pour toutes les tâches d'expression de soi. Entre la mégalomanie de l'auteur qui peut tout, et la paralysie de l'auteur qui voudrait agencer son œuvre comme sur un devis donné par les autres, il faut trouver la dimension propre de sa parole, et par là se pose le problème d'une « comédie » littéraire, et la nécessité de se définir par l'emprunt et à bonne distance de lui. A la perception d'une altérité destructrice du moi, il faut substituer le consentement au détour par autrui.

Le cas de Stendhal est le cas privilégié d'un homme pour qui la feinte et la fiction retrouvent leur communauté d'étymologie et d'origine : le problème du moi et celui de l'auteur sont indiscernables. L'aversion beyliste envers le « roi des égotistes », Chateaubriand, relèverait de l'extrême ressemblance entre les deux cas : ressemblance dont le moindre soupçon ne l'effleure jamais. L'entreprise de sincérité dégage en lui les mille possibles, les mille personnages qui constituent cette « conscience théâtrale » de soi et cette mise en scène de « l'acteur intime » dont a parlé Valéry ; « l'unique soi-même » est pluriel, et semble un « comédien-né »[1]. Le paraître littéraire se rapproche de son jeu habituel sur l'identité, et des virtualités de mensonge, ou d'embellissement ou de poétisation dont il est toujours riche. L'expérience littéraire est sœur de l'hypocrisie : il s'agit d'être soi grâce à ce qu'on montre et sans être ce qu'on montre. Pour être l'auteur, il faut *faire* l'auteur : *drawback* du moderne puisque l'auteur de la Terreur déclare qu'il n'est pas auteur. Stendhal sait bien que pour lui et en lui l'auteur est à faire : il note en reprenant l'anecdote de l'Allemand qui se jette par la fenêtre « pour se faire vif », que Faure est convaincu que Beyle « se fait littérateur »[2] par le parti pris de ne se mouvoir que dans la passion. Bien avant de fixer dans le *Mocenigo* l'idéal de l'auteur comique, idéal qui est aussi un de ses

---

1. *Œuvres*, I, p. 558 ; Lavelle dans *Narcisse*, p. 48, avait montré que le sincériste est fatalement un comédien qui explore les mille possibles de lui-même, « son être véritable est toujours pour lui en deçà ou au-delà de son être présent » ; sur le rapport de la feinte et de la fiction, G. Blin, *Personnalité*, p. 366 ; on sait le passage constant du fictif au vécu dans les œuvres intimes, et en sens contraire dans l'ensemble de son œuvre.

2. *FN*, I, p. 56.

« rôles » partiels, bien avant de se fixer une identité littéraire
par le pseudonyme préféré, il a vu que l'écrivain devait
contenir une réserve de faux-semblants, élargir son moi aux
autres, et vivre en eux, posséder la faculté de « sympathie »
qui fait vivre par procuration, être cette âme « compréhensive », à la sincérité malléable et disponible. Beyle songe-t-il à
traduire l'épisode d'Ugolin, qu'il prévoit de « se laisser souffrir de la faim » bourré de café[1] ; ou bien il se félicite
d'adhérer si étroitement à l'optique théâtrale qu'il rit et pleure dans la réalité comme s'il s'agissait de la scène ; de même
il s'enjoint de travailler ses sentiments, et de les hausser au
sublime pour qu'ils soient tous « dignes du théâtre »[2].

Dès qu'il s'agit de l'art, il faut tant pour comprendre que
pour imiter, développer ce qu'on est par l'emprunt et la
mimétique ; d'où ce problème soulevé par les cahiers de
Stendhal : comment connaître les passions qu'on n'a pas, ou
même qu'on s'interdit ? Comment s'ouvrir à l'expérience des
autres, participer de leur vécu, être en eux ou les avoir en
soi ? Écrire, c'est jouer à être un autre ; toute vérité passe
par le « travesti », tout être par le faux-semblant. Le prouve
aux yeux de Stendhal, cette autre variante de l'auteur et de
l'hypocrite (par un retour au sens premier) : l'acteur. En ce
temps où il est « intoxiqué de théâtre », tout conduit Stendhal
à réfléchir sur l'acteur et à tenter de s'initier à son art, sinon
à rêver de l'être aussi. Nécessaire à l'hypocrite, comme au
sincère acculé à faire appel « à une technique de comédie »[3],
l'acteur est le maître de l'apparence ; analogue au mondain,
et au séducteur, (Stendhal parlera de l'homme « de la société » comme de « l'acteur de société »[4]) il sait ne donner aux
autres de sa voix, de son visage, de ses gestes que ce que l'opportunité requiert. Il enseigne à paraître. Mais il enseigne
aussi à figurer autrui, à être un autre, à produire par art ce
qu'on est ou n'est pas, à calculer l'effet ; il est le maître des
identités illusoires et empruntées. Avec lui, situé entre l'hypo-

---

1. *FN*, I, p. 112 ; on pense à Flaubert et au goût d'arsenic ; on pense au
fond au principe rhétorique de la feinte vérité ; « *si vis me flere dolendum
est primum tibi* », cité *FN*, I, p. 120.
2. *O.I*, p. 532 ; de même *FN*, II, p. 345 ; pour peindre un personnage
parfait, « je n'ai qu'à me passionner et à me peindre moi-même ».
3. G. Blin, *Personnalité*, p. 353 ; sur le projet d'être soi-même acteur,
O.I, p. 640.
4. *CA*, I, p. 143 ; cf. le conseil de H. de Séchelles, *Ambition*, VI, n° 14.

crite et l'auteur, la feinte se fait fiction, la fourberie entre dans l'art. On conçoit qu'il fascine Stendhal, il montre que l'on peut se manifester sous une forme visible et convaincante, que l'on peut prolonger son être en un autre, revêtir le personnage d'autrui sur le sien, et le représenter comme sien. Il détient la clé des langages, ceux du corps, celui de la littérature, la clé des multiplications du moi. Homme des moyens, homme de la « compréhension », de ces « succédanés » de « sa propre existence » que Kierkegaard[1] aussi entendait gagner par l'entrée dans le « rôle d'un autre », en quoi il voyait aussi la définition pratique de l'artiste.

L'idée n'est pas neuve, mais on va voir quel parti en tire le beyliste. Quand il se fait « déclamateur », il abdique sa prétention à une parole singulière : il admet qu'un texte établi, un scénario tout fait, un exercice de par cœur sont valables pour « Mr. Myself » ; qu'à se loger dans le creux du simulacre qu'est le personnage il peut encore être soi ; que l'originalité se départage du convenu, et ne s'y oppose pas totalement. Qu'il y a en somme de l'originalité dans la citation, et de la citation dans l'individualité. Par là il entreprend de se rendre visible par le masque, de se dire dans une parole étrangère, de se plier à une règle et à une technique, non pour se cacher, mais pour se révéler. L'expérience du théâtre est en fait l'expérience plus vaste de l'*actio*, et il semble bien que de la scénographie il retienne d'abord la déclamation, comme mise en œuvre parlée de lui-même, et comme représentation d'un personnage. Dans les deux cas il recherche le détour par la forme, l'accès à soi par l'autre[2]. Il nous dit que l'expérience acquise chez Dugazon « m'a été très utile pour me connaître moi-même »[3] ; le jeu a été un moyen de connaissance et de vérité : la déclamation « tient à ce qu'il y

1. *Journal*, N.R.F., 1942, t. I, p. 32.
2. Condamné initialement s'il est vrai que pour lui, « du moment que l'on récite on est comédien », G. Blin, *Personnalité*, p. 327.
3. *O.I*, p. 611 ; *C*, II, p. 39 ; sur le rapport auteur-acteur, *FN*, II, p. 257 ; de même *C*, I, p. 348, apprendre à dire les passions les fait connaître ; par là le langage *autre* devient le mien, et se confirme que la déclamation a une valeur rhétorique : jouer, c'est avoir l'âme *compréhensive* qui peut se transformer en autrui et s'inspirer de ce *persona* ; cf. *O.I*, p. 494 sur ce rapport ; cf. J. Prévost, p. 52, qui note que Stendhal apprend par là à « imiter » en lui-même les autres, donc à les *comprendre*.

a de plus profond dans l'âme et dans la tête ». Cette profondeur du masque, qui fait éclater la notion même d'hypocrisie, tient à ce que comme « complément nécessaire de l'étude de l'homme », il a pour fonction d'actualiser la vérité, c'est-à-dire de la traduire au-dehors, et cela en *actions,* en « détails sensibles » (qui sont difficiles à concevoir à l'état abstrait) ; le jeu de surface est donc en fait intérieur et apprendre à dire des passions, c'est apprendre ce qu'elles sont. Le mensonge de l'acteur ne relève pas seulement d'une action sur les autres, de la récitation artificieuse d'une parole « gelée » comme celle de l'hypocrite stendhalien qui dans ses bons moments se confie au mécanisme d'une parole par cœur, ou apparentée au vide et à l'extériorité du par cœur ; parler comme un autre, c'est explorer l'autre en soi-même, c'est le « comprendre », et le devenir. Le théâtre réfute le schisme absolu entre la parole apprise et la parole inventée, entre le mensonge et la sincérité. « Produire » le sentiment par tout son corps, et par toute sa parole, suppose qu'on a « vu » le sentiment d'assez près.

Mais pour le *voir* il faut avoir tenté de le produire : quand Stendhal dit à Pauline pour justifier sa « manie » de la déclamation, « il faut savoir danser pour bien marcher »[1], le mot étonne sous sa plume ; il implique que la nature n'apparaisse qu'au terme de l'art, que l'artifice soit créateur de la vérité. Le naturel se découvre à partir de l'imitation, et de l'imitation réglée. Beyle entend alors de la scène tirer le vécu, aller de l'art au réel. Faut-il donc représenter pour être ? L'hypothèse est choquante au fond, et très vite on le voit s'inquiéter de n'avoir accès par la déclamation qu'aux « peintures » et aux « copies » de l'homme ; certes il note que par rapport à leur originalité native tous les hommes ne sont que « de fades copies »[2] ; et que seul l'acteur de génie peut représenter un caractère de manière à faire illusion ; la nature, la seule nature pour l'homme est alors la vérité « idéale » et factice de l'art ; l'acteur et l'auteur sont les seuls détenteurs de la vérité de chacun ; elle est fonction de l'art et de l'art seul qui, nous élevant au-dessus de notre médiocrité, nous ramène à notre existence entière, à la fois originelle et idéale. Cette idée, il ne

1. *C*, I, p. 293.
2. *C*, I, p. 282.

peut encore l'exploiter et s'il néglige la déclamation, c'est, dit-il, pour fuir le monde convenu de la mimesis et pour se tourner vers les « modèles »[1] pris en réalité ; au lieu de comprendre à partir du théâtre, il veut juger sur les faits, et oppose le « monde » au théâtre.

Ou plutôt il les confond dans une perception unidimensionnelle. Théâtre et vie – G. Blin a donné de ces interférences une analyse remarquable – sont constamment échangés : entre eux il n'y a pas de frontière stable. Le paradoxe, c'est que le sincère doit « s'évader de la vie vers la comédie »[2], inversement demander à la comédie de « redescendre au ton et aux formes de la vie ». Adoptant, comme le suppose sa vie avec des gens de métier dont il souligne lui-même le constant cabotinage, une optique de professionnel, Stendhal voit en toutes choses la *composition* du comédien, et étend au vécu le critère du talent, du « bien joué », du rôle bien défini et bien exécuté, de la « scène », ou de la « sortie » bien faite. « Auteur » et « acteur » de ses rôles, il joue son amour comme un « exercice de comédie »[3], content d'avoir en Mélanie une victime et un juge, une maîtresse à *avoir* et une comédienne à convaincre de son talent. Tout à la fois comme amante, et comme actrice, elle est « difficile à tromper »[4]. Cette double qualité qui le fait vivre indistinctement sur le plan du théâtre et sur celui de la vie courante, lui est avantageuse : l'actrice s'offre d'elle-même à une cristallisation qui s'adresse tant à la femme qu'à l'artiste ; le « baron de Bottmer »[5] nous confiera dans *De l'Amour* qu'en sa jeunesse il a connu cette fascination, et qu'en amoureux d'une comédienne il ignorait qui il aimait, une « reine » ou une « jolie fille ». Qu'une fille de théâtre prenne en main votre éducation, et reportant sur la vie tout le savoir de la scène, vous fasse explorer non les coulisses du théâtre, mais les secrets de la réalité, et sa nature théâtrale, tel sera, un temps, le comble des souhaits de Féder ; c'est à la comédie qu'il revient d'initier à la réalité,

---

1. *C*, I, p. 254.
2. G. Blin, *Personnalité*, I, p. 354, et toute l'analyse afférente sur ces contacts de Stendhal avec la scène et leur signification.
3. *Id.*, p. 363 et 365.
4. *O.I*, p. 655 ; cf. les textes les plus révélateurs : *O.I*, p. 649 ; p. 650 ; p. 651 ; p. 652 ; p. 655-656 ; *C*, I, p. 322 ; p. 664 ; p. 707.
5. *De l'A*, Cl., p. 76 ; ainsi Féder en tout temps, et Fabrice avec la Fausta.

au *rôle,* de former le vécu ; la vérité sur le monde descend de
la scène qui est exemplaire par la leçon qu'elle donne.

C'est bien alors que l'hypocrisie se dilue et s'efface : la sincérité ne précède pas le jeu, elle en est le terme dernier, la
conquête finale. De fait, l'équilibre de la « sensation » et de la
« perception » soit, si l'on transpose, du paraître voulu,
appuyé, et de l'être spontané, de la discipline et de l'inspiration, d'une sorte de « rhétorique » et de la nature, de la stylisation d'emprunt ou d'imitation et de l'individualité, de la
« manière » apprise et de l'invention, n'est acquis selon le
Journal que dans les moments où le beyliste joue ce qu'il est
et est ce qu'il joue. De ces séances d'acteur amateur, il
attend d'être guéri de sa timidité, c'est-à-dire apte à figurer
ce qu'il est, assuré d'être assez maître de son apparence pour
qu'elle l'exprime et ne le trahisse pas. Contemplant son maître, Dugazon[1], et ne perdant aucun de ses jeux et truquages,
Stendhal se promet d'en faire autant, une fois la timidité
conjurée, et surtout de ce cabotinage (il s'agit d'une anecdote
où l'acteur démontre surtout son talent de parodiste ou
d'amuseur), il conclut que c'est là *l'esprit,* la manière dont il
faut conter ; le comédien démasqué révèle un savoir-faire,
une « forme » pour la parole, une technique de la fiction, fût-
ce de la plus humble. Les langages, ceux du corps comme
ceux de la parole, sont ici de l'ordre des moyens, et le moi *est*
s'il sait se trouver à la rencontre de ce qu'il est et de ces
moyens reçus et enseignés. Expérience décisive, tant pour
l'écrivain que pour le séducteur : dans les marges d'une
lettre à Métilde[2], Stendhal note que l'amoureux (dont il parle
comme d'un acteur-auteur) doit se confesser soi-même pour
les « moyens » qu'il emploie : en est-il « digne », est-il « assez
sûr » de son « talent, de son sang-froid, de son insensibilité »
pour « convaincre le parterre qu'il est à cette hauteur de passion ». Pour « produire » la passion qui l'habite, l'amant doit
se livrer à une réflexion qui n'est pas sans faire penser au
Paradoxe de Diderot, et qui porte sur la convenance des

---

1. Par exemple, *O.I,* p. 589.
2. *Marg.,* I, p. 345 ; mais il avait pu avec Angela (*O.I,* p. 1207)
constater l'échec d'une lettre écrite dans le « genre de Duclos » qui avait
paru à l'Italienne d'une fausseté criante ; ayant mal « joué », le beyliste se
console par une réflexion toute littéraire : « Voyez ce que c'est que les écoles différentes, les diverses manières de voir la nature. »

moyens d'expression, et sur la possibilité de les animer d'un souffle suffisant de bonne foi et de passion. Si l'amour est la vérité suprême, le consentement à une sorte de fatalité qui tient lieu de transcendance, il est aussi de l'ordre de l'illusionnisme esthétique. Le personnage est lié à l'être que l'on est : Stendhal est le premier à le savoir, si l'on se souvient que dans sa jeunesse il s'est engoué non seulement de comédiennes mais d'un acteur, Fleury, qu'il imitait au point de « composer » ses scènes les plus vraies de séduction comme un centon de ses rôles[1] ; mais son plaisir à faire le marquis de comédie est double : plaisir de déployer un grand talent, plaisir d'être pris pour ce qu'il paraît, plaisir de poser pour un autre, qui éveille en lui une virtualité d'être, et s'en vient le révéler dans les profondeurs de sa personne. A nouveau le masque ne feint pas, il fait l'être.

Mais cette direction n'est pas celle qui est inhérente au beylisme ; l'attitude du révolté est au fond incompatible avec une vision de l'homme voué au *change*, établi dans la fragilité des apparences et s'efforçant d'y découvrir un point d'*appui* ontologique. Le point d'appui ne peut plus être que dans le moi ; cette vision « comique » et philosophique est difficile pour l'écrivain du XIXe siècle. Jean Rousset[2] en a donné la preuve en comparant l'acteur du XVIIe siècle et celui du XIXe siècle placés devant le même problème de la confusion du théâtre et de la vie, et du dégagement par le jeu de nouvelles identités ; pour le moderne l'acquiescement au paraître et à son appel est moindre et la théâtralité s'appauvrit. Le moi absolu s'éprouve plus comme singulier que comme pluriel. Captif de soi, il répugne à la libre multiplication des images de soi ; Narcisse à une seule image, il craint le grand jeu démarré des apparences. De la scène on attend plus l'expression des sentiments secrets, que leur révélation ; on représente ce qu'on éprouve, ce qu'on est, plus que l'inverse. Le personnage n'ouvre plus sur une métamorphose, tout au plus sur un devenir limité ; l'acteur ne peut devenir que ce qu'il est ou a été, « il n'y a de bon acteur que celui qui se joue lui-

1. Voir *FN*, I, p. 255 ; *O.I*, p. 622 ; p. 626 ; p. 682 ; p. 714 ; p. 978 ; plus tard sur la disparition de l'ultime incarnation du « bon ton », *RNF 17*, p. 148 ; cf. cette note, *O.I*, p. 648 n., « je paraissais un très bel homme dans le genre de Talma ».
2. Cf. *L'Intérieur et l'extérieur*, Corti, 1968, p. 147 et sq.

même » ; comme « inventeur de rôles multiples et distincts de lui-même », l'acteur est « déprécié ». Au lieu d'illimiter la feinte, le romantique pour une part la résorbe dans le non-mensonge, la sincérité retrouvée, qui rétrécit les possibilités d'identités et de *dons* au personnage. L'être du moi s'empare de l'image et ne se laisse plus prendre en son fonds par l'image. Il tend inévitablement à ne consentir qu'à une délégation de soi à l'image. En ce sens Stendhal est un mauvais acteur[1] : non qu'il pratique le sincérisme refusé par Diderot et entreprenne de jouer d'âme ; situé entre l'excès de calcul qui désorganise l'illusion, et l'excès d'adhésion, il sait d'emblée qu'ils sont tous deux funestes, et que le deuxième défaut est pour lui l'obstacle essentiel. Bien avant de ratifier explicitement la réflexion de Diderot, il admet volontiers qu'il lui faut « se posséder »[2], demeurer distinct et distant de son personnage, et contrôler sa « compréhension » par sympathie d'autrui. Mais s'il combat le débordement émotif de son jeu, il ne s'agit que de son émotion, et non de celle que libérerait le personnage en lui. Au théâtre, le beyliste n'en veut qu'à soi ; sur ce point on lui appliquera ce qu'il dit de Byron[3] : mauvais dramaturge, car il ne s'est jamais intéressé qu'à sa représentation. Il peut se déguiser, se déléguer, non s'oublier, ou s'effacer.

L'hypocrisie s'abolit quand le personnage indique au moi une vérité qu'il endosse : quelque chose me vient du rôle que je joue. Il me nourrit autant que je le nourris. De même pour le théâtre. Or la relation de la scène et de la vie demeure unilatérale pour Beyle : il tire le rôle vers l'être, le joué vers le vécu, beaucoup plus qu'à l'inverse. Le vrai acteur est un « héros incarné » et non seulement un « acteur incarnant ». Stendhal laisse toujours le deuxième aspect prendre le pas, voué à être « entre deux chaises »[4], dans des « demi-ruses »,

---

1. Par exemple *O.I*, p. 644 ; sur la conscience paralysante de jouer, *O.I*, p. 471, qu'accompagne paradoxalement une émotion fondée sur l'illusion qu'il se fait à lui-même ; de même p. 473 ; *C*, II, p. 217.

2. *O.I*, p. 611 puis p. 619 ; la réflexion littéraire est précédée d'une autre, toute théâtrale, sur le jeu de Dugazon ; cf. *Œil vivant*, p. 204, « ce qui compte dans l'hypocrisie de Stendhal, plus que le succès pratique de la manœuvre, c'est l'élégance des moyens, la réussite esthétique du "bien joué" » ; sur la lecture du *Paradoxe*, cf. *O.I*, I, p. 1300.

3. *Mél.*, III, p. 263 et 277.

4. *O.I*, p. 634 ; et sur ce point G. Blin, *ibid.*, p. 364-365.

dans l'impureté (réellement hypocrite) d'un détournement du théâtre par le vécu, et essentiellement du rôle par le moi. S'agit-il des comédiens, il les décrit au moment où descendus de la scène ils persistent à la ville à afficher leurs habitudes du théâtre, c'est-à-dire à prolonger indûment leurs effets, et à doubler leur être réel de la trace de leurs rôles[1]. Mais alors ils ne jouent plus qu'à jouer et à mimer leur métier. Rarement quant à lui il se laisse inspirer par le jeu[2] ; couramment au contraire, il envisage de transformer son rôle en une allusion à ce qu'il est, par exemple de « vicier » sa déclamation du Misanthrope pour signifier à Mélanie qu'il est insensible à sa bouderie[3] ; est-il jaloux, qu'il se retrouve dans ses grands rôles ; ou il voit sa future maîtresse « développer son âme sans le savoir »[4] en interprétant un personnage. Ce qu'il paraît, il se l'applique, sans qu'on sache si le satisfecit qu'il se donne concerne en lui l'amant séducteur qui fait sa cour, ou l'apprenti comédien qui fait ses classes : la parade qu'il donne vaut indifféremment, et il n'est pas impossible qu'il entreprenne de se faire aimer sous les traits du personnage représenté[5]. Ne parvenant pas au demeurant à définir le caractère de Mélanie par une autre référence que le théâtre, il voit en elle une Desdémone, et sur-le-champ s'en inquiète : elle est Desdémone[6], ou le paraît ? Femme de théâtre, son moi est-il défini par autre chose que le talent de jouer, et de figurer sous un personnage d'emprunt ? Le vrai caractère de la femme qu'il aime fuit le jaloux qui ne peut la saisir : et la réaction de Stendhal est d'imaginer qu'elle pourrait être en tout et partout une pure actrice, géniale au demeurant, à l'égal de Shakespeare puisqu'elle conçoit aussi profondément le personnage qu'elle représente, mais plus encore, machia-

---

1. *O.I*, p. 492, p. 570, p. 697 et sq., la « fête » chez *Ariane* ; sur Mlle Mars dont il tombe presque amoureux, *O.I*, p. 843.
2. Voir *O.I*, p. 569.
3. *O.I*, p. 662-663 ; p. 660 ; voit-il (*O.I*, p. 729) un acteur médiocre, qu'il le compare à ce qu'il est « par excès de timidité » en faisant la cour à Mélanie.
4. *O.I*, p. 642.
5. Telle est la double valeur du « talent » dont il s'applaudit (*O.I*, p. 655) ; de même p. 622 et p. 696 ; Mélanie jugée de même par un spectateur amant, p. 723-725 ; sur ce point Stendhal anticipe sur Th. Gautier, celui de *Fracasse* et de *Maupin*.
6. *O.I*, p. 643.

vélique, puisque jouant sans cesse avec génie, elle sait encore dissimuler qu'elle joue ! Ici le jeu des illusions engendré par l'interférence de la scène et du vécu, est un dédale ; plus rien n'est vrai, tout est probable, mais naturellement Stendhal ne conçoit pas d'autres relations du théâtre et du réel, que cette double révélation par le théâtre de ce qu'on est sans lui, et de ce qu'on peut paraître grâce à lui, si l'art de donner vie à une identité possible est converti en art de tromper en donnant l'illusion de l'identité qu'on veut.

On voit ce qui nuit à Stendhal dans son apprentissage d'acteur, et dans son effort pour confondre sa parole avec celle de l'autre : il confond l'art et l'artifice, et compromet toute technique de l'illusion avec la pratique de la fraude. Le faux l'attire, comme s'il pressentait que le vrai se fait avec du faux, et à travers lui, et le repousse, comme s'il était le mal ; l'acteur lui semble impur, donc sommé de passer dans son rôle ou de s'en dissocier dans une virtuosité de charlatan. Ou *perception* ou *sensation*[1] : à mesure qu'on s'exerce à jouer, l'amant s'en inquiète, plus le jeu devient facile, et automatique, moins il est convaincant, moins on est dans son jeu, à son jeu. Tel est le problème du moi quand il use d'une expression qui n'est pas la sienne : c'est son annexe, son appendice, son nez de carton vite mis et vite enlevé, le masque d'un divertissement, ou d'une fourberie ; au plus profond de lui-même, le moi révolté qui ne consent pas à s'abandonner au *personnage*, s'en amuse ou s'en sert, il ne peut ni ne veut le soutenir et rester soi dans cette discipline. Il consent que le monde soit un « bal masqué », il veut démystifier ses valeurs et ses prestiges, s'en guérir s'il en est dupe, et surtout dupe « négative », dupe dans la révolte contre elle ; il consent que le monde soit une comédie, mais ne consent pas à en être ; il veut bien jouer les autres, mais non être dans le jeu lui-même. Ce n'est pas d'un point de vue transcendant qu'il juge la comédie humaine, mais d'un point de vue égocentrique : les *autres* sont faux, lui ne l'est que provisoirement, il est substantiel, lui seul peut-être. Le *totus mundus agit histrionem* n'est plus une vérité métaphysique, mais une donnée immanente, politico-sociale peut-être, non plus un moyen de connaître l'homme, et soi, mais un moyen de se méconnaître, en exportant chez

1. *O.I*, p. 655.

les autres la fausseté refusée en soi-même. L'hypocrisie oblitère la perception stendhalienne du théâtre ; Rousseau fait
obstacle à Shakespeare pour lui comme sans doute pour les
autres romantiques. Il faut « attendre » le monde de la *Char-*
treuse, pour trouver une humanité réconciliée avec toutes les
formes de la « comédie » et acquiesçant sans sursaut de pureté au monde comme théâtre, et au théâtre comme « monde » ;
alors le moi ne répugne pas à se laisser saisir par son personnage et à le jouer jusqu'au bout car il révèle une manière
d'être et non seulement de paraître. Le moi est compatible
avec la discipline du jeu ; davantage, il est grâce à elle un
être renouvelé et élargi par l'être externe qu'il consent à
être ; Fabrice archevêque ne joue pas au prélat, il l'est, il se
découvre lui-même par le masque, l'extérieur dénoue et libère l'intérieur. Lucien en mission électorale avait connu la
même tentation : être pris par le rôle, et le jouer héroïque-
ment jusqu'au bout. Dès lors la vision de la société comme
une comédie n'est plus seulement un prélude satirique au
solipsisme misanthrope : car cette comédie il faut la jouer, et
c'est la seule manière d'être. Par là l'expérience stendhalienne fait écho à la longue réflexion classique sur l'acteur et le
monde, sur l'honnête homme et le masque. Que demande-t-on
à l'honnête homme, se demande le chevalier de Méré[1], sinon
la perfection de l'acteur, la grâce et la *liberté* de celui qui fait
bien ce qu'il fait, qui « transformé par la souplesse du génie
comme l'occasion le demande », s'acquitte toujours *juste-*
ment de ce qu'il doit faire, et produit l'effet qu'il doit produire. L'acteur, qui est par là en germes l'homme de cour, ou
d'Église, ou de lettres, retrouve le sens profond de la
convenance : être aux autres et à soi ne sont plus incompatibles, celui qui « regarde ce qu'il fait comme une comédie et
s'imagine jouer un personnage de théâtre » a l'avantage de
n'« avoir rien trop à cœur », et en tire « une liberté de langage et d'action qu'on n'a point quand on est troublé de crainte
et d'inquiétude » ; parce qu'il *joue* bien, il est en fait vraiment
lui-même ; libre de diriger sa parole, d'avoir une parole à soi,

---

1. *Œ. Posthumes*, p. 157-158 ; cet opportunisme concerté et inspiré à la
fois est l'idéal par exemple du « roué », *Mél.*, II, p. 25 : « là comme ailleurs
décréter le principe et s'abandonner au génie » ; p. 28, « l'art de tirer parti
d'une situation donnée », c'est l'art du politique ; mais c'est le but du beyliste, non ce qu'il a fait à ses débuts.

dès que le moi et le personnage sont en relation de réciprocité et non d'opposition. C'est le problème de l'auteur : n'est-il voué qu'à une parole abruptement personnelle et novatrice ? Ou cette parole du moi doit-elle être trouvée à l'intérieur de la parole établie ?

C'est au fond toujours le même problème : le moi peut-il coexister avec l'altérité, se trouver relativement aux autres, se trouver vrai sans détruire la vérité des autres, départager sa vérité d'une fausseté obsédante et projective ? Ce qui éclaire ce problème, c'est une des modalités de l'acteur stendhalien. Quand trouvera-t-on dans le monde de Stendhal un cas réussi de jeu ? Quand il se produira une sorte de dépersonnalisation ; quand le vertige du jeu semblera éliminer le moi, le rendre justement étranger à soi, le trahir, et non le traduire, alors il est délivré de tout soupçon et de toute culpabilité. Bouffon donc, et non acteur : on le sait par les témoins de sa vie, Stendhal, déjà « grimacier » dans *Brulard*[1], n'a rien tant affectionné que les travestis burlesques, la grossière parodie qui, exagérant ses défauts et ses ridicules possibles, le mettait au-delà de toute censure. En présentant sous les traits d'un « Gaudissart » épais une charge de lui-même, il évitait en fait que l'on prît garde à ses réels ridicules ; l'outrance volontaire où il se désavouait l'exonérait de lui-même et de son apparence. Du Poirier a compris le même secret : loin de refouler ses défauts, sa grossière enveloppe, et son cynisme de mauvais ton, il les exagère ouvertement, et réussit intrépidement par ce qui lui nuirait. Le grotesque défie le jugement : et de même le bouffon. Avec lui l'acteur est si totalement acteur qu'il ne l'est plus ; car la prise par le rôle ne définit pas un autre moi, mais une absence de moi. Le bouffon[2] n'a peut-être tant fasciné le romantique que parce qu'il est délié des règles de la vie et échappé de l'humanité. C'est l'acteur achevé, parvenu à une multiplicité d'êtres de paroles, à une volubilité théâtrale qui est en deçà de l'humain. Dans le déploiement absolument libre des apparences et des mots, le moi est ravi à lui-même, aboli dans l'humilité volontaire et l'indignité postulée. Le bouffon peut tout dire,

---

1. *HB*, I, p. 174 et II, p. 96 ; sur ce point voir ce qu'en ont dit Frémy et Desroches, dans G. Blin, *Personnalité*, p. 160-162 et p. 180 n. ; sur le « fleurysme » désastreux et grimacier, *O.I*, p. 714-715.
2. Qui intervient dans le *Rouge* avec Géronimo.

parce qu'on ne peut rien lui dire ; le jeu est pur puisque parvenu à l'irresponsabilité et à l'inconséquence. Ou être soi, ou pratiquer la dissolution de soi par le jeu illimité, l'ivresse du changement absolu, la confusion de soi avec la pure opportunité ludique. C'est là le comique affectionné du beyliste, qui ne peut rire que dans ce vertige irréel que lui offre l'opéra bouffe, ou ces « bacchanales de la beauté »[1] comme il dit en 1805 des *Folies amoureuses* jouées par Mlle Mars ; le comique « fou » comme la danse du bouffon nietzschéen met entre parenthèses la distinction du moi et des autres, du réel et du faux, du jeu et du sérieux. Forme de possession, ou d'inspiration, de « folie » si l'on veut, il nous met « hors de nous-mêmes », hors des limites et des conditions de l'existence. Nous sommes neufs, nous sommes autres : par la grâce du jeu pur et du cynisme suprême qui abolit toutes les considérations de conscience et de vérité. Telle est la condition pour que le beyliste consente à jouer : qu'il ne s'y retrouve plus, qu'il déjoue dans le jeu les scrupules de jouer, en jouant jusqu'au bout, jusqu'à ne plus être, et à se dissiper dans la gratuité et l'irréalité. Déjà le « roué » se fixait cette ambition d'une virtuosité séductrice illimitée : « N'être jamais le même, n'être jamais comme un autre... parler et agir beaucoup... arrivé en haut, briser l'échelle, faire des choses infaites et infaisables[2]... » Idéal de haute voltige histrionique qui suppose vaincus la pesanteur du moi et le fixisme de son identité. Plus qu'un « ironiste », le personnage de Stendhal sera un « joueur » aérien et dansant, quand il atteindra la liberté non du masque mais au-delà encore, de la caricature. Quand parlant enfin spontanément « la langue étrangère »[3], celle qui est le plus loin de lui, et qui est comme soustraite aux règles d'un vraisemblable strict, il pourra se sentir méconnaissable dans son propre jeu ; alors le masque n'est plus à charge quand il est la charge de celui qu'on joue. Quand le moi et son personnage sont dissociés et dissonants, alors le masque libère de la joie, un *rire fou*[4], mais le moi le

1. *O.I*, p. 616 ; ce sont là « *jouissances divines* ».
2. *Mél.*, II, p. 24-26.
3. *A*, P, p. 104 ; la « langue étrangère » est au fond la langue *sociale*, celle des Chrysale, des patois, locaux ou sociaux, la langue de l'argent, de l'échange (*De l'A*, Cl., p. 157), la langue « profane » que l'hypocrite parle mal en croyant « jurer », et qui n'est accessible que dans le jeu pur.
4. Ainsi Lucien (*LL*, P, pp. 946, 954).

considère comme un étranger parodique aux écarts divertis-
sants ; il est de fait le premier à rire de lui-même, et de ce
dépaysement en lui-même.

Ainsi Octave[1], dans la *scène* qui motive son duel (et qui se
déroule au théâtre italien) force la dose d'*impertinence* dans
le rôle qu'il joue, et redouble l'affectation, si peu dans son
caractère, d'une fatuité qui le libère complètement de lui-
même ; ceci avec la promesse d'un duel, et la possibilité de
mourir, le comble de ravissement ; s'il emploie à propos de
son adversaire le mot si peu propre de « rival », il en savoure
l'étrangeté et la fausseté cette fois en pouffant de rire. Que sa
parole acquière la même légèreté et se résolve en un vain
bruit, qu'il peut indéfiniment faire résonner aux oreilles de sa
dupe, et débiter comme si ce n'était pas lui qui parlait, mais
un *langage* convenu, et Julien[2] réussit enfin ses tours
d'hypocrite, comme avec le sous-préfet venant le convier à
enseigner chez Valenod, et mieux, cette scission de sa bouche
et de lui-même l'amuse comme une farce et éveille en lui une
verve inextinguible. Le jeu réussit quand les paroles se déta-
chent du moi et sont faites pour le trahir. On saura ainsi
qu'Octave[3] fréquente les mauvais lieux parce que la licence
générale l'autorise à y prendre le masque du « mauvais ton »,
et à parler « de soi à tort et à travers » ; cette débauche verbale, la seule qu'il pratique, hélas, et où ce timide, ce « refou-
lé », ce scrupuleux se déchaîne en inventions douteuses et
« révoltantes » lui tient lieu de liberté. Auquel cas, être soi,
c'est être le contraire de soi, libre dans le n'importe quoi
d'une parole salace et intarissable qui pour le Babilan a
moins une fonction de compensation que de dissonance.
Comme la grossièreté plébéienne, c'est sa langue étrangère,
celle qu'on parle sans s'y trouver, et sans la savoir. Au reste
dans les salons il ne se hausse à l'aisance et au succès qu'à
condition de dire des « sottises », de se « moquer du fond » de
ce qu'il dit, de désavouer comme ridicules ses propos ;
demeurant conscient dans son jeu de la « démarche sage »

1. *A*, P, p. 130-131.
2. *RetN*, p. 45, p. 137-138.
3. *A*, P, p. 83-84 ; de même p. 89 et p. 1442 ; p. 115 ; sur ce point, cf.
R. Bourgeois, *Ironie romantique*, p. 111, qui insiste sur la liberté dans la
simulation, le passage de l'existence « cachée » à l'existence « masquée » et
le jeu de la feinte et de l'être.

qu'il devrait faire, il n'agite qu'un personnage qu'il condamne et dédaigne, et qu'il ne peut jouer qu'à condition d'en être le premier surpris ou même le premier choqué.

En ce sens le concept « d'ironie » doit être utilisé avec prudence ; en principe il renvoie à un sens absolu du « jeu », qui démasque la réalité en la remplaçant, fait éclater le sérieux par son imitation, et en revanche, par le mouvement infini de sa dérision, et sa gratuité, ne laisse jamais se reformer un possible sérieux[1]. Être un joueur, sans autre but que d'opposer sans fin le faux du vrai et le vrai du faux, pour les identifier, cela répondrait à la rigueur au montage subversif auquel se livre M. Leuwen[2], faire Grandet ministre, ou Féder, « lancer » Boissaux, s'il n'y avait pour l'un et l'autre une *autre* fin, et si ce cynisme gratuit et destructeur de toutes les « valeurs » n'était la forme embryonnaire du « politique ». Le jeu demeure dans les limites du mensonge et de la tactique ; le problème est de le rendre possible. Il ne l'est qu'à partir du moment où il tend à la farce, et se dénonce comme faux aux yeux du joueur ; alors il peut le mener comme s'il s'en absentait et le désavouait. Le vrai mensonge possible doit être incroyable pour celui qui ment, c'est-à-dire si gros qu'il relève de la farce, et sort de la comédie. C'est le cas pour Lucien[3] ; qu'il entreprenne de se laisser séduire par Du Poirier, ou soutienne son personnage dans les salons de Nancy, il y est aidé par la conviction que son public n'est pas regardant, et qu'accoutumé aux gros effets il prendra pour argent comptant la charge qu'il va leur présenter, et qui ne lui est accessible que par son invraisemblance à ses propres yeux. Craignant la contamination de soi par le personnage, s'il jouait bien, et près de lui (il ne sait pas *jouer* son amour pour le produire et le mettre en œuvre), il est le premier à s'amuser s'il joue *gros* et tourne en farce un mensonge que son excès même libère et enrichit. « On ne peut trop charger un rôle

---

1. Cf. R. Bourgeois, *id.*, p. 117-125 sur *LL*, qui insiste sur l'idée que le « système stendhalien » ne peut rien exclure, ni le moi ni le monde (aussi l'*ironie* tend-elle selon nous à la bouffonnerie), et qu'elle s'arrête devant l'*absolu* du sentiment amoureux, où l'on ne peut plus « jouer ».

2. *Ibid.*, p. 123 ; *LL*, P, p. 1161, M. Leuwen « n'était jamais absolument sérieux, quand il n'avait personne de qui se moquer, il se moquait de lui-même ».

3. Cf. R. Bourgeois, p. 117 et sq., qui insiste sur son attitude de « jeu » dans l'hypocrisie dénoncée en même temps que pratiquée.

avec ces gens-ci, et il se mit à parler comme un comédien »[1] ;
alors qu'un rire intérieur l'étouffe[2], il peut offrir à Du Poirier
une « sortie » dans le style que l'hypocrite attend, il peut se
conformer ludiquement au jeu de la parole des autres, et
exceller à l'inventer telle qu'en elle-même, elle ne lui appartient pas, parce qu'il voit le grotesque de ses propos, et leur
excès criard. La verve lui vient quand il se sert de « mots
étrangers à sa langue habituelle », d'« expressions ridicules »
choisies exprès, quand il se conforme à un modèle burlesque
de propriétaire de campagne et lance des invocations en parler provincial, comme le « quel beau temps pour les foins »,
quand il ment « à tout venant comme chantait la cigale »,
quand enfin, pris par l'échec de ses amours, et à un certain
parti pris de s'humilier, il se ridiculise lui-même à ses propres yeux par des thèses « saugrenues », et un rôle méthodiquement bouffon[3] ; alors il fait diversion à son chagrin, se
dépayse en lui-même et s'égare dans un comportement de
clown qui bouffonne de lui plus que des autres. Soucieux de
ne pas être compromis, le moi dégrade le rôle ou à la rigueur
s'y dégrade. La parole des autres ne peut que leur faire
retour comme satire et dérision.

Le cas de *Féder* le confirme[4] : cette nouvelle est sans doute
le meilleur agencement dans l'univers stendhalien des rapports du théâtre et du vrai. Tout commence au pays des
comédiennes ; le théâtre est la clé de tout : c'est à l'Opéra et
en la trompant par sa finesse de jeu, que Féder veut apprendre d'une actrice les secrets de la vie, et les moyens de pénétrer dans la bonne compagnie[5]. La scène est la réalité : aimé
par une ruse de vaudeville, enseigné par le théâtre, Féder
prend leçon d'art dramatique et d'art de parvenir près de
Rosalinde ; seule elle sait les lois du monde, qui est comme
les coulisses de la scène. Le théâtre *forme* la société ; aussi
Rosalinde va-t-elle *composer* le personnage de son amant-
élève[6], et lui indiquer les trois « emplois » qu'il doit assumer

1. *LL*, P, p. 865 ; p. 953 ; p. 1028.
2. Pp. 859-860 ; p. 865 ; surtout la scène avec Du Poirier, pp. 850-852.
3. *O.I*, p. 855 ; p. 954 ; p. 953 ; p. 946 ; p. 888.
4. Cf. R. Bourgeois, p. 126 et sq., qui démontre bien que le jeu, ici gratuit,
esthétique, ne tend à rien dans la réalité ; on retiendra que Rosalinde a un
nom « shakespearien ».
5. *Féder*, P, p. 1280.
6. Ce sont des « rôles » rhétoriques ou des *personae*.

dans la société : il doit jouer dans le triple registre de l'« époux inconsolable », du « chrétien attentif à ses devoirs », de l'« homme bien né » ; de la scène vient dans la société une contagion de fausseté : tout le monde joue, et les joueurs de métier en semblent plus vrais, ou plus maîtres du jeu. Mais Féder ne peut s'y plier : le rôle attribué lui est à charge car il devient son rôle ; à force de faire l'homme triste, il l'est et s'ennuie. Il faut donc arrêter cette contamination du paraître et de l'être. Le remède est trouvé par la comédienne[1] : pour que cette première comédie soit possible, il faut la redoubler en une surenchère de comédie, et de ridicules ; le premier travesti est aggravé et allégé à la fois par un deuxième qui est de l'ordre de la caricature : on prépare à Féder une défroque intégralement fausse, habit râpé et reteint, montre et bijoux en toc, chapeau « d'une forme exagérée », on le mène à la Grande Chaumière se livrer à ses « farces », figurer non seulement un « clerc de notaire » mais plus encore un personnage de vaudeville, un « Deschalumeaux » bien ridicule ; il s'agit alors d'une comédie dans la comédie, ou d'une comédie de la comédie ; livré à un débridé de faune, et de farceur, Féder, par cette charge du clerc de notaire, qui n'est que la parodie du personnage qu'il doit imiter journellement, en vient à mieux supporter sa comédie obligatoire[2] ; il joue mieux, et avec aisance, et sans danger d'être pris à son jeu, son personnage parce qu'il s'est amusé « absolument comme il le ferait sur un théâtre » à des plaisanteries de bouffon enfariné. Pour être soir et matin un Werther désespéré, il a fallu le soir représenter une sorte de « Garçon » flaubertien. Pour parvenir à user avec tant soit peu de vraisemblance de la parole d'autrui, il faut avoir été la chercher le plus loin possible, là où elle est, dans la dissemblance absolue, à peine humaine.

---

1. Pp. 1284-1285 ; comédie à laquelle Rosalinde vient assister avec un vieux danseur mystifié lui aussi.
2. Pp. 1291-1292 et 1284.

CHAPITRE III

Suspicion contre les mots

Ce premier contact avec le problème du langage chez Stendhal nous montre largement le malaise dans lequel il se trouve : ce n'est pas volontiers qu'il se met dans les mots, et dans leur discipline, ou qu'il s'abaisse à se publier dans le langage impur, et il ne peut pas, quand même il le voudrait, se donner une parole étrangère comme soutien à la sienne ; il ne peut poser sa voix et sa parole en se référant à une parole qu'il n'aurait pas faite ; le moi et la « langue étrangère » ne coexistent pas. Tel est au premier abord ce mauvais rapport avec le langage. Pas plus mauvais, mais juste autant qu'avec les « analogues » du langage, toute l'extériorité du moi, ce que le moi révolté découvre comme contrainte et comme insuffisance, l'univers social, et « temporel », le « monde », le donné sensible, les « moyens », l'humanisme du discours social et littéraire. Le soupçon à la fois « social » et métaphysique va donc frapper le langage en tant que pacte social et que pacte de l'homme avec lui-même, et par là tenter de remanier profondément les rapports des mots et des choses, de la forme et du fond, de l'invention et de l'élocution, de la spontanéité et de la technique ; la mauvaise insertion dans le langage est la cause, ou au moins le symptôme d'une contestation des principes mêmes de la littérature. C'est le pouvoir des mots qui obsède le terroriste ; mais le pouvoir des mots pose d'abord le problème d'une perception inquiète du langage, d'une linguistique qui en l'explorant l'interroge. Penser aux mots, c'est penser du mal des mots, et ressentir le mal d'être livré aux mots. Ressentis comme trop puissants, et aussi comme incertains, et insuffisants, ils vont être l'objet d'une double méfiance ; peut-être d'ailleurs la superbe confiance de certains romantiques dans le langage n'est-elle que la moitié d'une perception plus ambiguë dont Stendhal nous offrira la version complète ; la puissance des mots interdit de s'y confier aveuglément, elle attire une critique des mots. D'où sans doute cette remarque profonde de Paulhan[1], qui à propos de « l'inconnu » qu'est le romantique, qui se tient en deçà et au-delà de la communication, explique que le « premier trait » d'où tout découle, c'est que « l'échange et la langue ont commencé par leur faire défaut ». Tout se passe comme si la mauvaise relation avec le langage qui mène à le critiquer supposait antérieurement un étrange effort pour se soustraire au langage, se rendre indépendant des mots, comme si la tentative pour en atténuer l'emprise ne parvenait qu'à l'alourdir. Celui qui veut souffrir des mots est initialement quelqu'un qui a jugé qu'ils ne pouvaient lui suffire. Aussi peut-il les poursuivre comme trop faibles et trop forts.

On n'aurait pas tort en tout cas de voir en Stendhal, comme un point d'unité de son œuvre, la volonté de démasquer les mots, et la parole instituée ; mais le langage est de toute façon une parole instituée : aussi le beyliste doit-il se heurter au problème du langage. Tout le conduit à le mettre à la question : le non du révolté, le stage dans l'empirisme, le statut absolutiste du moi, qui ne peut s'accommoder de trouver des significations antérieures et extérieures à lui. Le langage a devancé le moi, et le moi autocréateur recommence tout l'univers en commençant sa course. Le langage le prend au piège en proposant *avant* lui un réseau de sens fixés, qui sont des possibles codifiés du moi, qui lui donnent à dire et à faire sans qu'il ait son mot à dire, sans qu'il puisse pratiquer une genèse des significations qui soit accordée à la sienne propre. Le langage, initialement, et malgré justement l'analyse idéologique qui déroule le langage en pleine simultanéité avec le développement de l'homme, constitue un horizon et une contrainte, il déborde le moi et son expérience, alors que le propre du beyliste sera d'opposer en un perpétuel face-à-face critique le mot et l'expérience, le mot et le réel individuel, l'être du moi et les « mots de la tribu » ; la sensation qui est l'existence même, suppose que le moi est voué à une

---

1. *Jacob Cow...*, p. 93.

saveur différentielle de l'existence[1], qui conduit à un subjectivisme et à un anarchisme, et établit un hiatus de principe entre l'avènement de l'être par le moi et la notion ou la formule
établies. Le mot est de l'ordre de la représentation, c'est-à-
dire qu'il applique au moi un modèle de sens ; il dit moins ce
que je suis que ce que je dois être ; cet écart, qui constitue
l'hypocrisie (nul n'est l'évêque d'Agde, le titulaire de la fonction joue à représenter le personnage, à donner une existence
au concept d'évêque d'Agde), sépare l'événement et la
convention, le fait et la fiction, l'impression et le mot.

Le langage en fait rejoint les méthodes de prestige et d'intimidation que la société utilise pour dissuader chacun d'être
soi, et rallier tout le monde aux mensonges convenus. Les
signes sont les symboles de la généralité surimposée aux
individus, et de la stratégie de la société ; ils relèvent de ce
que Bentham[2] analyse comme « fictions » au pouvoir. C'est-
à-dire comme alibis d'un pouvoir qui se cache. Dès lors que
la sensation est le tout inattaquable de l'être, que chaque être
est comme lui, il n'y a que moi ; ou davantage, car il faut
même peut-être démasquer ce mot *moi* en un « qui suis-je[3] »
qui devance le nihilisme, il n'y a que *mes états*, il n'y a que
des points de vue, et les mots sont pesés et analysés selon
les points de vue qu'ils expriment. Le préalable à toute
démarche pour être soi, c'est la « règle du lierre »[4] édictée
par Sansfin, qui vaut aussi bien comme « nettoyage de la

1. Voir l'article de Colin Smith, « Aspects of Destutt de Tracy's linguistic
analysis as adapted by Stendhal », sur le rôle de l'observation empirique
contre les valeurs établies, qui suppose une critique des clichés, idées
reçues, formules toutes faites, et des mots.
2. *Traités*, I, p. 116-117, contre les termes qui constituent des pétitions
de principe, qui introduisent par leur « connotation » le blâme ou l'approbation ; ces « termes menteurs » de la « raison fantastique » c'est-à-dire
passionnelle sont à remplacer par « la chose en question sans idée étrangère » ; ainsi « la loi naturelle », « le contrat social », l'*intérêt* chez Helvétius,
mot impropre et odieux auquel il faut substituer l'*utile* (ou pour Stendhal le
plaisir) ; encore II, p. IX-XI, contre les « mots dogmatiques » et les
« fictions » qui créent une réalité : par exemple, les figures et leur animis-
me ; sur ce point cf. Guyau, *Morale*, p. 38-39 ; c'était à propos de l'usure
que Bentham avait fait la démonstration de cette fonction de tribunal de
certains mots ; Stendhal fait allusion au traité (*HP*, I, p. 47 n.) qu'il a lu ou
connu par l'*Edimburgh Review*, n° 54, t. 27 ; cf. *CA*, II, p. 125, sur la critique des mots par Bentham.
3. *O.I*, p. 522.
4. *Lamiel*, R, p. 83, et Valéry, *Œuvres*, t. I, p. 1316.

situation verbale » ; pour savoir et pour être, il faut par-delà
les mots revenir à du tangible et à du vivant, se purifier du
langage en le grattant sur la surface de « ce qui est ». Par là
sont mis en doute le dépôt social, les valeurs d'autorité et
d'usage qui masquent l'homme. Ou sont redressées les tor-
sions et les manipulations de mots qui constituent l'équivoque hypocrite et qui sont un détournement du langage. Le
mot est donc masque et piège, une « glue »[1] même comme dit
Mosca à propos des « phrases hypocrites » que lui adresse le
prince. Dans le monde stendhalien il y a ceux qui disent « ce
qu'il faut dire », comme l'abbé Raillane, et l'abbé Pirard[2],
qui redressant le vocabulaire de Julien, lui apprend à s'ajuster à la circonstance sociale, car les mots sont mots de passe ; de même le romancier rencontre la loi tacite du « noir sur
du blanc », qui dans une société donnée régit l'emploi des
mots. En fait le langage est en chacun « la pensée des
autres », « la présence en nous d'une volonté étrangère »[3], et
leur usage n'a aucune innocence. Et même est-ce qu'il est
possible de nommer ? Le doute le plus essentiel transparaît
dans l'univers stendhalien dans la mesure où « le naturel »
déjoue au fond toute entreprise nominale : la distinction de la
sensation et de la *perception*, la perte définitive d'une certaine présence naïve relèguent la conscience, et le nom, à une
distance irrémédiable du sentir ; biranien sur ce point Stendhal admet que ce qui a été voulu et fait est susceptible d'être
répété ; ce qui a été « joué »[4] est seul mémorable ; par là le
langage est entièrement versé du côté de la perception (c'est ce
que voulait Biran, on y reviendra), et scindé de la sensation.

1. *Ch de P*, p. 284-286 ; ainsi Fabrice (p. 195) qui ne se méfie pas du mot
« simonie » dont il n'a pas fait l'analyse, ou Mme de Chasteller qui se cache
ce que veut dire « écrire » à Lucien.
2. Ainsi le mot « honneur » (p. 173), proscrit au séminaire ; p. 236 « Pro-
vidence » pour « hasard » (c'était une phrase de Chamfort, *O.C.*, GF,
p. 63) ; p. 238, sur ce qu'il ne faut pas dire ; sur Raillane, *O.I*, p. 103 ; les
conseils de Mosca vont dans le même sens ; sur ce point cf. Perruchot,
Stendhal et le problème du langage, qui a bien vu le moment « crédule » de
Julien qui croit aux mots avant de les mettre totalement en doute, ceci à
partir de la sentence *injuste* qui lui révèle la tromperie sociale ; passant à
l'hypocrisie Julien passe à un athéisme qui refuse Dieu, le pacte du langage
et de la société, nie les mots et toute « essence ».
3. Sartre, *l'Idiot...*, I, p. 163-165.
4. *O.I*, p. 677 ; cf. *Habitude*, p. 139, sur l'impossibilité de « nommer » la
sensation, rebelle à l'identité du signe ; le senti est hors du langage ou dans
le langage vague : la « langue sacrée ».

Il y aura donc dans l'univers de Stendhal, les niais ou les fourbes qui vont croire aux mots ou faire semblant d'y croire, et l'effort du beyliste pour tourmenter le langage et le faire avouer. Lui-même d'ailleurs traitant son patronyme avec la désinvolture que l'on sait, nie que son nom lui importe, et soit autre chose qu'une marque arbitraire et changeante ; le nom n'est pas l'identité : Montaigne[1] l'avait dit en se moquant de la croyance à la valeur et à la qualité des noms. Le nom propre désigne et ne définit pas : seuls le croient les aristocrates, qui ont une superstition bien étrange du nom ; pour eux l'être est tout entier dans la filiation et le mot qui y marque une place ; « ils aiment le nom que je porte », dit Octave[2] qui souffre de cette « postéromanie » qui l'absorbe dans son nom et abolit ce qu'il est ; pour convaincre son père, il ne pourra mieux faire que de se présenter comme « un » Malivert désireux d'occuper sa case dans l'arbre généalogique. Brulard n'était pas plus fier que cela de ne pas être « né sous un chou » ; Mathilde ironisera sur cette magie des noms[3] : pourquoi pas un « baron Bâton » ? Il y a bien des ducs de Bouillon. Elle-même sera prête à tout pour s'appeler inversement « Madame Sorel ». La main de Mme de Fervaques refuse positivement d'écrire : « A M. Sorel, chez le marquis de la Mole »[4]. Ce qu'on écrit, le nom que l'on trace sur le papier est-il alors quelque chose, qui agit sur l'être désigné, et même sur l'être qui le désigne ? Que dire de ceux qui voudront raturer Napoléon en l'appelant « Buonaparte » ou « Nicolas » ? Il y a un « cratylisme » naïf ou intéressé qui attribue aux noms une valeur de substance et raisonne sur eux comme s'ils avaient part à la réalité ou relevaient de l'être[5]. Mme de la Mole ne peut « nommer » un prince ou une princesse sans « baisser la voix »[6], opérer une sorte d'agenouillement verbal, et au fond transformer la situation de parole en situation réelle, et attribuer au nom le pouvoir d'être la personne. Dans le cas du raisonnement qui interdit le divorce en tirant

1. *Essais*, I, chap. 46.
2. *A*, P, p. 43 ; de même *LL*, P, p. 1272 ; vieux grief brulardien : l'enfant aimé comme héritier !
3. *RetN*, p. 255.
4. *Ibid.*, p. 416.
5. La pseudonymie l'infirme, car mon *nom* m'est indifférent, et le confirme car *je* refuse mon nom et me définit par une farandole de noms.
6. *RetN*, p. 234.

un argument, ou une sorte d'oracle, du genre du mot « Église », la supercherie cratylienne devient mystification : le mariage est un « mystère », « l'emblème de l'union de Jésus-Christ avec son Église ». Mais « que devenait ce mystère si l'Église se fût trouvée un nom du genre masculin[1] ? ». La manœuvre ici consiste à confondre le nom et la chose comme s'ils étaient liés par une nécessité significative. Le nom n'est pas la chose, pas plus qu'il n'est la personne. Pourtant l'exemple même de cette religion du mot est à trouver dans le sentiment monarchique. Qu'est-ce qu'un roi[2] ? Un homme, un pouvoir, une « cérémonie », ou même un nom abstrait désignant une « fonction », une place dans l'onomastique, un symbole enfin ? Pour le monarchiste passionné, tel que le voit Stendhal, le « roi », c'est un mot, mais un mot surchargé d'un sens incompréhensible. Tout tient donc en un mot qui emplit la bouche et l'esprit, se répète comme un nom sacré et prend valeur de talisman. Ainsi Lingay qui a cette particularité d'être « de bonne foi dans son amour pour le mot de roi » ; il s'écrie dans l'extase : « Quel mot pour un Français... que ce mot de roi[3] ! » Mais il vaudrait mieux préciser : le « roi », c'est trois lettres qui, fussent-elles majuscules, ne définissent qu'un acte de prononciation et de nomination. Pourtant le monarchiste subit comme une commotion, ou une transe, le pouvoir de ces trois lettres assemblées.

Ce n'est pas le beyliste qui succombera à ce respect religieux pour les mots de la tribu. Pour lui d'emblée les mots ne sont pas des êtres, mais des moyens, et des moyens que prend en charge l'immense pouvoir de mensonge de l'homme et de la société. Celle-ci, Stendhal le sait tout de suite, met en circulation des signes, comme l'argent, comme les « assignats »

---

1. *De l'A*, Cl, p. 233 et n. ; le mot était dans Helvétius, *De l'H*, I, p. 393 ; Stendhal reprend le même raisonnement sur le « Tu es Pétrus », *RNF b*, II, p. 342 ; *PR*, I, p. 177 ; qu'est-ce que « le mariage » dans cette optique : un prêtre, un oui, trois mots latins (C, II, p. 306).
2. Écrit R.O.I. le mot révèle mieux qu'il n'est qu'un mot ; cf. *RetN*, p. 234 ; *LL*, P, p. 1183 ; p. 1290, « la réunion des trois lettres ROI a perdu tout talisman à Paris » ; de même *RetS b*, p. 118 ; *CA*, II, p. 430 ; V, p. 71 ; cf. Lamartine, *Cours familier*, t. 17, p. 417 qui fait dire à Stendhal : « On vous a dit des horreurs de moi, que j'étais un athée, que je me moquais des quatre lettres de l'alphabet qui nomment ce qu'on appelle Dieu... »
3. *SE*, III.

qui rémunèrent les vanités, qui tendent à l'emporter sur les choses[1]. Le vaniteux au fond est dupe du signe et le préfère au « réel » du désir. La méfiance de Rousseau à l'égard d'une société fabricatrice inlassable de *signes* qui recouvrent la nature, et constituent une seconde réalité, si bien que toute l'éducation consiste à retarder l'entrée de l'enfant dans les signes jusqu'au moment où il soit en mesure de les critiquer, et de penser à leur encaisse ou à leur « valeur fiduciaire », se retrouve chez le beyliste : mais aggravée de la suspicion que lui dicte Helvétius quant aux ruses de l'amour-propre et quant à la stratégie du pouvoir et du besoin. Le langage est un paraître accumulé par-dessus les autres : l'intérêt se farde avec des mots, seul il soutient l'édifice nominal[2]. Le sens des mots est relatif à l'intérêt ; ils ne contiennent en eux-mêmes aucun sens, aucune mesure s'il s'agit des valeurs fondamentales. Du mot il faut remonter à celui qui le dit, c'est déjà le « qui nomme » de Nietzsche, et par-delà l'apparence, remonter encore à l'intérêt caché de celui qui parle. Le mot n'est à prendre que comme alibi du *motif*, il ne communique pas, il *impose* un pouvoir, il légitime un intérêt ; il tend à universaliser pour les autres l'égoïsme d'un homme ou d'un groupe d'hommes, il recouvre l'inavouable de chacun, et plus particulièrement, l'appétit des puissants déjà établis. Le langage est donc à redresser en fonction du fond tacite qu'il recouvre et masque. Pris dans le mouvement de la puissance, et de son universelle comédie[3], il ne peut être utilisable que par une perpétuelle critique ; la comédie elle-même, dans la mesure où elle oppose comme chez Molière les imposteurs aux hommes sans masque, et par là sans langage, n'est-elle pas la satire du langage abusif, des excès de langage, du

---

1. Car on peut interroger aussi le mot « liberté », « mot magique dont tout le monde se sert sans s'en former une idée nette » (*MN b*, p. 425) ; le mot « postérité » (*Molière*, p. 232 n.) ; la mort, « un mot presque vide de sens » (*PS*, p. 115) ; le mot « patrie » (*HP*, II, p. 177 n.) ; le « remords », « effet des discours que nous avons entendus » dans l'enfance (*Mél.*, II, p. 281 n.) ; l'art « de bien vivre » : un mot (*O. I*, p. 841).

2. Cf. *Th.*, III, p. 178, la « réaction » a deux mots : « horreurs de la Révolution » et « foi des ancêtres » ; cf. sur ce point Alciatore, *Helv.* p. 41-42.

3. On dira non les Saxons ou les Prussiens mais « les Bructères, les Sicambres » (*RetS*, p. 69) ; l'épithète de « sectaire », celle de « cynique » ou d'homme « léger » sont des verdicts sociaux comme la marque du forçat (*RetS*, p. 71) ; cf. l'article de Colin Smith sur cette activité de critique des mots remontant de la fiction au fait.

déguisement verbal qui relève du régime plus général du trompe-l'œil ? Pour être soi, il faut non recevoir révérencieusement les mots, mais les questionner, sonder leurs dessous, évaluer leur encaisse en réalité. Ainsi l'enfant Brulard qui raisonnait le « notoirement suspect », s'interrogeait sur le mot « atroce » dont il était décoré ; le beyliste se place dans cette distance des mots et du réel : « n'est-ce que cela ? » est sa question, parce que cette question oppose mot et chose, le signifié reçu et le fait éprouvé. De là l'étonnement de Fabrice[1], est-ce une « bataille ? » « ceci est-il une prison ? » ; de Lamiel, l'amour, qu'est-ce que c'est ? Des gestes du corps, un interdit diffus ? Entre la défense de savoir et la nullité du tangible, la jeune curieuse cherche le sens du mot, qui n'est en réalité que son expérience du corps comme du cœur.

Stendhal en fait autant : de là le début audacieusement critique de son traité : « Je cherche à me rendre compte de cette passion[2]... » ; le mot est d'abord traduit en quatre *amours*, puis le concept lui-même se réduit à l'état sinon à l'imaginaire de l'amant. *Qu'est-ce que l'amour* ? devient : que fait-on quand on aime, ou même, quel être est aimé ? Fabrice à Waterloo s'efforce de faire coïncider un chaos de sensations et un mot, un paradigme de la bataille ; de même le théoricien de l'amour s'efforce d'ordonner l'expérience pour décider de ce qu'on peut loger dans le mot. Les Italiens experts en amour n'emploient guère le mot lui-même[3] : c'est qu'ils disposent d'un ample lexique qui, construit sur le fait, se passe d'un mot trop général qui dénature et masque l'expérience. Ou bien il faut dénuder les mots du pouvoir, et remonter aux intérêts qu'ils masquent ; passer du mensonge en quelque sorte baptismal de la société à la stratégie politico-sociale : ainsi Mosca faisant l'analyse du « souverainement moral » qui résume toute la politique des régimes restaurés, ainsi Stendhal lui-même démasquant « la vérité » dans les

---

1. La question de mots est inhérente à l'héroïsme fabricien : loin d'aller du mot à la chose, mécanisme des « fausses passions », il découvre le mot ou le cherche à partir de son expérience : de là ces questions sur la « bataille », (*ChdeP*, P, p. 58, p. 65), sur l'amour (p. 227, p. 229), même sur la prison (p. 311) ; de même dans *O.I*, p. 1110, Stendhal décrit l'éclipse de soleil avant de la *nommer*.

2. *De l'A*, Cl, p. 39.

3. Cf. *ChdeP*, p. 675 ; p. 475 ; *RNF b*, I, p. 50 ; I, p. 147 ; *De l'A*, Cl, p. 316.

cours despotiques, ainsi Julien surtout, pour le « droit naturel »[1].

La formule pour qui l'italique est comme une marque au fer rouge (« ce mot », dit Julien, cette « antique niaiserie »), est analysée en mot à mot, *droit*, puis *naturel*, traduite en réalités, le *besoin*, mise en pièces, et pourvue à partir de cette destruction du mot comme *mot*, du seul sens possible. Poursuivant sa méditation, Julien se heurte au mot « vérité », « où est la vérité ? », c'est-à-dire, si l'on *traduit* la question en termes de motifs, qui a intérêt à la dire ? ou à ne pas la dire ? ; à « ce grand nom de DIEU » enfin, centre et garant des vérités comme des mots. Poursuivant en cet effort ultime pour « voir clair dans son âme », sa critique des mots, Julien doit admettre qu'il ne souffre que de l'absence de Mme de Rênal, et s'interdire toute spéculation au-delà de ce qu'il sent, donc de ce qu'il sait vraiment, car « la mort, l'éternité, la vie » sont des *mots* que son expérience de vivant éphémère est incapable d'emplir de sens ; pas plus que la mouche ne comprend le « mot nuit », il ne peut trouver pour les *mots*, vie, mort, éternité, Dieu, de sens s'avançant au-delà de son expérience intérieure ; le sens des mots, ou le sens même du langage et de sa vie, le sens du sens, si l'on veut, il ne peut le découvrir qu'en lui-même, c'est-à-dire dans sa tendresse envers Mme de Rênal. Mais si le mot « Dieu » peut avoir un sens (« S'il existait, hélas... je tomberais à ses pieds »), c'est en fonction de cet amour immense qui enveloppe un être, et peut-être le déborde vers l'Être. La méditation philosophique menée comme une critique du langage, puis comme une parabole de l'inconnaissable, se termine presque en prière (« rends-moi celle que j'aime »), et en décision : Julien prend acte qu'il sait et nomme en fonction de ce qu'il est, et qu'il sait en fonction de ce qu'il sent. L'amour est son être, et devient le seul *sens* de l'Etre. La nature, en ce qu'elle a de fondamentalement sauvage, l'appétit, le biologique pur enfermé comme l'animal en un bref instant d'existence entre deux nuits inexorables, fait éclater les mots de la société, et établit une non-communication absolue : pour elle il n'y a pas de mots, pas de « point de réunion » des âmes ; chacun n'a qu'une vie et se

---

1. *RetN*, p. 498 et sq. ; cf *RNF b*, I, p. 173 : « qu'importe la vaine notation des hommes aux faits existant dans la nature ? »

trouve enfermé dans sa vie. Mais la méditation de Julien
dépasse cet athéisme nihiliste qui condamne le langage et le
nom comme une convention dérisoire au regard des forces
obscures et cruelles de la vie, qui contraignent l'homme à
l'inconnaissable en même temps qu'à l'indicible ; les hommes
ne se transmettent que des conventions menteuses placées
sur la surface de la vie, les éphémères vivent et meurent dans
l'unicité d'une expérience incommunicable. Mais le langage
revient, comme possibilité de se parler à soi-même en vérité,
et de rejoindre l'autre, bref de sortir de soi, de l'illusion mouvante de l'appétit, et du solipsisme du vivant pur plongé dans
l'abîme de son absurdité ; le mot dès lors qu'il a pour gage
l'amour vrai, et qu'il renvoie à cette certitude indubitable du
moi, redevient solide, et constitue un renfort intérieur. C'est
l'« éros » qui garantit « le logos » : la méditation de Julien est
passée d'un naufrage désespéré du langage et du moi à une
assurance de la communication comme possible et comme
constitutive du moi. Avec l'autre, le moi redécouvre la parole
et lui-même, alors que la critique absolue du langage mue
par le soupçon social détruisait toute possibilité de nommer
et de dire, la nature n'étant qu'un pouvoir infini de destruction et d'illusions ; cette voracité négatrice condamne le langage, comme un pur réseau de mots flottant au-dessus de la
« fourmilière » condamnée à la mort dans la nuit. Avec l'éros,
le langage est sauvé du mutisme désespéré. La critique des
mots a permis au sujet de s'« isoler » puis de rompre cette
solitude : c'est-à-dire d'aller jusqu'au bout de la révolte, jusqu'aux confins explicites de sa valeur métaphysique, puis de
fonder au retour les *termes* d'une valeur positive et personnelle.

　　La révolte contre le langage consiste aussi bien à en détruire le fondement qu'à en refuser l'usage. Le révolté est un
muet : il n'a pas de parole, il est hors de la parole. Contester
les mots, c'est aussi bien les annuler en les disant intransitifs,
« opaques », ou autonomes, que les refuser ; petit dieu bou-
deur, le révolté ne se met pas dans le langage, et il en refuse
les modalités humanistes. Les autres, il les soupçonne d'emblée de ne pas chercher à communiquer mais à « faire effet »,
et de dénaturer la parole à des fins de mensonge ou de domination. Mais lui, relativement à cet usage quotidien et dégradé des mots, se sent bien au-dessus ; il prend les mots trop à

cœur pour les prostituer ainsi. Stendhal est aussi un homme qui prend les mots au sérieux : sa tendance à l'hermétisme le prouve. Comme sa croyance à l'efficacité du *serment*[1] : parole entre toutes, la parole que l'on se donne à soi-même, la parole jurée en qui il verra plus tard une garantie constitutionnelle réelle, qui engage l'homme au pouvoir malgré lui à rester dans les limites de la loi ; il y croit pour sa part : qu'est-ce que le journal intime, sinon un engagement permanent et par écrit ? De là les *arrêts*, et décisions motivées dont il se donne acte comme d'actes futurs. Les vœux, les serments si nombreux dans son univers participent à un culte de la parole dont le pouvoir de lier celui qui la prononce garantit l'efficace. Elle équilibre la sincérité de l'instant par la continuité dans le temps. Inversement comme calomnie, la parole devenue méchante et traîtresse entre les mains de l'hypocrite, du Iago, ou du Blifil, ou du Basile jésuitique, demeure nantie du même pouvoir. Telle elle devrait être : souveraine et vraie.

Telle est la poésie : il faut prendre au sérieux les propos de *Brulard*[2] sur le poète inconnu qu'il fut, quand justement, méconnu de tous, il n'était dans les salons parisiens qu'un étrange muet. Le *Journal* confirme *Brulard*[3] : sans cesse Beyle parle de lui-même *as a bard*, et évoque son « caractère », son métier, son âme, ses « jouissances », ses « idées » de poète. Que désigne-t-il ainsi ? Ses essais si ennuyeux de versification ? Non bien sûr ; il pense à ce qu'il est, non à ce qu'il écrit, ce qu'il est justement et paradoxalement sans le langage, et en dehors de lui. Est « poétique » en soi, puisque la transcription verbale en est impossible, un état qui transcende les mots, et tous les rapports, dont seule une langue parfaite et idéale donnerait l'équivalent. C'est une qualité du moi tout intérieure, et que définit son incapacité à devenir extérieure, à tomber dans les mots de tous, à passer de l'état de

---

1. *C*, III, p. 121, aller à Paris « en vous donnant parole à vous-même de n'y dépenser que 3 000 francs » ; la morale est fondée sur le serment implicite qui fait que l'idée bonne doit conduire à l'acte ; le héros stendhalien, proche en ce sens du cornélien, relève le défi de son serment à lui-même ; cf. *Mél.*, II, p. 281 n., *PR*, I, p. 140, p. 322, *Marg.*, I, p. 366 et II, p. 68 sur le serment social.

2. *O.I*, p. 353.

3. Cf. *O.I*, p. 533 ; p. 553 ; p. 624 ; p. 686 ; p. 690 ; p. 692.

verbe pur aux déchéances du langage courant. Etat intérieur et supérieur, qui confirme comme son inaptitude aux
détails quotidiens, aux ruses du temporel, et aux compromis
« ficelles » du monde, l'appartenance de Beyle à une élite de
la chimère ; relativement aux mots à qui confier ses rêveries
et ses « extases », il est comme Don Quichotte relativement à
son écuyer, Alceste relativement à Philinte ; est *poésie* cet
état absolu d'inspiration, d'angélisme universel, d'émotion
immense et diffuse, qui ne se porte sur rien, mais traduit une
capacité infinie de tendresse, un trop-plein de désir et de vie
qu'aucune réalité ne peut satisfaire ni limiter, et qui reflue
sur le moi[1]. Alors il est plus que lui-même, il est Tout,
immensité de désir et de vérité, violence convulsive et immobile, tempête sans issue, sans « décharge » objective, subjectivité silencieuse et ravie, extase aux confins de la mysticité
ou de la puérilité. Dans *Brulard* Stendhal ne trouve pas
mieux pour peindre cette subjectivité extatique et « océani-
que » que les formules de Vigny : emprunt à demi ironique,
qui laisse la responsabilité des grands mots aux autres, mais
qui néanmoins en fait l'application prudente à Brulard. « Génie », « poète », même comme « un centième du Tasse »,
Stendhal finalement admet tout cela pour lui-même en 1799,
quand il avait du « poète » cette disproportion entre la sensibilité et le réel, cet excès d'intériorité relativement à toute
expression et à tout investissement. La poésie est donc *état* et
un état qui nie toute détermination ; Caliban angélique, le
poète n'a pas de « cheminée par où le génie pût s'échapper » :
formule exemplaire qui rallie Stendhal avec tout son « siècle » à cette vision du génie muet, sans commune mesure avec
le langage, et chez qui l'état de poésie ne peut ou ne doit pas
devenir objectif. A la fois plein et vide, le « poète » vit un état
de totalité, il est tout entier au monde ou tout entier à soi, jeté
à toutes choses ou envahi par elles, et cette identité absolue
a pour marque précieuse d'être inexprimable. Le mince canal
de l'expression, la « cheminée » du volcan intérieur, ou pour
l'écrivain, « l'audace d'écrire », est barré ; le moi se consume
dans une incandescence intérieure, dont il ne sort

---

1. Il faudrait comparer ici à ce que dit Marthe Robert sur l'« enfant trouvé » (cf. *Roman des Origines et origines du Roman*, Grasset, Paris, 1972,
p. 299 et p. 324 entre autres) et sur le « fou » balzacien ou même flaubertien.

ni fumée ni flammes. Brulard est-il donc l'un des premiers du « siècle » à avoir connu cette sorte de nirvanā affectif et poétique, cet état de consomption subjective où il est à la fois Tout et Néant, sensibilité et *idée* élargies à l'univers, et paralysie de l'expression ? Retenu en deçà de toute formulation, le sentiment à l'acmé de son intensité et de son indivision ne peut consister qu'à *être*, absolument, immensément, et silencieusement. Quand il faudrait tout dire, on ne peut rien dire. Est « poésie » l'abîme d'une sublimité ravie d'elle-même, donc dédaigneuse de toute expression, cette suffisance du sujet si riche et si pauvre en même temps. Il embrasse tout, mais ne dit rien.

N'est-ce pas aussi parce qu'il croit pouvoir tout dire, et que le langage en un sens lui promet d'être l'expression directe et totale de ses états ? Ne négligeons pas à l'aube du siècle le souci de « trouver la langue », et la croyance en un langage qui serait plus que le langage, et qui réaliserait, mais d'une manière plus pratique, la promesse de la littérature, être « la langue des passions ». Les spéculations des philosophes sur le langage, son origine et sa genèse, semblent fonder par anticipation les recherches de la poésie : trouver la langue souveraine, et globale, qui ordonnerait par une action sur l'homme tout entier, en traduisant par-delà tout procès de simple signification ce qu'il est. Qui agirait de l'intérieur à la façon d'une *loi*, alors que la loi dégradée des sociétés, comme le remarque Rousseau, n'ordonne qu'à la façon de la crainte ou de l'intérêt, comme un ordre servile et brutal. Cette idée d'une parole législatrice, enracinée dans l'homme, et agissant sur lui à sa racine, traduisant sans division le mouvement naturel qui le porte à dire comme à sentir et à penser, c'est-à-dire le moment où il est tout entier signe, où en lui le signe ne se dissocie pas de ce qu'il est, double les théories nominalistes du langage d'un idéal « réaliste » du langage où être et signifier ne font qu'un, et qui vaut pour le langage de l'origine, le langage d'action[1], comme pour les langages complets, poésie ou musique. Dans l'esthétique de Stendhal, on n'est jamais très loin de ces théories : la langue expressive qui est celle du sujet profond instaure des systèmes de signes

1. Cf. Tracy, I, p. 318, qui montre la conservation du « langage d'action » dans la passion.

et des possibilités de signification plus proches de l'être que *je* suis, plus disponibles pour le moi ; le moi est dans le signe, ou le signe en lui-même : à la limite le mouvement qui porte l'être à se manifester, la saillie immédiate du désir, se confond avec le langage instauré, le dire prolonge l'être, ou en fait partie ; comme le veut la conception du langage d'action, dont Tracy et Biran offraient encore à Beyle la théorie, le signe n'est que la décharge immédiate vers l'autre du sentiment ou du besoin ; parler n'est encore que *sfogarsi* dans ce langage qui participe à l'organique et à l'affectif et qui dit tout l'être de l'homme sans se distinguer de lui. Situé aux origines de la « nature », il peut aussi bien se transposer en « rhétorique profonde » et nourrir les spéculations sur le langage poétique ou sur la musique ; l'origine devient l'idéal, le langage absolu des débuts peut se placer au terme de l'art, quand le sujet retrouve les systèmes de signes qui disent ses profondeurs avec autant de nécessité et de liberté que le chant original. Chez Rousseau[1] ou Condillac et chez Stendhal, il revient à la mélodie d'être la voix première et dernière du moi, la prosodie initiale et ultime de l'homme, qui traduit l'âme avec la même immédiateté que le visage qui montre l'émotion, que la voix dont on dit qu'elle est « émue » elle-même.

Le signe représentatif est ainsi d'emblée débordé par les langages qui peignent, qui montrent, qui sont l'acte même du sentiment, rendu présent et contagieux. Le langage comme peinture est une transmission d'identité, beaucoup plus qu'une communication. L'abbé Raynal[2] le disait des primitifs et de leurs arts, signes naturels de leurs sentiments, « ce qu'ils sentent, nous le simulons » ; danses et chants ont été, comme la poésie, le langage où art et nature coïncidaient en une expression vraie et totale. De Dubos[3] à Stendhal, se poursuit la nostalgie des signes *sensibles*, signes du sensible, ou sensible signe de lui-même, qui « motivés » de plein droit, disent au-delà du sens, le senti et le sensuel. Stendhal hérite de ces

1. Voir Starobinski *La Transparence...*, p. 189-205, en particulier sur le « signe » accidentel ou personnel selon Rousseau.
2. *Histoire*, V, p. 16, éd. de 1781.
3. Cf. Todorov, dans *Critique*, n° 308, 1973, et plus récemment *Symbole*, p. 162 et sq., sur le rapport poésie-peinture et la définition de **signes** proprement poétiques.

théories « mimologiques » si l'on veut qui depuis les premières réflexions sur la déclamation des Anciens ou sur la supériorité des signes naturels et immédiatement parlants de la
peinture, jusqu'aux premières théories chez Diderot d'un
langage poétique où l'hiéroglyphe est image et signe, dit et
représente à la fois, sans négliger les querelles de l'inversion,
accréditent l'idée d'une sorte de rhétorique première et spontanée qui constitue dans le langage un « ordre du cœur »,
indifféremment esthétique et pathétique. Stendhal a lu Blair[1]
qui dissertait lui aussi sur l'expressivité naturelle de l'italien,
et la véhémence imagée de la langue du sauvage, ou l'abbé
Scoppa[2] qui réfutant Rousseau et démontrant que le français
est aussi musical que l'italien, partait de ce principe que la
versification se trouve sur le trajet qui va de la première langue « chantante » à la langue « parlante ». Condillac[3] qui,
avec Helvétius, démontrait que la première langue et la première pensée sont la « fable » ou le raisonnement spontanément confondu avec l'image, allait plus loin encore en proposant par sa théorie de la « liaison des idées », une possibilité
d'enregistrer dans le langage l'émotion individuelle : les
mots deviennent un « tableau », un discours possible de l'objet et du sujet, différent de la succession logique, et voisin de
la simultanéité première, fidèle en tout cas au mouvement de
l'individu ; « nous ne sommes jamais absolument tranquilles,
parce que nous sommes toujours sensibles... tout en l'homme
est l'expression de sentiments... ». Helvétius[4] aussi ambitionne un style total, alliant la puissance de la pensée à
la force des images, ou tableaux, agissant avec l'énergie de
la sensation même ; les idées n'étant qu'un effet des sens, la
stylistique doit offrir aux autres par l'image une présence
sensible aussi puissante que les objets : pour être compris, il
faut parler aux yeux, aux oreilles, recharger de sensible les
signes et les idées, leur redonner une substance charnelle et

---

1. Cf. I, p. 144-145 et p. 146-148 sur la figure comme première langue
pathétique.
2. Cf. *RetS*, p. 232 ; *J. Litt.*, III, p. 105.
3. *Cf. Essai*, éd. Derrida, pp. 117 et 249 ; *Cours*, t. I, p. 576-578 ; cf. Ric-
ker, art. cit. p. 189-191.
4. *De l'E*, p. 485 et sq. et p. 516 sur la pensée revêtue d'images, « si toutes nos idées sont un effet de nos sensations c'est donc par les sens qu'il
faut transmettre nos idées aux autres hommes... parler aux yeux pour se
faire entendre à l'esprit » ; cf. Alciatore, *Helv.*, p. 57 et p. 61.

érotique. Le poète philosophe pratique consciemment cette recherche d'une capture de l'esprit par le corps : sa mélopée, ses images « orientales », ses anecdotes, son éloquence de déclamateur lascif font partie de son projet philosophique. Au reste un Joubert[1] découvre dans Rousseau l'exact équivalent de ce langage : avec scandale il conteste ce style outrageusement immergé dans la chair, « où l'on sent la chair et le sang », qui donne « l'impression de la chair qui touche l'esprit », où « l'âme est toujours mêlée au corps et ne s'en sépare jamais », style qui a « donné des entrailles et des mamelles aux mots... », qui enfin « fait sur l'âme l'effet que nous éprouvons en touchant le sein d'une belle femme... ».

C'est bien la confirmation dans une certaine mesure de cette promesse latente d'une langue directe, charnelle, « accessible à tous les sens », restituant l'intégralité de l'expérience sensible. L'antilyrisme de Stendhal serait-il, comme presque tout chez le révolté, un effet de la déception que le langage ne soit pas tel ; l'hypocrisie est bien un contrecoup de la croyance à la sincérité, et à l'« ouverture intégrale »[2] des consciences. On retiendra en tout cas qu'il est au fait des spéculations sur l'ordre des mots, de la différence entre « les langues transposantes »[3] et les langues directes, entre le latin et le français, et que les textes qui optent pour la « clarté » de la « construction directe »[4] sont compensés par ceux où il se montre convaincu des avantages poétiques des constructions « inversées », et par là favorable à l'italien, contre le dogme de la supériorité du français, et au-delà aux langues anciennes, jusqu'à exalter les tours archaïques qui « suppriment les vaines particules »[5] et rapprochent le français des langues antiques. En fait toute son esthétique demeure marquée par la relative faiblesse de la parole qui doit enchaîner, énumérer, relativement aux arts plus sensibles et plus simultanés, ou par la différence entre ce qu'il appelle lui-même un « lan-

1. *Carnets*, I, p. 185, p. 190 ; II, p. 617 n. ; II, p. 729.
2. G. Blin, *Personnalité*, p. 354.
3. *FN*, I, p. 76 ; cf. Genette, *Mimologie*, p. 192 sur cette théorie.
4. *FN*, I, p. 269 ; *Compléments*, p. 290 ; *C*, I, p. 101 ; *Mél.*, III, p. 97 ; voir Genette encore *loc. cit.*, p. 191-205, sur la querelle de l'inversion, p. 213 et p. 220 sur l'ordre naturel et la pensée de Tracy. On sait la détestation beyliste pour l'inversion allemande ou celle pratiquée par d'Arlincourt.
5. *J. Litt.*, I, p. 162-163 ; *C*, I, p. 101 ; *RNF*, II, p. 49.

gage affectif » (par exemple le langage des yeux) et le « langage significatif »[1]. Et si dans sa jeunesse il réfléchit tant à la « langue des passions »[2], c'est dans la même optique : trouver en marge de la littérature, au-delà de la rhétorique, le point où l'éloquence se confond avec la langue, où les signes manifestent directement la réalité émotive de l'homme. Là langage et style ne font qu'un selon un idéal qui inversé le conduira symétriquement au culte d'une algèbre linguistique. La passion doit non seulement être « déclarée » mais « prouvée »[3] : ce qui est dit est réellement signifié par des modalités de la parole qui caractérisent la passion avec autant de pertinence et de certitude que si elle avait son langage.

C'est ce que disait Helvétius : « Toutes les passions ont un langage différent »[4], proposition dont s'empare Stendhal, dont il tire la conclusion d'un pouvoir d'imitation très strict et très sûr ; le style des passions, c'est « l'art de faire des phrases françaises de manière à ce qu'elles montrent le plus exactement et le plus clairement possible le caractère ou la chose que je peins en lui donnant le vernis qui lui convient[5]... » ; il doute fort que les écrivains antiques ou classiques lui soient d'un très grand secours : leur infériorité est radicale relativement à l'énergie, à l'originalité du langage passionnel[6]. Avant de s'apercevoir que le sublime de la passion est d'une extrême simplicité, il va suivre cette direction et rechercher l'expression brute de la passion dans l'outrance, l'hyperbole convulsive, les tournures audacieuses, les « néologismes », les inversions « superbes »[7] telles que lui en offrent non plus seulement ou surtout les écrivains, mais déjà les faits divers, la violence des simples, la rhétorique brutale de la « nature ». La passion veut des cris, des actes, des images, une parole totale qui soit la passion présente et agissante. Ce langage

1. *HP*, I, p. 196 n. ; sur le langage des signes, *FN*, I, p. 93 ; *O.I*, p. 1222.
2. Qu'il ne distingue pas d'un style des passions : *J. Litt.*, I, p. 158-159 ; p. 144 ; p. 162 ; p. 174 ; p. 205 ; *RNF*, I, p. 80 ; p. 242 ; III, p. 89 ; *PR*, III, p. 154 ; *VR*, II, p. 69 n. ; p. 150.
3. *Compléments*, p. 123.
4. *De l'E*, p. 575-579.
5. *FN*, I, p. 183.
6. *O.I*, p. 497 ; *FN*, I, p. 53.
7. Cf. *O.I*, p. 1214 ; *O.I*, p. 1 008 ; *Mél.*, III, p. 124 ; *RetS*, p. 163 n.

premier, langage du *moi,* est celui dont rêvent l'écrivain beyliste et le séducteur ; le « roué » veut-il définir ce « vernis à
soi »[1] qui doit imprégner ses actes et paroles, qu'il emprunte
à Helvétius sans doute l'idéal d'une stylistique absolue qui
soit aussi la démonstration triomphale du moi : « pour moi la
poésie de la pensée, la grandeur et la rapidité des images ».
Tout est équivalent : idées et images, vivre et parler, mots et
sensations. Le mot d'ailleurs, il en fait dans un autre texte
l'équivalent de la chose ; il ne doit y avoir la « plus petite différence entre ce qui est et ce qui est dit »[2]. Du mot, on peut
retirer la chose.

1. *De l'A*, p. 361.
2. *FN*, II, p. 198.

CHAPITRE IV

Parenthèse. Stendhal dans la crise du langage

Mais le séducteur est muet, l'écrivain n'écrit pas : il est toujours à remettre à plus tard, à un stade meilleur de préparation son départ dans la parole ou l'écriture. Cette procrastination le maintient en deçà du langage, et hésitant à s'y plonger ; il le sait bien, lui qui se morigène ainsi : « ... j'aurais été the *greatest bard* au fond de mon cœur, de moi à moi, et n'ayant jamais pu me montrer aux hommes je passerai *without fame* »[1]. Aveu accablant du malaise dans l'expression de soi : Beyle est pour lui-même, devant son miroir, mais hors d'état de s'objectiver ; son seul témoin, c'est lui-même, il est génial et inimitable, mais pour lui seul ; poète en circuit fermé, ou « belle âme » cachée au fond d'elle-même, il n'a qu'une vie tout idéale, dans la mesure où il se ferme à lui-même l'accès au-dehors et à l'expression. La langue sacrée même ne lui permettrait que de se cacher en se montrant : or il faut se montrer, il faut condescendre aux mots. Mais le problème est là : c'est une chute, un reniement, une impossibilité. Du moi au langage il y a une dénivellation. C'est « toujours un pis-aller » que le mot, a excellemment dit Starobinski[2], car pour Stendhal « le langage est essentiellement arbitraire et insuffisant » ; comprenons bien : arbitraire et insuffisant relativement à Moi. La crise du langage a ici sa racine : dans la disproportion des mots et du moi, la protestation du sujet rebelle contre l'obligation de se dire et de parler. Stendhal

---

1. *O.I*, p. 620 ; sur la procrastination, *J. Litt.*, II, p. 170.
2. *Œil vivant*, p. 231-232, « à ses yeux le langage est essentiellement arbitraire et insuffisant au regard du sentiment éprouvé... parler c'est déjà ne pas coïncider avec soi-même, c'est déjà se masquer ».

vient très bien de nous le dire : il lui faut se montrer, chercher une confirmation de soi par les autres, condescendre à être par leur suffrage ; le langage qui le conduit aux autres est son chemin de croix, et son humiliation, l'obligation d'une sorte de « prostitution » où le moi se voit interdire d'être à soi seul et forcé de se livrer aux autres. « La condition charnelle » dont fait partie le langage est le point d'achoppement de la révolte. Tout le problème, c'est que les rapports du moi et du langage sont justement un problème. Ils ne vont plus de soi et un obscur malaise a situé peut-être depuis le temps de Stendhal la réflexion sur le langage dans ce schisme entre l'individu et la parole.

Cette distance implique que l'on réfléchisse au langage en le soupçonnant, en lui prêtant cette malveillance dont parle M. Foucault[1] : « depuis le XIXᵉ siècle, il y a dans le signe une façon ambiguë et un peu louche de mal vouloir, et de "mal-veiller". Et cela dans la mesure où le signe est déjà une interprétation qui ne se donne pas pour telle. » Loin de témoigner pour un sens, le signe est un masque, non un voile seulement. Il a valeur négative, et il est difficile au moi de ne pas se sentir nié par le signe. Pour nous qui sommes peut-être à l'apogée de ce sentiment du langage comme un négatif, à la fois support de tout sens, et lieu d'une absence de sens, il est intéressant d'essayer de remonter aux origines et de situer dans la révolte romantique les débuts de ce qui nous est proposé aujourd'hui comme un dogme absolu. C'est-à-dire au point où comme le dit Brice Parain[2], à propos de Pascal, « la crainte du mensonge "devenant" plus forte que l'espoir de la vérité », la charge du langage fut toujours interprétée négativement et de plus en plus négativement. Alors comme les « mots ne sont pas signes par nature », « il faut les aider »[3], il faut sauver le langage ou l'achever, car sa valeur positive ne cesse de s'occulter.

S'il est, comme le dit le philosophe[4], un « corps verbal », ou

1. Voir *in* Colloque Nietzsche, l'article « Nietzsche, Freud, Marx », p. 191 ; cf. dans le même texte, p. 183, les deux aspects du soupçon contre le langage : il ne dit pas ce qu'il dit ; il dit autre chose, il y a en lui, ou sous lui un autre langage.

2. Cf. *Recherches*, p. 169.

3. Paulhan, *Jacob Cow...*, p. 14.

4. J. Brun, *op.cit.*, p. 244, sur l'intercorps de la parole qui « sort de nous et nous sort de nous-même ».

un « corps immatériel », on a cessé de l'habiter avec naïveté
et bonheur, on a cessé de songer d'abord à l'explorer et à
l'embellir, pour n'en plus énumérer que les méfaits et les
mirages, et le convaincre de trahison. Est romantique le
refus de l'expression, le recours à ce qu'elle ne peut
contenir[1] ; Hegel le dit de la beauté romantique : ses formes
corporelles doivent montrer qu'elle est au-delà, que le « dehors ne peut exprimer l'intériorité qu'en montrant justement
qu'il ne l'exprime pas d'une façon totale, mais que l'esprit a
encore une existence propre que l'art ne saurait traduire
dans ses représentations extérieures »[2]. Le dedans déjoue, et
déborde les limites de l'expression dont le rôle est au fond de
manifester sa propre insuffisance. Pour ne pas être nié par
le langage, il faut le nier. L'exclamation d'Hamlet « formule
dernière de tous les désenchantements » est reprise quand se
produit ce que le philosophe appelle un « désétablissement de
l'homme »[3]. L'égotisme, au sens le plus fort du mot, en est un :
pour lui le décalage essentiel est celui du verbe et du moi,
comme si le langage passé du côté de l'*autorité* menaçait le
moi de son pouvoir suspect, et comme s'il fallait dénouer les
liens du moi avec les mots, ou les refaire à partir d'un
contrôle du langage. Le nouveau « pacte » comme on va tenter de le montrer, est malheureux et peut-être repose sur une
sorte de tragique de la parole : s'il est difficile d'être présent
dans le langage pour le moi, le pacte ne peut que concilier
deux ennemis, deux termes qui ne s'accordent pas, et qui
souffrent d'être ensemble par une irrémédiable extériorité
réciproque. Ou le discours que fonde la révolte du moi est un
discours malheureux et gêné, toujours proche du silence ou
du balbutiement, ou se perdant dans la fausseté désinvolte ;
ou le moi n'a pas de parole. Ou bien faisant violence au langage, et le contraignant à s'effacer, à se rendre transparent
et invisible, et inexistant, il va tenter d'aller de sensation en

---

1. Voir Mario Praz, *The Romantic agony*, p. 33, « the essence of roman-
ticism consequently comes to consist in that which cannot be described.
The word and the form, says Schlegel in *Lucinde*, are only accessories... It
is romantic to consider concrete expression as a decadence, a
contamination ».
2. *Esthétique*, II, p. 258.
3. Cf. Gusdorf, *Parole*, p. 41. Le même (p. 43) identifie la révolte de
l'adolescent à une révolte contre le langage.

sensation, d'idée en idée, de fait en fait sans buter sur les mots, et en repoussant l'être propre du langage par cette libération anxieuse et impossible nommée « terreur ».

Il y a là tout un complexe d'idées auxquelles Stendhal se noue : avant, après lui, l'*égotisme* est lié à ce sentiment de crise du langage. Il est sur le trajet qui, du soupçon du XVIIIe siècle à l'encontre des abus de mots et des langues établies par l'ignorance, se dirige vers le soupçon plus moderne d'une aliénation par le langage. C'est alors tout langage qui est suspect ; que l'« individuum » veuille cesser d'être « ineffabile », il prend la parole et il perd le langage. L'examen phénoménal du langage qui double cette crise l'aggrave en majorant le caractère fortuit des mots aussi bien que leur puissance. Jamais plus le signe et la pensée, inséparables et inassimilables, ne coexistent ; leur unité se rompt, comme se rompt celle de l'esprit et de la lettre. Eux aussi perdent leur dissemblance et leur identité : ils demeurent rivaux et étrangers. Le tort du langage, dit Valéry, est de nous rendre « étranger et intime, intimement uni à nous et à nos états »[1], car il est impossible d'être avec soi sans langage, mais justement il est nous et hors de nous, et cette duplicité est insupportable. Brice Parain qui a sans doute écrit la meilleure analyse de ce « mal aux mots » a repris ce thème si essentiel dans toute la critique du langage. « Nous ne saisissons, dit-il, l'être en nous que sous la forme du langage[2]. C'est le langage qui nous est d'abord et directement l'étranger. L'étranger est en nous. Nous sommes à l'étranger. » C'est un « instrument que j'ai emprunté, que je n'ai pas fait moi-même à ma mesure »[3], les paroles sitôt proférées se mettent à distance de moi, elles « ont leur existence propre, distincte de la nôtre » ; je ne puis m'adressant à moi-même éviter cette altération[4] : « Ma pensée n'est pas à moi, mes paroles ne sont pas à moi, mais mon gouvernement comme disait Platon »[5]. Il faut chercher ses mots, aller « à leur rencontre comme s'il venaient

1. *Cahiers*, I, p. 429.
2. *Recherches...*, p. 115 ; p. 132 ; sur Pascal, p. 135-136 ; p. 141-147 ; et ensuite p. 158-160, sur le langage réduit à l'expression.
3. *Recherches...*, p. 14-15 ; on se reportera aux passages essentiels du même ouvrage, p. 135-136 ; 141-147 et 158-160.
4. *Petite métaphysique de la parole*, p. 23-24.
5. *Ibid.*, p. 29

d'ailleurs »[1]. Mais cette étrangeté nous est bien intime et consubstantielle ; tout le savoir est dans les mots, et nous ne savons rien sur les mots ; le « tourment du langage »[2] est l'impossibilité explorée par Pascal de le fonder alors que nous sommes fondés par lui. C'est « un être extérieur à nous bien qu'il ne semble à première vue qu'une manifestation de notre existence ». Cette transcendance du langage constitue en nous-même une évidence, un truisme, une loi inexorable et insupportable, le lieu de toutes les révoltes ; le langage n'est pas la réalité, il ne peut « signifier que dans la vérité »[3], mais il est la clé de toute notre réalité. Obstacle à nous-même en nous-même, grâce à qui tout meurt et tout existe : Brice Parain a souffert de cette « servitude », tenté de s'en libérer pour constater finalement qu'il est impossible de rompre le cercle du langage, et d'être « une sensibilité neuve, intacte, libre »[4]. Le langage nous tient, et n'y échapperait que celui qui pourrait comme le Humpty Dumpty de Lewis Carrol déclarer, « quand je me sers d'un mot, il signifie exactement ce que je veux qu'il signifie, ni plus ni moins ; la question est de savoir qui est le maître, et c'est tout ». Est-il inévitable que les rapports de l'homme et du langage ne se posent plus qu'en termes d'esclavage et de domination ? Paulhan on le sait a repris ce problème, constatant que « toute pensée appelle son expression, mais qu'il n'est pas une expression qui ne nous semble volontiers trompeuse ou fausse »[5] ; mais cette trahison par le pouvoir autonome des mots, cette inquiétude que les mots contraignent la pensée loin de l'enrichir ou la guider, il ne lui a reconnu qu'une nature « projective ». Elle naît du soupçon ; mais lui-même d'où vient-il ?

Pour répondre, il faudrait citer toute la thèse de Brice Parain qui met en rapport la crise du langage et la crise de

1. *Ibid.*, p. 145-146.
2. *Recherches...*, p. 14.
3. *Recherches...*, p. 51 ; de même p. 53, « de la confrontation entre langage et réalité, il ne peut jamais sortir qu'une destruction du langage pour ce qu'il ne figure pas exactement la réalité ».
4. *Petite métaphysique de la parole*, p. 141, et aussi « j'ai souvent perçu le langage comme une servitude, quand j'étais étudiant, j'aurais voulu repenser les choses tout à fait à ma manière pour être libre... ».
5. *Les Fleurs de Tarbes*, p. 24.

l'ontologie : crise qu'il fait partir pour les modernes « misologues » de Pascal[1] (qui aussi bien est le grand témoin d'une inquiétude de l'hypocrisie, comme art de tordre les mots et d'en user contre la vérité), dont il oppose la méfiance à l'égard du langage à la « provision de confiance dans le verbe »[2] que révèle la pensée de Descartes. Mais cette opposition qui n'est pas indifférente aux problèmes du romantique, porte en fait sur le problème du moi et des passions : le moi cartésien peut parvenir à donner un sens juste aux mots parce qu'il peut vaincre les passions et l'imagination, alors que chez Pascal le tort des mots est le tort d'une volonté déchue, qui substitue au sens son expression, et corrompt la pensée d'une arrière-pensée. Tel est le double mouvement d'un nihilisme du langage : d'une part relativement à la vérité, il est privé de tout pouvoir, impuissant à prouver comme à être prouvé, trompeur, instable, inexact, soumis au renversement du pour et du contre ; d'autre part relativement au moi, il est son expression, mais oblique et cachée, livré cette fois à un pragmatisme de la passion et de la domination, qui se masque pour parler ; il est alors encore plus profondément suspect. N'est-ce pas dire que le langage devient impossible et intolérable dès lors qu'il est invité à ne dire que la réalité locale et individuelle ? S'il n'est qu'expression de l'être personnel, son mensonge éclate, car il y est impropre, dans la mesure où il est essentiellement un *ordre*, la règle de l'universel, non pas modelée sur l'objet singulier, mais le modelant selon une forme, constituant une vérité qui n'est jamais la réalité individuelle ; s'il est livré d'autre part à la manifestation oblique du moi, si sa seule vérité est à chercher dans l'impérialisme momentané d'une volonté passionnelle, il doit être interprété, redressé, il ne dit pas ; il *veut* dire, il dit ce qu'il ne dit pas, une capacité infinie de *créer* des valeurs ; l'essentiel n'est pas dans le langage, mais en dessous, dans ce qui manipule les mots et leur donne sens. C'est confirmer qu'ils n'en ont pas, qu'ils sont vides, prêts à prendre par toute hypocrisie, disponibles au coup d'État du plus fort qui s'en servira. Le moi, surtout s'il est défini comme passion et désir,

---

1. *Recherches...*, p. 64.
2. *Ibid.*, p. 115 ; voir dans le même ouvrage, p. 132-136, les réflexions sur Pascal et antérieurement p. 110-115, et enfin p. 141-143.

comme amour de soi, qui pourrit la relation à la vérité, ou plus « romantiquement », qui fonde cette relation en ramenant la vérité au moi, ou en l'esquivant à jamais, ne peut qu'être mal dans le langage ; tout ce qui est moi se heurte à cette instance « intimement impersonnelle » qu'est le langage, étranger à chacun dans son intimité même.

Si l'on n'opte pas pour situer la seule authenticité de l'universel et du vrai, pour la valeur d'*ordre* du langage opposée à son impossibilité d'être *expression*, on ne peut qu'être renvoyé à un usage du langage qui proteste contre lui (et la rhétorique, qui comme maîtrise du langage et effort pour le porter à sa perfection ne peut qu'être retournée), et tenter de l'intérieur de le subvertir ou de le déborder. Ou l'on tentera de le résorber dans un ascétisme qui le met sous surveillance, ou l'on voudra le dépasser vers une mystique, qui suspend ses propriétés et le transforme en un non-langage absolu qui rend l'être intime présent (c'est la « musique » pour Stendhal, ou le retour de la poésie à une conception musicale) ; l'on préférera l'idéal d'une violence sans mots, ou d'une violence faite aux mots (c'est l'« énergie » ou le « sublime ») ; ou l'on voudra le langage pur et opaque, consommé indépendamment du sens, ou identifié à son être matériel et muet ; ou l'on voudra enfin comme nos contemporains, explorer en sens inverse l'ajustement du moi au langage, en partant du langage en soi pour y perdre le moi dans l'impossible tâche de faire coïncider le démembrement dionysiaque du moi avec son triomphe, et la perte voulue du sens avec les mécanismes de production du sens par la structure. De toute façon, l'on a d'ailleurs devant soi le spectre de la « politique » pure, ou de l'*hypocrisie*, qui est l'usage tactique du langage retourné à une sophistique comme on n'en a jamais vu. Parlerie creuse, silence de l'écoute musicale, mutisme du révolté qui frappe et n'écoute pas, contemplation sans mots de la rêverie, effort d'en « rabattre » sans cesse sur le langage pour le forcer à ne dire que les choses, tout ceci est intimement stendhalien, car la crise du langage qu'ouvre le révolté est en fait le problème même de la révolte. Sa fin n'est-elle pas le retour aux mots, la confiance en eux, en leur finitude, comme en leur pouvoir de sculpter la vérité ? Ce qui est perturbé c'est le problème d'une juste présence du moi dans l'expression, ou surtout par l'expression ; *bien* s'exprimer, implique une double fidélité à soi et au *bien*, au positif du langage et de son travail.

Le malaise du langage oscille entre deux *postulations* : le moi se définit dans son absolu avec le langage, et souhaite que l'expression qui lui succède soit égale à sa présence intime ; inacceptable saut, inacceptable chute dans le discours, et la médiation qu'il représente. On connaît l'admirable formule des *Mémoires d'un fou*[1], « il fallait redescendre de ces régions sublimes vers les mots... » ; cette impossible transaction entre ce qu'on est et le discours, la disproportion entre le *totum simul*, et la linéarité, ou l'à-peu-près des mots, entre l'excès d'être et de sens de l'intérieur, et la détermination externe que fixe le langage, constitue le malaise du romantique. Malaise qui peut se renverser, et déceler la deuxième modalité : elle va absorber le moi dans le langage, nier qu'il y ait une tâche de l'expression, puisque le moi n'est qu'un « effet de surface » du langage ; pris en sens inverse, le problème met face à face un moi vide et le langage qui le traverse, et « s'exprime » en lui. Le moi voit les mots venir à lui et le faire, alors qu'il ne voulait pas « descendre » à eux. Antérieur aux mots, postérieur à eux : l'invariant des deux attitudes, c'est qu'elles sont exclusives de *rapports* avec le langage et en lui ; ou l'on donne tout au sujet, ou tout au langage, mais l'effondrement de toute philosophie du langage empêche de départager l'un et l'autre. On pourrait paraphraser le mot de Valéry : « parfois je parle, parfois je suis ».

Le premier temps de la révolte conduit finalement à une sorte d'hétérogénéité du sujet et du langage : inadéquat, il tend à être aussi inférieur, en tout cas *séparé* ; les moyens, le signifiant, ou l'œuvre, sont sans commune mesure avec le moi, qu'ils mesurent pourtant. Or, le moi ne veut être mesuré par rien, il opte pour l'indicible et l'inexprimable, pour situer sa part précieuse, non au terme du procès et du travail d'expression, mais avant eux ; le langage devient un attribut suspect, et la vraie religion intérieure, le trésor intime sont hors de lui, à peine confiés à lui, comme si le moi demeurait non

---

1. *Écrits de Jeunesse*, éd. Rencontre, Lausanne, 1964, p. 262 : « et comment rendre par la parole cette harmonie qui s'élève dans le cœur du poète et les pensées de géant qui font ployer les phrases,... » ; cf. Marthe Robert, *op. cit.*, p. 114-116, des réflexions sur le moi-tout et le moi-rien des romantiques, et p. 304 sur le heurt avec « la légalité grammaticale ».

médiatisé par le langage, toujours supérieur à sa traduction en mots, ou pour l'auteur, à sa traduction en œuvres. Il faut ajouter encore que le langage, moyen de relations, mise en relations, ouverture à l'universel, acte positif, peut être l'objet d'un refus plus obscur encore ; cette fois, il agit comme un défi. Comme une volonté de se barricader contre la vérité, ou l'être ; de se retrancher des hommes, et de leur parole, et au-delà de toute formulation qui pourrait être la vérité. Ce n'est pas un hasard si le crime stendhalien est muet : le « méchant » redoute l'aveu, la parole qui élargit le moi et son cœur[1]. Le refus du langage est le fait d'une liberté vouée au non, à l'isolement, au repli sur l'enclos du moi jalousement gardé contre le verbe. Kafka[2], dans *La Lettre au père*, dit fort bien : « très tôt tu m'as interdit de prendre la parole » ; c'est l'œdipe, la crainte envieuse, et la haine du ressentiment qui fait le muet ; à lui le silence qui conteste par sa négativité la parole du père. Le moi absolu préfère l'ombre et l'aphasie à la rencontre et à la confrontation. Il use de sa mutilation comme d'une arme. Plus près de l'époque de Stendhal, Kierkegaard méditait aussi sur l'« hermétisme »[3] du démoniaque, qui, soucieux de défendre son angoisse et de supprimer tout rapport au bien, toute provocation de la liberté, préfère s'enfermer avec soi, ériger le silence en système ; la liberté est toujours une communication, la parole est une libération, alors que l'hermétisme est un refus de « communiquer avec le bien ». « Tout le désespoir, toute l'horreur du mal condensés en un mot, n'est jamais l'horrible du silence. » Comme si le langage était en soi une confession, le révolté qui a opté pour le mal doit sauvegarder son choix par le refus du langage, et son exil hors de la parole. Il préfère se lier la langue, pour être tout entier à soi et à son refus : mais l'analyse de Kierkegaard fait penser au mot de l'écrivain allemand Werner qu'il aurait dit à Custine à Rome en 1812, et qui n'est qu'apparemment contradictoire : « si l'homme pouvait tout

1. En ce sens le mystère de Julien et le mutisme de Fr. Cenci définissent le criminel au sens presque métaphysique.
2. Cf. *Préparatifs de noce à la campagne*, Gallimard, p. 196.
3. *Désespoir*, p. 134-135 et 141 ; et de même dans *Angoisse*, p. 126, le mutisme enchaîne la liberté, comme chez le mélancolique ou l'hypocondre ; « le langage, la parole sont des libérateurs, ceux-là mêmes qui délivrent de l'abstraction vide de l'hermétisme » ; de même A. Girard, *Journal*, p. 541, toute parole, tout récit guérit, relie aux hommes et à soi.

dire à l'homme, il n'y aurait plus de religion », mais « chaque homme renferme en son cœur un mystère, c'est le secret de Dieu »[1]. Autre preuve que le romantique est bien confronté à cette limite du langage qu'est l'indicible, ou l'impossibilité d'épuiser le sujet par les mots, et de le transcrire en paroles.

Ni tout dire, ni ne rien dire : les deux forcent les limites de l'homme. Stendhal est donc contemporain d'un ébranlement du langage. Tout y conduit de son temps, et le révolté est ici en situation d'héritier. De Rousseau, on pouvait retirer l'idée que le langage comme la sociabilité n'était pas « un attribut lié à l'essence de l'homme », qu'il se développait comme un acquis au cours d'une histoire catastrophique, à partir d'une langue première perdue ; dès lors la langue impersonnelle et analytique du civilisé qui le divise de soi et des autres, qui est une « violence dissimulée », en tant que réseau de signes séparés et séparateurs, participe, comme les richesses, à l'aliénation sociale : pur moyen, pur écran, il est une « anti-nature » retournée contre l'homme[2]. Diderot quant à lui avait insisté sur la différence irréductible entre chaque moi, chaque sensation du moi, et la généralité du langage : « si les signes sont communs, c'est par disette »[3] ; en réalité, il n'y a pas assez de signes : « nous avons plus d'idées que de mots ; combien de choses senties et qui ne sont pas nommées ». Si nous croyons nous entendre, c'est par une apparence d'identité, qui n'est que l'effet de la « pauvreté de la langue ». Le courant empiriste qui conduit à l'idéologie était quant au langage doublement inquiétant : il dénonçait les tromperies des mots, imprécis et prestigieux, et dénués d'idées qui

1. *Mémoire et Voyage*, Paris 1830, t.I, p. 74.
2. Cf. Starobinski, dans *Rousseau*, *O.C.*, P, t.III, p. 1323 ; et l'article dans *Europäische Aufklärung*, *Mélanges Dieckmann*, p. 288 ; les idéologues il est vrai contestaient cette théorie (cf. Roussel, *Rousseau*, p. 28 et sq.) et lui opposaient Condillac, ou le passage « naturel » du mutisme à la parole dans une perspective de perfectibilité progressive ; cf. sur ce point Garat, dans *Séances de l'École normale*, Débats, t. III, p. 40-41, qui lie la contestation du langage à celle de l'état social.
3. *O.C.*, XI, p. 134 ; et aussi p. 435 ; et *Œuvres esthétiques*, p. 754 ; Suard, *Mélanges de Litt.*, II, p. 10, dit encore, « il y a une infinité de nuances de sentiments et d'idées qui n'ont point de signes ; aussi ne peut-on jamais exprimer tout ce qu'on a senti » ; Diderot, *Paradoxe*, P, p. 1034-1035, même idée sur la valeur « approchée » des mots, « ne vous expliquez pas si vous voulez vous entendre » ; M. Crouzet, *Duranty*, p. 455, cite un texte où le réaliste se plaint « des mots trop étroits » pour les idées et sensations nouvelles.

constituent[1] les « idoles du forum », ou les faux savoirs ; « la
mauvaise et inepte détermination des mots fait obstacle
d'une manière surprenante à l'affirmation de la pensée »,
« les mots font ouvertement violence à l'esprit et troublent
tout », « les mots retournent leur pouvoir contre l'intellect où
ils se réfléchissent », « les mots engendrent des mots ». Encore les abus de mots sont-ils abus de confiance et de pouvoir.
La philosophie pouvait sur ce point se flatter d'être un correctif du mauvais langage. Elle était beaucoup plus gênée
quand, après avoir fait du langage le meilleur et le pire, elle
laissait « flotter dans le vide » le langage, lui seul « universel » dans un monde de choses et d'idées individuelles.
Cassirer[2] l'a bien montré, si toute réalité est concrète et singulière, « la fausse et trompeuse universalité abstraite du
mot » est un obstacle au savoir ; dans une théorie individualiste du signe, il faudrait des signes personnels, faits par chacun pour ses propres idées ; le conventionnalisme introduit
une discordance irréductible entre la convention générale et
la convention particulière : se rallier au langage institué
devient une trahison de son expérience propre. Si le tableau
des choses est de nature purement psychologique, la
convention du langage est en risque de sembler inévitablement un arbitraire et une mutilation.

Il faut au moins s'inquiéter sans cesse du langage, le défaire et le refaire, rechercher ce qui a constitué sa raison d'être
en dessous de l'usage courant, remonter d'un langage suspect à un langage plus vrai ; référé à l'exigence d'une pensée
conforme au mouvement de la pensée en elle-même, l'analyse, et à l'origine de tout savoir et de toute vie, l'expérience, le
langage est nécessairement en situation d'infériorité, donc de
culpabilité ; ainsi Condillac[3] admettait que l'histoire de
l'homme, à mesure que le langage d'action s'efface, et que le

---

1. Cf. Locke, *Essai*, III, 10,§§ 1, 6, 12 et 25 ; et III, 11, § 11 ; sur ce
point Gusdorf, I, P, p. 232 et sq.
2. *Formes symboliques*, p. 81 et sq., « plus l'empirisme considère le langage comme l'expression non plus des choses, mais des concepts, et plus se
pose pour lui avec netteté et insistance la question de savoir si ce nouvel
intermédiaire spirituel... ne dénature pas au lieu de les signifier les ultimes
et réels éléments de l'être ». De même p. 82, « l'universel n'a pas plus dans
le domaine des idées que dans celui des choses d'existence véritable et fondée. Le mot et le langage se trouvent ainsi flotter dans le vide ».
3. *Corpus*, I, p. 579.

langage s'éloigne de son fondement naturel, est une montée irréversible de l'hypocrisie : le langage cessant d'être expression se substitue aux « mouvements », le signe accompagne l'emprise de la politesse sociale sur l'homme, et plus il devient autonome et vide, plus il faut le charger. Restent les « peuples pantomimes » opposés aux « peuples parleurs », comme plus « naturels ». Le procès du langage est un procès de la société et de la virtuosité bavarde qu'elle favorise. Et l'on n'est pas loin des maîtres directs de Stendhal : théoriciens conquérants du langage, ils laissent affleurer les mêmes critiques accablantes. Le fond intuitif et instinctif de l'empirisme ne fait pas bon ménage avec les mots. On se souvient de la mésaventure d'Itard[1] avec Victor de l'Aveyron : il n'a pu parvenir en lui enseignant *condillaco more* à parler qu'à lui faire associer un signe à *telle chose,* jamais à construire une catégorie d'objets. A la limite Itard est convaincu que son élève ne peut pas parler parce qu'il ne perçoit que des objets individuels : il ne peut pas donner des noms identiques à des choses toutes différentes pour lui. Le « Sauvage » de l'Aveyron recommence en somme l'aventure première de l'homme et du langage : c'est celle que décrit Tracy.

Lui aussi admet le même jeu entre la sensation et le mot : entre l'être individuel et le mot général. La genèse de la nomination part de noms propres : à l'origine, il n'y a que des noms propres[2], et des idées uniques ; le mot inventé « privativement » n'a que des applications uniques, spéciales et particulières. Mais « actuellement », dit Tracy, en un texte qui peut être l'objet d'une interprétation plus nostalgique et plus critique, « toutes nos idées sont si travaillées que tous les mots qui les expriment sont généralisés. Nous n'en avons plus pour exprimer particulièrement chaque chose ». Le mouvement de genèse des idées et des mots est donc un mouvement d'usure et de dépérissement ; en analysant ce mécanisme, Tracy autorise que l'on refuse de s'y plier. Que l'on proteste contre cette exclusion par le langage de l'être premier et fondamental que *je* suis ; il continuait d'ailleurs à déplorer le manque de mots ; sous la surface générale du langage se

---

1. Voir *Les Enfants sauvages*, 10/18, UGE, 1969, p. 214-216.
2. Tracy, I, p. 93-96 ; de même I, p. 362, « toute idée qui n'est pas individuelle est une idée abstraite, car il n'existe dans la nature que des individus ».

dissimulent les expériences, les significations individuelles qui soutiennent l'usage de chaque mot, mais qu'il n'enregistre pas. Idéalement, il faudrait autant de signes que de sensations, souvenirs, et idées ; ainsi Stendhal va louer l'italien, langue de l'amour, d'avoir multiplié les « noms propres pour mille circonstances particulières de l'amour » : les mots ont la richesse inépuisable de l'expérience. Tracy enfin parvenait à une sorte de solipsisme tant il restreignait le domaine de la signification : « chacun n'a que les idées qu'il s'est faites », « personne ne peut penser pour un autre »[1] ; ce qu'on communique n'est intelligible que si l'expérience que le langage suppose est commune aux deux locuteurs ; le langage n'a de sens que s'il renvoie à une sensation déjà connue, s'il engage à refaire un jugement dont il donne le résultat. Le mot n'est que cela : un résultat, et pour qu'il ait son vrai sens, il faut refaire tout ce qui a conduit à ce résultat. Le meilleur langage selon Tracy[2], et selon Lancelin[3] qui répète à plusieurs reprises cette idée, est alors celui que l'on se fait à soi-même : l'essentiel n'est pas la communication, mais la représentation pour soi de l'objet. Le modèle du langage, par un étrange renversement du sens du mot, c'est celui que l'on fait pour s'entendre soi ; pour Lancelin, c'est même le seul moyen de penser juste : n'user que des conventions précises et sûres que l'on a passées avec soi-même. Mais puisque l'homme n'est pas l'Homme, et que les hommes ont des expériences divergentes, qu'en est-il du langage ? Comment le moi y serait-il présent sans perte ?

Tel est le revers d'une théorie du langage qui passe pour optimiste : le contexte stendhalien est sans doute marqué par le passif que le XVIIIᵉ siècle transmet au nouveau siècle à propos des mots. Un Fourier[4], un B. Constant[5], en sont les

---

1. Tracy, I, p. 379 ; voir sur l'insuffisance du langage relativement aux variétés individuelles, De Gérando, *op.cit.*, IV, p. 303.
2. I, p. 82.
3. I, XXXV, p. 214 ; p. 305, « il serait impossible qu'un homme qui se serait fait une langue à lui-même pût ne pas raisonner juste » ; p. 329.
4. Cf. *Fourier*, Seghers, 1970, p. 31, « admirable chose en civilisation que l'abus des mots ! Lorsque Condillac nous dit, les mots sont les véritables signes de nos idées, n'aurait-il pas mieux fait de dire, les mots sont les véritables masques de nos idées ».
5. Voir les excellentes études de Verhoff (art. cit.) et de Miss A. Fairlie,

témoins : que ce dernier montre l'homme fragile à l'incitation des mots, et ceux-ci créateurs ou falsificateurs de la pensée, rendant faux le vrai qu'ils disent, ou vrai le faux qu'ils proclament, il n'en faut pas davantage pour que la critique structuraliste contemporaine y voie une amorce de ses thèses ; Constant ne croyait pas au primat du signifiant, mais il craignait dans les mots les alliés malicieux de la mauvaise foi. C'est sans doute Joubert qui, contemporain de Beyle, représente avec le plus de génie ce malaise du langage : encore tente-t-il de le résoudre et de restaurer par la poésie, par la rédemption poétique du langage, la confiance dans les mots. Il s'en méfie : les mots, comme le nombre, le rythme, la consistance matérielle de la langue l'inquiètent par le poids de chair dont ils alourdissent la pensée ; les mots sont un corps, et ils appartiennent au corps ; la bouche les dit et les savoure, l'oreille jouit de leurs sons, les yeux de leurs couleurs. Ils sont image, harmonie, *lettre* et *lettre* physique qui matérialise l'esprit[1]. Ou l'égare : Joubert aussi se méfie des abus de mots, ceux que pratiquent l'idéologie[2], la politique (ainsi le mot « consul », « combien commode » pour ranger à l'obéissance des « hommes amateurs de l'insoumission »)[3], la philosophie allemande (un texte stendhalien d'esprit dénonce le langage « brun » de Kant qui le trompe ; d'où la conclusion : « sujet à traiter : des trompeurs que l'esprit se fait à lui-même selon la nature du langage qu'il emploie ») ; il y a des mots « dangereux », comme le mot « nature » ; il y a, dit-il encore en une formule qui devance de près d'un siècle Mallarmé, les mots qui ont[4] « un demi-sens,... bons à circuler dans le parlage comme les liards dans le commerce », tolérables quand on « pérore » ou qu'on écrit en prose, interdits dans le vers. Les mots sont donc « les corps des pensées », corps insistants et indiscrets, qui tirent tout à eux et s'oc-

« B. Constant romancier, le problème de l'expression » dans les *Actes du Colloque B. Constant*, Droz, 1968.

1. Par exemple *Carnets*, II, p. 618, « les mots sont comme des verres qui obscurcissent tout ce qu'ils n'aident pas à voir ou comme des sons qui empêchent de comprendre les paroles qu'ils n'aident pas à mieux comprendre... ».

2. II, p. 663, « abus des mots, fondements de l'idéologie ».

3. *Carnets*, I, p. 277 ; sur Kant, *id.*, I, p. 297.

4. I, p. 253 ; I, p. 153 ; de même II, p. 560, « bannir du langage des hommes comme une monnaie altérée les mots dont ils abusent et qui les trompent ».

troient sur la pensée un excès de pouvoir sinon de charme ;
« j'ai voulu me passer des mots, je les ai dédaignés »[1]. La
pensée est ainsi livrée à l'arbitraire des mots, qui sont tout à
la fois fortuits et déterminants : ils font la pensée, ce sont des
« oracles de hasard »[2], et Joubert de revenir sans cesse sur ce
scandale, « comment se fait-il que ce n'est qu'en cherchant
les mots qu'on trouve les pensées ? ». Les mots nous
conduisent en somme, et ils fixent l'idée, alors qu'il est
impossible de les fixer : c'est un tort pour l'écrivain de savoir
trop clairement à l'avance ce qu'il va écrire ; mais par les
mots les idées sont subites, et ne nous appartiennent pas, les
mots nous devancent et nous ravissent à nous-même.

Joubert analyse-t-il le mouvement de l'écriture avec une
profondeur rarement retrouvée depuis ses *Cahiers*, qu'il doit
admettre que la pensée est tributaire de la puissance des
mots : ils vont plus loin qu'elle, elle doit se soumettre à des
vocables qu'elle ne domine pas, ou se laisser[3] « entraîner par
le mot ». Toute idée en fait dépend du mot « qui l'achève » ;
en 1818, Joubert, que sa connaissance de Platon et de la rhétorique aussi place bien au-delà des stériles débats sur le
« référent », note que « l'on ne sait ce qu'on voulait dire que
lorsqu'on l'a dit »[4] ; le mot donne l'être à la pensée, elle n'est
qu'au terme de la quête des mots quand elle est mise au jour
par eux, ou en eux. Il n'y a pas de pensée sans mots, car la
parole est « la pensée incorporée »[5]. Ce qui perdait les mots
leur permet alors d'être sauvés, et avec eux la confiance dans
le langage. Comme corps, ils font obstacle à l'idée mais
comme corps ils la constituent aussi : et Joubert exemplairement triomphe du doute angélique envers le langage. Les mots
ne sont pas seulement cette monnaie de singe par laquelle
notre esprit se vole, ils n'appartiennent pas seulement au
« théâtral »[6] ; Joubert peut se persuader que les mots et les
idées sont contemporains et consubstantiels, qu'ils naissent
ensemble[7] : « Dès que l'idée en est venue à son dernier degré

1. *Carnets*, I, p. 449.
2. I, p. 106 ; p. 196.
3. I, p. 399.
4. II, p. 866.
5. I, p. 227.
6. Voir II, p. 771.
7. I, p. 264 ; ou p. 279 ; p. 251 ; II, p. 499 ; p. 608.

de perfection, le mot éclôt, ou si l'on veut elle éclôt du mot, qui se présente et la revêt. » La corporéité du mot joue dans les deux sens : il matérialise la pensée, mais celle-ci le spiritualise. Toute la poétique de Joubert, prémallarméenne comme on l'a si souvent dit, montre la rédemption du langage-corps en langage-lumière ou langage-phosphore, langage-nectar, langage-ambroisie ; le mot se fait miroir, *goutte de lumière*, « lentille optique », « clarté concentrée », liqueur, souffle. Et Joubert quand on lui dit, « ce n'est qu'un poète de mots », peut rétorquer, « Eh, ce n'est pas peu[1]... » Car le poète reconnaît qu'il dépend des mots, mais qu'il les a transmués en atomes de clarté. Il a pu être la proie de leurs mirages et de leurs malices, mais il a su surmonter cette chute dans l'apparence qu'est le langage, et revenir à travers lui et par lui à la saisie sensible de l'Idée. Chez Joubert le débat sur le langage est un débat philosophique : la conception du langage trompeur est celle que les philosophes lui ont léguée, il la retourne contre eux, et il parvient à s'en libérer par un véritable acte de foi dans le langage comme révélateur de sa condition d'être de chair. Débat exemplaire qui ouvre le siècle, et celui-ci ne trouvera pas toujours une solution aussi vigoureuse et aussi rayonnante que Joubert.

N'avons-nous pas déjà toute une vulgate qui constitue le tout-venant de la critique du langage depuis qu'a commencé l'ère de l'individualisme, depuis que la condition verbale de l'homme est identifiée à cette sombre chute et qu'elle participe à tous les schismes romantiques ? Le langage est pris dans le négativisme moderne, lui-même doué d'un pouvoir de destruction qu'il importe de limiter ou d'accomplir. Au terme ne va-t-on pas trouver près de nous, et constituant l'inspiration inavouée de tant de théories du « langage », la pensée d'un Blanchot pour qui le langage est une puissance de « néantisation »[2] qui détruit son objet, ne donne que l'absence, et comme il congédie ce qu'il nomme, fait disparaître celui qui nomme. L'objet nommé est supprimé, l'acte verbal le détache de lui-même et de son existence ; si je parle, je mets un non-moi à la place de moi. Le nom pétrifie ce qu'il nomme

---

1. II, p. 672 n. ; et II, p. 487 ; p. 476.
2. *La Part du feu*, p. 72 ; *Espace Litt.*, p. 45, p. 36 et p. 225.

en l'objectivant et le scelle comme une « pierre tombale ».
Constitué en « antilogos », le langage est une transcendance
négative qui a partie liée avec « la mort ». Ou le mot est un
pur outil pour le monde déchu du social, ou il est une inexis-
tence manifeste, un quasi-silence, qu'il importe de maintenir
à la frontière du silence, aux frontières de la mort. L'imperfection des mots relativement à la richesse du sujet et de l'objet entre ainsi dans une dialectique d'agonie. Mais à l'origine, il y a le sentiment du mot comme insupportable voile sur
les choses, comme masque (« chaque mot est un masque »[1],
dit Nietzsche), comme distance insurmontable par rapport
au vécu, distance où se perd le vécu. La parole est un sacrifice ; relativement à la spontanéité brute de l'être, elle est la
tutelle de l'intelligible, du raisonnable, de l'éthique ; elle sera
« répressive » si l'on veut aller jusqu'au bout de la négation,
et en un sens retrouver Rousseau[2]. La puissance du mot
écrase l'être de l'homme, ou s'en sépare pour l'orienter selon
ses fins propres en qui le moi ne retrouve rien de lui-même.

De Constant à Flaubert, on retrouverait ce sentiment que le
mot peut désigner, mais non définir, ou « rendre » l'individuel ; comme le dit si bien Cassirer, « lorsque l'âme se met à
parler, elle ne parle déjà plus, hélas ! »[3]. Dire c'est quitter
l'inaccessible arrière-pays natal de la sensation ou du désir.
Thèmes que Bergson (« le métaphysicien de la terreur », dit
Paulhan[4]) va encore orchestrer au tournant du siècle et rendre cohérents : s'il est vrai que le courant profond de la subjectivité est musical (idée « stendhalienne » si l'on veut) les
mots et le moi s'opposent comme la durée et l'espace, la succession et la simultanéité, la qualité et la quantité. Le mot
permanent   à   la   façon   de   l'objet   « solidifie »   nos
impressions[5] ; « sensations et goûts m'apparaissent comme

---

1. Cité par Gaède, *op. cit.*, p. 158.
2. Cf. encore Brice Parain, *Recherches*, p. 37, « il est impossible théoriquement que sensations et mots se rejoignent », p. 42 ; et *Petite métaphysique...*, p. 99 et p. 141, « Parler consiste à transformer le monde de l'existence en un monde de mots, par conséquent à la supprimer dans sa manière
propre d'être. »
3. *Formes symboliques*, I, p. 138.
4. *Les Fleurs de Tarbes*, p. 66-68, et Pariente, *Langage*, p. 22.
5. Cf. éd. du Centenaire, P.U.F. 1959, *Essai sur les données immédiates*,
p. 85-90, « celles-là seules de nos idées qui nous appartiennent le moins
sont adéquatement exprimables par des mots. Si chacun de nous vivait

des choses dès que je les isole et que je les nomme ». Bien que Bergson s'en prenne à une psychologie associationniste et à une décomposition de la pensée par le langage, l'une et l'autre issues de l'idéologie (mais on les retrouve encore bien plus tard dans Saussure), il donne une forme *classique* au malaise du langage, du moi dans le langage qui au fond dure depuis l'idéologie. La « croûte »[1] sociale et linguistique qui appartient au moi superficiel n'a rien à voir avec le moi profond, l'individuel forclos du langage comme de la société. Quand le moi est extérieur à lui, il *parle*, il est « agi » par le discours impersonnel des mots qui sont la norme de la société. Dans la saisissante analyse que Sartre fait du mutisme du jeune Flaubert[2], l'on retrouve trait pour trait ces thèmes : la parole familiale agit comme un « lieu commun », inséré dans le moi natif ; la parole, Sartre a beau se défendre de faire sienne cette thèse, la description en est vraiment très convaincante, c'est à la fois le viol et le vol. C'est l'autre en moi, le mensonge social qui refuse, censure les mots, ou les dicte. Autre thème : le langage est fermé à l'individu, car il est le « on » qui parle, l'impersonnalité, c'est-à-dire le social massif et pétrifié qui parle, mais comme Caliban, avec la grossièreté du « troupeau », comme l'intrusion d'une sous-humanité, l'assimilation aliénante au général. « Dès que je parle, j'exprime le général », dit Kierkegaard. Nietzsche[3] range le langage parmi les « grands *continuums* », comme le mariage, la propriété, la tradition, etc. qu'il y a plus d'avantages à conserver qu'à recommencer. Il est un dépôt, un conservatoire des idées toutes faites et des clichés, pour Gourmont, pour Valéry[4], l'œuvre sempiternelle d'« auteurs inconnus ou connus... d'une quantité immense de disparus »,

d'une vie purement individuelle, s'il n'y avait ni société, ni langage, notre conscience saisirait elle-même sous cette forme indistincte la série des états intérieurs ».
1. *Id.*, p. 151 ; et *Pensée et Mouvant*, p. 1320-1325.
2. *L'Idiot...*, I, p. 21-22, p. 37-38 sur le retour de cette aliénation dans le langage par la croyance à l'autonomie des mots ; contre le langage général : I, p. 40.
3. *Volonté...*, I, p. 349.
4. Voir *Esthétique de la langue française*, p. 337-338, « tout mot a pour envers une idée générale ou du moins généralisée... » ; *Cahiers*, I, p. 471, « dès que le langage intervient, la société s'interpose entre nous-même et nous » ; I, p. 467 ; I, p. 426 ; I, p. 110 ; sur ce point encore Cassirer, *Formes symboliques*, I, p. 139.

ou la trace du néolithique qui vient encore former notre pensée, en tout cas une expression purement « statistique » venue recouvrir « notre singularité ». Qui se fie au langage, se fie en réalité à la production de l'individu par la société.

Et sur ce point, l'on retrouve Stendhal : étrangement, il vient appuyer cette perception négative du langage, comme si sa « psychologie » en fournissait des preuves. Ainsi le même passage de la *Chartreuse*, celui où Mosca jaloux s'inquiète de la nature des relations entre Fabrice et la duchesse. Bel exemple du pouvoir des mots : doit-il parler ou ne pas parler ; doit-il craindre que le mot « amour » dit par lui ou amené par le hasard ne « précipite » les sentiments de Gina ; le danger est de « donner un nom à ce qu'ils sentent »[1]. Symétriquement Fabrice redoute qu'un mot, le même, jeté entre la duchesse et lui, n'altère l'innocence qu'elle vit. Sartre, Brice Parain citent ce passage à titre de preuve : une chose nommée n'est plus la même, rien n'existe avant d'être nommé ; la cristallisation, mouvement sorti de sources pures de l'imaginaire et du désir, n'est en fait qu'un problème de mot ; le langage crée mon être, l'oriente du dedans et d'une manière définitive. Mosca le sait, et le craint, on ne peut revenir sur ce qui a été dit. Le langage vient donc faire le moi, et cela par un hasard. Mais davantage nommer, ce n'est jamais que classer et répertorier ; le mot *amour* déclenche un mouvement qui est l'amour, ou plutôt qui ne l'est pas. Car le mot oriente vers l'approbation, ou non, la reconnaissance ou non de ce qui est déjà connu. Valéry le disait aussi : le mot nous « traduit » en termes interchangeables[2] ; ce ne serait plus son sentiment que nommerait la duchesse, mais un sentiment convenu, et impersonnel, que le mot substituerait au sien. Non seulement le mot ne me contient pas, mais il ne me

1. *Ch de P*, p. 134 et p. 137-139 ; « en parlant je fais naître d'autres circonstances, je fais faire des réflexions... une fois que j'ai prononcé le mot fatal jalousie mon rôle est tracé à tout jamais... le hasard peut amener un mot qui donnera un nom à ce qu'ils sentent... elle aurait horreur d'un mot trop significatif comme d'un inceste... gâter un bonheur si délicieux par un mot indiscret... » ; p. 147, « ne jamais prononcer auprès d'elle le mot d'amour » ; cf. Sartre, *Situations*, II, 1948, p. 72 et 74, « Parler c'est agir, toute chose qu'on nomme n'est déjà plus tout à fait la même, elle a perdu son innocence... » ; Brice Parain, *Recherches*, p. 44-47 et n. sur la différence entre le « je » et le « moi » dans la parole, et l'être de raison que crée la parole à distance du « je » ; même thème chez Bergson, *Données...*, p. 85-87.
2. *Cahiers*, I, p. 446.

convient jamais. Le langage fixe des points de repère entre
lesquels le moi évolue, il nous fait repasser au voisinage
d'états éprouvés, mais par d'autres, par le « on », il est dans
la vie du sujet un facteur de répétition, donc d'automatisme.
Le mot cristallise le vécu et conformément à une idée toute
faite dont il est le véhicule.

Telle est donc la mise en question du langage qui de Stendhal à nous, en passant par les plus proches du beyliste,
Nietzsche, Valéry, établit une continuité dans la contestation
des mots par le moi. A coup sûr, la crise du langage garde
encore le visage plus traditionnel d'une critique de la philosophie et du savoir : à nouveau il faut citer Valéry et
Nietzsche[1]. Monsieur Teste, l'« accusateur » du langage, le
censure ou le refait à son usage, car l'esprit ne peut penser
avec le matériel de mots qui constituent la « monnaie » sociale, que sa valeur purement fiduciaire, l'instabilité de son
cours, ses poussées d'inflation, interdisent de pouvoir « réaliser » ; le langage est purement transitif : l'interroger donne
le vertige. Il y a la critique égotiste des mots et avec elle
l'exégèse de ce qui « en deçà des phrases » constitue « la pensée antérieure aux grammaires », par la tentative de « faire
parler le langage au-dessous de lui-même au plus près de ce
qui se dit en lui »[2] ; l'une et l'autre protestent contre la loi et
la contrainte du langage, et en dénoncent l'arbitraire : le mot
n'est pas moi, le mot n'est pas le mot, il a une interprétation
qui n'est pas son sens.

Mais depuis que le langage se porte mal, et que le moi le
perçoit comme étranger, la constance des positions détermine deux pôles antagonistes, deux incompatibles, l'intériorité
et le langage. La position extrême du beyliste, qui fait du langage un mince ourlet de mots sur la pensée ou la sensation,
qui établit le moi contre le langage et même sans lui, a pour
contrepartie l'autre extrême, où le moi se perd dans le « il »
du langage, et où la pensée est à peine la doublure interne
des mots. En un siècle et demi, tout s'est renversé : au souci
de défendre le moi du langage, a succédé la passion de le dis-

---

1. Cf. Schmidt-Radefeldt, *op. cit.*, en particulier, p. 48-49, et p. 53 et
p. 66 sur le procès du langage ; et *Crépuscule*, p. 32 ; *Humain...*, I, p. 25 ;
Aurore, p. 63.
2. M. Foucault, *Les Mots et les choses*, p. 311-313.

soudre en lui. Ce qui (en apparence) nous sépare des romantiques, c'est le problème du langage : quand ils croyaient
tout donner au sens, à la substance, au pouvoir de l'intériorité de modeler le langage et d'y transparaître, en détruisant la
cérémonie du discours, et en inventant une parole vivante et
libre, sans formes pourrait-on dire, il n'est plus question
aujourd'hui que d'ironiser sur le fantôme référentiel ou le
sujet auteur, et que de tout donner aux formes, au pouvoir
dénudé du langage, « qui n'a pour loi que d'affirmer contre
tous les autres discours son existence escarpée », que de se
recourber sur soi pour se dire. Son « intransitivité radicale »
le fait surgir dans son être, quand le XIX ᵉ siècle voulait le
soumettre à la tâche absolue de dire l'Idée ou le réel. Et pourtant de l'une à l'autre position demeure le problème du moi et
du langage, qui est peut-être le nœud du débat et son invariant. A la charnière se tiennent ces « post-stendhaliens »
que sont Nietzsche et Valéry, et qui ont pratiqué cette forme
d'égotisme exaspéré qui se retourne en négation du moi,
négation dont le langage est le prétexte et le moyen. Et cette
manœuvre n'est pas sans importance pour comprendre *a
posteriori* les rapports de Stendhal et du langage. L'aporie
du moi et du langage exerce une sorte de fascination : le langage est un mal, sinon le mal, mais la tentation s'accroît
d'une sorte de reddition au langage, de « foi » en son pouvoir.
Paulhan remarque avec profondeur que l'erreur des « terro-
ristes » est de nature « angélique »[1] : ils redoutent la
confrontation avec les mots comme matière, comme objets
d'une technique, comme enjeu d'une liberté qui en use selon
ses caprices et son arbitraire. L'hypocrisie prouve que l'on
peut mentir indéfiniment ; selon l'exemple antique, le mulet
peut être nommé « le fils de l'âne » ou l'« enfant de la cava-
le » : l'art de nommer ou rhétorique devient alors l'exercice
même de l'hypocrisie. L'immense latitude du verbe humain,
l'impure liberté des mots, qui n'est pas neuve, certes, est
beaucoup plus insupportable pour le révolté : c'est son pro-

---

1. *Les Fleurs de Tarbes*, p. 171-173 ; au contraire, la rhétorique se définit
comme un équilibre ; tout se passe comme si la révolte contre le langage
fuyait le consentement aux mots, le fait de pouvoir donner ou refuser son
accord ; cf. Brice Parain, *Recherches...*, p. 197, p. 156. Au contraire, par
exemple, Merleau-Ponty : *Le Visible et l'invisible*, 1964, p. 328, « c'est le
langage qui a l'homme ».

blème, comme on dit, de ne pas accepter une condition qu'il a réduite à son immanence. L'exigence d'absolu est reportée sur lui-même, et sur son verbe ; c'est bien pour cela qu'au terme de son malaise, il se délivre de lui-même, et de son verbe, pour le confondre avec la « nappe » verbale dont il se veut le « pli ». Mais il tend invinciblement à refuser la duplicité du moi et du langage, ou du fond et de la forme, ou de l'esprit et de la lettre.

Que l'établissement du verbe humain soit l'enjeu d'une *technè*, d'un faire, c'est-à-dire d'une décision, d'un travail, d'une fabrication, avec ce que cela implique de retouches, d'à-peu-près, d'échecs, de fausseté et de mauvaise foi, que la vérité dite soit en elle-même le produit terminal d'une manipulation, est insupportable. L'*art* identifié à l'artifice est l'objet d'une condamnation absolue : le passage aux mots est disqualifié s'il provient d'une volonté et d'une intention. On tombe dans l'hypocrisie dès que sortant d'une communication absolue, la parole n'est pas mue par plus fort qu'elle, dictée par un au-delà du moi. Qu'il soit logique ou passionnel, algébrique ou oraculaire, le courant de la parole doit être un, et involontaire. L'enthousiasme (condition de la sincérité) a pour équivalent au XIXe siècle le « réalisme » positif : l'essentiel c'est que la parole, loin de résulter d'un idéal construit, ne relève que d'un enregistrement immédiat et instantané ; que sur ce *miroir*, cette glace sans tain offerte à l'être pur des idées et des choses, ne se dépose jamais comme une buée impure, l'effet déformant du moi qui parle, l'effet *formel* de l'amour-propre ou de l'intention. Le pacte nouveau avec le langage stipule qu'il ne peut être qu'un mouvement involontaire, un courant irréfléchi, une transcription nécessaire ; si on a tenté d'éliminer le moi par le ralliement au signifiant, c'est qu'on avait tenté la même suppression dans la ligne pure du signifié. Il ne s'agit plus comme dans la conception traditionnelle d'effacer les marques de l'art, mais d'occulter la conscience de l'art. La crise du langage (et du langage amélioré par l'art) est une crise du vouloir : celle dont Nietzsche fera le centre du « nihilisme », et aussi bien du goût « décadent ». On ne peut pas vouloir les mots, il faut être « voulu » par eux, les subir comme une poussée irrésistible, qui supprime tout jeu. Si le « mal du siècle » est un mal du vouloir, il est aussi un mal du langage et de la littérature. Ou plutôt, il s'installe dans la littérature comme un refus tacite « d'en faire », il se met dans le langage comme l'inquiétude d'en user trop librement. Le moi ne peut parler que malgré lui, comme si sa parole venait d'avant lui, et comme une contrainte. Loin de résulter de ce qu'on veut dire, de ce qu'on veut gagner comme être par l'élaboration d'un langage qui dise ce qu'on devient en le disant et en le faisant, le langage doit jaillir d'un fond substantiel ou se convertir à la forme pure. Elle ne peut être l'un *et* l'autre. Tel est l'axe autour duquel se répartissent les variations et les soubresauts. Le problème du langage, c'est qu'on puisse le pratiquer sans la conscience de le pratiquer ; comme pour la littérature : qu'on puisse la *faire* sans la conscience qu'on la fait. Dans l'un et l'autre cas, un souhait d'unité, ou de monisme du sens ou du signe, est dominant. Il s'agit d'une fuite devant l'« impureté », le dualisme, le sentiment que le langage est double, ou nous dédouble, qu'il est appui et obstacle, matière et sens, intérieur et extérieur. Il faut qu'il soit ceci ou cela, et non ceci et cela.

Le refus de la dualité la rend inexpiable et l'exaspère. L'aventure du révolté en ce qui concerne le langage est égale à elle-même : on y retrouve les apories du dehors et du dedans, du social et de l'individuel, du réel et du désir, du faux et du vrai. Et le même malaise d'être un corps, de n'être qu'un corps, et de l'habiter, malaise qui s'évade vers la même ambiguïté d'un idéalisme pur et d'un matérialisme pur. Le monisme est l'hypothétique garantie d'une nécessité du moi. De même que la parole doit exclure le sentiment qu'elle pourrait être autre, et ses possibles, c'est-à-dire qu'elle doit se plier à la loi intérieure du sujet, ou ne suivre que ses lois propres, de même l'œuvre ne doit pas être perçue comme œuvre, et tenter de sortir de son statut d'œuvre. En tout cas, c'est la tension qui est refusée : et c'est l'immense mérite d'une réflexion comme celle de Paulhan de restaurer pour le langage et les lettres la nécessité de la dualité, et de la tension. Le point où cesse l'aporie de la sincérité et de l'hypocrisie, c'est aussi dans la tension intérieure, l'effet d'ironie ou de jeu qui est la seule synthèse du moi, du vrai et du faux en lui, du sérieux et du futile, du gratuit et de l'inéluctable, du cynique et du généreux. Tout dans la révolte est refus de cette dualité : elle interdit le boitement de la création littéraire, comme de l'usa-

ge des mots, l'hésitation entre le métier et le souffle, la comédie et la conviction, les mots d'abord ou les pensées d'abord,
ce fond et cette forme identiques et distincts, qu'on cherche à
unir, ou à fondre l'un dans l'autre, à partir de deux points de
vue antagonistes, qui les ont séparés, et demeurent dans
l'embarras de cette séparation. Que le schisme soit un effet
de perception ou de projection, l'abus d'une moitié de vérité,
dont il importe en épousant le paradoxe même de restituer
l'intégralité, c'est le principe qui corrige toute attitude de
« terreur » ; c'est peut-être chez le beyliste à quoi rime la
méthode des antinomies dès qu'elle devient volontaire.

CHAPITRE V

Point d'histoire

Qu'on n'oublie pas que le temps où Stendhal fait ses premières armes est un temps où les débats sur le langage ont une immense importance[1] et qu'ils présentent déjà cette particularité de proposer des solutions extrémistes, mais d'un extrémisme instable, et tout prêt à se retourner dans l'extrême opposé. Les nominalistes, nous dit-on, dissimulent en eux le réaliste qui s'ignore ; le cratylien surnage chez les hermogénistes les plus fermes ; il faut bien que les extrêmes se touchent pour qu'on ait pu discerner chez R. Barthes un « complexe de Stendhal »[2]. L'un et l'autre voudraient un décrassage de la parole sociale des significations abusives, une cure de santé des mots qui les délivrerait de leur mauvaise graisse qui aggrave le leurre des signes et le règne de l'hypocrisie. Mais il est vrai que le début du XIXe siècle est voisin de « notre » époque en ce qui concerne le langage : il rencontre le même problème, la même difficulté à penser la dualité du langage et du sujet. Il doit loger le moi (sa liberté) dans le langage ; il en est maintenant éliminé au profit d'un « discours » pur, alors que le XIXe siècle a plutôt cherché à trancher en sens contraire.

1. Ballanche (*Essai*, p. 175 et sq.) distingue deux classes d'hommes en fonction de leur conception de la pensée, ou de l'origine de la parole et du pouvoir ; ou l'homme crée sa langue et peut penser sans langage ; ou l'homme reçoit ses langues et ne peut penser sans langage ; de là deux types de pouvoir : contractuel ou théocratique, deux « partis », « les néophiles » ou « les archéophiles » ; sur le « passage » de la grammaire générale à la philolopgie, cf. *Les Mots et les choses*, p. 308-313, qui analyse la littérature comme une contestation de la nouvelle science du langage.
2. Cf. Genette, « L'homme et les signes », in *Critique*, n⁰ 213, 1965, p. 108 et n.

Lors de la jeunesse de Stendhal, le problème est d'en finir avec l'extrémisme condillacien, qui identifie jugement et équation, discours et calcul, et autorise l'espoir d'une langue *juste* si égale à l'ordre du monde qu'il n'y aurait plus qu'à pratiquer des opérations formelles sur elle[1]. Théorie allant jusqu'au bout de la conception initiale du signe cause déterminante de la pensée et de l'empire absolu du signe. Le mot condition de l'idée la remplace. Le langage s'il est fidèle analogiquement à son origine peut retrouver la même nécessité que le langage d'action enraciné dans la nature. De la sensation au signe et à son usage formel, il n'y a pas d'intermédiaire : le raisonnement se passe du raisonneur[2], et de son vouloir bon ou mauvais. Le langage dont les origines sont purement naturelles est aussi impérieux qu'un logos. On le sait, le débat linguistique n'est qu'une partie du débat philosophique, religieux, politique, qui ouvre le nouveau siècle et ferme le moment révolutionnaire. Quand Saint-Martin[3] vient interpeller Garat par sa belle réflexion sur l'origine du langage aux séances de l'École normale, on a bien l'impression

1. Cf. *Les Mots et les choses*, p. 93, sur le langage de la grammaire générale « si transparent à la représentation que son être cesse de faire problème. Toute existence prend place dans son rôle représentatif, s'y limite avec exactitude et finit par s'y épuiser » ; la seule différence entre discours et représentation est la différence de l'immédiat au réfléchi, du simultané au successif ; p. 97-98, sur la grammaire comme « logique incontrôlée » de l'esprit, forme spontanée de la science ; p. 101, sur l'identité de connaître, parler, analyser.

2. Cf. Tracy, I, p. 356, sur le calcul de la pensée ; p. 340, « sans nous en apercevoir nous sommes conduits par les mots comme par les caractères algébriques » ; Garat sur Condillac : « il donne à la langue de la morale et des lois la certitude de la géométrie » ; voir de bonnes pages de synthèse critique dans Gusdorf, VI, p. 308 et p. 352-358 : « la formulation du langage ne serait possible que si la réalité humaine pouvait être projetée entièrement dans le plan de la raison raisonnante » ; du même dans *Parole*, p. 86, « l'idée d'un langage parfaitement juste est aussi fausse que l'idée d'un homme parfaitement juste » ; on sait que Mallarmé devait s'arrêter à cette idée (prophétique ?) qu'une langue parfaite supprimerait la littérature.

3. Cf. *Écoles normales*, éd. 1801, t. III, séance du 9 ventôse III, et la lettre à Garat qui suit le débat ; Bénichou, *Sacre*, p. 58 et sq. et Roussel, *J.-J. Rousseau en France*, p. 30 et sq. ; l'un des points du débat est le problème d'une sémiologie générale opposée à l'étude propre du langage humain ; Garat (*Débats*, t. III, p. 38) prenait le mot « signe » au sens universel, embrassant « et les gloussements des Troglodytes, et des Hottentots, et les expressions pittoresques et harmonieuses des langues d'Homère et de Virgile et les ibis, les phallus creusés sur les obélisques d'Égypte et les chiffres de l'arithmétique ».

d'une époque qui se clôt : l'idée d'un verbe humain qui pourrait être totalement explicité, qui explorerait sans ombre l'homme et le verbaliserait dans son rapport à lui-même et à la nature sans restes ni défaillances, qui pourrait parvenir à la rigueur d'une vérité absolue et fatale (tout *n'étant que* le produit d'une genèse purement humaine et presque d'une invention dirigée par l'homme), semble dès lors difficile à tenir. On voit revenir les philosophies et les théologies du langage, tandis que les condillaciens renoncent à cet aspect de la doctrine du maître. Le retour à Platon, à Pythagore, à l'orphisme enveloppe une tout autre conception du langage, et interdit une spéculation sur les sources génétiques. Pourtant l'acquis condillacien demeure comme hypothèse : il suppose la possibilité d'un langage qui pense sans qu'on le pense, d'une langue détenant dans ses signes les vérités de telle manière que tout savoir pourrait se ramener à des opérations sur les signes. Ou si l'on veut, une langue où le signifié étant donné par le signifiant, parler serait penser, le signe constituant comme le programme de la pensée ; le sens serait intégré à un champ de langage extérieur à l'homme et constitué tel quel. Juste en elle-même, dépôt de la vérité, ordonnée selon les choses et le savoir tiré d'elles, la langue comme méthode devient beaucoup plus encore que la condition de la réflexion, son guide, son horizon, l'ensemble symbolique dans lequel elle se loge, et se déduit avec une sorte d'infaillibilité et de fatalité. Or, tout l'effort des post-condillaciens orthodoxes ou non est justement de rétablir un peu de jeu dans cette nécessité, de rétablir une dualité pensée-signe, homme-langage, sinon même d'inverser les rapports[1] et puisque l'on pouvait à partir de Condillac parvenir à une situation de l'homme comme extérieur au langage et secondaire par rapport à la pensée qu'il pense, l'on va voir au contraire régner la suprématie du sujet sur le langage et sa supériorité relativement à lui, ce qui est une autre forme d'extériorité. Ou c'est le moi, ou c'est le mot qui est marginal ; le sens oscille entre cette extériorité dans le langage, ou cette intériorité absolue dans

---

1. Par exemple P. Prévost, *Des signes envisagés relativement à leur influence sur la formation des idées*, Paris, an VII (mentionné par Stendhal, *O.I.*, p. 499 n.), p. 13 et sq. distingue le rôle des signes selon que la vérité est absolue ou conditionnelle (expérimentale) : « l'art des signes ne constitue pas la science ».

le moi. Mais rien n'est simple, et un curieux chassé-croisé (dont les traces seront chez Stendhal) va s'établir.

L'idéologie elle-même, plus proche de Locke que de Condillac, rompait les relations de sujétion de la pensée par rapport au langage, et restituait par là une certaine dualité. Autour de l'école, un Laromiguière[1], en une *reductio ad absurdum* de Condillac, cherchait à saisir insidieusement comment la pensée du maître se réfutait elle-même sur ce point précis du langage maître de la pensée : comment le raisonnement peut-il être « mécanique », le savoir rivé à l'identité, les mots ramenés à une « espèce » monétaire échangeable selon une parité établie une fois pour toutes ? Le concours de l'Institut sur « l'influence des signes », dont H.B. Acton[2] a dressé le bilan, tournait au succès de De Gerando et de P. Prévost, qui l'un et l'autre, et non sans demeurer sous l'autorité de Condillac, rejetaient pour tout ce qui n'est pas les mathématiques, la réduction de la pensée au langage, et l'identité des mots et des idées. Point par point, De Gerando introduisait les nuances, les distinctions, capables de restaurer la parité de la pensée et des signes. Biran qui devait participer à ce concours tentait aussi dans son projet de réfuter Condillac[3] : contre la rigueur d'une pensée décomposable et notable en signes analogues aux quantités, tels que du signifié au signifiant il y ait un rapport absolu et univoque, l'un entraînant l'autre nécessairement, comme si l'instrument créait la fonction, il revendique pour les « idées morales », qui sont sans « modèles », une possibilité de non-verbalisation exacte et totale, soit qu'elles se situent pour une part avant les mots, hors des mots, soit que ceux-ci soient trop pauvres et trop peu déterminés pour fixer une signification qui est un fait d'intuition ou d'expérience. Tracy[4] devait au reste faire hommage à Biran de son opposi-

1. *Paradoxes de Condillac*, éd. de 1825 (1re éd. en 1805) p. 75-81.
2. Cf. *The philosophy of language in revolutionary France*, l'argumentation porte sur le rapport sensation-signe, signe-activité mentale, signe-savoir ; langue idéale-langue réelle ; savoir démontrable-savoir empirique ; la querelle a des implications politiques dans la mesure où le « condillacisme », rejoignant Helvétius, définit « une épistémologie de l'égalitarisme » : avec une langue bien faite tous les esprits sont égaux.
3. *Notes qui doivent servir pour un mémoire sur l'influence des signes*, éd. Tisserand, Alcan, 1920, t. IX, p. 249 et p. 285-290.
4. I, p. 344 n. : même l'algèbre n'est pas toujours « un guide mécani-

tion à un mécanisme des signes et s'appuyer sur sa réflexion pour nier que le jugement fût équivalent à l'équation ; la pensée n'est pas qu'une combinatoire de signes assemblés selon leurs règles propres ; reprenant à Biran la belle formule dualiste du « double fardeau du signe et de l'idée », il montrait qu'il n'y a pas de raisonnement sans une « conscience actuelle » du sens. Biran, en fait, établit toute sa réflexion dans cet écart entre le moi et le signe, entre le senti et le sens ; de même que la sensation ne peut être le tout de l'homme puisqu'elle est passivité, de même le signe ne peut déterminer la pensée, car elle repose sur une distance et un dédoublement par rapport à soi, impossible si le signe matériel est le moteur de l'idée ; la passivité n'engendre pas l'activité[1] : le signe qui est une sensation d'un type particulier ne peut déclencher que des sensations à moins qu'il ne soit l'outil d'une liberté, mis en œuvre par l'effort, instauré comme un acte, intégré à une activité distincte de lui.

Biran ne peut retrouver le langage et sa valeur, sans cesse menacée par un retour à l'automatisme de l'habitude (aussi dommageable en somme que l'automatisme algébrique ou, comme on le verra, rythmique, car Biran à sa manière condamne la poésie), qu'en le mettant du côté du mouvement, comme substitut d'un acte, ressuscitant une volonté ; né d'un effort dans son origine, et maintenant la conscience de cet effort (par exemple l'effort vocal d'articuler), le signe naît d'une disponibilité par rapport au senti, et reste l'indice de cette séparation d'avec soi. L'effort est le signe de l'impression associée et le signe du langage et comme le prolongement de ce premier dédoublement associatif. En fait Biran plus que tout autre idéologue redoute l'empire des signes et leur mécanisme formel, ou cette invasion de la forme, que constitue l'habitude qui répète et assimile les unes aux autres les données sensibles ; l'habitude tend à isoler les signifiants, à les associer selon leurs rapports propres, et leurs combinaisons, et l'adéquation du signe au sens ne relève plus du signe, ni du langage, mais de la volonté du sujet. Le langage tend à

que », il y a des cas où le signe ne suffit plus et où il faut remonter à l'idée ; III, p. 38 et sq.

1. Voir à cet égard Le Roy, *Effort et grâce*, p. 258 ; Madinier, *op. cit.*, p. 75-78, sur l'« antinominalisme » de Biran, qui fait de la pensée un acte, et du signe un instrument, et p. 95 sur l'activité du signe.

lui échapper, à lui de le ramener dans sa main, sous sa loi. Le signe est nécessaire mais subordonné[1] : c'est un acte qui le maintient comme signe, et cet acte provient du sujet qui a besoin des signes mais se trouve hors d'eux, transcendant à eux.

Tel est le contexte le plus proche de Beyle ; le moi est établi dans le langage, mais aussi bien avec une méfiance incessante à son encontre, comme un exilé qui dépasse infiniment les mots et doit les mettre en surveillance pour éviter d'en être trahi et manœuvré. Restituant contre « les paradoxes » de Condillac la situation du moi dans la parole, Biran ne le fait que précairement, et moyennant de nouvelles difficultés. Le moi est en un sens incommensurable au langage (ce qui confirme une vocation mystique), et ne peut se définir que par un usage personnel des mots, en les vérifiant, et en combattant leur pouvoir formel. Le combat va se déplacer : le moi doit vaincre les mots comme une tentation non plus seulement d'erreurs, mais d'automatisme et d'inconscience, ou de formalisme extérieur au sens. Le langage devient une *tentation* : celle de la passivité remontant des sources organiques, ou coutumières. Ce point sur lequel nous allons revenir doit être d'abord complété par un autre aspect du combat de Biran, non moins révélateur car il confirme et l'instabilité consubstantielle à ces théories du langage, et la difficulté à penser le moi dans le langage, et aussi bien le moi dans le « social ».

L'ennemi de Biran ne sera pas seulement Condillac mais celui en qui il va voir un deuxième Condillac : il s'agit d'un « cratylien », d'un « réaliste », d'un antinominaliste, d'un tenant de la langue comme *vraie, juste*, d'un théocrate en un mot, de Bonald[2]. Biran l'accuse de recommencer Condillac :

---

1. Cf. J. Brun, *Conquêtes*, p. 249, « retrouver sous le mot-objet le mot-sujet impliquant l'histoire qui le sous-tend et derrière laquelle se cachent tous les efforts du vouloir dire » ; dans la même direction, voir E. Barbotin dans *Qu'est-ce qu'un texte ?*, José Corti, 1975, p. 115 et sq.

2. Il s'agit des *Recherches philosophiques sur les premiers objets des connaissances morales* ; Biran s'en occupe dans le *Journal*, voir t. II, p. 189 et sq. (20 déc. 1818) ; II, p. 236-239 (oct. 1819) ; II, p. 377-378, juillet 1823 ; et antérieurement, I, p. 153-155, 27 juin 1816 ; voir aussi *O.C.*, t. XII, 1939, p. 177 et sq. ; la discussion est étudiée par Voutsinas, *op. cit.*, p. 297 et sq. ; Cousin revient sur la pensée de Biran concernant les signes et leur nature de convention, mais volontaire, dans *Philosophie*

il revient à plusieurs reprises sur un examen critique de la thèse célèbre du vicomte sur les origines du langage, les liens du langage et de la révélation, de la pensée et du langage. Privilégiant le social contre l'individuel, l'autorité contre l'intuition, les mots contre le moi, Bonald semble à Biran reprendre l'idée condillacienne du signifiant tout-puissant, du « matériel » du langage fonctionnant par lui-même pour produire la signification, sans que le moi soit autre chose qu'une annexe du langage, et par lui de la société, *médium* des consciences dans et par le langage. Dans cette délégation de pensée, on peut réellement dire, qui parle ? et qui pense ? Pas de pensée sans signes, d'individu sans société, d'homme sans un dépôt divin des vérités dans le langage. L'individu est pris dans une structure de sens où l'être et le langage sont identifiés absolument ; inlassablement Biran, qui ne refuse pas l'intention apologétique de l'analyse bonaldienne, objecte la conséquence qu'il en tire : le dessaisissement du langage. Sans usage volontaire, apprentissage, intériorisation progressive, et génétique, sans un travail de l'homme intérieur, qui « entend » le langage, ce dernier n'est qu'une *chose* parmi les choses. Pas d'idées sans signes, mais pas de signes sans idées. A ses yeux, Bonald est un ultranominaliste qui range l'âme dans la dépendance des signes « matériels » (même donnés par Dieu) comme Condillac pour la genèse des idées ; dans ce « matérialisme », le moi est ramené à la passivité. Les idées ne viennent pas du ciel avec le langage, pas plus que de la sensation transformée ; le langage ne peut venir à l'homme du dehors que s'il est déjà au-dedans, comme faculté préexistant à la découverte empirique et psychologique du langage. Le fait premier est donc interne, et intime. La responsabilité du sens est rétablie pour le sujet, qui demeure autonome du langage, et de la vérité, fût-elle révélée. Conjurant un monisme sensualiste et linguistique qui à la limite ne conserve rien entre la sensation et l'algèbre[1], entre le premier langage naturel et le langage ultime de nature mathématique qui est la logique, et achève la nature

sensualiste du *XVIIIe siècle*, 1856, p. 61-63 ; « le je », dit-il excellemment, « n'est pas révélé par son signe, mais par un principe réel et vivant ».

1. C'est ce que démontre à propos de Condillac l'article de Rytieux, « Langage et analyse chez Condillac », in *Atti del XII Congresso di Filosofia*, Florence, Sansoni, 1961, t. XII, p. 409, et sq.

en méthode, et qui par là absorbe l'intériorité humaine dans une extériorité indifféremment matérielle et signifiante, Biran restaure une dualité de la volonté[1] et des signes ; l'homme par leur entremise se met à distance de soi, et se sert d'eux sans succomber à leur pouvoir. Ils permettent de réfléchir, mais sont eux-mêmes réfléchis.

Mais sans cesse revient la possibilité que le mouvement d'articulation des mots qui fonde leur usage volontaire soit dévoré par l'habitude, que le mouvement du corps devance ou remplace la représentation ; l'habitude transforme la pensée en un automatisme sonore : c'est le par cœur, l'*appris*, si abhorré du beyliste. Le langage parle seul : le sujet n'est pas dans sa parole, et celle-ci réitère des assemblages de sons tout constitués. En même temps, Biran maintient hors du langage la « sensation », le registre passif de l'être qui n'a pas de mots, car il est en deçà de l'effort, et du rappel volontaire ; pour le « sensitif », il n'y a pas de langage ; ne vaut que le signe qui symbolise un mouvement véritable. Ce que je *sens* simplement, ce que je sens intensément, est préverbal : le langage consacre la séparation du conscient et de l'inconscient, et constitue une menace permanente d'inconscience. C'est bien le cas de le dire insuffisant, puisqu'il constitue une séparation étanche d'avec la spontanéité brute et vigoureuse de la vie en moi, et trop puissant, puisque par une perpétuelle revanche de l'automatisme, de la passivité *sans moi*, il tend à faire cavalier seul, et à éclipser l'effort de la conscience. Le langage n'est jamais créé, établi, il faut que le sujet le recrée, et le rétablisse sans cesse pour lui-même, comme épreuve de sa liberté. Ainsi le dira Stendhal[2] ; le sincère, le vérace inventent ce qu'ils disent, trouvent leurs mots dans l'instant, développent leurs phrases à mesure qu'ils désenveloppent leur pensée ou leur sensation ; la chaîne verbale est exactement le courant de l'analyse, la ligne droite du senti, et du sens, l'invention du moi par lui-même. Ou la signification est un acte, ou elle relève de l'imitation mécanique, du mouve-

---

1. Cf. *Effort et Grâce*, p. 95-98 ; et *Habitude*, p. 120-133 ; et p. 152-160 sur le labeur incessant pour sauver le signe.
2. Il faudrait dire que cette conception du langage sous surveillance du sujet et de la conscience va aboutir au culte du mot « propre » : il y a un glissement dont Biran est le témoin entre l'idée du langage bien fait et l'idée de la responsabilité du mot *propre*.

ment pur des signes qui sont eux-mêmes à l'origine des mouvements.

Biran est donc bien caractéristique de la difficulté du langage ; lui-même soucieux de retrouver contre le pouvoir des signes, le lieu propre du sujet, conclut à une disproportion entre l'homme et le langage. Finalement, la personne profonde est ineffable, et le langage doit être combattu dans sa tendance à exister par lui-même, à s'installer dans le vide de la conscience comme mouvement propre : il y a une sorte de faute du langage. A lui la moins bonne part, il définit la conscience, et son antagonisme, et si le philosophe admet que l'esprit ne peut se passer de mots, c'est dans l'espoir semble-t-il du contraire, et de jeter un pont entre le sensible pur, et le spirituel par-delà sa médiation. Conseille-t-il de maintenir vigilante la conscience des mots, c'est parce que, comme on va le voir bien mieux chez Stendhal, langage et conscience vont mal ensemble. Le cas biranien explicite ce qui est peut-être l'achoppement majeur dans le problème du langage : Biran le place du côté de la matière, du sensible et du sensitif, et ce poids impur s'interpose entre le moi et lui-même, entre le moi et la vérité. Il rompt la continuité du naturel et de l'intelligible que l'on trouve chez Condillac, la reprise par la logique en acte du premier langage corporel fait de signaux spontanés et pleins. Il y a saut de l'âme à la parole, du moi aux signes matériels et sensibles, qui doivent dire le non-sensible. Le langage est gênant en sa qualité de sensible comme en celle de social. C'est la méfiance à l'encontre du corps qui s'exprime ainsi dans l'inquiétude du langage : la confiance dans le mot serait comme un retour de l'homme à sa place, en lui-même, à son corps et à la possibilité de le transfigurer. Et comme l'a exemplairement analysé E. Gilson[1], ce malaise, loin de pouvoir être combattu par la réflexion sur la langue, lui est connexe : depuis les premières interrogations toutes cartésiennes sur le langage, jusqu'à Biran, jusqu'à nous, dit-il encore, c'est toujours en fonction d'une décomposition de la pensée que le langage est analysé, à partir d'une simplification qui fait par exemple du rapport

---

1. Cf. les excellentes analyses de *Linguistique et philosophie*, en particulier p. 15-29 et p. 73-79.

entre les idées un rapport équivalent à celui qu'on trouve
entre les nombres ; les mathématiques ne sont tant l'idéal du
langage que parce qu'elles sont originellement le modèle du
découpage du langage. Les signes qui sont de la *res extensa*,
sont en réalité le point de départ de l'analyse de la pensée
supposée toute faite dans le discours ; la pensée est figurée
selon le discours : pour Condillac, c'est le caractère successif
du langage qui permet l'analyse, qui fait que la pensée s'analyse elle-même dans la parole. Ce qui paraît dans l'étude de
la langue, ce sont des unités, des fragments dénombrables et
manipulables, des « choses » associées à des lambeaux
d'idées, une pensée atomisée, et réduite, et chassée hors
d'elle-même. Une sorte d'impossibilité de tenir bon sur le
dualisme signifié-signifiant, et qui conduit à un dérapage
fatal vers le seul signifiant, condamne la réflexion sur les
signes à se mouvoir dans le malaise. Et de fait, si comme
nous voudrions le montrer le recours stendhalien à l'idéologie apparaît comme un certain remède à la crise de la parole
et à sa paralysie, la « grammaire générale » qui promet un
contrôle parfait du langage et de l'expression est aussi à sa
manière un élément d'inhibition de la parole comme du style.
L'idéologie réconcilie avec le langage, et doit elle-même être
dépassée, ou conjurée car sa conception du langage le rend
suspect et tout-puissant à la fois ; exorcisé, il revient encore,
et contribue au projet beyliste fondamental de se délivrer des
signes et de leur discipline. L'idéologie fonctionne comme un
remède au langage, une domination de ses modalités, qui
pour le révolté doit conduire à une sorte d'au-delà du langage, de liberté en lui ou sans lui, qui consacre la revanche du
moi sur les signes, et leur empire, revanche d'autant plus
délicate à perpétuer que la doctrine à laquelle s'affilie le beyliste lui démontre en un sens que le langage est le maître de
l'homme.

CHAPITRE VI

Mal du siècle, mal de la lettre

Ce n'est pas un mauvais début que d'analyser les troubles beylistes de la communication. La parole, c'est l'échange, l'entente, la compréhension ; si elle échoue, si le beyliste n'a pas de parole, ou ne se trouve pas dans l'engagement de la chaîne verbale, c'est bien qu'il y a initialement et de son fait, un trouble du langage. Et que la direction d'ensemble de son entreprise tant personnelle que littéraire, sera de se restituer au langage, de se placer dans les « formes », de conclure avec elles un pacte qui ne sera peut-être qu'un compromis.

Les variantes de la parole stendhalienne, on en a d'emblée l'amplitude : Brulard débute dans le monde par le « silence farouche de l'extrême timidité »[1] ; à l'autre bout du continent beyliste, on trouvera l'autre silence, non moins farouche, de l'extrême énergie : le violent comme le timide se tait, et peut-être toute l'alternative du beylisme, c'est ce double silence, ou c'est l'hésitation entre la violence et la parole. Violence du spasme intérieur, violence du geste pur : deux formes de l'énergie, et l'énergie n'est pas bavarde. L'être absolu, absolument uni à soi, est un muet. Au contraire la fausseté est prolixe, et use des mots comme d'un masque ; l'hypocrisie, dit Stendhal, est un « vol »[2] de la parole ; mais parler est-il séparable de mentir : « il fallait parler, c'est-à-dire mentir... ». Ou le moi perd la parole, ou il se perd dans ce qui n'est que parole. Pourra-t-il user du langage pour se « débonder »,

1. *O.I.*, p. 382 ; p. 403, « je ne m'ouvris jamais à personne ».
2. *Mél.*, III, p. 444 ; et *MT*, II, p. 97.

à l'instar du geste, du « coup de poignard » magique et instantané, faire jaillir la phrase comme un cri, comme un chant ? Et donner au langage anonyme les couleurs du moi, cette « physionomie inimitable », ce « vernis à soi »[1] qui fasse des mots le prolongement reconnaissable de l'être différent, qui les marque de son empreinte, au point que la pièce de monnaie verbale soit à son coin, sa médaille, et non le sou impersonnel de l'échange. Tout le problème est de communiquer un être qui d'emblée prétend se tenir au-dessus, ou en dehors du commerce humain, presque retranché de cette communauté des esprits, qui participent au sens et à la lettre, un être qui, en tout cas, ne veut pas s'abaisser à la persuasion, à la justification modérée de soi, et se plier à l'accord des consciences sanctionné par l'accord sur les mots et les valeurs ; qui aussi bien suspecte, par principe, tout discours, tout l'univers du discours dès lors qu'il participe de l'apparence ; puisqu'il est composé, il ne peut manquer de donner loisir à chacun de se composer, et ne met en rapport que des intérêts, des vanités, des volontés de puissance, et de fraude ; si l'expression est constituée de « moyens », elle tombe au niveau des autres moyens et se perd. Peut-on vouloir parler sans vouloir tromper[2] ?

Et même tout simplement peut-on parler ? Si l'on examine chez Beyle les modalités de la parole, et l'extrême importance qu'elle revêt dans ses écrits intimes, le problème même est posé ; il ne s'agit pas de dire telle chose, mais de « prendre » une parole, dont le beyliste semble se demander si elle est bien faite pour lui ou lui pour elle. Il est regrettable de devoir parler ; J. Prévost[3] l'avait bien vu : de l'enfance à la maturité, l'écrivain et l'homme sont avec Stendhal voués à l'*inhibition*, faite de « silence » et de « stupeur », à la paralysie de la voix comme de la plume ; le sincère est muet, et c'est

1. *O.I.*, p. 690.
2. Cf. Valéry, *Œuvres*, II, p. 1509, « la parole nous rappelle toujours assez vite qu'elle est parole, et parole de quelqu'un... » ; méfiance qui montre bien la crise de la rhétorique, qui selon Munteano (*Constantes*, p. 410) intervient dès qu'un homme est « devant un autre », comme « personnalité distincte », « chacun subissant l'influence de l'autre et se modelant à quelque degré sur lui... dès que l'un s'ingénie à gagner l'adhésion de l'autre... ».
3. P. 23 ; et p. 32-33 sur la déclamation comme remède à l'« inhibition étouffante du sentiment, et la sincérité muette ».

par le détour du théâtre, ou de la critique d'art, que le beyliste parvient à une meilleure présence dans sa parole. Le « je
parle », l'union si simple d'un moi et de la parole, paraît
inconcevable : « je ne comprends pas même comment on ose
parler dans un cercle »[1], avait dit Rousseau, qui ressentant le
devoir social et mondain de parler comme une insupportable
tyrannie, une « gêne... terrible », ne présentait comme alternative pour cette relation du « je » à la parole que la gaucherie piteuse et « contrainte » d'un moi en déroute s'il parle, et
le choix du « babil » enfantin d'un moi étourdi et irresponsable, qui parle mais ne dit pas. Par là sans doute, il ouvrait
une sorte de drame de la parole, drame social, littéraire, philosophique. Tout ce que nous appelons « la révolte » est
contenu dans cette distance du moi à la parole, et aux autres,
qui interprète la relation comme l'aliénation même ; homolo-
gue aux relations plus théoriques que nous avons vues du moi
et du langage, elle établit la même pathologie du verbe : où
est l'équilibre entre parler trop et trop peu, entre être soi et
parler ? comment rester soi en parlant ? L'existence verbale
est quasi impossible : le moi pour se manifester déserte une
parole qu'il surcharge d'intentions et qu'il voudrait absolument vraie, ou inversement qu'il vide de toute intention et qui
cesse d'être une communication. Sorte de dieu tombé dans les
mots, le moi est toujours, au nom d'une protestation fondamentale contre sa condition, à mesurer qu'il est bien plus
qu'il n'en peut témoigner, qu'il est beaucoup plus qu'il ne
paraît, qu'il est toujours au-delà de ce qu'il est en fait et en
acte. Pour l'*âme*, le langage, tout langage est trop peu.

Il est donc important de souligner combien Stendhal est
inquiet de sa parole, en enregistre les modalités, le débit, l'intonation ; le bilan égotiste est pour l'essentiel un bilan de ce
qu'il a dit. C'est bien là le problème de ses succès ; mais son
succès principal, c'est, pour l'intimiste, de conquérir sa parole, de l'occuper entièrement, d'en jouer en maître, d'être totalement en elle et de l'avoir totalement à soi, bref d'occuper le
discours par son moi, et de le faire parole. Parler entre ainsi
parmi les objectifs volontaires et méthodiques de l'Égotiste :
le « roué », qui au nom de la « véritable tactique »[2]

1. *Confessions*, *O.C.*, t.I, Pléiade, 1959, p. 115 et 207.
2. *De l'A*, p. 361.

s'ordonne « de parler et d'agir beaucoup », sûr qu'à un certain degré de maestria verbale, même la sottise ou la préciosité deviennent des charmes, le conseiller de Pauline qui lui enseigne l'art de la conversation où il « faut parler et pourtant ne rien dire »[1], l'amoureux qui se donne la mission d'être « familier... intime... amusant »[2], tâche aisée, pense-t-il, « il ne faut presque que parler », convergent vers le même devoir, *parler*. Mais paradoxe : s'il s'« impose » le silence, il trouve des idées, s'il se « fait une loi de parler »[3], il n'a rien à dire ; la parole est aventure, sinon drame. Il faut du courage pour parler : « je n'avais besoin que d'oser dire ce que je sens ». Il faut « se lancer » et selon une formule qui contient tout le secret de la parole impossible, « sortir de mon quant-à-moi »[4]. La parole est, au sens militaire, une « sortie », une rupture périlleuse d'avec soi, une échappée hors de soi, de son contrôle, de sa protection, bref elle place en territoire ennemi, à la vue de l'ennemi. Elle *expose*, elle constitue un moment d'affaiblissement du moi, où il se livre au hasard de la rencontre en rase campagne, où surtout il *demande* à autrui. La parole, rupture de l'unité narcissique, signale en même temps qu'elle le formule, le besoin des autres ; en soi la parole est une demande, sinon une prière ; elle montre que tout moi n'est qu'une requête ; si je parle, c'est que je manque, et que je demande. Elle prouve que je ne suis pas absolu, et que le lien m'est consubstantiel. Se connaître et se parfaire impliquent le contrôle de la parole par laquelle on se fait connaître et la difficulté de la parole elle-même, qui est une imperfection, en soi, et une indigente image de soi, la mise en miettes d'une totalité, et sa proposition aux autres.

Le journal sera donc voué en grande partie à revenir sur ce que l'Egotiste a dit, et à prendre des résolutions sur ce qu'il dira. Or, la chose à dire importe moins que le simple fait de parler. Toute l'attention du beyliste va au fait de parler, à la quantité de paroles débitées, à leur opportunité, sans qu'il y ait discussion sur les détails ; mais le plus souvent l'appréciation porte sur l'existence orale qu'il s'est donnée. La preu-

---

1. *C*, I, p. 231.
2. *O.I*, p. 945 ; p. 608 ; de même p. 789 ; « apprendre une infinité de riens d'usage ».
3. *O.I*, p. 733 ; p. 624 ; p. 720-721.
4. *O.I*, p. 589.

ve pour lui qu'il s'agit moins du contenu de ses interventions que du fait plus général d'entrer en rapport avec les autres, c'est qu'il réfléchit surtout à l'opportunité de ses interventions, aux modalités de sa parole vis-à-vis de celle des autres ; le problème est d'ajuster son monologue à la parole circulante, de se mettre dans un dialogue : bref, d'entrer sans effraction ni indiscrétion dans la parole des autres.

C'est toujours un problème d'opportunité, de jonction, de volume, de mesure : ainsi, il se recommande pour ses propos d'amour de les dire sans « projet »[1], de les insérer à propos en évitant de forcer le cours de la conversation, ou plus généralement de ne pas se hâter de parler, de ne pas ouvrir le feu le premier[2], de différer en société le moment de se mettre vraiment en scène, de savoir ouvrir les débats sans dogmatiser[3], de fuir les « maximes générales » et les avis tranchants ; l'essentiel est donc d'être de plain-pied avec les autres, à égalité, dit-il, délivré de la « prétention », de la volonté *a priori* de dire telle chose, ou de celle de « faire un grand effet »[4] : parler « tout bonnement » aux autres, ici et maintenant, devient un idéal sans cesse mentionné. Le plus souvent, il rate l'occasion : devant Byron, lorsque Di Breme voulut le faire parler, ce lui fut impossible, il ne sortit que « des choses communes qui ne furent d'aucun secours contre le silence »[5]. La disgrâce lui est familière : avec Mélanie[6], que de déplorations d'avoir sabordé ses propos, gâté ses meilleurs moments, trahi ses intentions ! Ce qu'il veut dire, il l'oublie et s'en souvient dans l'escalier, ou il dit le contraire[7] ; sa parole ne parvient pas à être vivante : ou décidée à l'avance elle tombe à plat, ou improvisée maladroite-

---

1. *O.I*, p. 671-672.
2. *C*, II, p. 90 ; *FN*, I, p. 289 ; *J. Litt.*, p. 259, avec la référence à Hérault de Séchelles (*Ambition*, VII, p. 7).
3. *FN*, I, p. 19 ; II, p. 330 ; *O.I*, p. 943.
4. *O.I*, p. 1284 ; p. 639 n. ; p. 536 ; qu'il doit se forcer à parler : *O.I*, p. 1253 et n. ; *C*, III, p. 161 sur sa « disgrâce » chez les Daru : « l'avantage est pour les parleurs *ab hoc* et *ab hac* et je ne parle presque pas... Je voudrais bien parler, mais il s'agit d'avoir un flux de paroles plates ou communes à débiter... »
5. *Mél.*, III, p. 261-262.
6. Cf. *O.I*, p. 633-634 ; p. 714-715 ; p. 720-721 ; p. 623 ; p. 642 ; p. 716 ; « moi à ses côtés brillant, mais ne lui ayant point dit tout ce que voulais dire » ; p. 716 ; p. 978.
7. *O.I*, p. 721.

ment, elle opère une diversion, et non une communication[1], ou bien pris tout entier par l'émotion de l'instant, le beyliste se tait, ou rabâche[2], et à nouveau il est sans parole ou hors de sa parole. L'intimité s'établit sans les paroles, ou malgré elles. Le fait de parler est si difficile, ou si insuffisant, que le beyliste remarque qu'il n'y atteint qu'en « raison inverse de l'intérêt que m'inspirent les personnes »[3], ou en raison inverse de la proximité de l'interlocuteur. Loin de Mélanie, que de choses à dire ; près d'elle, quel silence ou quelle gaucherie[4] ! Plus il faudrait parler, plus ce moyen lui manque. La parole n'est jamais neutre, ou terne : *bien*, *mal*[5] sont les notes que se met le beyliste, plus souvent *mal* que *bien* : pourtant la chose arrive, et semble-t-il de plus en plus ; rarement satisfait avec Mélanie, il approuve davantage avec Mme Daru, ou surtout le terrible Z ou plus tard encore en Italie, quand il voit sa « loquelle » réussir, la manière dont il a parlé et plu[6].

Mais lui-même voit bien le motif de cette maladresse verbale : il ne sait pas régler sa parole et pressé d'y être tout entier présent, il ne dit pas, il se dit ; il ne peut rien communiquer que sa personne ; c'est parce qu'il veut tout dire, dire le tout de son être, qu'il achoppe à parler tout « bonnement » ; c'est parce qu'il veut dire sa supériorité, son amour, son désir, qu'il dérègle le jeu de l'échange oral. Il ne peut pas parler aux femmes qui « ne sentent pas son meilleur »[7] ; avec elles, la parole est nulle, car elle ne peut être entière. Dans un autre texte, il déplore de ne pas converser suffisamment avec « des gens à qui je veuille plaire »[8]. Il en résulte pour lui une sorte de pédantisme à contretemps dans la conversation ; il parle tard, trop sérieusement, décalé par rapport au mouve-

---

1. *O.I*, p. 633 ; p. 672 ; p. 722 ; « Je me livre au plaisir de la voir et de l'adorer, et je ne songe plus à dire des choses amusantes. »
2. *O.I*, p. 634.
3. *O.I*, p. 938.
4. P. 634 ; p. 645 ; p. 930 ; avec Métilde : *C*, P, I, p. 940 ; *C*, V, p. 227, « en votre présence,... la parole expire sur mes lèvres... ».
5. Cf. *O.I*, p. 690 ; p. 931 ; p. 937-938 ; p. 966 ; p. 1029 ; sur le retour de Milan, « bientôt je fus comme stupide, faisant la conversation avec les postillons », *SE*, p. 10.
6. *O.I*, p. 1155 et *C*, IV, p. 373.
7. *O.I*, p. 1253.
8. *O.I*, p. 519.

ment des propos et à leur légèreté. Il se prête seulement à la conversation et pour régenter de haut et de loin des gens qui ne l'intéressent pas. Sa parole est alors avare et hautaine. Mais si le dé lui revient, s'il est entraîné à parler, si la parole est vraiment lui, librement ouverte à tout ce qu'il a à dire, disponible pour le *one man show* improvisé qu'il est prêt à monter, alors c'est un monologue en effet[1], devant un cercle de spectateurs éblouis, qui ne disent rien. Alors Stendhal parle, et tout entier, en inspiré, mais à qui ? La situation qui lui convient est celle d'un monopole de la parole : qu'on lui laisse diriger la conversation, et il brillera, aux dépens des autres, voués à un écrasement dont il s'inquiète autant que de ses maladresses. Cette fois, il parle trop : discours intempérant, envahissant, incontrôlé. Discours pour soi seul, ou sans conscience de ce qu'il dit, ou de ceux à qui il le dit. Ses aveux sont nombreux de cette parole excessive, et indiscrète, où il a proféré des énormités, gaffé exemplairement, ou dit tout à trac ce qu'il ne fallait pas dire[2]. Cette éloquence pittoresque et crue, si proche de ce « mauvais ton » que le pauvre Octave aimait tant trouver dans les mauvais lieux (mais justement sa parole était d'autant plus libre qu'elle allait vers des inconnus, des amis d'un soir, ou des gens que tout éloigne de lui : il parlait à *personne*), il l'a confessée comme l'« excès d'imprudence »[3] d'une parole gouvernée par le hasard, comme la préoccupation de se masquer en disant n'importe quoi, ou par cette ivresse de « bavardage »[4] qui lui fait passer sur une insulte à Calais, et qui tend à lui ôter dans ce feu d'artifice oral le sentiment des autres et de ce qu'il dit ; ou s'il ne les oublie pas, et si son monologue demeure dialogue, il oublie qu'ils sont les autres, il s'ouvre à eux dans une confiance périlleuse justement, il les suppose identiques à lui, en tout cas parvenus à la même ivresse de paroles et de concorde. On le voit dans le *Journal* s'inquiéter d'être la dupe

---

1. *O.I*, p. 544 ; p. 652 ; p. 510 ; p. 694.
2. Cf. *LL*, P, p. 1580 : « le 21 fév. Dque est disert il a a great command de parole » ; *SE*, p. 16, l'incartade avec Mme de Mareste, p. 32 à la Moskova ; *HB*, I, p. 466 : sa trop grande franchise ; *O.I*, p. 546 ; p. 592 ; à Brunswick, p. 895.
3. *SE*, p. 54 : la confidence politique à Tracy.
4. *SE*, p. 69-71, « je parlais... comme un homme qui n'a pas parlé depuis un an » ; *SE*, p. 21, « j'ai toujours parlé infiniment trop au hasard... ».

de ses propres succès : s'il se sent admiré, éblouissant, alors il « se laisse emporter »[1], il s'échappe en propos qui lui font tort. Avec Métilde, et sans qu'on ait jamais su à quel écart son langage était parvenu, il a toujours attribué son échec au fait d'avoir « trop » parlé certain soir.

Le difficile est d'être présent en parlant, d'être celui qui parle, qui *répond* de ce qu'il dit, c'est-à-dire est homme à soutenir son dire, et à l'endosser, ou bien se déclare représenté par ses propos, présent en eux, et les accepte comme conformes à ce qu'il veut dire. Mais ce qu'on dit n'est jamais adéquat à celui qui le dit : inacceptable saut pour le beyliste. En fait, il opte pour deux modes de parole : la parole indirecte et le silence. « Parler de loin ou bien se taire », avait dit le poète. C'est une manière de parler sans être là. On a beaucoup étudié les communications et correspondances indirectes chez Stendhal[2] : les amants incapables du face à face, ne peuvent que s'écrire, mais donner une lettre, en recevoir, être vu la prenant ou la lisant[3], l'adresser même directement, ce sont encore des modes de communication trop voisins du contact ; il faut écrire sous le couvert d'un tiers (avec Victorine selon l'exemple de Mirabeau), sur la couverture d'un livre, instaurer tout un système de renvois, et au-delà, de codes qui *diffèrent* la correspondance, et éloignent toujours plus loin le moment où par écrit quelqu'un parlera à quelqu'un. La parole est trop directe, elle est relayée, par l'écrit, et l'écrit lui-même subit encore de nouvelles atténuations qui éloignent les correspondants, déréalisent leur relation, effacent le moment où quelque chose est dit, et la manière dont autrui est présent à la conscience. Le message se perd dans cette subtilité : ainsi avec Mme Daru qui ne « voit rien d'extraordinaire »

1. *O.I*, p. 668.
2. Genette, *Figures*, II, p. 163 et sq. ; le subterfuge a été utilisé par lui avec Mme Daru (*O.I*, p. 1077, p. 1081-1082) et si subtilement que l'intéressée n'a rien vu ; avec Métilde envers qui il a songé à s'abriter sous le masque de Marivaux ; voir aussi la correspondance de Julien et de Mme de Rênal, chef-d'œuvre de cryptographie à double ou triple fond ; l'aveu de Mina dans enfoui sous terre *RetV* ; cf. *O.I*, p. 710 où envers Mélanie, Beyle avoue, « je ne puis encore lui exprimer mes grandes pensées, plus elles s'élèvent, plus je vois que je ne puis me faire comprendre que par écrit » ; mais Lucien (*LL*, P, p. 926-928) use de la conversation à interlocuteur indirect pour parler à Mme de Chasteller.
3. Cf. *A*, P, p. 177, p. 191.

dans l'envoi d'un livre à double message, et à qui Stendhal n'ose pas dire en clair la manière de déchiffrer son rébus. La lettre semble venir de nulle part, elle est une allusion à une allusion, dans cette fuite du contact moral le parleur s'absente de plus en plus loin, et refuse toute responsabilité de ce qu'il dit. Il écrit, et ce n'est pas lui qui a écrit. Déjà avec Mélanie, Stendhal ne trouvait de « jolies choses à lui dire »[1] que lorsqu'il se trouvait loin d'elle. Paroles et écrits n'ont pas aisément de direction, ou d'adresse. Stendhal n'aime pas signer de son nom : ce qu'il a dit, écrit, le signifie trop ou trop peu, trop imparfaitement en tout cas.

Du coup, il vaut mieux se taire : le silence est une éloquence, une manière d'être présent sans l'être, une secrète protestation contre la communication, ou une sorte de ségrégation sociale. Le silencieux, surtout s'il est comme Stendhal dans un cercle mondain, s'excepte de la parole et de sa réciprocité ; le négligé des réceptions italiennes, qui répond à l'absence de tout devoir social, permet en effet au beyliste s'il ne sonne mot de toute une soirée, d'être à soi seul au milieu des autres. C'est le « silence du bonheur »[2] : soit une manière d'affirmer sa suffisance, sa plénitude en dehors des mots. Silence qui au reste se fait farouche et brutal quand il est besoin d'écarter les gêneurs et de décourager les rapports[3]. Mais le silence est aussi un refus plus délibéré du langage, un déni de ses pouvoirs, et souligne l'intention de ne rien perdre de soi, d'être conforme à la totalité de soi, par le retrait hors de la parole. Ainsi Brulard[4] chez les Daru : est-il fou ? est-il stupide ? Il n'est qu'orgueilleux : contesté par des mœurs nouvelles, menacé par des procédés qu'il ne comprend pas complètement (ainsi les phrases de Daru le père toutes diplomatiques le rendent « muet »), désespérant surtout de pouvoir dire ce qu'il pense, et sent, d'être conforme à son image dans ses propos, il ne peut se sauver que par un silence « complet » ; ce moyen d'expression qu'il nous dit « amené par le

1. *O.I*, p. 710.
2. *O.I*, p. 282 ; et même p. 46, p. 48 ; *SE*, p. 63 ; *C*, V, p. 137 ; *RNF*, II, p. 50 ; *PR*, II, p. 208 ; *C*, V, p. 188.
3. *J. Litt.*, III, p. 325, « il y a des jours où pour une somme énorme je n'adresserais pas la parole à un grossier habitant de la rue Richelieu » ; *RNF 17*, p. 158.
4. *O.I*, p. 347 et n. ; p. 352 ; p. 382 ; p. 375.

hasard » protège sa « dignité personnelle » ; toute parole
l'exposerait au jugement ; le silence le conserve en deçà ou
au-delà de toute appréciation. Faute d'être égal à ses prétentions, il choisit d'être énigmatique, c'est une manière d'être
non moins « farouche », où la faiblesse du timide devenant
« extrême » se concentre en une force nouvelle, une adhésion
assez étroite à soi pour qu'elle se passe de preuves externes,
donc de propos. Faute d'être par le langage et la communication, il est à l'état pur et absolu, par le mutisme. La parole
serait une défaillance, un défaut dans son être. Le silence
l'établit dans une présence absolue.

Ces traits ne relèvent-ils pas, nous dira-t-on, de la classique analyse de la timidité ; celui qui est frappé par ce mal
ne peut maîtriser son expression[1] : inapte à l'improvisation,
il la livre désorganisée ou fabriquée, et pour finir se déclare
menteur par impossibilité de se communiquer. Mais l'hiatus
de l'être et du langage est assez profond et systématiquement
exploré par Stendhal pour qu'à la crise des relations du moi
et des autres, se surajoute celle de ses relations aux mots.
Rousseau a présenté la même union du malaise personnel et
du malaise des signes[2] : « ses mots lui échappent et il échappe à son discours » quand il doit prendre la parole dans les
terribles cercles de la conversation ; et de là, de proche en
proche, le souhait d'une communication immédiate, la critique du « froid ministère » de la parole, le rejet du langage
comme intermédiaire et moyen, une théorie et une pratique
du langage qui abolissent son rôle d'instrument, son appartenance au domaine de la réflexion, et le ramène au corps, au
désir, à une authenticité antérieure à la conscience et aux
signes articulés. Il lui faut souhaiter « l'anéantissement de la
parole », accomplir positivement la paralysie effarouchée du
timide, sauter par-dessus le « pis-aller » des signes. L'esthé-

---

1. G. Blin, *Personnalité*, p. 132-133 : Lacroix, *op. cit.*, p. 71, sur le
mensonge du timide pour préserver le « trésor de grand prix » qui est en lui
et écarter le *profanum vulgus*, c'est-à-dire tous les autres.
2. Cf. Starobinski, *La Transparence...*, p. 151, « le langage ne va pas de
soi,... il n'est jamais maître de sa parole... il ne coïncide jamais avec ce qu'il
dit... » ; et p. 187-189 sur la communication immédiate, « sans les moyens
de l'action et du discours humain », esquivant le langage, la succession,
l'enchaînement médiatisé.

tique de Stendhal traduit le même effort pour bouleverser l'ordre du langage, y inscrire malgré lui, par l'anéantissement de toute forme, la pure existence subjective, et rallier la rêverie musicale par exemple à cette sorte d'« apophatisme » du timide que tout langage trahit, et qui trahit le langage ordinaire ou articulé pour le langage de son étrangeté.

La preuve de la cohérence du point de vue stendhalien, c'est, comme l'a remarqué Imbert[1], que les jansénistes stendhaliens pratiquent un « jansénisme » du langage ; eux-mêmes plus sensibles à l'impuissance du discours, et à sa frivolité, à l'impossibilité de communiquer l'essentiel, d'agir sur les âmes et de les guider, ou aux périls de confier la vérité aux leurres de la parole humaine, sont avares de mots, scrupuleux en matière de sens, et loin de gouverner le fidèle par le luxe des sensations et le pathos des discours, laissent en se tenant à distance d'elle « la créature » faire elle-même son expérience et ses *épreuves*. Direction muette, par le fait ; l'abbé Pirard est bien loin de *dire* à Julien ce qui l'aurait éclairé. Misanthrope irascible, il est prompt à cesser de parler[2] ; mais surtout il sait les limites du langage et celles de son action : chacun est seul dans sa destinée. Plus profondément enfin, il n'est pas sûr que la réalité de l'homme puisse en entier être objectivée. Tout n'est pas démontrable, tout n'est pas dicible : J. Wahl[3] l'a montré pour le débat Hegel-Kierkegaard ; ce qui les oppose, et sans doute oppose les systèmes politico-sociaux nés de Hegel, à l'individualisme de rupture du révolté, c'est le principe hégélien qu'il n'y a pas de sentiment purement intérieur, de force qui ne s'exprime pas, de droit irréalisé ; l'histoire dit tout, alors que pour le philosophe de l'homme singulier, il n'y a pas d'identité de l'intérieur et de l'extérieur ; tout ne peut pas être dit. « L'hégélianisme est la mort de la passion, car la passion vit de choix et de non-objectivité. » Dans une pensée de la différence l'intérieur ne peut être étalé et devenir un « moment » d'une dialectique. L'individuel est en effet hors des médiations, il est uni-

---

1. Cf. *Jansénisme*, p. 158-162, et des remarques convergentes dans Mme Albérès, *Sentiment*, p. 132.
2. *RetN*, p. 235, « il est possible que vous et moi nous cessions de nous parler ».
3. *Études kierkegaardiennes*, p. 92-111, et p. 187.

quement l'individuel. L'universel du langage s'épuise à dire
le secret de chacun : l'esprit et le langage, l'esprit et les formes sont en relation de contact, non de confusion ni d'identité. A quoi fait écho le beyliste qui organise sa vie selon le
schisme bien tranché du dehors et du dedans, selon la devise
chieto fuor, commosso dentro[1], principe de l'« âme vraiment
poétique », et pour qui l'autre formule, « cacher sa vie »[2],
veut dire « cacher son cœur ». Il a donc mis au secret une
part de soi, et coupé des mots le trésor de son intériorité. Ce
n'est pas sans nostalgie et sans crise, comme on va le voir.

C'est trop peu dire en effet que de dire que Stendhal rêve
d'« une ouverture intégrale »[3], d'une communication absolue
et immédiate, délivrée de toute rhétorique, et telle que le moi
n'ait pas à disposer son discours, n'ait même pas à se traduire en paroles. C'est là l'utopie du sincère, pour qui il n'y a de
parole pleine que spontanée et aveugle. C'est-à-dire qui ne
songe pas à être parole, qui déborde et exténue le fait d'être
parole ; qui se place au-delà de la parole. « Dans ma jeunesse, dit l'Égotiste, quand j'improvisais, j'étais fou »[4] ; dans
cette parole inspirée, il n'avait plus d'attention que « pour la
beauté des images que j'essayais de rendre » ; est « poète »
en somme celui qui abdique toute maîtrise de son discours,
qui l'abolit au profit de la seule réalité interne, qui apparaît
en faisant disparaître le fait de parler. En amour le stade
d'intimité est marqué par le fait qu'on est « parfaitement
naturel », que parler devient « penser tout haut », sans
« écouter ce qu'on dit » à l'être aimé[5] ; Stendhal a horreur de
devoir penser à ce qu'il dit, si par exemple il peut craindre
que ses lettres soient lues par des tiers[6], ou si l'interlocuteur
par excès de diplomatie et de prudence tourne un quart
d'heure sa langue dans sa bouche avant de parler[7]. Au fond il

1. *Compléments*, p. 247 ; et *C*, II, p. 25.
2. *C*, I, p. 245 ; p. 372 ; *O.I*, p. 1296.
3. G. Blin, ... *Personnalité*, p. 354-355.
4. *SE*, p. 69 ; de même sur cette parole inspirée, *De l'A*, p. 366 : « s'il
voulait parler le feu qui le dévorait passait dans ses discours et leur donnait presque les caractères de la folie » ; Lucien « poète » dans ses audien-
ces électorales, *LL*, P, p. 1219 ; *O.I*, p. 930 : « J'avais trop de belles choses
à dire et je ne dis rien. »
5. *De l'A*, Cl, p. 108 ; et p. 195 sur l'Italie.
6. *C*, I, p. 3 ; *C*, III, p. 117.
7. *C*, IX, p. 188.

a hâte de parler : qu'on pense au cri de Brulard, « ne jamais parler à aucun enfant de mon âge »[1]. Il a hâte de délivrer une parole sans voiles, sans réticences, qui force le barrage du langage, et qui, soustraite à toute inquiétude sur ses modalités et les conditions de la communication, permette de « mettre en scène son âme »[2], de « rendre l'âme visible à l'âme »[3], ce qui se fait dans l'amour passion, et « indépendamment des paroles employées », pour peu qu'on n'« entende pas soi-même » le langage qu'on parle. La vraie parole est inconsciente d'être parole, elle prend à revers les « défenses » réflexives qui au nom de la timidité, du respect humain, de l'amour-propre et surtout de son versant totalement envahi par le souci des autres, la vanité, freinent et arrangent la parole. Analogue à la communication psychognomonique[4], (cette « psychanalyse » de la fin du XVIIIᵉ siècle, où l'on *parle* malgré soi et par tout son être), la parole qui dit tout, comme le « langage » de l'émotion échappe à qui la tient, qui transgresse les limites de la censure sociale, ou celles de l'habitude qui cimente les mots et les banalise ; ainsi Lucien au bal fait soudain entendre à Mme de Chasteller un « langage » nouveau, une sorte de lyrisme inouï que Stendhal ne peut que comparer à une conversation angélique. La parole que n'aliène pas le conformisme social, ou qui ne se réduit pas au simple contact menteur et agressif des amours-propres, est aliénée à elle-même : est-elle encore parole ? Est-ce qu'elle ne transgresse pas les limites du langage ?

C'est bien sur cette frontière que plus ou moins explicitement se trouve le beyliste. Qu'on pense au défi de portée philosophique d'Edgar Poe : qui va tout dire de lui, et faire enfin la confession intégrale que Dieu même ne requiert pas ? La communication est en crise dès qu'elle porte sur la totalité du moi, sur sa vérité absolue, ou davantage, sur sa *valeur*, c'est-à-dire sur ce qui fait son prix, son jugement dernier, ou le centre du moi, l'unité dernière à laquelle tout est suspendu, et qui donne son sens à ce que je suis. Tel était le problème de

1. *O.I*, p. 213 n.
2. *O.I*, p. 672 ; p. 682 ; « nos âmes se parlaient ».
3. *VR*, I, p. 186 n.
4. Cf. *HP*, II, p. 69 n.

Rousseau[1] : se rendre évident en *valeur*, en *être*, être jugé
non par ce qu'il dit, mais pour ce qu'il est, et ceci dans « chacune de ses paroles » ; il en est de même pour le projet métaphysique du Narcisse qui n'acceptant pas d'être ceci et cela,
ou cela, veut « être présent... avec la totalité de soi-même »[2]
en chacune de ses manifestations. Être compris alors a son
sens étymologique, mais toute parole ne peut que souffrir de
sa lettre, en désespérer, et entreprendre de la vaincre ou de
s'en passer. La parole doit produire une sorte de mutualité,
sinon de fusion des âmes, communiquer une « présence réelle » du moi, créer une « identité » des consciences ; ainsi Barral
écrit à Beyle[3] pour lui parler du « besoin de son cœur de pouvoir quelquefois te parler, m'identifier pour ainsi dire avec
toi... ». Qu'est-ce donc que le mythe républicain à certains
égards sinon un mythe de la communication humaine par-
delà la barrière des amours-propres, et des intérêts diver-
gents, de la différence des moi ? Ralliés à des « mœurs unanimes », à un égal dévouement à un état de type sacré pour
lequel chacun fait abdication de soi, les hommes participent à
une cité « transparente », identifiée à la cité grecque, ou à la
cité future ; chacun est clair et visible pour les autres, trans-
percé par la lumière « politique » qui le juge et le détermine ;
être ensemble, c'est être tout entier à tous, et tous en
un ; avec le mythe d'une transparence universelle des
consciences, le « mérite » est enfin visible et vu, ce que vaut
chacun au fond de lui-même est l'objet de la reconnaissance
générale. La société est juge de la valeur du moi, et bon juge,
et les sanctions sociales se rapprochent d'une vérité du moi.
Vieux mythe, dont le républicanisme stendhalien aura de la

1. Starobinski, *op. cit.*, p. 152 ; il n'y a donc pas de parole neutre, ou
moins importante.
2. Lavelle, *Narcisse*, p. 46, « la difficulté d'être sincère, c'est la difficulté
d'être présent à ce que l'on dit, à ce que l'on fait, avec la totalité de soi-
même... » ; de même Gusdorf, *Parole*, p. 57, « le refus de la communication
comme fait implique la nostalgie de la communication comme valeur » ; et
p. 76, « l'expression parfaite signifierait pour la personne la manifestation
plénière de ce qu'elle est sans aucune réserve », à quoi s'oppose une insuffisance ontologique ; « tout homme se sent méconnu et incompris ».
3. *Let. à St.*, I, p. 103 ; cf. dans Alain Girard, *Journal*, p. 409, les textes
de Delacroix disant, « la nature a mis une barrière entre mon âme et celle
de l'ami le plus intime... je voudrais identifier mon âme avec celle d'un
autre », « c'est une de nos plus grandes misères de ne pouvoir jamais être
connu et senti tout entier par un même homme... »

peine à se délivrer, et qui va rester sous forme de nostalgie de l'état militaire, républicain ou impérial, ou pour Fabrice plus directement épique ; le courage militaire, la prouesse dans le service commun constitue l'idéal d'une valeur tangible et de fait reconnue (l'hypocrisie n'y a pas cours) quand les hommes ne connaissent comme liens qu'une subordination héroïque et se connaissent dans l'action. Ou bien c'est l'amour, la foi, ou l'art qui seront cette déclaration du moi ; et encore, disent-ils tout, ou l'essentiel, que disent-ils du moi ou quel moi disent-ils ?

Au début le beyliste ne fait pas de distinction (c'est aussi son moment le plus pleinement républicain). De l'« âme sœur », et jamais le mot n'a mieux convenu, car il désigne un presque moi, un autre moi qui serait le miroir du moi, il attend une compréhension plénière et immédiate ; pour elle, il est Tout et un Tout directement transmissible. De cette ambition de dévoiler le fond et la totalité de son moi, *vers* un être où il se réfléchirait tel qu'il est et même en plus beau, magnifié par une tendresse lucide qui le verrait mieux qu'il ne se voit, on a des preuves substantielles ; ce que Beyle veut dire à ses maîtresses, c'est « ce que je suis »[1], il veut que ses lettres le révèlent comme une « confession »[2] ; se supposant aux pieds de Victorine qui lui demande : « qui êtes vous ? », il veut répondre effectivement « aux faiblesses de l'humanité près et avec toute la sincérité possible », et dire *ce qu'il est.* Cette *nature* profonde, les « bases » de l'être qu'il est, il attend parfois, au contraire, que Mélanie les lui explique : « elle s'est mise à me dire qui j'étais »[3]. Ne l'a-t-il pas élue comme « directrice » de son sort, comme son « dieu », et son « guide » ? Elle voit en lui, et cette fois la communication est enfin à son point absolu, car le beyliste n'a plus à dire, devançant toute parole, Mélanie l'a « deviné ». Faire entendre, sous-entendre, guider imperceptiblement et dans la pénombre des suggestions l'esprit d'autrui vers la compréhension intuitive et même prophétique de lui-même, tel est l'idéal du beyliste, assuré de ne plus avoir à dire pour être compris, à signifier pour être entendu. L'Égotiste avoue son

1. *O.I*, p. 676.
2. *O.I*, p. 590 et p. 593.
3. *Ibid.*, p. 713-715.

amertume de n'avoir pas été « deviné »[1] par les grands hommes qu'il a adorés. Davantage, ce n'est pas ce qu'il est qu'il voudrait faire deviner par Mélanie : lui octroyant un don de seconde vue, il veut être connu tel qu'il sera, et compris pour ce qu'il annonce et promet.

Vis-à-vis de ce miroir qu'est autrui, et de son aptitude à accueillir le moi comme un autre soi, vis-à-vis de ce double narcissique, la parole est inutile (et de fait les vrais langages ne sont plus articulés), ou désastreuse. L'intolérable, pourrait-on dire, c'est l'obligation de parler : blessure qui ravive à chaque instant puisque le langage est un veuvage, la douleur de devoir franchir une séparation, se confier à l'imperfection d'une mise en œuvre et en mots de soi, de se passer d'une parole contagieuse, impérieuse qui identifie magiquement les consciences, au lieu de les apparier partiellement et précairement. Le langage ne fait que démontrer l'exil et la division, puisqu'il faut par lui et en lui se montrer, plaider sa cause, se formuler comme une demande et comme un refus virtuel. S'exprimer, c'est se mutiler, passer du *totum simul* à une actualisation progressive et du simultané (dont l'idéologie confirme à Beyle qu'elle est l'état premier et comme l'état de nature du moi)[2] au successif, de l'immédiat à la requête et au risque. Le révolté perçoit le langage comme une diminution de soi et le travail de se faire comprendre, à travers l'épaisseur d'une action médiate, comme une mortification. Revenant (ou resté ?) dans l'indifférencié du Narcisse, et réclamant une expression dans l'indivision, ou la fusion, qui supprime l'hiatus entre le désir et la réponse, entre ce qu'il est pour lui et ce qu'il devient pour autrui en lui parlant, le beyliste accuse le dénivellement entre ce qu'il est et ce qu'il dit, entre son signifié interne et le signifiant qui le traduit en le diminuant. Le langage est fautif d'abord parce qu'il est en soi un émiettement du moi, excellemment désigné à plusieurs

---

1. *SE*, p. 102 ; cf. Lacroix, *op. cit.*, p. 139 sur la prétention du timide d'être « estimé suivant ce qu'il est et non d'après ce qu'il fait » ; G. Blin, *Personnalité*, p. 301, sur le jeu de Stendhal se cachant pour se faire deviner.

2. Et Rousseau, cf. *La Transparence...*, p. 155-157 : la parole aussi gênante que tout *acte développé* ; cf. la formule *énergique* de Palla, « les paroles sont inutiles » (*ChdeP*, p. 354).

reprises par Stendhal comme une « petite monnaie », mais une monnaie qui ne serait jamais équivalente au tout initial[1]. Il y a une honte métaphysique à devoir parler : comme il y a une honte à devoir feindre ; et pour le même motif : il faut dans les deux cas *obtenir*, « acheter ». Le langage confirme que je dois *me demander*, et manifeste l'infirmité du moi. Comme le corps (et il appartient au corps), comme le temps, comme « la politique », qui interdit de se croire idée pure ou sensation pure. Par lui, l'action effective n'est plus affective. La politique aussi sera de l'ordre de la « monnaie », petite monnaie de l'action, de la ruse, de la persuasion des autres. Devant convaincre et non commander, ou désirer, je tombe dans le réel des mots et de l'histoire, dans l'égarement du relatif.

On ne s'étonnera pas bientôt de voir les mots du côté de l'égoïsme et de la vanité : comme eux, ils signalent la chute hors de la pureté et de la communion, dans la relation avec les autres. Comment l'immédiat peut-il être donné par le médiat, constitué par son ajustement au matériel des mots et leur délégation vers autrui ? La psychanalyse[2] nous confirme que le langage est bien appris comme une réplique à la frustration, son retournement actif, et une identification à l'agression du dehors. Dire, c'est dire *non*, refaire la frustration et la surmonter. Le langage est bien lié à une absence, mais en la redisant, il la nie et le volé se fait voleur. La parole née d'une séparation et d'une perte se constitue comme un retournement actif et rétablit le sujet, loin de le condamner à une linguistique du néant, qui lie le langage à la mort. S'en tenir là, c'est s'en tenir à la blessure narcissique que présente le beyliste, et qui est sans doute une composante profonde de l'attitude romantique. Le langage est *détour*, renoncement au désir au profit du symbole, il lie le sémantisme à la relation d'objet. Le signe fait diversion à la pulsion, et aussi bien l'insère dans l'échange et la conforme à une loi de la réalité. C'est dire que le *réel* (si nettement lié au langage et à la communication chez Stendhal), comme le jeu hypocrite, conduit à un rétablissement dans le langage. C'est ce que J.-P. Richard

---

1. *MT b*, p. 342 ; cf. notre étude « Stendhal et les signes », p. 75-77.
2. Cf. Spitz, *Le non et le oui, genèse de la communication humaine*, P.U.F., 1962, p. 36, p. 51 et p. 67.

a nommé la « règle du quant-à-soi » qui interrompt le règne de l'effusion[1].

C'est dans ce domaine que se déplie pour Stendhal l'aporie du langage. Il implique une sorte de sacrifice personnel : l'être complet est muet. La parole est malheureuse, car dès lors qu'elle est et qu'il faut en passer par elle, à moins de rétablir par un *autre* langage une union avec autrui, il est certain que le moi ne saurait être reçu tel qu'il demande de l'être, que de son émotion ou son désir à ceux d'en face, il y a une différence que le langage souligne et ne peut combler[2]. Le langage consacre qu'autrui ne saurait me répondre ni me confirmer, car en fait il ne me correspond pas. Si Rousseau voulait ne « pas avoir à parler pour être compris et accepté »[3], le beyliste sait que le langage interdit à jamais de réaliser ce souhait ; il est dans le langage, mais ne désespère pas de pouvoir en sortir, en desserrer la contrainte, ou de pouvoir le dominer, et en faire un soutien et non plus un obstacle. Mais il faut parler : dès qu'il entend pactiser avec le monde, le révolté s'en tient à l'ordre de la parole, bien que son idéal soit « d'être compris sans avoir à se faire comprendre », et qu'il ressente comme une « prostitution » et un danger, bref comme une souffrance de devoir se livrer sans la garantie d'« une réciprocité complète, absolue »[4]. Il parle, certes, mais gêné et paralysé par l'imperfection de sa parole, ses risques d'incompréhension, le déshonneur qu'elle implique. S'il parle mal, c'est par suite de ce conflit (tranché aussi parfois comme celui du monde, par le ralliement au faux complet)[5] entre son image, sa perfection, où il se mire, et qu'il voudrait transmettre à autrui, reconstituer en face de lui-même en son double, et d'autre part, les vains efforts d'une parole qui ne peut qu'aggraver le malentendu du langage. Il parle, mais déchiré,

1. *Op. cit.*, p. 20 ; la « pulsion » devenue *verbe* serait « débondée » ou exprimée dans un langage qui serait « tout cœur ».
2. G. Blin, *Personnalité*, p. 367, sur le regret chez le timide d'une « apparition inévitablement inégale à la totalité » de ses pouvoirs ; même idée chez Lavelle, *Narcisse*, p. 81.
3. Starobinski, *op. cit.*, p. 173 et p. 177.
4. Lacroix, *op. cit*, p. 72.
5. Par exemple après l'« horreur » d'Ebelsberg, *C*, III, p. 274, « je me mis à parler pour me distraire ».

donc il parle mal, sorti à ses risques et regrets de son
« quant-à-soi »[1]. L'enfant, ou l'« infans », peut encore
« commander par les larmes »[2], par les douleurs démonstra-
tives qui font « obéir » les adultes, les femmes commandent
par la pique d'amour-propre, les femmes de la noblesse (et le
noble est le type même de l'enfant gâté) recourent à la
simple exposition de leur déplaisir pour forcer autrui à plus
d'égards[3]. Partout où l'on ne peut pas commander, il faut
recourir au langage et en user selon ses intérêts. Et c'est l'impossible ! Sûr de valoir suffisamment sans devoir en fournir
des preuves et en demander des attestations, le beyliste par
un orgueil légitimement établi[4] se dispense d'exprimer ses
idées. L'amant authentique peut-il parler de son amour ? Le
silence est la vraie preuve de l'amour qui ne demande pas,
mais qui attend « la charité »[5] de l'aimée : le seul hommage
est donc de se taire ; parler fait violence au sentiment. Il
n'appartient pas au cœur d'être éloquent : il ne peut l'être
que dans des visées de conquête sinon de tromperie.

Mais tout ceci n'est-il pas l'alibi que se donne le beyliste
pour justifier son retrait hors de la parole ? Passif, le Narcisse attend d'être reconnu tel qu'il est ; demander cette reconnaissance, faire parler son amour, ou son génie, serait une
entame à sa perfection[6], l'aveu qu'elle doit être étayée et
complétée. Que l'autre me trouve, qu'il réponde à une demande que je ne puis formuler sans la désavouer. Étrange impasse de l'amant : plus il est « digne d'être aimé »[7], plus il a de la
peine à « être aimable ». Cet intervalle entre le sentiment
intérieur de ce qu'il mérite, et l'impossibilité sans déchoir
de le faire savoir aux autres, est le *drawback* de la séduction stendhalienne, mais davantage encore un des points
majeurs du « mal du siècle ». Le mélancolique dont

1. *O.I*, p. 589.
2. *De l'A*, Cl, p. 278.
3. *PS*, p. 104, sur la duchesse, « environnée de respects et de cœurs soumis, sa manière la plus forte de se fâcher eût été je crois de se montrer soi-
même malheureuse » ; sur la différence entre « commander » et « persuader », *RetS*, p. 309.
4. *O.I*, p. 352, « il est vrai que par orgueil j'exprimais peu mes idées ».
5. *De l'A*, Cl, p. 88.
6. C'est l'inquiétude du poète « désœuvré », être un grand génie « au fond
de mon cœur, de moi à moi », *O.I*, p. 620.
7. *O.I*, p. 720 ; sur ses idées interdites d'expression lors de l'épisode du
Saint-Bernard, *O.I*, p. 414-415.

Stendhal repousse le visage tentateur est celui qui demande
son dû aux hommes et au destin, et toujours il « méritait
mieux » ; ce qu'il est en soi est inférieur à ce qu'il est objecti-
vement. Ou mieux, objectivé, il est moins, tous ses attributs
et qualités précis ne sont rien au regard d'une perfection
incommensurable. Jamais le bonheur réel n'est à la mesure
du bonheur qu'« on » lui doit. Et de même la reconnaissance ;
la seule est celle qui vient toute seule : celle que j'impose par
ce que je suis et non par ce que je dois faire pour l'imposer.
L'être vraiment « aimable » attend d'être aimé. Il n'a pas à se
faire valoir ; comme Stendhal éclatant de rire[1] aux
compliments de Balzac, rire de satisfaction et d'orgueil, car
tout compliment, dans la mesure où il prétend le juger et l'enfermer dans ce jugement, révèle par là même qu'il est bien
au-delà. Toute qualité qu'on lui trouve n'est que celle-là.

Que la passivité caractérise le Narcisse, donc le silence, et
nommément le silence en amour, ou l'inaptitude à faire sa
cour, à avancer vers l'autre, c'est ce que confirme le mot le
plus profond que dise Stendhal sur son état « d'enfant du siècle »[2]. A Milan, lors de son premier séjour, il était, nous dit-il
en y revenant en 1811, dans l'attente de l'âme sœur, qu'un
hasard lui amènerait, hors d'état de courtiser toute femme,
attendant soit cette rencontre miraculeuse, soit qu'un « ami »
lui mette une femme dans les bras. Envahi donc par une
« sensibilité » inutile, et qui le dévore, vivant de « soupirs, de
larmes, d'élans, d'amour et de mélancolie », toujours dans un
« attendrissement extrême », mais « sans femmes », malgré
un tempérament de feu, dans cet état d'érotisme sans objet,
de désir indivis qui le « dévore », il attend (« je ne me remuais
point ») la Sylphide ; donc il ne « montre » pas qui il est,
demeurant « méconnu » et refusant de s'abaisser à « faire des
avances ». La « fierté »[3] empêche ce Chérubin sans audace
d'aller vers les autres et, devenu une « masse » sensible et
inerte, dans ce déploiement « autophagique » du désir qui fait
que son excès est voisin de l'impuissance, il ne peut

1. Cf. *C*, X, p. 288 et un autre texte très net à Sophie Duvaucel, C, VII,
p. 31.
2. *O.I*, p. 1113-1115 et p. 1117.
3. Cf. *De l'A*, p. 373, « par fierté, et pudeur de sentiment, je ne puis être
éloquent pour les intérêts trop vifs de mon cœur » ; l'échec possible stoppe
la parole.

qu'attendre qu'on le connaisse. Tel est le principe (tout féminin peut-être) d'Angela : « recevoir et jamais prendre »[1]. Car
il ne veut qu'être connu comme il se connaît, il ne veut se présenter que conforme à son image, à sa perfection ; c'est-à-
dire qu'il doit trouver en autrui cette image, ce reflet et c'est
le désespoir d'en être assuré qui le ramène à lui-même, et le
tient dans cette nullité de l'orgueil flamboyant, ou cette obscurité du parfait. Il attend, il attend autrui, il est offert à la
première qui viendra vers lui ; mieux vaut cette satisfaction
d'être « méconnu », pour n'être pas reconnu totalement, que
la peine de se faire connaître fragmentairement. Dans cet
« onanisme » de l'âme, où l'absence de parole, d'action, d'audace amoureuse sont solidaires et se symbolisent ouvertement[2], où la parole est bien une « corvée »[3], où le comble du
désir n'est pas éloigné d'une sorte de suicide, le Narcisse ne
peut quitter l'abri de son image spéculaire sans l'assurance
de le retrouver : toute relation doit être pour lui acquise
d'avance, l'autre conforme à ce qu'il en attend, la réponse
calquée déjà sur la demande ; loin de chercher la conviction
d'autrui, la parole ainsi enlisée demande comme réplique un
écho ; elle ne peut s'adresser qu'aux âmes qui la « comprennent » déjà, en qui elle est déjà incluse.

La compréhension dans ces relations en miroir précède la
communication : si elle n'est pas anticipée, il n'y a pas moyen
de parler. La parole n'existe que si son effet est sûr, elle ne
s'*avance* vers autrui que s'il est déjà un miroir du moi, elle
n'existe qu'à l'intérieur de l'image qui ne peut sortir de son
isolationnisme superbe. Aussi se constitue-t-il en *incompris* :
Il n'est pas celui qui ne s'est pas fait comprendre, mais celui
qui n'a pas essayé dès lors qu'il devait prendre l'initiative et
avec le risque de l'échec ou de l'incomplétude. Les relations
sémantiques sont ici des relations d'*objet* ; se déclarer, se
découvrir est impossible devant un autre qui en est vraiment
un. Nul mouvement ne part vers un objectif séparé du moi ;
aller au-devant d'autrui implique qu'il est établi dans son

---

1. *O.I*, p. 1136.
2. Lavelle, *op. cit.*, p. 32 ; « le témoignage le plus discret d'une séparation entre autrui et moi suffit à suspendre tous mes mouvements intérieurs,
non pas seulement ceux qui me portaient vers lui, mais ceux-là mêmes par
lesquels dans la solitude ma pensée s'abandonnait à son propre jeu ».
3. *De l'A*, p. 56.

altérité, donc qu'il doit être conquis et n'est pas acquis déjà. L'incompris n'admet comme communication qu'une transmission de soi, il se sent repoussé par avance et par définition, car la non-coïncidence du moi et du toi qui fait de la parole une aventure, un besoin, un effort ponctuel et limité, paralyse la sienne avant même qu'elle naisse. Pour « l'incompris » (et qu'est-ce que l'enfant Brulard, l'enfant négativiste, sinon « l'incompris » exemplaire), le tort du langage est d'exister : jamais la signification ne peut être égale à l'émotion, au moi, jamais la réception semblable à l'émission ; parler, c'est se quitter, rompre le tête-à-tête spéculaire, prendre le risque de mesurer l'intervalle entre moi et toi, entre ce qu'on est et ce qu'on dit ou fait.

Intervalle qui effraye le beyliste et qu'il désespère de franchir : incompris dans sa famille, persuadé à Paris que « personne ne me comprendrait »[1], sûr que « les solitaires » comme lui ne sont « bons » qu'au prorata de leurs succès, mais que jamais ils n'ont l'impression que les hommes leur « rendent ce qu'ils croient mériter »[2], et qu'ils préfèrent dès lors anticiper sur cette défaite, et se transformer en personnages négateurs, et inquiétants, qui découragent la compréhension plutôt que de la demander et renoncent d'eux-mêmes à la communication au lieu d'en courir les hasards. « Briller »[3], certes c'est le souhait, mais c'est un projet chimérique sauf avec des « âmes enflammées ». Le beyliste sait trop bien le danger de se « mettre en communication avec cet éteignoir de tout enthousiasme et de toute sensibilité, les autres »[4] : loin de répondre au moi passionné, les autres sont une présence hostile qui fait obstacle à l'expression de toute émotion, présence inerte et froide qui la fait refluer et mourir. Veut-il parler de son bonheur « avec le ton inspiré qui le prouve »[5] qu'il voit se glacer ses amis ; il faudrait, note-t-il, faire partager le bonheur en le racontant : alors seulement il serait possible d'en parler, si en face l'émotion ressentie se trouvait reproduite. C'est impossible : le récit de celui qui a

1. *O.I*, p. 375.
2. *Ibid.*, p. 743.
3. *Ibid.*, p. 1284.
4. *VR*, II, p. 84.
5. *O.I*, p. 731 ; et *C*, I, p. 284 ; *RetS*, p. 348.

vu les cieux ouverts n'est que platitude et ennui pour les autres. Non seulement le risque d'une communication limitée est inacceptable, mais surtout on ne peut, quand on entend confesser ce qu'on est, sa valeur, son trésor intérieur, s'exposer à l'objection, se voir « nier sa sensation », réfuter la doctrine qu'on « adore »[1], opposer des critiques qui percent le cœur, ou font « rougir intérieurement »[2] ; de tels échecs font honte ou peur au beyliste. Plus une chose lui importe, moins il peut la dire, car la disant, il la gâte ou la voue à l'insuccès ; non seulement il ne veut jamais parler le premier et prendre sur lui de proposer un thème, mais surtout « par fierté et pudeur de sentir »[3] (pour préserver ce qu'il sent), il ne peut justement parvenir à bien parler des « intérêts trop vifs » de son cœur, car la défaite qu'il pressent inévitable lui « ferait trop de mal ». Le risque de parler est toujours supérieur à celui de se taire. Plus une chose tient à cœur, moins il peut l'éloigner de lui et la livrer à l'inévitable naufrage de son discours : L'« extrême des passions est niais à noter, je me tais »[4].

Ce qui oblitère le langage, c'est qu'il est en lui-même l'épreuve de la différence et du délai ; dès lors qu'il faut se faire comprendre, et qu'il est impossible de tabler sur une compréhension immédiate et totale, une transmission intégrale de soi[5], le beyliste déserte le langage, ou le limite, ou le retourne contre les auditeurs. Il renonce à se communiquer. L'essaye-t-il pourtant, il faut bien que l'amant fasse sa cour, ou sa « demande », que se développe une véritable pathologie verbale. Le mot n'est pas trop fort, si l'on songe que Stendhal s'attribue à lui-même ou prête à ses personnages une parole

---

1. *O.I*, p. 297.
2. *Ibid.*, p. 296 ; p. 185 ; p. 199 ; de même *PR*, III, p. 155 ; *De l'A*, Cl, p. 312 ; *VHMM*, p. 358 ; *Mél.*, III, p. 262 ; *PS*, p. 85, « il ne parlait jamais de ce qui seul avait droit à son intérêt » ; *C*, V, p. 236 à Métilde, « dans ce moment-là, je vous aimais trop, une parole dure m'eût tué » ; *O.I*, p. 1336 : « J'abhorre de m'entendre dire : vous êtes triste, vous êtes amoureux, je mourrais de honte d'être cité ; hier trop parlé, beaucoup trop... »
3. *De l'A*, p. 373 ; dans le même sens, *O.I*, p. 783 n. ; *MT*, III, p. 204 ; *C*, II, p. 15.
4. *PI*, p. 234-235.
5. Lacroix, *op. cit.*, p. 69, retient que le timide ne connaît pas les divers degrés de vérité dans le relatif.

« maniaque » et présente ces états de scission[1] de la personne, où les lèvres parlent, et n'énoncent qu'un vain bruit, pendant que l'esprit s'écoute comme si un autre parlait en lui. La parole est ainsi déléguée, sacrifiée, à une « bataille » menée au-dehors dont s'absente l'autre moi, irresponsable de ce qu'il dit ; il traite sa parole en étrangère ; quand Julien s'écoute ainsi parler, avec Mathilde, il pense à ce contact évanescent et immatériel, « couvrir de baisers ces joues si pâles et que tu ne le sentisses pas »[2]. Étrange jouissance désincarnée, qui angélise la caresse et supprime l'autre comme être de chair, comme être distant et extérieur au moi, comme être avec qui la réciprocité est de règle. Ralliée en somme à la rêverie du moi, la femme aimée est hors de la communication. Le moi est scindé entre son image et la réalité, et sa parole se dérègle si le moi entend préférer ces « jouissances intérieures » propres au *Mocenigo* et qu'il est « bien aise de ne troubler par rien » ; moyennant quoi, « *non si fa battaglia* à l'extérieur »[3]. Tel est le schisme dehors-dedans, parole-rêverie, jouissance à soi, jouissance achetée au-dehors à grands renforts de discours et de plaidoiries qui jurent d'autant plus avec la pure satisfaction d'être tout entier à soi, et en soi seul, qu'elles doivent traduire le moi conquérant, c'est-à-dire fatalement hypocrite et égoïste. L'amant stendhalien doit choisir : le pur amour, ou la contrainte de parler à l'objet aimé, de se livrer à l'imperfection et au combat de la parole. Elle est une arme, et le beyliste la laisse échapper : passif, il ne parle pas, ou si mal qu'il aggrave ses affaires. Le langage pris au piège de la passivité narcissique vire au fiasco verbal, qui annonce l'autre fiasco.

Le *Journal* le signale déjà, l'amant ne sait pas, ne veut pas parler ; *De l'amour*, plaidoyer comme on l'a bien dit[4] qui corrige une relation qui n'a pas eu lieu, justifie une impossibilité de parler qui a organisé le malentendu, parole après coup qui remplace une parole qui a expiré sur les lèvres de

---

1. Cf. *A*, P, p. 115 ; *RetN*, p. 274, p. 284 ; *O.I*, p. 637 ; cf. sur ce point P. Moreau, *Ames et thèmes...*, p. 42.
2. *RetN*, p. 420.
3. *O.I*, p. 1218.
4. Del Litto, *Vie*, p. 675-676.

l'amant, ou l'a si copieusement trahi qu'il aurait dû se taire. Un des chapitres centraux du traité[1], et le plus riche peut-être d'allusions directes, explique cette débâcle de la parole amoureuse chez Stendhal. Tout vient d'un décalage général : décalage entre l'excès d'amour à dire, et la parole, entre le discours prévu ou souhaité et ce qu'il est possible d'en transmettre selon le cours des propros, décalage entre l'impératif de bien parler et celui de parler à temps et sincèrement ; ici, on ne sort pas encore de la problématique du « naturel » et de la sincérité : toute parole qui n'est pas inventée sur-le-champ, et vivante, est en péril de sonner faux. Plus grave est le décalage qui par cette homologie du discours et du désir va engendrer le fiasco : l'amant milanais condamné à quelques entrevues s'y prépare en images ; et le décalage désastreux se trouve entre l'image et le réel, le pouvoir de prévoir librement, selon soi-même, de jouir à l'avance selon la toute-puissance du désir et de l'image, et l'impératif d'être à la réalité et à l'action par la parole. Alors il faut se quitter, rompre la circonférence narcissique de la jouissance pure et intérieure, entrer en rapports avec l'autre, se convertir de son image à sa réalité, sortir de la perfection fascinante et fantasmée d'une image qui ne renvoie qu'à soi, pour se risquer à l'épreuve des mots, à l'objectivité froide et étrangère qu'ils vont peut-être déceler. L'autre homogène au moi dans l'image ne coïncide plus dans le réel et la circonstance ; c'est dans l'*intimité*, ce moment terminal de l'amour, que l'on peut trouver la confusion des plaisirs et la fusion des cœurs, où par le « naturel parfait », tout plaisir est « récompensé », échangé aussi rapidement qu'involontairement, dans la mesure où chacun étant l'autre, il n'y a plus d'intervalle entre demande et réponse, il n'y a même plus de différence entre le souhait et son exaucement ; les souhaits se recoupent et s'identifient d'eux-mêmes. Mais devant l'aimée lointaine ou hostile, le beyliste ressent gravement sa chute : oscillant du silence morfondu à des discours qui ont « presque le caractère de la folie » ou qui tombent dans « les balivernes les plus

---

1. Chap. 24 ; voir aussi le chap. 32 sur l'à-propos du discours amoureux, la difficulté de se proportionner à la circonstance, et le conseil pour éviter « l'indécence de sentiment » d'affaiblir ce qu'on veut dire ; sur le rêve de n'avoir plus à parler, *De l'A*, Cl, p. 100.

énormes »[1], victime donc d'une parole désorganisée et incontrôlable, et d'autant moins contrôlable qu'il s'efforce de la dominer, il succombe à sa promesse de bonheur non tenue, à la prison de l'image, car il persiste, en acceptant, mais pour la rater, « la corvée » de parler, en se jetant dans la parole comme le soldat peureux se jette au feu, pour éviter le malheur plus grand de se taire, à essayer d'accorder le rêve et le réel[2], l'autre qui est en lui et l'autre qui est hors de lui, ne renonçant ni à l'un ni à l'autre et vivant ainsi ce drame de la parole qui est le drame de la clôture narcissique[3]. Ravi par le mirage de son image, et d'une relation duelle, il ne peut dans une communication réelle, que se laisser envahir et ravager par le regret de la communication totale. « L'amour se cache par son excès »[4], dit-il pour se justifier. Ou est-ce comme dans le fiasco la nullité d'un désir entièrement passif, au point même de ne pouvoir se prouver par la parole, au point de demeurer inconsolable de devoir parler et argumenter pour être effectif ? « Méconnu » encore parce qu'il refuse de se *faire* connaître ou ne consent à l'être que par une participation fusionnelle et intuitive, qui suppose l'amour déjà conclu et se refuse à négocier le pacte.

Il est difficile que la parole soit autre chose qu'un faux-semblant et un pis-aller. Il en est ainsi dans le passage où Julien partant de Verrières pour Paris reconquiert Mme de Rênal en plaidant comme le vilain qui dut en user ainsi pour entrer au paradis : le délai, l'effort, la conscience de devoir ruser, et de devoir attendre et gagner le bon vouloir de l'autre, attente où se consacrent l'infériorité ou la dépréciation du moi, comme l'impossibilité d'une totale coïncidence des vouloirs, font que « le bonheur divin » ne sera plus qu'un « plaisir »[5]. Julien doit se faire un « froid politique », un « séducteur », si l'on veut, pour donner consistance à un senti-

---

1. *De l'A*, p. 372-373 ; p. 366 sur les affres de Poloski entre le silence et la véhémence.
2. Et « l'on s'obstine à se refuser à sa présence pour être encore plus à elle », « cette heure qu'il se promettait si délicieuse passe comme un trait brûlant ».
3. *Ibid.*, « on se sent porté comme un maniaque à faire des actions étranges » ; sur les « deux âmes » que l'on a.
4. *Id.* Voir aussi *HB*, I, p. 426 sur la « honte » de ne pas parler.
5. *RetN*, p. 261.

ment pourtant réel ; même le vrai doit être mis en scène dès lors qu'il faut le mettre en mots. Le langage ne fait pas une union de la désunion qu'il consacre. L'attente sans la sécurité de la réponse est le malheur irréparable qui corrompt même le succès ; le langage définitivement sépare la coupe des lèvres. Il est la preuve de ce qui manque, et de son impossibilité. Le désir premier, global, englobant, n'est plus avec lui que délais, manœuvres, réflexion, et imperfection. Le beyliste le sait, et il sait aussi que la communication, qui est constitutive du moi, doit être mesurée et réglée. C'est l'inacceptable et c'est le nécessaire. La parole est lutte, attaque, action sur les autres, tromperie à coup sûr, mais surtout preuve que le moi est *agent*. Pour être, il faut se quitter, se perdre de vue, rompre avec son image ; et la parole, ou l'acte, déchire le miroir où l'on est captif. Pas de conquête amoureuse où le langage ne soit à l'œuvre, en une dure ascèse parfois qui lui garde son audace ou son pouvoir de capture, aux dépens de sa sincérité. Pour repousser[1] « certaines idées peu convenables dont l'âme des malheureux est assaillie », pour écarter de soi les images et les fantômes, il faut « l'énergique jurement » par quoi le sujet se redresse et à sa manière *agit*.

Telle est la loi, que Beyle libelle pour lui-même quand il se dit que tout propos doit être jugé[2] « par l'effet que nous lui voyons produire et non par l'estime que nous en faisons ». Que dans toute rencontre, il faut parler pour autrui et non pour se « débonder » ; le langage rompt la fascination du moi par lui-même et l'oriente vers l'objet ; opposé à soi, il en retire le bénéfice d'être effectif. Recul qui est un avantage. Difficile mesure où le moi qui veut « agir » trouve sa force et son pouvoir ; il faut renoncer à être tout, pour dire quelque chose. Donc il faut savoir « retenir » le langage, ou se retenir par le langage, « mesurer » ses paroles selon l'effet[3] voulu et le ménagement désirable de l'autre ; en un sens, le langage s'achève en diplomatie ; Beyle qui songe comment « jadis » il aurait répliqué à son père, comme le jeune Horace, « de manière à renverser un homme qui a encore un peu de

1. *Ibid.*, p. 499.
2. *J. Litt.*, I, p. 294 ; *O.I*, p. 737 n.
3. *C*, I, p. 322 ; *FN*, I, p. 235 ; *O.I*, p. 690 ; p. 1305 ; p. 680 ; p. 664 ; p. 621.

raison »[1], se recommande de « tamiser » sa parole comme sa
sensibilité, condition pour être « aimable », pour être moins à
soi mais plus au-dehors. Le langage oppose le moi à lui-
même, le distingue de ce qu'il est et constitue bien le « point
d'appui » grâce auquel le moi se dédouble pour se représenter. Le signe n'est-il pas, chez Condillac, un « toucher » supérieur, permettant comme le tact une relation d'opposition et
de liaison, de distinction et de discernement ? Le langage est
la rencontre du « frein » du signe, d'un autre ordre que le
moi ; « il faut se posséder pour bien parler »[2] : la parole relève des conduites de prudence et de décantation, ou de détournement de l'impulsion première. Parler à autrui, c'est penser à lui, et comme lui, se mesurer du dehors, et se
voir relativement à distance de soi, comme un autre. Se
situer dans le langage relève d'un décision d'objectivité et
de réalisme qui contredit la soif d'être inconditionné et
absolu.

Ce qui en un sens n'arrange rien ; car la volonté est précise
et ponctuelle ; on veut telle chose, on veut dire telle chose. La
crise de la volonté est l'impossibilité d'élire un objet et un
but pour ne vouloir qu'eux, mais jusqu'au bout. Le vrai choix
porte sur soi. De même pour la parole : l'amant beyliste ne
peut assumer ni son propos ni son désir, car ils restreignent
par leur réalité son rêve et son moi. Ce qu'on dit, définit, et le
langage par là accomplit une frustration par l'objectivité et
l'identité qu'il édifie. On sait le mot de Sainte-Beuve, « une
vérité est moins vraie lorsqu'on l'exprime »[3] ; tombée dans
les mots et mise au jour, fixée en eux, elle est inférieure à ce
qu'elle était en elle-même, dans le silence et les demi-mots de
la pensée. L'exprimé est inférieur à l'exprimable, il est autre,
et décevant, car le rendre dans les mots fait du possible qu'il
était, un réel. Loin de l'établir et de le rendre consistant, le
langage semble le limiter. Le principe d'une contestation du
langage est là, dans l'angoisse du choix comme sacrifice des

---

1. *O.I*, p. 561.
2. *Ibid.*, p. 611 : le couple perception/sensation s'éprouve évidemment au
premier chef dans la parole (*O.I*, p. 655) : c'est la confirmation de Biran,
pour qui le signe est « agi » par la volonté et créé par l'effort qui seul fait
passer du virtuel à l'effectif.
3. *J. Delorme*, éd. G. Antoine, p. 130.

possibles[1]. La lettre tue l'esprit, ou du moins le moi ; ainsi Monsieur Teste a souffert de sentir les mots prononcés par lui « se distinguer toujours » de sa pensée, « car ils devenaient immuables » ; pour Valery[2], les œuvres sont une falsification, car « elles éliminent le provisoire, et le non-réitérable... » ; on ne pardonne pas à ce qui est effectif de n'être qu'un résultat très inférieur au chatoiement infini des possibles et des essais. En ce sens chez le beyliste, le culte de l'esquisse, ou la pratique de l'inachèvement, ou même du sabir, traduisent le même recul devant le définitif, qui est une définition par défaut de ce que je puis faire, bien inférieur à la valeur potentielle. Ce que j'ai dit ou fait n'est plus moi, mais une découpe opérée fortuitement, et par renoncement à la « puissance » du moi. Ce que j'ai dit se retourne en effet contre moi, et me calomnie. La signification est une détermination que le moi ne peut tolérer aisément ; il s'y sent objectivé et jugé, alors qu'il est au-delà de ses manifestations, non dépassé par elles, mais les dépassant.

Qu'ai-je dit ! va-t-il s'exclamer, gêné qu'une parole donnée puisse le contenir et le fixer, donc l'exclure de ce qu'il est encore. Le timide, on l'a dit[3], « craint d'être quelque chose de particulier, de défini », d'être un seul point de vue ; il préfère « ne rien faire par peur de ne faire qu'une chose, tout l'attire, rien ne l'arrête », il lui importe de décourager la définition, de dérouter autrui, et d'esquiver le contact. De même qu'il n'y a pas de « signifiant »[4], pour « Stendhal », et qu'il fuit la dénomination comme l'identité, en une perpétuelle transcendance de ce qu'il est relativement au signe qui le nommerait, de même il se rend inaccessible, en conservant implicite et indicible l'essentiel de ce qu'il est. Le langage est ici incompétent ; il s'arrête devant l'inconnue intérieure. S'il est vrai qu'il « ne s'apprivoise pas avec l'unique et demande pour y mouler sa forme un objet tout formé »[5], Stendhal a cherché à garder hors langage, c'est-à-dire indéterminable et éludé, son moi profond. La pudeur, a-t-on dit, est chez Stendhal

1. Cf. Brice Parain, *Recherches...*, p. 43-44.
2. Cité *in* Schmidt-Radefeld, *op. cit.*, p. 8.
3. Lacroix, p. 65 et p. 140.
4. Genette, *Figures*, II, p. 159.
5. Blin, ... *Personnalité*, p. 583.

indéchiffrable[1] : c'est un silence du corps, sinon du désir ; le silence pudique sur soi est autant une crainte d'en dire trop qu'une crainte de ne pas en dire assez. L'amour abhorre la lettre : mais c'est Stendhal tout entier qui veut éviter la capture de la lettre, et se rend incommensurable à la parole. Tant de textes disent en effet la pudeur beyliste : ses écrits, ses lettres mêmes, ses amours, ses ambitions, tout ce qui est pour lui de l'ordre du désir ou du projet demeure enveloppé de mystère et soustrait à la révélation, fût-ce à sa famille, fût-ce à ses intimes. En parler, en entendre parler, entendre nommer les femmes aimées, laisser spécifier par les autres et dans leur langage ce qu'il fait, n'est pas tolérable : ouvre-t-il son cœur, qu'il en ferme certaines chambres, et qu'en se confessant, il réserve au-delà de ce qu'il a dit un non-dit ; il se montre « tel qu'il est », sauf bien sûr que la « passion la plus forte, l'unique, la première »[2] (celle de la gloire par exemple) ne sera divulguée à personne, et satisfaite en silence, qu'il « sautera » les moments heureux, et gardera inédits les vrais registres de son cœur et de ses rêves. Il n'a donc « jamais pu parler » de ce qu'il adorait, « un tel discours m'eût semblé un blasphème »[3] : c'est-à-dire une atteinte à son moi sacré. Être réduit à ce qu'on a dit de soi, à ce choix et à cette définition, c'est le danger qui chez le beyliste réfrène le désir de parler de soi et de se connaître : il lui faut aussi une zone d'ombre, un sanctuaire, qui esquive la précision « éthique », la ponctualité d'un vouloir fini et délimité. *Non sum qui sum* voudrait dire le Narcisse valéryen, qui redoute de ne trouver dans l'image de son moi qu'« un monsieur » délimité, et s'en prend à son reflet : « Tu n'es que cela[4]. »

En ce sens le langage menace le moi qui, comme il esquive la détermination par l'ennui, la mélancolie, par l'absence de désir, ou le désir de l'absence, par la « surabondance » de vie et l'indivision du désir vital qui se passe d'objets pour garder sa pureté et sa richesse, est pressé de le fuir dans le secret, ou encore dans la paralysie de la parole. La profusion sans pré-

---

1. Richard, *op. cit.*, p. 48 et p. 61.
2. *O.I*, p. 732, voir *SE*, p. 7, p. 12, p. 96 ; *Marg.*, II, p. 45 ; *C*, II, p. 810 ; *De l'A*, Cl, p. 22 ; et *O.I*, p. 628 ; p. 782.
3. *HB*, I, p. 197.
4. Cité par P. Albouy in *Mythes et mythologies dans la littérature française*, A. Colin, 1969, p. 183 et n.

cision, les ressources inemployées, le sentiment purement
interne de ses forces et de sa valeur ont pour analogues les
moments de parole « blanche », de parole surchauffée et
annulée. Ne pas parler, ne pas *devenir*, se garder virtuel hors
des mots, comme avant l'acte, et l'actuel, ce sont des attitudes parentes et unies chez l'enfant du siècle. C'est qu'en fait il
ne veut pas se désunir pour un désir qui serait partiel, une
parole qui serait approximative. L'Unique et l'Incomparable
sont rivés à leur virtualité : tout ce qui en sort est accidentel
et circonstanciel. Le moi s'enfuit hors de la personne si elle
tend à se fixer, et à transformer sa disponibilité, son futur,
son absolu, en un relatif. Impossible de convenir qu'il est égal
à ce qu'il vaut, exprimé tel qu'il est, et que son pouvoir d'être
encore au-delà doit expirer dans telle formule ou telle définition. Ce qui apparente l'égotisme stendhalien aux égotismes
fin de siècle et à leur croyance à une liberté pure, c'est sa
protestation contre la relation toujours contingente et limitative à un acte ou à une parole. Avec le drame de la parole
beyliste, qui accomplit en consacrant la supériorité de la virtualité sur l'actualité, le projet du moi-tout, s'annonce aussi
toute la « culture » du virtuel, qui associe l'état de totalité à
un mécontentement négativiste de tout acte et de toute forme,
au risque de nouer ce repli sur la perfection première à une
paralysie dans la nullité ; relativement à cet être que l'on est,
et qui dévalorise toute sanction particulière de soi, la volonté
limitée par l'égoïsme ou la ponctualité de son effort, ne peut
que difficilement rompre le ravissement narcissique et
s'orienter vers tel acte ou telle parole. Alors triomphe l'apa-
thie, celle du « seigneur latent qui ne peut devenir »[1],
l'impuissance de l'homme pour qui « tout choix est
effrayant »[2], celle du poète qui n'en finit pas de différer le mot

---

1. Mallarmé, *O.C*, La Pléiade, 1951, p. 299.
2. Mot de Gide, cité par Leleu, *Journal*, p. 71, « la nécessité de l'option
me fut toujours intolérable, choisir m'apparaissait non tant élire que
repousser ce que je n'élisais pas ; je restais souvent sans oser rien faire,
éperdument, et comme les bras ouverts pour la prise, de peur si je les refer-
mais de n'avoir saisi qu'une chose » ; cf. Delacroix (cité par A. Girard,
Journal, p. 408), « je voudrais n'avoir pas à agir, c'est là mon cancer,
prendre un parti ou seulement sortir de la paresse » ; Jankélévitch dans
Ennui, p. 88-92, a commenté le mot du *RetN* p. 87 sur le « trouble inquiet »
de l'âme satisfaite et privée par là de désir en y voyant le signe de la crainte de la possession et du choix rétrécissant les possibles.

à adopter, alors triomphe la maladie du sujet, malade de vouloir ou surtout de ne pas tout vouloir. Le bonheur meurt en le goûtant, il n'est que « cela », le désir satisfait n'aboutit qu'à la vacuité car il éteint les possibles, l'expression trouvée est nulle au regard de ce qu'elle ne dit pas, ou ne dit plus. N'a de valeur que ce qui reste avant le langage. Oserai-je dire que de l'impuissance à parler de Beyle à la virginité d'Hérodiade, ou à la définition du génie avec Valéry, par le *pouvoir* de faire les œuvres, donc de s'en passer et de les contenir toutes à l'état de « puissance » sans les livrer à l'arbitraire d'une définition que régirait le souci d'un public, il y a continuité d'une tendance qui va à renverser les effets, et convertir la totalité à la nullité. Le souhait d'être un « individu potentiel » vaut pour le cœur, ou le désir, comme pour l'esprit ; l'analyse, on l'a vu, épuise l'être par la conscience dans le projet de le contrôler. L'être authentique et fidèle à son évidence personnelle préfère la garder intacte, soustraite à la modification qu'entraînerait le soin de l'exprimer et d'en convaincre autrui : rien de moins rhétorique que l'absolutisme du moi. Tout ce qui s'extériorise, tombe dans le public, sort du moi et naît de sa désunion, de son désir de se disperser au-dehors, est dégradé.

Ainsi chez Stendhal, plus le bonheur (le bonheur vécu, rêvé, esthétique) approche de la perfection, plus il se retire de l'expression, ou n'y accède que par une voie négative, dire ce dont il est la privation, maux et ennui, dire qu'on ne le dit pas, comme dans la prétérition qui termine *Brulard*, quand la plume du narrateur ne peut que dire qu'il ne peut pas dire. L'excès interne, excès de ce qu'il faudrait monnayer en mots, « excès de subjectivité » selon la formule d'Alain Girard[1], qui a bien vu que le *Journal* est fait pour le déjouer et constitue un mécanisme d'objectivation, relègue le beyliste hors du langage, et dans l'inarticulé. Cette noyade du langage, c'est « l'anéantissement », la « folie »[2] de l'âme sensible

---

1. *Op. cit.*, p. 317, « il disait de ''sensibilité'', qui l'empêchait de se poser clairement en face du monde » ; de même p. 307, sur son « sentiment d'irréalité, d'inadéquation aux autres » par excès intérieur.
2. *O.I*, p. 148, « ici les phrases me manquent... où trouver des mots » ; autres notations de ces *états* : *C*, I, p. 370 ; *C*, II, p. 20 ; *O.I*, p. 678 ; p. 691 ; p. 921 ; *De l'A*, p. 87 ; et dans les lettres à Métilde, *C*, V, p. 259 ; p. 241.

qui succombe à une convulsion de l'être qui supprime toute possibilité d'expression. Étant hors de soi, hors des limites de la personne, c'est-à-dire plus uni à soi et au courant pur de la sensation qui le traverse et l'inonde en nappes denses et vigoureuses, il ne peut plus recourir à un langage qui le séparerait doublement de soi, comme acte, où il se distingue de soi, comme mots où il convertit en signes le bouleversement de son être entier. C'est bien en termes physiques qu'il évoque cet état de ravissement et d'unité suprême avec soi : « éblouissement », « chaleur », tumultes du cœur, « embrasement » qui le consume comme les « flammes » d'un volcan, pâmoison où la vie « se retire » de lui, « éréthisme » nerveux, « liquéfaction des solides », comme une débâcle par attendrissement, une confusion des contours, engloutissement des « points fixes », « retombée » sur soi de ses pensées. On ne dit pas l'extase, on ne s'y dit pas[1] : en vain la parole ou l'écriture du beyliste s'efforce alors de forcer les limites du langage et de plier ces instants absolus aux « formes raisonnables » de la narration ou de l'analyse.

On le sait par Brulard : « le sujet surmonte le disant », l'abrupte transcendance de l'état vécu écrase toute parole ; les phrases, les mots, les procédures de narration font défaut, et l'instant *blanc* demeure comme un bloc indicible sur lequel ni l'analyse ni le langage ne peuvent mordre ; on ne peut ni pénétrer ni quadriller ce territoire interdit du moi ; l'instant global, dont Stendhal peut dire à la fois qu'il ne l'oubliera jamais mais qu'il n'en a aucun souvenir, ne peut pas être sillonné et balisé par les mots ; on ne peut s'en approcher, ni procéder avec lui par des approximations successives ; quand Brulard s'y essaie à la fin de son livre, il échoue, il ne peut jamais « commencer » son récit, c'est-à-dire le diviser en fragments et en moments. Alors il renonce à la parole, au profit d'une transe du corps ; comme s'il préférait « hystériser » son état, et ne le confier qu'aux soubresauts de son organisme (Brulard « erre dans sa chambre », son cœur bat, sa main refuse d'écrire[2]), il ne peut s'exprimer que

---

1. Sur ce passage dont le caractère « sublime » nous sera plus clair, voir *O.I*, p. 148-150 ; p. 152 ; p. 407 ; p. 335 ; p. 427-429.
2. Sur cet état de transe immobile et de paralysie expressive où après l'orthographe, c'est tout le langage qui se retire, cf. *O.I*, p. 595 ; p. 621.

physiquement, globalement encore, et non sémantiquement. Dans l'état absolu il doit faire corps avec lui-même, se confondre avec son corps, en faire sa seule parole, incapable d'interrompre son adhésion à soi et sa fascination par soi. On ne peut pas voir « distinctement la partie du ciel trop voisine du soleil » ; certes la vue directe est impossible ; mais c'est celle-là que préfère finalement Brulard. Il opte pour l'intensité, l'unité parfaite avec soi, et son corps en tumulte, mais aussi pour la passivité ; il est son état, il est agi par lui ; l'abîme du pathos pur où il s'immerge (comme dans les rêveries qu'il *est*, et où aussi bien le langage disparaît en tant que tel), le maintient dans l'indétermination qui est une figure de l'absolu. Analogue à tant de textes de Balzac qui sans doute de ces états dégage mieux la portée métaphysique et la valeur de surhumanité, ce « blanc » stendhalien constitue un moment limite d'appartenance à soi et d'étrangeté à soi ; de disponibilité totale et de néant. Le plaisir érotique est pure sensation, donc indicible ; c'est un blanc semblable ; mais Brulard parlant de la perte de son innocence dont il n'a aucun souvenir ajoute : « La violence de la timidité et de la sensation a tué absolument le souvenir[1]. » Indication remarquable : elle conjugue la violence sentie et la violence inhibée, la violence du désir, et de sa paralysie, la réticence fondamentale d'une émotion qui se déchaîne pour rien, qui semble se nourrir de soi, n'être qu'un désir se désirant lui-même. La flagrance émotive et muette ne traduit que le primat du tout sur le quelque chose, et du rien sur le moi ; peut-être parce qu'il ne peut guère maintenir le réel du désir au-dessus de l'épuisement (« n'est-ce que cela »), il perçoit l'acte comme une annulation de l'objet et de soi ; le virtuel est son abri, mais aussi sa perte.

L'hyperbole ne se sépare pas de la litote[2], ni la « folie » d'une sorte d'impuissance. La plénitude confondante et indifférenciée du moi-tout et du moi-un, cet état préverbal et a-verbal supprime le moi et le langage à la fois. Est-ce là énergie ou faiblesse ? L'excès est rechute dans l'*enfance*, dans l'état d'*infans ;* or la passion, elle, est parole et possession ;

---

1. *HB*, I, p. 483.
2. S. Felman, *La Folie...*, p. 115 et p. 242-243, l'une serait raison, l'autre folie, et cette dernière « mutilée » volontairement.

tout l'autre versant du beylisme organise le retour de ces extases au réel, de cette expérience totalisante et nulle si proche du suicide au discursif. Il n'y a pas de force sans rien et pour rien ; c'est là le point extrême de la « folie », c'est-à-dire plutôt d'une indétermination narcissique qui refuse d'être et de dire quelque chose. Si l'absolu est mortel, et silencieux, parler, c'est s'en guérir, en revenir ; d'où la nécessité de délivrer sa parole et de se délivrer par elle. De passer du « *soupir* » à la *« vérité »*, et de revenir à la « séche-resse » de la distinction. Le moi « fou », c'est le moi-tout : Stendhal sur ce point n'est pas sans faire penser aux thé-rapeutiques de Kierkegaard[1] qui analysant l'« esthétique » comme vouée à la nullité de l'ennui et de la mélancolie, demandait simplement que pour se guérir on se limitât, que l'on devînt un individu précis, seule manière au reste d'être manifeste et non caché, ou « méconnu ». C'est le rôle du lan-gage et du vouloir, qui, allant vers autrui, rompent justement la fascination du miroir, si bien que parler, agir, rendent bien moins dépendant des autres que l'attente passive ou la transe solipsiste. Ce qui sépare Stendhal des naïvetés des autres enfants du siècle, c'est d'avoir compris que l'espoir d'être tout accepté, tout reçu, était le principe même de l'impuissan-ce et du repli dévasté et inerte sur soi. Ainsi Custine[2] note sans expliciter le rapport de deux attitudes qu'il a « un besoin d'épanchement irrésistible » mais qu'une « force de contradiction » l'empêche de se faire connaître, « je m'échap-pe à moi-même dès que je veux me faire connaître » ; et il ajoute non sans naïveté : « il ne suffit pas de vouloir tout dire pour se peindre tel qu'on est » ; l'expérience de Stendhal montre que c'est en voulant tout dire qu'on rate le langage et le peu qu'on puisse dire ; « je veux être, dit encore Custine,

---

1. *Ou bien, ou bien*, p. 228 et p. 517-518 ; p. 533, p. 585, sur la nécessité de « se limiter », d'être l'homme d'une vie précise, manifeste et non cachée ; toutes démarches qui constituent « l'éthique » ; Lavelle avait bien dit du *Narcisse* (p. 13) qu'il veut demeurer pure puissance, sans exercer son existence, se garder pour se voir sans se produire. Voir encore les remarques d'Alain Girard à la fin de son étude, p. 499 et sq., sur la finalité de l'intimisme qui vise non pas à se connaître, mais à se fixer, à se possé-der, et à vaincre la bienheureuse indétermination.

2. *Lettres au marquis de la Grange*, p. 51, p. 62, p. 114 ; et p. 14, « je dépends des autres à un point que je ne saurais dire... je sais d'avance qu'ils ne pourront répondre à ce que je leur demande ».

dans l'opinion des autres tout ce que je suis dans la mienne ».
Stendhal allant aussi loin qu'on peut dans le ravissement
narcissique travaille à en revenir, et d'autant plus qu'il en a
mesuré le péril et la stérilité.

Le langage contrarie le déchaînement du sujet, la puissance de sentir dépensée au-dedans d'elle-même, ne s'*écoulant*
vers nul objet, sinon vers le corps même du désirant, qu'elle
convulse et abolit dans un spasme où mort et jouissance, se
posséder et se dissoudre, s'incarner davantage et se désin-
carner sont unis et indifférenciés. L'égotiste dans le désir
sans parole et sans objet est aux bords d'un « autisme » ; ici
la passion ne porte que sur soi, l'extase est la perte du moi
dans son « état », non en un autre. On mutilerait le beylisme
à ne pas tenir compte que les ambiguïtés de la passion stendhalienne (qui vise-t-elle, le moi condamné à la prison d'un
excès d'appartenance subjective à soi, d'une fascination
inguérissable par son image, ou un autre réellement poursui-
vi, possédé, en une intimité qui crée une nouvelle unité des
cœurs) sont l'objet d'un *travail* sinon d'une thérapeutique où
le beyliste rompant avec les charmes du spleen passif et
« blessé », va inlassablement tenter de se rétablir dans le
monde, dans son corps, et dans le langage, qui est son corps
aussi, et son expression positive, comme son paraître. Il faut
vouloir, sinon vouloir vouloir, et peut-être surtout vouloir le
réel ; comme *énergie* la volonté peut rester globale et torren-
tielle comme le flot vital ; comme vouloir plus précis et plus
mesuré, elle est un consentement au réel, et au destin limita-
tif, et à nouveau l'achoppement du révolté. Mélancolie,
ennui, « werthérisme » blessé et rétractile, tristesse sans cause, désespoir de n'être que soi, et qu'il y ait les *autres*, idées
sombres et « folles » et éclatement du moi dans la démesure,
et cette sensibilité « surexcitée » où Kierkegaard verra l'indice d'un « démoniaque » moderne[1], appartiennent au registre
où le moi révolté prétend s'approcher de son absolu et de
l'absolu ; en face s'ouvre le registre permanent chez Stendhal de l'effort contraire ; plus lucide que bien des successeurs
ou des contemporains, Stendhal nous dit que le « fiasco » du
corps et du langage, l'échec *par excès* de subjectivité, ce

1. In *Traité du désespoir*, p. 139, « une irritation surtendue, une nervosité
à fleur de peau... ».

retournement du moi vers son dedans, sans conscience et sans forces, est tout à la fois fascinant et insupportable ; le moi merveille est aussi un moi parodique. Être tout, et être un, sont incompatibles avec être soi. Décidément, tourné à ne pas rester « un enfant »[1], le beyliste opte pour les limites qui permettent d'être. Paraître, jouer un rôle, produire un effet, parler, écrire, se mettre dans le langage, « revenir à soi à partir de son autre », de son « répondant »[2], s'engager dans la parole comme point d'appui, et terme constitutif du moi (d'un moi qui ne peut pas être moi à soi tout seul, mais qui doit être l'expression de quelque chose, vers quelqu'un, une incitation, une persuasion, un *sens*), ce sont pour Stendhal des « problèmes », l'enjeu d'une certaine conquête difficile et inachevable, le point d'une contradiction sans cesse oscillante et reposée, comme si le révolté pour ne pas s'abolir devait ne jamais cesser de se maintenir dans son contraire.

Mais la preuve justement que rien n'est si simple, c'est que le langage qui est cette issue, cette « *cheminée* » disait Brulard pour le poète, qui semble laisser s'échapper le sentir brut dans l'étendue concrète de la communication et la construction, cette brèche dans le moi par où une énergie destructrice et gratuite se dépense pour quelque chose, éveille la méfiance du beyliste justement pour cette raison. Qui parle, n'est pas intact : l'espace où il se publie le modifie[3] et le dépersonnalise. « Communiquer son expérience, c'est se l'aliéner » ; Nietzsche estimait aussi qu'il faut du mépris de soi pour se communiquer, « nous sommes déjà au-dessus des choses que nous pouvons exprimer par des paroles ; dans tous les discours il y a un grain de mépris »[4] ; se rendre *vulgaire*, tel est le risque de parler ; si peu qu'on tienne compte des autres, on tombe sous leur joug, dans leur ressemblance. Stendhal, bien qu'il avoue de bonne grâce son

---

1. Cf. J. Prévost, p. 44, « son amour d'enfant est muet, il allait parvenir à l'exprimer par un long stage dans le monde des acteurs ».
2. Selon Ortigues, *Le Discours et le symbole*, Aubier-Montaigne, 1962, p. 198, c'est la loi du symbolique comme loi de reconnaissance entre les sujets, « qui oblige toute conscience à revenir à soi à partir de son autre... Celui dont elle attend la sanction de sa propre parole ».
3. Blin, *Personnalité*, p. 251.
4. *Crépuscule*, p. 96 et Gaède, *op. cit.*, p. 255 ; cf. Gusdorf, *Parole*, p. 54, « plus je communique, moins je m'exprime, plus je m'exprime, et moins je communique ».

extrême besoin de parler, surtout dans la solitude morale de son temps de consul, connaît la tendance inverse, celle de privilégier le silence comme forme supérieure d'appartenance à soi seul, comme sauvegarde de l'intégrité du moi. Le langage, comme la vie en commun, diminue le moi et l'affaiblit. La monade est rebelle à l'« intersubjectivité », à l'appel lancé par la parole vers autrui, où Stendhal perçoit un aveu d'insuffisance, une dispersion de soi, une contamination par les autres, ou plus profondément, une dissipation des forces concentrées au-dedans dans le vain bruit des paroles. Se garder du contact verbal, c'est se garder intact[1], et bien rassemblé sur sa densité. Beyle fait ses débuts en un temps où le laconisme républicain, ou militaire, est du bon air ; le bavard chez lui est discrédité ; il distingue les « paroles oiseuses »[2] des paroles qui sont « une action » ; un de ses premiers textes souligne que « le caractère de la force est de beaucoup agir, et de peu parler »[3] ; la faiblesse agit à l'inverse. Hérault de Séchelles dans son projet d'une ascèse égotiste de multiplication des forces du moi lui a conseillé le silence[4] : tout projet « se rumine » ou « se digère » en silence, « afin que l'éruption soit un acte » ; au contraire le bavard qui « babille » son projet « élégamment », ne fera que brasser du vent, car il a dilapidé sa « volonté » avec sa parole. Attention donc à ne pas « disperser » l'existence en paroles : parler est un gaspillage des forces, une diversion à leur mûrissement intérieur, à leur concentration qui prélude à l'« éruption » ; se mettre donc « en petite monnaie » est impossible pour celui dont l'appétit d'existence est vigoureux ; c'est lui, sa vie, ses sensations, et ses impulsions qu'il éparpille en mots, en signes, qui sont sans force, sans réalité pour celui qui entend assumer jusqu'au bout son destin d'être de chair et de désir, mais dont le feu d'artifice se fait au détriment des vraies forces vitales thésaurisées dans les profondeurs. Le déplacement symbolique est nul comme intérêt, négatif comme perte de substance. Ainsi Stendhal peut-il parler des

---

1. Cf. Lacroix, p. 80, « cet excès de sensibilité... qui se dissimule par crainte des contacts, c'est-à-dire au sens littéral pour demeurer intact ».
2. *Marg.*, II, p. 68.
3. *Th.*, II, p. 77.
4. *Ambition*, IV, nº 4.

mots comme d'une « fissure pour m'échapper »[1], comme d'un moyen de « perdre son énergie » ; on le voit regretter de ne pas « enfermer en lui-même son imagination »[2] et de la livrer aux autres en anecdotes, reprocher aux Français de « dissiper » tout chagrin ou toute émotion en conversations, et d'« exprimer bien vite tous leurs sentiments »[3] ; dire est alors la ruine de la sensation : l'exprimer au-dehors l'empêche de se constituer comme une intériorité puissante. Une « âme grande et vertueuse »[4] est comme celle de Brulard, « formée dans la solitude et sans communication ».

On verra donc le beyliste redouter la conversation (il s'y « refroidirait »[5]), et se poser avec anxiété le problème « immense » des rapports de la conversation avec la civilisation. C'est un principe de clivage des époques, Ancien Régime, modernité, des « côtés » stendhaliens, France et Italie, des cultures et des littératures. Le Français, le classique[6], le « mondain » sont des hommes du discours et de l'entretien ; l'art de conférer est pour eux l'art suprême, et la fin de la vie en société. Ainsi, le comte D'Erfeuil[7] dans *Corinne* est-il une sorte de virtuose de la conversation, devenue une propédeutique de la frivolité. Dans *De l'Allemagne*[8], le conflit des « littératures » tournait aussi bien à l'opposition du plaisir français (briller en paroles, plaire en parlant, subir la contagion de l'« électricité » verbale, jouir du plaisir donné aux autres et de leur approbation) et du « plaisir » des autres

1. *O.I*, p. 645 ; p. 816.
2. *Ibid.*, p. 887.
3. *O.I*, p. 1142 ; *VHMM*, p. 66 ; p. 61 ; au contraire sur le mutisme anglais, *RetS*, p. 134.
4. *O.I*, p. 593.
5. P. 1273, « sa conversation m'aurait refroidi, et certainement j'eusse été moins moi ».
6. Cf. Montesquieu, *O.C.*, I, p. 1417, « l'esprit de conversation est ce qu'on appelle de l'*esprit* parmi les Français », c'est-à-dire un style de « dialogue » « coupé, prompt et vif » ; Rivarol, *Discours*, p. 119 sur le français, « langue de conversation » ; Jacquemont (*174 let.*, I, p. 121) affirme que la Révolution a tué « ce genre de plaisir » resté sans remplaçant.
7. *Corinne, O.C.*, I, p. 656 et sq.
8. *De l'Allemagne*, I, p. 101-104 ; dans l'entretien, « l'amour-propre est sans cesse en mouvement pour faire effet tout de suite » ; voir l'analyse du plaisir de la conversation (agir les uns sur les autres, se faire plaisir réciproquement et rapidement, jouir de soi, de son applaudissement) ; son rôle de soulagement des chagrins, ses règles stylistiques (« une disposition de gaieté ») ; mais « ce qu'on fait pour plaire aux autres émousse bientôt en soi-même ce qu'on ressent... ».

nations, vouées selon le schéma romantique à plus d'âme, d'intériorité, de vie méditative et émotive, dès lors que se séparant des autres, et de la parole comme unique médiation des hommes vivant en société, comme lieu où chacun est justement un peu moins soi pour être davantage aux autres, le moi serait plus proche de sa vérité dans la solitude morale. Depuis un siècle nous dit Mme de Staël on « pensait pour parler, on parlait pour être applaudi et tout ce qui ne pouvait pas être dit semblait de trop dans l'âme »[1] : formule si belle qu'elle définirait presque la « révolution » romantique. C'est ce qu'on peut dire qui est désormais de trop. Elle-même usait de l'image de la partie de volant verbal, du texte de Volney sur l'intempérance du colonisateur français en fait de conversations dans les forêts du Nouveau Monde, raillait « l'instrument » de la parole dont les Français tiraient tant de plaisirs et de vanité. Montesquieu n'avait-il pas noté que l'« esprit » en France, est l'« esprit de conversation », et esquissé les règles stylistiques du dialogue mondain. La conversation établit le moi par et pour l'échange : c'est un parleur qui attend tout de la communication et de la circulation des mots. Ici, l'opposition du beyliste à une telle débauche verbale est absolue : on ne parlera pas en ce passage de tous les textes où Stendhal condamne (ou réhabilite) ce qui lui semble le trait le plus saillant de l'Ancien Régime (Taine sur ses brisées a conclu de même[2]), le culte de la conversation. La France est donc le pays où un amant risque de s'entendre dire par sa belle, « ce soir vous ne dites rien »[3]. La conversation y est l'équivalent de l'Université en Allemagne[4]. Mme de Staël elle-même n'était que la première causeuse de son temps[5].

Or, la critique stendhalienne de la civilisation de l'*entretien*

1. *Ibid.*, p. 102.
2. *Origines*, I, p. 192, où Taine reprend l'idée du despotisme italien tuant la conversation et de la monarchie française la surexcitant ; Biran (*Journal*, I, p. 67), « la conversation comme talent n'existe qu'en France ».
3. *De l'A*, Cl, p. 195 ; l'emprunt à Volney, *O.I*, p. 1248 ; *Molière*, p. 258 ; *VHMM*, p. 67 n. ; voir encore, *VHMM*, p. 153 n. ; *Compléments*, p. 162 ; *RetS*, p. 298 et n. ; *De l'A*, Cl, p. 285 ; *C* III, p. 119, sur la société d'Auteuil et sa conversation ».
4. *RetS*, p. 301, *RNF*, II, p. 17.
5. *Mél.*, III, p. 172, p. 180, p. 183-184, *RetS*, p. 237 ; sur la conversation de Byron, *Mél.*, III, p. 280.

(son vrai sens apparaîtra avec la critique de l'univers monarchique-classique), porte sur ce point, que le causeur qui « parle pour bien parler »[1], qui parle *ab hoc* et *ab hac* est bien à la « chasse » de plaisirs de vanité, mais aussi de plaisirs des mots eux-mêmes : la parole devient une « mine d'événements »[2], un jeu riche en sensations, où chacun est « excité à lancer la balle... » et à « la bien parer » ; la « chaleur » dont les êtres manquent en eux-mêmes naît du mouvement et du frottement des mots, la conversation est « cause d'émotions », et encore, avant le XIXe siècle, où les conversations analogues aux débats d'une assemblée politique deviennent redoutablement intéressantes, la conversation des époques stables et figées doit « couler à fond », comme en province de rares émotions, « économiser » comme à la cour « une petite source d'intérêts »[3] ; aussi va-t-on substituer au plaisir des choses un plaisir des mots, et en faire un jeu où il s'agit de briller. Il y a là pour Stendhal un abus du langage devenu une fin en soi. Ce n'est pas que lui répugne à être un causeur : mais d'emblée c'est à la condition de ne pas se mettre « en petite monnaie », de diriger les débats, sans doute, ou surtout à condition qu'il n'y ait pas de débat[4]. Contrairement à la règle de l'art de plaire et de conférer qui demande le respect de l'égalité[5] entre chaque interlocuteur, le beyliste est prêt à parler à condition de ne pas dépendre des autres dans sa parole, de rompre la fascination « vaniteuse »[6] et quasi amoureuse qu'il connaît bien et se reproche tant ; celui qui parle, en effet, qui plaisante, qui « se livre » à l'effort de l'éloquence, mendie sa confirmation aux autres, s'émeut de leur verdict et de sa quête ; le langage le décentre de lui-même, et fait dépendre ce qu'il est des mots qu'il dit, du succès de son langage. Piètre situation que celle de l'enfant ivre de bien parler à son père, du plaisant dont les yeux tout anxieux supplient les autres de bien vouloir rire,

---

1. *De l'A*, Cl, p. 192, alors que l'Italien parle quand il a quelque chose à dire, que sa parole est née du « besoin ».
2. *VHMM*, p. 67 ; *Italie*, p. 295 ; *RNF*, I, p. 241.
3. *RetS*, p. 297 ; *RetN*, p.145 ; *Italie*, p. 275, sur le « jeu » de la conversation inconnu des Italiens.
4. Voir *O.I*, p. 536 ; p. 652.
5. *O.I*, p. 1270 ; p. 1284.
6. *O.I*, p. 684 ; p. 758 ; p. 812 ; p. 817 ; *C*, II, p. 21 ; *Molière*, p. 239 ; *EIP*, III, p. 378-380.

qui se rend « inférieur » à leur jugement, et l'attend dans les transes. Le beyliste veut bien parler mais sans échange, et ressent amèrement que la parole contraigne à s'ajuster, sinon à s'abaisser à autrui, « *avoir l'âme de niveau* »[1], dit-il. La parole est un dénivellement du moi : peut-il dans cette diminution de soi sauver l'essentiel, rester supérieur à la communication ? On le voit se reprocher ainsi de traiter les autres avec la « brusquerie d'un homme qui sait l'algèbre répondant à quelqu'un qui lui présente des objections sur la théorie de l'addition »[2]. Avoir de l'esprit, il y consent, mais seulement s'il peut corriger l'obligation d'avoir « l'œil fixé sur les demi-sots qui vous entourent » et de « se pénétrer de leurs plates sensations » en ne tenant compte que du « moins impuissant d'imagination »[3] au risque de demeurer impénétrable pour les autres.

---

1. *O.I*, p. 621 ; p. 638.
2. *Ibid.*, p. 1149.
3. *O.I*, p. 48.

CHAPITRE VII

Parole et silence dans le monde beyliste

Plutôt donc que de briller en paroles et d'exister moyennant une sorte de capture sociale, le beyliste voué à la chimère ou aux émotions esthétiques préfère poursuivre solitairement et silencieusement l'exploration d'une vie tout intérieure, jusqu'à ces « bords privés de mots, ces bords muets »[1], selon la formule de Valéry, « où subsistent seules la pitié, la tendresse, et la sorte d'amertume que nous inspire ce mélange d'éternel, de fortuit et d'éphémère, notre sort », vers le point en somme où brisant l'encerclement du langage, le sujet se retire vers le subjectif pur, l'affectif en soi, ce courant originel et toujours souterrain du sentir qui secrètement proteste contre l'injustice métaphysique et la cruauté du destin humain. On ne saurait mieux dire la valeur de révolte du silence présumé supérieur à la parole, qui comme « chaîne signifiante » est bien une chaîne, la sanction du *lien* social, ou de l'exil métaphysique qui nous sépare de nous-mêmes et de l'absolue douceur d'une condition moins dure. La musique sans doute, puisqu'elle instaure le règne de la tendresse et de la liberté hors du réel et de la puissance disciplinaire des signes, nous place aux sources du désir et du souhait, et dans une région meilleure plus conforme au vœu profond du cœur. L'apophatisme du romantique ne renvoie pas au centre divin de la créature, à la présence créatrice et indicible au fond d'elle ; il a peut-être même de la peine à renvoyer à quelque chose, qui ne soit pas un demi-secret, un faux secret ; le sujet se refermant comme un incompris ne se referme que sur ses profon-

1. *Œuvres*, II, p. 182.

deurs, et dans le cas du révolté elles risquent fort d'être néga-
tives. « L'intégrité d'un[1] être se reforme autour de la portion
pour ainsi dire récessive de lui-même sur laquelle il s'est
refermé... le réservoir de la volonté réside dans la région que
l'individu maintient hors commerce, en réserve... » : mais le
silence, ou le secret, dans la mesure où il manifeste vis-à-vis
des autres une volonté de « sécession », ou de suffisance, un
refus de se dire par crainte de se mal dire, un ressentiment
contre les autres, et le langage, dans la mesure où il n'affirme
plus qu'un refus, est menacé de ne plus être qu'un moyen ou
un artifice pour *se séparer*, se constituer autour d'une différence précaire ; finalement c'est le silence, la différence, la
preuve d'une nature d'exception, mais il est proche de cet
« hermétisme » où Kierkegaard[2] ne voyait plus qu'un procédé
de retranchement, le désespoir d'un égoïsme infini ; le silence
exprime alors un rapport négatif ; le non ou le mal est la
seule définition, le seul rapport à l'être. Le ressentiment, le
seul sentiment. On se confirme par le fait de ne pas trouver de
confirmation, la malédiction est « l'autre face d'une atroce
modestie ».

Le sincère est prêt à tout dire et à ouvrir son tréfonds ; et le
voilà pressé de se fermer et de tenir sous le boisseau par refus
de le confier à l'échange et au langage son moi précieux.
Pour Lavelle le Narcisse[3] répugne à découvrir que son secret,
c'est « le vôtre », que l'Un et l'Universel sont son ultime particularité. Tout autour du beyliste, le héros des temps nouveaux se constitue en muet, autour d'un secret qui risque de
n'être qu'un pseudo-secret[4], un secret d'obligation pour

1. Blin, *Personnalité*, p. 252 ; Lacroix, *op. cit.*; p. 75, « le timide est
avant tout celui qui aménage dans son être un coin inaccessible ».
2. Cf. sur ses efforts pour se libérer de l'hermétisme ou de cet « égoïsme
infini qui rend l'homme muet pour garder son pouvoir sur lui », *Journal*,
t. II, p. 221-223 ; sur le mutisme de la « folie », cf. S. Felman, p. 241-242 ;
mais faut-il dire « fou » celui qui n'a pas de langage commun avec les
autres ?
3. *Op. cit.*, p. 27-29 et p. 25, sur l'intimité avec soi-même comme présomption d'avoir en soi le secret du monde, le secret dernier ; voir aussi
Paulhan, *Jacob Cow...*, p. 92, sur le trouble de la parole et la définition d'un
héroïsme littéraire par l'« Inconnu », et la séparation.
4. Voir Cerny, *Titanisme*, p. 25 ; le secret ultime est d'être sans amour,
et sans désir : dans le contexte stendhalien, et par le cas initial d'Octave,
nous aurons l'exemple du héros qui n'aime que lui, et n'aime pas, ou ne
peut aimer, absent du langage et du désir à la fois.

figurer l'individu, un secret de ressentiment pour fonder une différence par la volonté de se retrancher, un secret de convention pour fuir la banalité. Du côté du libertin pervers, indéchiffrable parce qu'arbitraire, du côté de l'énigme du héros byronien, dont on a dit qu'il était « ténébreux et franc », c'est-à-dire qu'il porte sur son visage les traces d'un mystère, dont il dit qu'il ne le dit pas, et qui le constitue au nom d'une faute ou d'un malheur indéfinissables en prédestiné du refus (refus d'aimer, de dire, d'être), on trouvera le même trait, la fatalité unie à un non-dit, une lacune du langage. Le secret, si souvent évoqué comme un immense remords sans repentir, à la fois psychique et philosophique, définit *in absentia* la substance du moi, mais davantage comme une volonté de s'enfouir au-dedans de soi, que comme une impossibilité de dire. Le réduit central c'est ce que le moi ne veut pas communiquer, livrer au sens, qui le rattacherait à l'universalité, et à la communauté des hommes. Le moi séparé se fait autour de ce noyau de nuit et de culpabilité, celé mais visible, pour assurer sous cet abri, analogue au masque qui s'interpose pour interdire l'entrée aux autres, une existence fatale et indépendante. Dans le non-dit ténébreux et mauvais, le moi ne peut être rejoint ni forcé à rejoindre les autres par la parole qui dénouerait sa volonté de dire non et lui ferait dire un oui de participation et d'amour. Ainsi se traduirait un choix du pire, un choix absolu du non comme prison volontaire opposée au langage, lui-même n'étant qu'incitation à l'obéissance ou à l'accord.

Ceux qui parlent, qui disent tout et laissent voir en eux sont faibles, simples relais dans les relations sociales ; le Français, beau parleur, comment suivrait-il un dessein solitaire de tromperie ou de complot : il ne « peut pas garder un secret ; on n'est aimable ici qu'en parlant, il faut parler »[1] ; il n'y a plus de secret personnel dans une civilisation de la mondanité. Déjà le silence italien, ou du moins l'usage italien de la parole, tantôt muette et prudente, tantôt véhémente et pathétique, mais toujours modulée selon les dispositions ou les intérêts du moi, et jamais lieu de rencontre proposé aux consciences, ou lieu de participation à des valeurs communes, nous a montré que l'individu réellement féru de lui-même

1. *C*, II, p. 69 ; de même *PS*, p. 88.

use du langage à bon escient, et non sans méfiance[1]. Stendhal
a précisé ces modalités de la parole italienne[2] : au reste c'est
un procédé de classement et de comparaison valable des
nations européennes que de les juger en fonction de leur aptitude au silence ou au bavardage. L'Italien est le plus avare
de paroles : l'expression parlée et écrite connaît une bénéfique répression. La surveillance policière, les habitudes de
prudence, de machiavélisme et la nécessité pour chacun de ne
compter que sur soi, et de traiter avec les autres de puissance
à puissance, dissuadent de parler, sinon d'écrire ; impossible
de « parler pour parler », pour jouer avec la parole ; elle
n'est pas un « objet d'intérêt », ni une « cause d'émotions »,
elle sert les passions, elle n'en tient pas lieu. Le peuple italien
est donc un peuple de taciturnes, un peuple laconique, où le
génie préfère se cacher ou se taire[3] ; l'Italien qui ne sait pas
discuter, régler sa parole, parce qu'il ne met pas son émotion
« en petite monnaie », thésaurise ses ressources[4], et les garde
intactes pour improviser et passer d'emblée à la parole subli-
mée du chant ou du poème, ou pour agir ; il méprise les mots
brillants ou menaçants[5], la perte d'être que constitue la
parole, et se trouve riche en existence dans l'exacte propor-
tion où il est économe de ses phrases. L'être tout d'une pièce
n'a que faire de parler, sauf pour des usages ponctuels, il n'a
que faire du prédicat des mots qui sont le dérivatif de l'existence.

Les forts sont-ils silencieux ? Dans la mesure où le romanesque stendhalien intègre à l'aventure générale des héros
cette dialectique du silence et de la parole, la parole qu'il faut
prendre, le silence où il faut se replier, on aura confirmation
en effet d'une sorte de supériorité du silence. C'est l'écart
maximum entre un moi vrai et sûr de lui et les autres, c'est la
seule expression, négative il est vrai, mais riche de sens, où
l'homme puisse se mettre tout entier, et qui le sauve de la
dégradation sociale. Le silencieux s'est autant qu'il est

1. Cf. *supra* et *O.I*, p. 943 ; *RNF 17*, p. 82, p. 137 ; *De l'A*, p. 229-230 ;
VR, I, p. 155-156 ; *RNF*, I, p. 241-242 ; II, p. 33-35 et p. 53 ; *CA*, I,
p. 167-168 ; *MT*, I, p. 23 ; sur le silence des Arabes, *De l'A*, Cl, p. 211.
2. Sur le laconisme, *PR*, III, p. 307 par exemple.
3. *VR*, I, p. 42 ; *De l'A*, Cl, p. 184 n.
4. *Compléments*, p. 289 ; *RNF 17*, p. 62 ; *CA*, I, p. 168-169.
5. *RNF*, II, p. 25-28, *Italie*, p. 257 ; *Marg.*, II, p. 176.

humainement possible délié des autres. Mais il est de multiples silences : celui du « bonheur », celui de l'« extrême timidité », celui du chartreux sont-il identiques ? Il y a un silence initial, par impuissance à se mettre dans la parole, à s'incarner dans les mots, et un silence terminal qui est renoncement volontaire à une parole réelle. Le romanesque progresse vers les muets, les retranchés dans la présence muette et qui se passe de paroles. Le muet est une puissance inébranlable, une virtualité énigmatique et inépuisable, comme le voulait B. Gracian[1], comme veut l'être encore le dandy, ce « feu latent qui se fait deviner, qui pourrait mais qui ne veut pas rayonner » ; le refus de l'humanité commune se traduit par l'inaccomplissement volontaire, le soin de se tenir au-delà de ses manifestations, sujet disproportionné à toute portion de soi, et transcendant sa propre expression. Le sujet pur sans voix et sans paroles devient une volonté absolue qui ne relève que d'elle-même, l'affirmation d'un être qui, n'ayant pas à se faire connaître, déclare ne rien reconnaître hors de lui-même. La parole est une concession que l'on fait au dehors, et au non-moi, humain ou divin, le moyen d'un accord, sinon d'une réconciliation avec l'*humanitas*, sinon encore d'un pardon, car acceptant la loi du langage, le sujet accepte d'avoir sa finalité hors de lui-même, et son *sens* ailleurs qu'en lui-même[2]. Ainsi Brulard découvre que le silence « farouche » sauvegarde sa « dignité » ; ou sa différence, son absence de communauté autre qu'idéale et absolue.

L'entreprise de réfutation intérieure du mal du siècle à laquelle il va se livrer lui indiquera que le mutisme du mélancolique, qui perd la parole avec la confiance et l'espoir, qui est rejeté hors du langage comme de l'existence commune et de la garantie humaine, est voisin d'une « bouderie » endurcie et « passiviste », que le retranchement apparent des hommes recouvre une secrète volonté d'y revenir, d'en être « rappelé » et conforté par plus d'affection. Dans le silence du « déprimé », se cache une comédie de la séparation pour être pardonné et valoir plus. Mais si le moi entreprend de couper les ponts, de rompre vraiment avec les autres, de réaliser le

1. Voir *L'Homme de cour*, maximes 3, 94, ou 177, 179, éd. Champ Libre, Paris, 1972.
2. C'est ainsi que Sartre avait défini Genet (*Saint Genet...*, p. 320), comme celui qui doit *mentir* ; il vole, emprunte ou falsifie le langage.

projet idéal d'un être absolu qui ne doit ni n'attend rien,
alors le silence devient héroïque, la marque du nouveau
héros, qui n'attend de sanction que de lui-même, et n'a de
valeur qu'à ses yeux. « Les paroles sont toujours une force
que l'on cherche hors de soi »[1] : dans le témoignage des
autres, dans le fait même de se formuler verbalement, s'il est
vrai que l'ordre du langage relève de l'universel, et équivaut
à une justification et à une possibilité d'approbation[2].

C'est dans le monde des *Chroniques italiennes* que la tendance beyliste vers le silence apparaît le mieux. Silence du
vrai méchant, qui comme Francesco Cenci[3] demeure énigmatique, sans confident, sans confession, sans *aveu*, car l'aveu
serait suspect à ses yeux d'impliquer un retour à la communauté des hommes, alors qu'en n'usant de la parole que pour
se servir d'eux, le « bon méchant » établit qu'il est une volonté pure du mal ; son silence fait le vide autour de lui, et
confirme qu'il fait le mal par choix, et non par un écart passionnel ; comme il n'en rend pas compte, il se qualifie comme
l'ennemi des hommes. Silence de l'homme réellement fort : de
celui qui ordonne, et dont la parole puissante est brève et
décisive, comme Fabrice Colonna, ou Sixte Quint[4] ; silence
des âmes qui se trouvant au-delà de la peur et au-delà de
l'opinion des autres, sont aussi au-delà des mots : ainsi la
duchesse de Palliano et le cardinal Carafa[5] ; au moment de
mourir, ils n'ont rien à dire ; pas un mot aux hommes qui les
condamnent, qui prolongent leur supplice, pas un mot qui
montre de l'émotion, du regret, du reproche, ils sont déjà (ou
encore, selon le choix que l'on fera) par leur silence hors des
humains ; alors que le duc de Palliano en mourant a le tort de
se montrer trop éloquemment chrétien, le cardinal a une
« grandeur d'âme supérieure à celle de son frère d'autant
plus qu'il dit moins de paroles ». Le magnanime, soit par

1. *Ch.It*, P, p. 732.
2. De pardon, comme le dit Alain Girard, *Journal*, p. 542 et p. 546.
3. *Ch.It.*, Cl, 88-89.
4. *Ibid.*, p. 60-63 et p. 67-68, l'entrevue avec Peretti ; le nouveau pape use
d'un « simple regard d'une façon singulière » et ne dit pas un mot : puis sur
« l'efficacité singulière » de sa parole, « de quelque tour qu'il voulût se servir en parlant ».
5. *Ibid.*, p. 136-140 ; « le cardinal regarda le bourreau sans daigner prononcer un mot ».

orgueil soit par renoncement aux vanités humaines, n'a pas besoin de paroles qui sont un effort vers l'accord. Dans la mesure où le vouloir du sujet est enfin fixé et autonome, qu'il soit vouloir du mal ou du bien, il est muet. Aussi Stendhal admet que la « renaissance » italienne est avare de paroles dans son ensemble[1] : « On parlait peu, chacun donnait une extrême attention à ce qu'il disait... on croyait ne pouvoir agir sur le voisin qu'en s'exprimant avec la plus grande clarté possible... personne ne songeait à être aimable par la parole... » Dans cette humanité composée d'êtres qui ont une densité et une *réalité* d'existence que l'homme socialisé et livré au non-moi de l'opinion et de la culture ne connaît plus, les choses, le tangible du plaisir et du pouvoir ont plus de prix que les signes, les symboles convenus, ou le symbolisme général du langage ; pour eux la parole est une action, un moyen de puissance, elle n'existe pas en soi ; chez ces êtres tendus comme des arcs vers le plaisir réel, la parole n'a pas encore le statut qu'elle a dans une « civilisation », où elle se substitue aux choses, au plaisir, et équivaut à une perte du désir. Ainsi s'explique la confrontation de la Campobasso et de Sénecé[2] : c'est presque une tragédie du langage. La Romaine ignore cette distance des mots et des choses qui permet par la parole de faire diversion à l'être, de le traiter avec légèreté, de le manier symboliquement. La passion pour elle n'a pas de langage : clandestine, elle ne doit pas être racontée. Orgueilleuse, elle ne plaide pas, ne s'explique pas ; « je m'avilirais en parlant », elle ignore la facile esquive dans les mots et l'oubli. Alors que Sénecé dans la scène de rupture use des mots[3] avec volubilité et négligence, la Campobasso peut à peine parler, et se tient dans cette immobilité de « statue de basalte »[4], ce quasi-silence qui recèle tout le tragique de Vénus tout entière à sa proie et toutes les violences latentes d'une âme sans freins, dont l'expression est l'acte d'amour ou de mort. Immobile, meurtrière ; le silence puis le poignard. Au contraire, Sénecé digne fils de la civilisation cau-

---

1. *Ibid.*, p. 56 ; même idée, p. 120 et p. 88 ; cette période « primitive » de la modernité connaît donc un usage innocent, ou vrai des mots.
2. *Ibid.*, p. 31-41.
3. P. 36, « s'amuser par un mot plaisant quand il s'agit de ma vie et de la sienne ».
4. P. 39 ; de même p. 36 ; « d'une voix basse et concentrée comme si elle eût parlé à son confesseur, elle se disait... ».

seuse et frivole se joue de tout en se jouant du langage[1] ; les mots lui sont le moyen d'une permanente plaisanterie, il « s'amuse d'un mot plaisant », des menaces, de sa vie, de l'amour, parce que les mots et leur pouvoir de détente et de diversion sont le principe même de sa frivolité.

Le silence est donc bien le langage du moi à son apogée, soit par sa suffisance, soit par le sentiment de ses forces ; ainsi Julien constitué en vengeur fatal, ne peut ni écrire ni articuler un mot. L'extrême de l'individualité et du vouloir se passe de mots, c'est le terme de la « singularité », de l'adhésion au projet unique que l'on est et qui passe toute possibilité de mesure. Séparé des valeurs communes, le héros se tait : Julien dans le meurtre de celle qu'il aime, Fabrice par le renoncement à toute chose, sauf au souvenir, à la prière et à la contemplation. Encore faut-il distinguer les silences et opposer le silence ou la parole nulle de celui qui n'a pas encore accédé au langage du silence de celui qui y renonce pour l'avoir possédé. Il y a un silence par défaut, et un silence par excès ; une vraie magnanimité qui se prive de ce qu'elle a, et la fausse magnanimité qui relève comme l'ennui et la mélancolie, aussi silencieux, d'une impuissance. Comme il y a le vrai secret, et le faux secret, la cachotterie, l'une relève de la honte d'avouer, de la honte narcissique de parler, et de s'exposer dans le langage, l'autre de l'indicible véritable. L'un n'assume pas la tâche de devoir se mettre dans la parole, et opte pour une virtualité trop complaisante, l'autre a traversé le langage comme les grandeurs humaines et se trouve au-delà.

Stendhal le dit bien dans *Lamiel*[2], pour parler, il faut de la confiance : en soi, dans les autres ; plus généralement une confiance quasi métaphysique. Joubert[3] tout aussi préoccupé de la supériorité du silence sur le langage avait bien vu que « l'écume des mots » compromet la pureté de l'idée, mais que l'âme a besoin du mot, comme elle a besoin du corps ; que tel on est avec son corps, et la matière, tel on est avec le langa-

---

1. Cf. p. 41-43 sur les commentaires *in petto* de ses aventures ultimes.
2. Éd. R., p. 190.
3. Voir Alain Girard, *Journal*, p. 221, sur ce conflit entre le mot comme sacrifice, mutilation du silence, limite de l'extase, et le mot comme nécessité, comme corps requis par l'âme, ou *figure* exigée par l'esprit.

ge. Le manichéisme du révolté ne s'accommode pas de devoir au matériel comme au social son expression. Le rapport au langage et au silence n'est que le signe du bien-être ou du mal-être dans la réalité humaine. En ce sens, le silence du chartreux[1] n'est pas de la même qualité que les autres : il est le fait d'un homme qui a su toujours user avec tact et brio du langage, qui à Waterloo, devant les petits puissants, ou les grands puissants, devant Clélia quand il est prisonnier, quand il se fait prédicateur éloquent pour l'oublier puis la reconquérir, a su maîtriser sa parole, doser l'aveu et la tactique, l'esprit et la diplomatie ; bref rester fidèle à l'impératif de Mosca : ne pas « céder à la tentation de briller », « garder le silence »[2], s'il le faut, et restreindre son expression au jeu de ses yeux, en tout cas, demeurer en retrait dans ses propos, qui sont à mesurer non sur la vérité, mais sur la circonstance. L'opportunisme supérieur est le propre du vrai sincère, qui, parce qu'il a le langage à lui, et n'a pas cru qu'il en était trahi, peut y renoncer comme acte ultime de sa vie parmi les hommes. Celui qui a quelque chose fait seul un sacrifice valable. Encore se refermant dans le silence de sa cellule, il ne ferme pas son âme sur lui seul ; son silence est riche de Clélia et de sa foi ; le tête-à-tête du contemplatif n'a rien à voir avec le silence initial du héros stendhalien, le silence « contraint » du névrosé du siècle.

Le romancier stendhalien a donc de réels motifs d'être attentif à l'attitude de ses personnages dans la parole : leur situation par rapport à elle, à un non-dit, contribue à définir leur situation par rapport au monde et à eux-mêmes, par rapport au renoncement à eux-mêmes et au monde. Accéder à la parole, se tenir en elle à bonne distance de la volubilité vide, de ce bagou effronté qui caractérise les cyniques, du Poirier[3], Sansfin[4], ou les escapades d'Octave dans les

---

1. Silence de l'ineffable pour S. Felman, *La Folie*, p. 237-238.
2. *ChdeP*, p. 117.
3. *LL*, P, p. 946-947, par exemple le discours intarissable tenu au docteur pour éviter de parler de Mme de Chasteller.
4. *Lamiel*, R, p. 76, sur « l'horrible magnétisme de l'éloquence » du docteur ; p. 80 il dit lui-même qu'il peut « détruire tout raisonnement par un mot d'esprit, je sais manier la parole et me rendre maître de l'opinion des sots, et même ajouta-t-il avec un soupir de satisfaction, de l'opinion des gens d'esprit » ; cf. lors de l'échauffourée avec les ouvriers, *LL*, P, p. 992, le fait que « tous les officiers qui se respectaient gardaient un silence profond... ».

maisons de mauvais ton, et inversement de la parole mal assurée, mais sûre d'échouer du timide qui dit mal parce qu'il en dit trop, et confie son être à son discours, parvenir à être dans le langage à soi, et aux autres, à ne pas se trahir au profit d'un langage débridé et nul, ou à ne pas trahir le langage au profit d'un moi apeuré par sa propre valeur, tel serait le problème. Parler est un gain : ainsi le duc de Monte-notte devait sur l'injonction souveraine de Mina, « Parlez », devenir un causeur, et un « autre être »[1]. Ainsi pour Lucien, Stendhal suit les modalités de sa parole et les enregistre en forme de félicitations et d'encouragements. Tantôt il nous entretient de ses échecs, ces crises d'une parole stérile, ces déroutes de l'esprit vide et de la phrase piteuse, quand Lucien est débordé par l'événement, ou par sa peur, et incapable de s'accorder au réel et au langage[2]. Ou bien il « peut » parler[3], sa parole se déploie avec bonheur, il peut même trouver un juste accord entre une inspiration qui se lève soudain et le ton qu'il sait adopter ; ainsi dans la scène du bal avec Mme de Chasteller, après ses débuts ingrats où il doit se « faire violence » pour parler, « tout à coup il osa parler et beaucoup »[4] et sa brillante faconde se trouve d'emblée atteindre un degré de complicité délicate avec sa partenaire : le voilà tout entier dans une parole pleine qui spontanément se trouve adaptée à la circonstance et d'une redoutable adresse. Mais attention, il demeure voué à outrepasser cette mesure, et oscille de la peur de se confier au langage, à l'audace maladroite d'en dire trop, de se confier tout entier à lui ; « vous parlez trop de ce que vous sentez trop », lui dira son père, « on voit trop l'âme à travers vos paroles »[5], trop « artiste »[6], sinon même « poète » alors qu'il faudrait la platitude imperson-

---

1. *RetV*, p. 138-139, est-ce un trait repris à la tradition courtoise ? Cf. *MT b*, II, p. 87 sur le personnage d'une nouvelle qui est un silencieux, doué d'une présence en quelque sorte négative parmi les hommes.
2. Ainsi est-il jugé peu brillant (*LL*, P, p. 950) ou bien admet lui-même son insuffisance (p. 1029) ; sur sa déroute devant Mlle Bérard, p. 972-973 ; de même p. 949 ; p. 1042.
3. P. 965 ; p. 950 ; p. 987 ; autre moment d'inspiration p. 1015.
4. P. 920 et p. 923-924.
5. P. 1069, « tâchez donc d'amuser en parlant aux autres de ce qui ne vous intéresse nullement » ; de même p. 1349 ; sur l'excès d'esprit les « filets » tendus trop haut par le discours, p. 1212-1213.
6. P. 1110.

nelle du politicien, ou du haut fonctionnaire, il a le tort de vouloir trop dire, et trop dire de soi, d'être présent dans son langage, alors que son père le lui indique bien, il devrait davantage tenir compte des mots, et user du langage comme d'une apparence tenue à distance de soi et à l'usage des autres. Mais le cas de Lucien n'est pas le plus probant : qu'a-t-il en effet à tenir secret ? Le bouleversement produit par la phrase de Develroy, le souvenir de Mme de Chasteller, dont il souhaite simplement que ses parents fassent semblant de ne rien savoir[1].

Tel n'est pas le cas d'Octave : ici, le besoin de parler, et le refus de parler, la nécessité et l'impossibilité d'un aveu qui constitue son problème, sinon son identité, le définissent comme le héros d'une *séparation* ; il est en dehors des hommes, de son corps, des mots, au-delà de toute prise, derrière le « mur de diamant »[2] de son orgueil dans la situation d'un « monstre » désespéré de l'être, et tentant, mais en vain, de renouer avec le logos et l'éros ; ce qu'il ne *peut* pas, c'est en général communiquer, ou se communiquer, dans la mesure où son corps lui servirait de langage, ou dans la mesure où le langage serait le corps de sa pensée. Le drame de l'incarnation héroïque se joue comme un drame du fiasco érotique, et du fiasco verbal, comme le drame de la disproportion irrémédiable entre l'image et le réel, le désir et l'objet, la passion et le plaisir, le moi et ses attributs, le subjectif et l'objectif ; drame du moi pur, du Narcisse[3], a-t-on fort bien dit, moi pur

1. Par exemple p. 1160 ; p. 1360.
2. *A*, P, p. 108 ; le parallélisme des deux inhibitions est capital : l'une et l'autre relèvent d'un centre commun ; cf. R. Bourgeois, *Ironie*, p. 112, qui met en rapport l'impuissance avec l'impossibilité de communiquer ; p. 108, l'idée qu'Octave ignore toute espèce de « jeu » ; p. 109, que l'aveu vaut guérison d'un mal qui relève d'une misanthropie ou d'un désir narcissique exaspéré qui l'enferme en lui-même ; en ce sens l'impuissance est moins cause qu'effet. Ou plus exactement elle se trouve signifiée dans le texte par une sorte de déplacement soit vers le mystère et le non-dit, soit vers la métaphore de la parole, du rapport impossible, de toute façon selon nous comme un hermétisme qui interdit d'ailleurs au personnage de se reposer sur sa propre intimité (cf. le *Journal* d'Octave en cryptographie et le journal lu puis brûlé) ; cf. sur ce point notre étude dans *Le Réel et le texte*.
3. Cf. S. Felman, *La Folie...*, p. 181-184, qui met le narcissisme à l'origine de l'impuissance à aimer ; ce révolté en effet voit dans la parole, forme de l'aveu ou de la confession, une primauté de l'universel, du « symbolique », une *conversion* au rapport, ou plus profondément comme dans la prière, à l'idéal ou à la *forme* essentielle de soi ; et c'est contre cela qu'il se détermine.

mais pauvre, drame et parodie de drame, car le retranchement et le silence ici ont lieu par défaut, par l'insoutenable
projet d'une perfection surhumaine mais tissée de ressentiment, qui voudrait ne pas parler, ou n'user du langage que
tactiquement, et qui voudrait le déborder dans une communication quasi angélique[1] (qui de fait un instant réunit les
« anges » que sont Octave et Armance) ; qui ainsi oscille du
tout au rien, comme en amour, du mutisme, ou du secret
obsessionnel, à la confession à une âme sœur. Bref, on ne
peut pas ne pas parler, pas plus qu'on ne peut livrer au langage le fond de son être comme si le langage n'était pas du
langage. Octave, le « manichéen » le plus pur du roman stendhalien : d'emblée, on nous le présente comme un « esprit »,
tombé « ici-bas », étiré vers le ciel ou l'enfer, ravi par le souvenir d'un « ailleurs » ou la contemplation « d'un objet uniquement chéri » malgré le « long espace » qui l'exile d'un
paradis ou d'une présence essentielle. Le langage, c'est le
corps, et la similitude humaine, et la communauté du commerce sensible[2]. N'est-il pas vrai qu'Octave ne parle que posthume, une fois qu'une mort très douce lui a donné l'éloquence d'une ombre. « Il eût fait sensation s'il eût désiré parler »[3] : rien ne lui manque sinon la parole. Non seulement il
ne la désire pas, mais il la décourage chez les autres ; il est
celui que ni sa mère ni Armance n'osent questionner, celui
dont on respecte la dissimulation ou le mystère. Dans ce cercle où il fait le vide et le silence autour de soi, il semble qu'on
n'ait pas le droit d'espérer réponse de lui ; « une sorte de
pudeur » interdit[4] à sa mère de solliciter de lui une parole.
Lui-même sait que ses « discours étrangent » de lui ses
« amis » et que s'il parle, c'est dans le vide de la surprise et de
l'hostilité. Aussi son « unique plaisir » est-il de « vivre isolé et
sans personne au monde qui ait le droit de m'adresser la

---

1. *A*, P, p. 30, « je serais heureux de pouvoir rendre mon âme pure au
créateur comme je l'ai reçue » ; p. 36, p. 47, sur l'être à part, exilé, « séparé
par un long espace de l'objet uniquement chéri ».
2. S. Felman, p. 175, « il refuse à l'autre le droit de le reconnaître, de
l'identifier dans le langage » ; de même p. 177, sur l'*interlocuteur* d'Octave ; p. 191, sur la mort comme reconquête du mot ; mais faut-il vraiment
affirmer que « la mort » c'est la consumation érotique ou la « folie » ?
3. P. 29 ; et p. 1433, « s'il eût eu l'habitude de parler ; dominé par une
profonde mélancolie et l'absence de confident... ».
4. P. 36 et p. 92.

parole »[1]. Tel est le silence initial qui définit Octave comme un étranger parmi les hommes, qui n'a avec eux ni échanges ni réciprocité, comme le théâtre muet d'un drame et d'un tourment dont les autres voient les apparences sans savoir le sujet. Ravi hors de la sphère humaine, il ne demande ni ne reçoit. Il n'a pas de rapport spontané ou neutre avec le réel : s'il se manifeste parmi les hommes, c'est au nom du « devoir », et sur une injonction précise et réfléchie ; si d'ailleurs il se manifeste par une entreprise, c'est obliquement, « jamais il n'allait directement à son but »[2] ; par des entretiens intimistes avec lui-même : mais c'est en tâchant de ne jamais laisser de traces de soi, ou de ne semer que d'incompréhensibles petits cailloux[3] sur ses pas.

L'être souverainement différent est celui qui ne parle pas, ou qui ne parle pas naturellement. Pourtant ce n'est pas faute de désirer éperdument la communication et le lien : tout ce qui nous est dit d'Octave démontre sa soif de parler, sans freins, absolument. Il ne refuse la parole que parce qu'elle n'est que la parole, et non l'ouverture intégrale du cœur, la mise au jour du fond de son être. Il lui faut un « confident »[4], non des interlocuteurs ; parler doit signifier être compris *par*, *dans* le vis-à-vis qui doit être un autre lui-même, un double meilleur que lui, qui mis au fait de ce qu'il est, réfléchisse, mais pour l'éclairer, le fonds obscur de son être. « Je vous parlerai comme à moi-même », dit Octave[5], mais c'est inexact ; l'autre, la salvatrice Armance, n'est pas seulement une confidente, la seule personne à qui parle Octave, et ceci dès le début du roman, elle est aussi une conductrice morale, un « médecin moral » qui, rétablissant le mouvement du langage vers la vérité et vers la société, lui rendant en somme son pouvoir philosophique, soit aide Octave à voir clair dans ce qu'il dit et lui renvoie non son image, mais la vérité, soit, se limitant à être le prétexte de la parole, l'accueille comme désir d'être accueilli et effort vers la conciliation ou la réconciliation. Dans les deux cas, le langage est un facteur de réu-

1. P. 108 et p. 34 ; p. 177, Armance s'engage à ne pas le questionner.
2. P. 87 ; et p. 37.
3. P. 44 ; p. 51 ; p. 117 ; p. 135 et p. 138 sur la destruction ou l'enfouissement de tout ce qui l'exprime ; p. 51, « fidèle au mystère qui entourait toutes ses actions ».
4. Sur ce souhait, p. 47.
5. P. 174.

nion, il dépasse la *séparation*[1], guérit les idées noires ou
folles, il inverse par sa seule existence le mouvement vers le
désespoir en mouvement vers l'espoir, donc vers l'amour. De
l'involution première d'Octave, noué sur lui-même et la
conviction orgueilleusement désespérée d'être un maudit, la
parole, ramenée à son statut de discours à quelqu'un et sur
quelque chose, à son pouvoir d'intelligibilité, et de projection
du sujet hors des affres de la subjectivité déchaînée, et « folle », redevenue un « aveu » quasi sacramentel, fait accéder à
une position plus « commune » certes, mais plus heureuse, où
la vie, la vérité, et le désir ne sont plus interdits par le désespoir d'être réel du début. Parler, c'est prendre appui sur le
non-moi, s'élever jusqu'à une présence critique à soi et au
réel, c'est sortir du solipsisme véhément et nul de l'« excès de
sensibilité », hors de la « surabondance de vie », du désir sta-
tique et refluant sur soi-même du Narcisse subjectif.

Octave ne désire pas autre chose au fond : « parler de soi...
à tort et à travers... », être « moins isolé »[2] ; ces confidences
débridées, il ne les a faites longtemps qu'aux amis de rencontre des maisons du même nom. La parole, il veut l'appuyer de son être, la confirmer de son regard, la parapher de
son sang[3], lui donner la force d'une action. « Penser tout
haut[4], tout dire, librement confier ce que je pense, partager
les joies et les chagrins », c'est en réalité le bonheur même
pour Octave, âme « rebelle », et errante, mais en quête du
double sauvé ou sauveur. Les plages heureuses d'équilibre et
de bonheur sont bien les moments de confidences, de libre
parole, où Octave s'explique, ou se laisse expliquer, consent
à livrer ses « secrets »[5], ses « motifs », dans leur intégralité,
parvient à cette dualité dans l'unité qui est l'« intimité parfaite », la « confiance sans bornes »[6], la transparence

---

1. Comme *lettre* nécessaire, qui ramènerait la pureté d'Octave au libellé
du discours ou de son corps.
2. P. 84.
3. P. 135 ; aussi bien il veut agir (p. 54, p. 68, p. 69).
4. P. 48 ; p. 144 ; p. 189 ; p. 47 ; de même p. 68, « pendant que je parlerai voyez dans mes yeux si je mens ».
5. P. 149 ; p. 151 ; p. 145 ; et d'abord p. 80 et p. 85, quand s'ouvre enfin
la période de parole et d'intimité avec cette Ariane salvatrice qu'est
Armance.
6. P. 105 et p. 149 ; p. 142, « si vous m'aviez adressé une de ces paroles
si douces que vous me disiez quelquefois, si vous m'aviez regardé... ».

réciproque de deux âmes vraiment pures. C'est, « peut-être »,
dit Stendhal, « le plus doux charme de l'amour » ; c'est en
tout cas pour les héros du livre, l'amour : quand Octave fuit
la féminité, il repousse sa parole, comme un chant des sirè-
nes. Aussi *Armance* est le roman de Stendhal où les aléas de
la parole sont le plus continuellement évoqués : qu'elle se
paralyse, ou se libère, le destin du héros qu'il faut arracher
au silence sans espoir en dépend[1]. Peut-être dans son
premier roman Stendhal s'est-il souvenu de ses essais dramatiques : nul autre roman ne rappelle les accidents de l'entretien qui font l'action du théâtre. De mots surpris en lettre
supposée, de fausses confidences aux demi-confidences, de
dialogues pleins aux malentendus ou quiproquos, le roman
enregistre les difficultés à naître, à se maintenir, à s'achever
d'une communication. Que la parole naisse chez Octave,
comme dans l'aveu non fait, puis s'étrangle, inachevée, il
n'en faut pas plus pour terrifier Armance. Si entre elle et
Octave s'instaure un nouveau malentendu[2], où la parole
meurt, cette nouvelle péripétie est une rechute dans le malheur. Initialement, Octave doit combattre le mutisme glacé
de sa cousine[3], à qui il tente en vain d'adresser la parole ; elle
se dérobe au dialogue, laisse retomber toute avance, et Octave ne peut que lui parler indirectement. Armance elle-même
est si menacée de faire de sa parole un aveu involontaire de
ses sentiments, qu'elle doit fuir le contact verbal, surveiller
ses mots[4], redouter l'éloquence de sa voix. L'angoisse
d'Octave s'il allait dans le monde, et dans le camp ennemi, les
salons libéraux, porte sur la parole : celle qui l'interpellerait,
celle qu'il répondrait, les mots qu'on lui a dits, qu'on lui
dirait ; le voilà encore au rouet : « Je puis me taire avec hon-

1. P. 174, « il tomba dans un de ces moments de silence sombre qui faisaient le désespoir d'Armance » ; p. 153, Octave se « livra au suprême bonheur de ne pas parler », mais c'est pour voir Armance.
2. P. 158, p. 162, « les demi-mots qu'Octave hasardait quelquefois n'ob-
tenaient pas de réponse... » ; p. 163, Octave « se hasarda à faire une question qui semblait exiger une assez longue réponse ; on lui répondit en deux
mots fort secs »...
3. P. 40, p. 55, « sans y songer lui qui avait tant aimé le silence prit l'habitude de parler beaucoup lorsque Mlle de Z. était à portée de l'entendre... » ; p. 58, sur l'impossibilité de s'appuyer sur « la forme de la phrase »
d'Armance pour renouer le dialogue ; ou bien le délai est passé, et « sa
réplique manquait d'à-propos », p. 66.
4. P. 69 ; p. 76 ; p. 99 ; p. 111.

neur,... je finirai par exprimer un avis... que faire ? Ne pas entendre ?[1]... » L'action commence avec les deux millions, qui entre autres conséquences, forcent Octave à parler ; c'est le « Parlez » de son oncle (« Octave parla... »[2]) qui le lance en effet dans l'aventure mondaine ; il doit être alors présent parmi les autres, assumer tout entière sa nouvelle consistance sociale, être enfin hors de son mutisme un être objectif, et jugé par les autres. L'ambiguïté de ce jugement qui le pose comme un être qui est, constitue d'emblée le drame de sa pureté : comment démontrer à Armance qu'il n'est pas son personnage, qu'il est au-delà de son être social ? Mais aux autres il doit aussi indiquer qui il est, et rompant avec le silence du ravi en esprit ou en désespoir, il doit se déployer dans l'objectivité sociale, indiquer aux autres en quelle place il prétend se mettre, et sur quel pied il faut se mettre avec lui. Cette position est l'enjeu de sa parole ; il n'est plus « le même homme »[3], causeur insolent et indifférent au fond, il plaît d'autant plus qu'il n'y prétend pas, et se sert de sa parole pour ne pas se confier ou pour effrayer. Mais enfin, il marque, il tranche, il inquiète et séduit : ses succès sont verbaux et le roman peut suivre la montée d'Octave et de sa situation mondaine à mesure que se dénoue sa parole. C'était sa blessure, il voulait se dispenser de parler ; c'est sa guérison ; mourant, sa mère peut « apercevoir dans les yeux d'Octave une force inusitée et le désir de parler à Mlle de Zohiloff »[4] : parole enfin libre et intime qui le *sauve* physiquement, spirituellement ; le désir de parler est-il le synonyme ou le prélude du désir tout court ?

La communication enfin établie va-t-elle culminer dans l'*aveu* ? Après avoir barricadé son être, et fui dans le « mystère » toute indiscrétion et tout regard[5], Octave va-t-il, peut-

1. P. 100 et sq.
2. P. 41 ; p. 76.
3. P. 66 ; et sur les nuances de cette parole insolente, habile ou désolée au fond, mais dont il est précisé qu'elle doit sa verve et son succès à l'indifférence sinon au mépris du parleur pour elle, p. 55, p. 98-99, p. 148.
4. P. 140.
5. P. 36 ; p. 87 ; sur la crainte d'être épié, deviné à partir du « choix de mes livres », lu dans ses papiers intimes, p. 44 ; *roman à clé* donc *Armance* comme le note A. Hoog dans sa préface de l'édition Folio, en relevant que *Le Mariage de raison* est une histoire à clé et que le destin d'Octave dépend de la confidence surprise en allant chercher la clé du serre-papier.

il laisser lire en lui et montrer le fond de son âme ? On sait comment le roman entier parcourt les diverses formes de l'aveu[1] : à Mme de Bonnivet, Octave promet un premier aveu mi-plaisant, mi-sérieux, qui ne compromet que son statut « métaphysique » aux yeux des tenants de la nouvelle foi ; vient ensuite le faux aveu d'Armance destiné à la séparer à jamais d'Octave, les confidences-aveux qu'il lui fait pourtant tout le long de la première partie, le grand aveu d'Octave blessé, bientôt convaincu qu'il peut aller au-delà encore, et révéler « les choses les plus étranges » sur son compte avec la certitude d'être plaint et compris ; les faux aveux donnés en guise d'épreuve ; le vrai aveu commencé et tournant court sur le mot « monstre » ; la promesse d'Octave d'en venir à son heure à cette « parole fatale » ; Octave confirmé par son ami dans son projet d'écrire ; la « lettre fatale » retenue au dernier moment par le subterfuge du Commandeur ; le dessein de mourir après le mariage faute d'avoir avoué auparavant ; l'ultime intention de donner la lettre que vient arrêter la présence dans la poche d'Octave de la fausse lettre. Enfin, l'aveu d'outre-tombe : Octave aura dit ce qu'il est quand il ne sera plus. Difficilement, il pouvait être et parler : c'est bien la preuve qu'il n'est pas vraiment dans le langage ou le réel. Encore l'échec de l'aveu est-il lourd de significations complexes. Faut-il n'y voir que l'embarras d'une confidence délicate, ou plus profondément l'impuissance à avouer consacre-t-elle l'impuissance elle-même, soit comme « symptôme » d'une peur insurmontable et d'une mésestime incurable de soi, soit comme dérobade ultime à la communication qui, mettant l'autre de plain-pied avec lui-même, confirmerait Octave dans sa confiance en lui et dans les autres, et le conduirait à aimer[2] ? Pour Stendhal, selon la lettre à Mérimée, « le babilanisme rend timide, autrement rien de mieux que l'aveu »[3] ; l'impuissance donc est inavouable, elle ôte la force de dire

---

1. P. 63 ; p. 78 et p. 98 ; p. 140 ; p. 149 ; p. 152 ; p. 174 ; p. 177 ; p. 178-179 ; p. 182-183 ; p. 187.
2. Cf. S. Felman, p. 189 et p. 192-193, sur l'aveu comme forme de pardon ou d'acceptation d'autrui ; mais la faute inexistante sert à demander et à empêcher le pardon.
3. P. 191, « je ferais un bel aveu, on me dirait, qu'importe », mais « le vrai Babilan doit se tuer pour ne pas avoir l'embarras de faire un aveu » ; ce qui au fond implique qu'une blessure d'amour-propre, celle d'avouer, ou plus généralement celle de parler, est moins grave que la mort.

qu'elle est, et se révèle aux yeux de l'analyste par l'impossibilité d'Octave de finir sa phrase, d'envoyer sa lettre, par
l'esquive et le renvoi incessant de l'aveu qui constituent l'argument du roman.

Mais le problème est que Stendhal ici se plaît à dénuder
son personnage, alors que son œuvre demeure singulièrement
habillée, et que le lecteur, on le sait, peut parfaitement passer
à côté de la donnée cachée du personnage et ne pas saisir les
signaux de l'auteur. Il n'est donc pas inexact que l'impuissance à parler peut définir une conduite globale, un mal, plus
large que le babilanisme, dont ce dernier est une
conséquence, ou un symptôme. Ou du moins que silence et
impuissance ont des relations d'analogie et non de cause à
effet. L'équivoque maintenue par le romancier déplace l'intérêt de la chose à avouer vers le fait de l'aveu, vers un drame
du silence, du secret, sinon du remords byronien, bref du
héros séparé métaphysiquement et humainement. Qu'un instant Octave sente la « chaleur »[1] du corps d'Armance, cet être
de glace et de rétraction s'« attendrit », et comme réchauffé,
il peut parler. En ce sens, le silence le définit : ceci pour deux
raisons. Muet, il est indéterminé : peu importe le secret, vrai
ou faux, petit secret sexuel, grand secret philosophique,
épine dans sa chair, ou dans son âme ; récidiviste du fiasco
ou personnage démoniaque qui n'« a pas d'âme » comme un
héros de légende, l'essentiel est que le secret soit son être, ou
son absence d'être, que le personnage se referme sur un non-
dit, ou un non-dicible, en tout cas sur une zone interdite au
discours ; tout ce qu'on imagine, comme Armance devant les
aveux tronqués d'Octave, ne peut que cerner en lui une puissance indéterminée, peut-être infinie, de négation ; s'agit-il
du mal qu'il a fait, du mal qu'il imagine, du mal qu'il se fait
par ses scrupules, on ne le sait pas, on ne peut pas le savoir,
car une fois *dit*, le personnage ne serait que ce qu'il aurait
dit, sa parole l'appauvrirait, et lui ôterait sa valeur de
« monstre », d'anomalie absolue, d'être né pour la guerre,
le mal et le désespoir. L'aveu qui certes aurait valeur de
pardon, et de retour à l'humain, ou sur le plan du récit,
le ferait pencher dangereusement vers le vulgaire ou l'in-
décent, lui interdirait d'être une totalité close, une réserve

1. P. 175.

de sens, un excédent silencieux, qui refuse le langage et les normes, ce « fou par excès d'orgueil »[1], visiteur muet et absent parmi les hommes, dont il déjoue la prise et les définitions.

Mais aussi on pourrait dire qu'Octave n'avoue pas parce qu'il veut avouer : l'aveu est impossible dès lors qu'il est l'ouverture totale et dernière à un autre. Mais cet autre moi à qui il serait possible de « tout dire », de confier la vérité de son être, est supposé si identique au moi que la parole serait sûre de son effet, que le moi se retrouverait dans l'autre. Qui serait le même que le moi, ou son reflet. Or, le moindre écart, ou le moindre soupçon de l'écart dérange la parfaite communauté d'Armance et d'Octave ; il lui faudrait comme vis-à-vis, comme « répondant » « un être au-dessus de l'humanité »[2] ; l'ajustement des consciences et des paroles qu'il faudrait pour que l'aveu puisse avoir lieu garantirait à l'avance à Octave qu'il serait compris par Armance, ou si l'on veut compris *dans* Armance[3]. Ce qui permet l'aveu est ce qui l'empêche ; il faudrait qu'Armance fût l'autre, et le double d'Octave. L'impasse est complète : pour qu'il eût confiance en soi, il faudrait qu'il ait une confiance absolue dans l'autre. L'aveu qui le libérerait assure aussi sa dépendance et sa passivité ; dans l'entreprise même d'avouer il révèle qu'il n'a pas assez de « moi » ou d'égoïsme, ou de cynisme ; c'est sans doute ce que dit crûment la lettre à Mérimée : le « babilan » marié n'eût pas fait tant d'histoires et eût dans le mariage trouvé un accommodement avec la nature et le sentiment. Mais Octave ne se résigne pas à être opaque comme un *autre* ; aussi l'est-il, et plus gravement, par un « renversement des effets », analogue à celui de Brulard, que la présence des êtres qu'il

1. Dit par Armance à Octave, p. 144 ; voir Brombert, *Freedom*, p. 54, sur le drame du scrupule dans le roman, ou la crainte de perdre son estime et celle des autres (en somme d'être pécheur), qui fait du roman « *a choreography of pride* ».
2. P. 183 ; p. 174 ; « je vous parlerai comme à moi-même » ; sur le « miroir » où Octave cherche à se voir dans autrui, cf. S. Felman, p. 183 et p. 193.
3. Quand Octave ouvre son aveu, p. 174, c'est en « se tournant vers elle et la regardant fixement, non plus comme un amant, mais de façon à voir ce qu'elle allait penser » ; signe de méfiance, de perte d'amour, de redécouverte dans Armance d'un *autre* comme les autres, signe d'un désir d'écho et de reflet, ou du désir d'être sûr de son effet.

respectait rendait immobile, stupide et « muet »[1] : il n'avait plus de *moi* ; alors toute parole est impossible, elle est insignifiante relativement à ce qu'il faudrait dire, la communication meurt par excès, elle s'en tient à cette virtualité illimitée d'une puissance qui ne tombe jamais dans l'acte, ou dans le désir actuel, ou qui préfère à la mutilation du fractionnement et du fait, l'autodestruction de l'impuissance et du suicide.

Le cas de Julien en donne une confirmation. Son problème est aussi de trouver sa parole, de se situer dans le langage, d'accepter le lien du langage, et le pacte de vérité qu'il implique. Lui aussi est intentionnellement un muet : « le désir secret qu'on ne lui adressât pas la parole... était trop évident »[2]... Son intransigeant mépris du débat est tel qu'on le voit à la fin refuser de négocier sa fuite dans un « long colloque »[3], comme de disputer sa tête aux juges en discutant ou en plaidant. Lui aussi tient hors langage son secret, certes moins farouchement qu'Octave puisque les parfois de mentir, il s'en ouvre aux femmes qu'il aime ; secret d'ailleurs aussi ambigu car il porte au-delà de ses projets de parvenir et de son incrédulité, sur un dessein plus profond de mentir, c'est-à-dire de défier et de bafouer les valeurs et les normes des hommes. Différent d'Octave, il n'hésite pas entre le silence et l'aveu ; il a décidé plutôt de n'user du langage que comme d'une fausse monnaie[4] : il prétend ne lui concéder aucun aveu, le manipuler comme un dehors entièrement faux et voulu, le truquer jusqu'à lui retirer sa fonction de communication ou de mise en rapport réciproque. Il veut bien parler, mais à condition de ne pas être lié par ce qu'il dit, ni à ce qu'il dit, de se dissocier de son langage, et de dissocier le langage de toute vérité, comme de toute réciprocité. Son héroïsme est un héroïsme du faux : il fait le pari de ne tenir qu'un discours vide et trompeur, une logorrhée mystificatrice propre à séduire autrui, et dont il ne serait que le porte-parole indifférent et rusé. En ce sens son hypocrisie relève d'une sorte de pathologie du verbe : comment peut-on indéfiniment mentir ou cacher, se soustraire au pacte du langage, parler comme si on n'était

1. *O.I.*, p. 52.
2. *RetN*, p. 197.
3. P. 456.
4. Ce qu'il est dès les premières pages sur les « ménagements savants » des rusés de province et les négociations acharnées (p. 9 et p. 21).

pas dans les mots que l'on dit ? On le verra donc se rallier aux pratiques du bavardage provincial, aux « ménagements savants » qui noient le point dans la parlerie, parvenir avec le sous-préfet de Verrières[1] au gonflement d'une éloquence complètement vide, indéfiniment balancée et renouvelée, kaléidoscope toujours mobile de formules et de lieux communs, flot de mots qui ne disent rien, ou filer les « phrases » et fuir les points délicats dans d'intempérantes diversions verbales. Son talent, auquel Stendhal rend hommage, est de « trouver les mots qu'eût employés un jeune séminariste fervent... d'inventer correctement les paroles d'une hypocrisie cauteleuse et prudente »[2]. Plus souvent il est vrai, il préfère se fier au mécanisme verbal le plus simple : le par cœur est son domaine et sa force. Il ne prend même plus la peine avec ses dupes de fabriquer un discours : ce serait encore trop de présence du discours en lui, ou de lui dans le discours. Ses propos, il les veut de pure mémoire, de pur emprunt, ne mobilisant qu'une prodigieuse puissance de mnémotechnique et de répétition[3]. C'est le genre de mérite que Verrières est capable de comprendre : il y règne le culte de la récitation, forme visible du conformisme absolu ; la gloire de Julien, qui a « frappé les habitants de Verrières d'une admiration qui durera peut-être un siècle »[4], est due à son inexorable mémoire. C'est à elle qu'il demande la maîtrise de soi et de sa parole : s'il peut prendre appui sur un texte tout fait, fût-ce Maistre, ou Rousseau, ou Molière[5], il prend confiance en soi, il s'établit dans la parole par rapport à une parole qui ne serait pas du tout la sienne. Ainsi fait-il rituellement en

1. P. 137-138, « mandement » comparé au discours d'un « ministre éloquent » en fin de séance qui veut gagner du temps, suivi d'une lettre de 9 pages et d'un nouveau discours à Valenod ; avec l'abbé Pirard pour l'incident Amanda, p. 183 ; avec Mme de Fervaques, et son « abominable » fausseté, p. 413.
2. P. 45-46.
3. Cf. p. 20 ; p. 23 ; p. 32 ; p. 140-141 ; p. 187 ; p. 252 ; p. 369-375 pour la note secrète ; le père Sorel (p. 15) ne pratique pas autrement et récite au maire « toutes les formules de respect qu'il savait par cœur » ; encore p. 22.
4. P. 78.
5. P. 173 ; p. 323 ; p. 434-436 ; voir p. 427 sur le faux aveu à Mathilde où il désavoue comme « phrases » faites jadis pour une autre les propos vrais tenus un instant auparavant.

amour[1] où ses déclarations ne sont d'abord que des déclamations de passages connus.

Il lui revient à lui aussi de découvrir la parole : qu'il demeure à Paris surtout prudent dans ses avances, avare de mots, et méfiant à l'égard de l'indiscrétion que constitue la parole ou l'écrit[2], il n'empêche qu'il lui faut apprendre à parler, parvenir jusqu'à « l'esprit », à l'élégance indifférente et souveraine du dandy qui joue avec la parole, parvenir au juste équilibre de la tactique et de la sincérité ou de la rhétorique et de la spontanéité auquel il devra la reconquête de ses maîtresses. Bref, le romancier pourra dire le jour où il est décoré : « il parla beaucoup plus »[3]. Enfin, maître d'une éloquence qu'il subissait sans la dominer : ainsi dans la scène de la main saisie, soudain « il parla », inspiré par une étrange parole qui lui vient subitement ; il parle, mais il ne pourrait pas « dire le mot le plus simple » à Mme de Rênal[4]. Tant il est vrai que le silence est ambigu, et qu'il se saisit d'un homme dont l'amour-propre inquiet redoute l'accueil qu'on lui fera, l'hiatus entre demande et réplique, la différence entre sa perfection et sa réalité, comme d'un homme qui est au-delà de la communication et des conflits avec les autres. Julien doit donc trouver sa parole, poser sa voix, c'est-à-dire sa personne, et évoluer d'un silence né du ressentiment, à un silence vrai qui le met non en deçà des autres, mais au-delà. De l'un à l'autre, le chemin passe par une libération du langage. Au début, il hésite entre une parole complètement truquée, et une parole si authentique qu'il se tait faute de la découvrir ; le silence n'est alors que le négatif d'une parole qui serait pleine de lui et égale à la merveille qu'il est. Ainsi, avec Mme de Rênal : on nous spécifie que Julien en tête à tête avec elle se morfond dans un silence, dont il est humilié « comme si c'eût été son tort particulier »[5] ; il ne dit rien, ou rien qui vaille parce qu'il veut trop dire, trop briller, répondre aux idées chimériques et « espagnoles » sur

---

1. P. 88 ; p. 164 ; p. 340.
2. Par crainte des espions au séminaire (p. 188), du ridicule à Paris (p. 239), des rebuffades et des humiliations (p. 263 ; p. 313).
3. P. 278.
4. P. 54 ; mais il est inspiré par la présence de Mathilde quand il tient des propos fort étranges à Mme de Fervaques, p. 408-409 ; comme prophète « inspiré par Michel-Ange », et pour terrifier Mathilde, p. 297-298.
5. P. 42-43.

« ce qu'un homme doit dire quand il est seul avec une femme ». L'idéal de perfection inattaquable qu'il veut présenter ne saurait être contenu ou aventuré dans une parole ; tout discours est faible relativement au discours absolu qu'il devrait tenir. « Son âme » est « dans les nues » ou dans l'image parfaite de soi, et son être, son corps patauge dans la réalité, c'est-à-dire dans le silence de l'orgueil noué sur lui-même. Impossible de se quitter, de délaisser son image, pour parler, et n'être que ce qu'il peut dire. Ce silence en effet se rompt pour de brefs éclairs de sincérité, des moments d'aveu du fond du cœur, où la parole jaillit immodérée, avec une confiance si grande dans sa réception qu'elle ne manque pas de créer en face la même ouverture de cœur dont elle procède ; alors les âmes, bon gré, mal gré, se parlent et s'ajustent. Mais cette parole intempérante qui lui est comme dérobée par le ravissement d'une communauté parfaite des cœurs, est aussi sa faiblesse, quand l'interlocuteur qui a flatté sa faconde, et feint de s'y accorder lui tend un piège, et se retire brutalement (ainsi l'examen au séminaire[1]), ou quand Julien tout entier à sa conviction oublie qu'elle n'est rien, ou pire que rien, s'il ne pratique pas un effort de persuasion ; ainsi avec Mathilde, quand « éperdu d'amour et de malheur » il ne songe plus qu'à libérer sa douleur et sa prière, « du ton le plus tendre et qui venait de l'âme »[2], à s'appuyer sur son amour pour demander à être aimé. Ce sont alors des gaucheries ou des stupidités dont Stendhal avertit son héros, tout en lui montrant pour le corriger ce qu'il eût gagné à savoir maîtriser sa parole et à se tenir relativement à elle à plus de distance.

La parole ne doit pas seulement dire ce qu'on est, elle doit tendre à un effet, produire cet effet chez l'autre, et ne pas se fonder sur la magie d'une contagion. Elle est oblique puisque les êtres sont séparés et différents. Elle agit en vue de la vérité, au lieu de se fier au pouvoir pur de cette vérité[3]. Elle crée, même au prix d'une tromperie, l'accord terminal des âmes, elle n'est pas leur mise en miroir, leur dévoilement subit et

1. P. 199.
2. P. 346 ; même épisode, p. 352 ; p. 365 ; p. 401 ; p. 351 ; même quand il est rassuré sur les sentiments de Mathilde, il redoute encore « le son de sa voix » trop chargée d'émotion, p. 424.
3. Ce qui est sa nature rhétorique fondamentale.

passif ; apprendre à faire du langage une action, avec ce que cela comporte de compromissions dans l'intention et les médiations nécessaires, c'est ce que le héros stendhalien doit se résoudre à faire : cette « hypocrisie » implique que la parole engendre la rencontre et ne la suppose pas déjà faite. La rhétorique séductrice (dont les lettres russes sont la caricature mécanique), place la vérité et la sincérité dans l'échange ou à son terme, loin de tendre à supprimer le commerce des mots par la foudroyante reconnaissance des âmes dans l'instant d'une coïncidence tout acquise. Julien par ce bon usage de l'hypocrisie et des mots, est plus près de la vérité qu'Octave avec son désir de l'impossible aveu, où l'on peut voir justement l'impatience du langage. Il conditionne l'être de l'homme tant qu'il est au « monde », à la conquête et au désir. L'aveu voudrait consumer le langage et non le consommer.

Au contraire, Julien découvre qu'il faut en tout de « l'art », ou du discours. C'est la même chose. Que l'on reprenne l'exemple de la reconquête de Mme de Rênal[1], Julien éperdu commence comme avec Mathilde à invoquer comme argument et comme titre, le fait qu'il n'est plus aimé : « Quoi ! est-il possible que vous n'aimiez plus, dit-il, avec un de ces accents du cœur si difficiles à écouter de sang-froid. » Il est alors fort de son bon cœur, de son chagrin et de son désir ; mais la conviction subjective et solitaire pleure et ne parle pas ; il lui faut rompre avec elle-même, aller vers autrui, plaider sa cause en admettant que sa vérité totale a moins d'importance que la vérité relative qu'il doit faire partager ; que l'amour n'est pas ce qu'on ressent pour soi, mais ce qu'on fait ressentir à l'autre. Julien enfin parle : « daignez me dire ce qui vous est arrivé » ; dès lors et non sans ironie Stendhal montre comment les accidents fortuits d'un dialogue retentissent profondément sur la « position morale » des protagonistes ; le hasard des mots crée la vérité ou y ramène. Tout arrive, quand on parle : parce que Julien et Mme de Rênal doivent éclaircir le problème des 500 francs, « sans le savoir », ils sont pris par le dialogue, et définis par le mouvement ; Julien peut serrer de son bras son amie, et profiter de la diversion de son discours pour s'assurer de cette position. Il use donc

---

1. Cf. p. 216-219 : « ainsi obtenus avec art ce ne fut qu'un plaisir ».

de son récit, le fait durer intentionnellement, surprend Mme de Rênal par la révélation de son départ pour Paris, et produit enfin le coup de théâtre de son faux départ. Le discours relève d'un certain cynisme, dans lequel à coup sûr, si on le compare à Fabrice et à sa prédication entreprise dans les mêmes fins que cette « scène », Julien force la dose au grand détriment de son bonheur. Le partage du discours et de la sincérité se fait encore ici au profit du discours. L'essentiel est sans doute que la blessure de ne pas être reçu selon ses souhaits, et de ne pas être aimé comme il aime, soit surmontée par la parole, qui tout en laissant à elle-même cette part du moi désastreusement génératrice de mensonge et d'hypocrisie, mais aussi qu'aucune communication ne peut absorber ni abolir, tend au-delà du calcul de la feinte provisoire et technique, à restituer l'harmonie perdue.

Mais dans la fin du roman, la parole meurt : la violence et le crime lui succèdent, ou la remplacent. Au besoin de vérité et d'accord, que la parole manifeste, succède le silence renforcé du méchant. Le coup de pistolet et ses suites ramènent Julien à la guerre générale contre les hommes, donc au silence. Séparé par le crime, et la réprobation, Julien, de lui-même, ajoute la séparation du silence absolu ; l'homme radicalement autre est une volonté muette et absolue. Aussi comme il refuse de jouer le jeu de l'accusé, il refuse de jouer le jeu d'une défense, maintenant ou plus tard ; le silence qu'il s'ordonne et qu'il commande à Mathilde définit la non-réciprocité totale qui doit être son lot. Il n'est pas dans le langage des hommes, il ne doit pas y être posthume, les autres n'ont rien à lui dire, rien à dire de lui ; il aura passé sans traces dans un monde étranger ; tel est le sens de la lettre à Mathilde[1] où il reprend à son compte la parole de Iago qui est la parole du criminel cohérent et irréconciliable ; le mal ne se dit pas : sans quoi il devient l'annexe du bien. Julien ne parlera pas, il ne veut pas qu'on parle de lui, « le silence est la seule façon de m'honorer... vous prendrez un faux nom et vous n'aurez pas de confident ». Même la vengeance du scandale posthume serait une participation aux intérêts

---

1. P. 453 ; lui-même s'interdit « d'écrire et de prononcer votre nom » ; cf. Brice Parain, *Recherches*, p. 87, « nul ne vit sans écouter ni répondre » ; en ce sens l'*opinion* ne peut être fuie ou méprisée.

humains... « Ne m'écrivez point, je ne répondrais pas... On ne
me verra ni parler ni écrire... » Mais sans doute le roman
démontre, comme le fera *Crime et Châtiment*, qu'on ne peut
toujours mentir, ou se taire, qu'on ne soutient pas sans fin le
projet d'être en dehors des humains. Car Julien va parler,
retrouver la parole[1], et avec elle l'accord ; pour qu'il
parvienne enfin à l'état « poétique », où il meurt, qui sans
doute n'est pas différent du renoncement du contemplatif, et
qui est le vrai silence, le silence au-delà de la parole et non en
deçà, il faut qu'il ait parlé, aux hommes pour les défier, à lui-
même pour y voir clair, à Mme de Rênal pour trouver enfin
une relation parfaite de transparence. Il ne peut se taire
qu'après s'être livré, être passé aux aveux grâce à une sorte
de libération de sa parole. Le silence doit dépasser, contenir
ce qu'on a dit, et non s'installer avant la parole. Acceptant
d'avoir parlé, d'avoir été présent dans le langage, le personnage révolté a infléchi sa révolte et composé avec sa qualité
d'homme pour la part qu'il en assumait. Pour que la *séparation* ait quelque valeur de générosité, il faut avoir eu des semblables.

---

1. P. 482, aux jurés, il « dit tout ce qu'il avait sur le cœur » ; à Mme de
Rênal, p. 492, « je te parle comme je me parle à moi-même » ; p. 453,
« malheureusement mon nom paraîtra dans les journaux et je ne puis
m'échapper de ce monde incognito » ; sur le prêtre qui « à chaque instant
répète mon nom », p. 493.

CHAPITRE VIII

Recours à la rhétorique mondaine

Veut-on savoir sans plus attendre comment Beyle lui-même a vaincu cette inhibition du langage ? Ce n'est pas lui qui aurait abdiqué de toute prétention au succès mondain, et admis comme définitives ses maladresses et ses échecs ; s'il conteste le « monde », c'est en y restant présent et dominant. Sa gloire, pour beaucoup, comme Sainte-Beuve, se réduisit à avoir été « homme d'esprit », c'est-à-dire un causeur et un conteur. Et de fait, c'est par là que dans sa jeunesse, il a su ressaisir sa parole, et l'imposer aux autres. La parole le sauvait de la timidité, et de lui-même ; il lui suffisait de la diriger, de la maîtriser, d'apprendre enfin à parler au lieu de se parler. Il était moins lui-même et plus lui-même en calculant froidement son discours : son expérience est analogue à celle de ses héros, et c'est par l'apprentissage de l'*art*[1] de conter qu'il a esquivé ce tragique du langage et vaincu l'appréhension de parler. Apprentissage nous le disons bien d'un *art*, d'une littérature embryonnaire, et le remarquable c'est que la littérature même sous cette forme élémentaire peut seule dénouer absolument la crise des mots. Le langage est moins criticable dès lors qu'il est l'objet d'une certaine discipline.

Les rapports de Stendhal avec l'*esprit*, c'est-à-dire pour l'essentiel l'esprit de conversation et l'art de briller dans le monde sont ambigus : parti de la révolte contre la domestication sociale, comment n'aurait-il pas renié cet art de plaire,

---

1. C'est l'*esprit* qui est immoral car il se moque de tout, et aussi au sens de Nietzsche parce qu'il est une « forme », ou le primat d'une forme sur la vérité.

cette technique de séduction, le culte tout français de l'entretien amusant, si violemment stigmatisé comme esprit de vaudeville, où triomphe l'antibeylisme ? En 1818 encore, l'« esprit » était « le bloc, la butte de mes mépris »[1] ; il n'aurait entrepris à en croire l'Égotiste et Brulard de réussir en ce domaine qu'après ses échecs amoureux de Milan et de « San Remo »[2], et à des fins de camouflage. Auparavant, « je me taisais par paresse » : c'est bien dire que pour Stendhal la parole est « esprit », que l'art de parler c'est l'art de briller, d'éblouir, sinon de « stendhaliser » les cercles fascinés, que le beyliste accède à la virtuosité et à la célébrité en ce domaine, du jour où sa parole se dénouant, et se dénouant d'autant plus qu'elle doit servir de diversion et de masque à un moi désespéré[3], et d'arme aussi à un moi humilié, il renonce à tout contrôle sur elle. Alors inversant son silence initial, et déchaînant le désir illimité de parler et de faire « effet » qu'il masquait, il se livre à la « furie »[4] selon son mot, de son improvisation, à l'ivresse d'une parole immodérée, qui captive de son succès, et poussée en avant par la stupeur des auditeurs tout pantois de tant de verve, joue librement d'elle-même, multiplie les épigrammes « arrivées en foule », les « sophismes » désarmants, les mots péremptoires, ou profonds, dont l'effet d'ébranlement ou de blessure le surprend tout le premier. Si l'« esprit » souffle alors, avec cette audace imprévisible qui suffirait à le définir, c'est malgré lui, malgré les auditeurs, qui subissent jusqu'au « mal de tête »[5], ou aux froissements mortels de vanité, une parole sur laquelle il n'a pas de pouvoir. En fait, quelque importante que soit la date « officielle » de l'esprit, 1821 ou 1826, on doit dire que

1. *SE*, p. 12.
2. *SE*, p. 96 ; p. 102 ; *HB*, I, p. 23.
3. Même épisode pour Lucien, *LL*, P., p. 952 ; l'esprit on le sait devient pour le consul vieillissant hors des zones où il règne un *besoin* et une privation insupportable : *HB*, I, p. 22 ; p. 79 ; *C*, IX, p. 8 ; sa conception de l'*esprit naturel* (cf. G. Blin, *Personnalité*, p. 328-329) fait de l'esprit une forme d'inspiration comme le montre le cas de Roizand (*PS*, p. 85 ; *O.I*, p. 667-669).
4. *HB*, I, p. 466 et II, p.379, le texte de Colomb où il fait dire à Stendhal : « je suis dominé par une furie, quand elle souffle je me précipiterais dans un gouffre avec plaisir, avec délices... » ; de même *HB*, I, p. 314, sur l'évidence du *mot* et l'insouciance totale de sa portée.
5. *O.I*, p. 394 ; sur la prophétie de l'esprit ne trouvant plus de refuge que dans le « demi-monde », *ibid.*, p. 395.

Stendhal n'a jamais cessé au moins d'y prétendre[1]. Que la démarche qui l'y conduit, et doit assurer sa présence éclatante dans « le monde », participe à ce grand mouvement de retour aux valeurs refusées, de correction de l'attitude de négativiste ; avoir de l'esprit, et de l'esprit français, selon les grands modèles du siècle précédent, les Duclos, les Voltaire, les Rivarol, c'est participer aux valeurs toutes sociales d'amusement réciproque, d'ajustement mutuel des esprits, et des âmes où se fonde le très classique art de plaire ; être soi, c'est être aux autres, dans le lien et la dépendance, ou la rencontre des vanités.

Or, des premiers textes de Beyle jusqu'à la reconnaissance romanesque de l'*esprit* qui pour le duc de Montenotte[2], est avec « le courage au feu », la seule « denrée » que l'hypocrisie ne puisse dénaturer, ou qui pour Lamiel est jusqu'à la révélation de l'amour le seul plaisir réel, la chaîne est continue[3]. Les modalités d'acquisition de l'*esprit*, la nature du sien, qu'il s'inquiète un peu déjà de trouver « effrayant » pour les autres, sont l'un des soucis essentiels de l'intimiste, qui convaincu que l'« œuvre de génie, c'est le sens de la conversation »[4] ou que tout l'homme aimable se résume à « l'art de conter » et de ne jamais se mettre en avant, art qui conditionne toute réussite dans la société, peut saluer comme une date de sa vie ce premier janvier 1806[5] où, à la suite d'une lecture de Diderot, il se félicite de pouvoir enfin définir pour lui-même l'esprit ; il avoue alors qu'il n'a pu antérieurement « le regarder » pour l'avoir selon un de ses effets ordinaires « trop respecté ». Parce qu'il le jugeait trop loin de lui, il le méprisait et le vénérait : en tout cas il n'en avait pas ; maintenant, dit-il, « que je suis un peu moins incertain qu'on m'en accorde un peu », et que s'estompe le refus par infériorité et ressentiment, il peut en formuler les lois. Mais antérieu-

---

1. Sur sa fascination par M. de Baure, *O.I*, p. 659 ; sur le composé d'une Napolitaine et de l'esprit de Voltaire, *RNF*, II, p. 209.
2. *RetV*, p. 99.
3. Éd. R, p. 131 et p. 97.
4. *O.I*, p. 686.
5. *O.I*, p. 765-766 ; *FN*, I, p. 106, sur le succès en société et l'homme aimable dont tout le savoir-faire est « dans l'art de conter et de ne parler jamais de soi » ; cf. sur l'*esprit*, *C*, III, p. 117 ; *O.I*, p. 636 ; p. 648 ; p. 693 ; p. 949 ; *C*, I, p. 98.

rement, et en pleine contradiction avec ses principes, il avait saisi que l'*esprit* ne relevait d'abord que de l'imitation, et en second lieu de l'invention. N'y accédaient selon lui que ceux qui disposaient d'un « bon fonds de conversation comique » tout fait, qui bien au fait de « tous les esprits appris »[1], bons connaisseurs des traits, bons mots, anecdotes, calembours même, se donnaient ainsi le « droit de les mépriser et de n'être point ébloui » ; la nature ici requiert l'art et le métier ; l'art de l'entretien semble tout ce qui reste de vivant du classicisme. Aussi Beyle veut-il dérober toujours le secret des causeurs brillants qu'il voit[2], par exemple de Dugazon qui autant qu'un acteur, est pour lui un spécialiste du sketch (qui lui révèle par ses bonnes histoires le comique bien mieux peut-être que la grande comédie canonique), et aussi l'art de parler avec intrépidité, de conquérir l'assurance en parlant. Aussi se propose-t-il de noter ses contes et de les apprendre : « rien de plus facile que d'en faire dans ce genre-là ». Ou bien il s'ordonne de faire provision d'anecdotes[3] et de viser à marcher de pair avec les grands modèles, Grammont, Lesage, Beaumarchais, Chamfort, Voltaire. Mais qu'il oppose cette forme de présence verbale parmi les autres, à la « *tenerezza alla Rousseau* », au « feu » juvénile, au « génie des passions », au génie propre à l'écrivain qui vise la postérité et non les « cercles » de ses contemporains, il sent bien de toute façon que l'*esprit* ainsi conçu n'est plus une communication totalement spontanée, ni totalement authentique ; c'est une parole pour les autres, qui travaille à un certain effet (« n'aie qu'un but », se dit-il, « produire le rire »), qui joue de ses pouvoirs selon une certaine tactique, et qui ne relève pas d'une vérité initiale jaillissante mais d'une vérité terminale et

1. *O.I*, p. 730 ; de même p. 717, « écrire les contes et les apprendre » ; *C*, I, p. 328 ; *C*, I, p. 121-123 ; *FN*, I, p. 187 ; cf. *O.I*, p. 285 sur son ami Crozet qui avait « cette audace mêlée de timidité nécessaire pour briller dans un salon de Paris... il s'animait en parlant » ; or Hérault de Séchelles (*Ambition*, IX, n° 1) avait dit que la « progression oratoire » était une « orgueilleuse timidité ».

2. Ou Fleury, *O.I*, p. 713 ; surtout Dugazon, *ibid.*, p. 717-718 ; voir sur ses talents, Arbelet, *Stendhal au pays des comédiennes*, p. 107 et sq., qui le décrit comme un authentique Scapin viveur et débridé.

3. *O.I*, p. 729 ; *C*, I, p. 98 ; I, p. 353 ; sur la différence entre l'esprit « et le génie des passions », *O.I*, p. 710, p. 714, p. 707, où Stendhal distingue bien « le feu de jeune homme », la verve *brillante*, du vrai esprit.

intersubjective ; une plaisanterie ne dit rien, elle est tout entière dans le fait de la dire, dans son résultat, elle *est* une fois intelligible, alors elle est *faite* ; l'esprit c'est la rencontre des esprits, qui ne se produit que par la parole et en elle. Certes Beyle maintient que l'esprit, une fois que l'on a maîtrisé tous « les esprits appris »[1], ne résulte que du génie singulier, que du moi qui *hic et nunc* doit inventer librement ; ce ne serait encore que le jaillissement inspiré et neuf d'un moi qui dévoilerait ses fantaisies et ses pointes : « travaillez votre caractère et dites dans chaque occasion ce que vous pensez » ; l'*esprit*, c'est la sincérité brute de la pensée, qui ne se communique qu'à ceux qui ont « une âme très sensible ou infiniment d'esprit ».

Soit, mais l'élément essentiel d'une mise en scène qui ait l'autre pour fin, la prise en considération de la parole en fonction de son effet réel, et non voulu, qui déchire la suffisance du moi absolu, et l'illusion que l'authenticité interne suffise à *faire* la vérité, le rôle de l'*esprit*, en particulier du conte comme entreprise de séduction (toute femme qui rit est « eue » inexorablement)[2] où l'autre est flatté, ou distrait, en tout cas reconnaissant du plaisir qu'on lui donne, tous ces points sont d'évidence et de nécessité, à mesure que Beyle pactise avec le social et se convainc qu'il ne peut faire fi du rôle propre et créateur de la parole. Être tout entier à soi, ou à une communication parfaite, avec autrui ou les chimères du moi propre, comme dans l'émotion musicale, c'est renoncer à toute figure dans le monde. Ainsi le *Mocenigo*, identifié cette fois à l'âme pure et rêveuse, « s'ennuie de raconter », car silencieusement et solitairement, « son âme joue et jouit »[3]. Au contraire, dans l'échelle des valeurs stendhaliennes, l'esprit est le propre du xviiie siècle, de la « bonne compagnie », du Français, qui porte dans l'appréciation d'« un bon mot », d'« une repartie ingénieuse », tout le feu, toute l'« abondance » dont il est privé dans le débat sur les arts, car pour lui c'est l'art par excellence, où sa vanité triomphe doublement, dans le rire qu'il déclenche, dans la

---

1. *O.I*, p. 668 ; et ainsi conçu l'esprit est justement le *naturel*.
2. *De l'A*, p. 359-361 ; or, « je conte bien, il ne me manque plus que de m'appliquer à savoir des anecdotes... ».
3. *O.I*, p. 1262.

finesse critique portant sur le rire lui-même[1]. Un Français
fait de l'esprit avec lui-même[2], alors que l'Italien, parce qu'il
se livre à l'émotion pure, et qu'il est par là inapte à ce « degré
d'éveil où il faut se tenir pour renvoyer la balle »[3] dans un
dialogue brillant, ne parle que de ce qui l'intéresse et ne
cherche pas à créer de l'intérêt par les mouvements du langage ; ce point, que l'Italien ignore le « trait », l'art du *mot*, la
« grâce de l'expression », le « piquant des réticences », la
bonne technique du récit, qu'il plaisante lourdement et sans
goût[4] est un dogme stendhalien, propre à organiser le clivage
des « sociétés » que séparent les Alpes. Mme de Staël[5] pour qui
la conversation et la plaisanterie françaises jouent le même
rôle de repoussoir passéiste, a justifié les Allemands d'ignorer l'esprit comme les jouissances à dominante sociale. Les
valeurs du cœur et de la bonne foi ne sont pas conciliables
avec l'usage moqueur de la parole, c'est-à-dire avec un usage
formaliste des mots. Dans l'esprit il y a de la sophistique et
de la rhétorique ; il subordonne la chose au langage : ainsi
l'Italien, homme de passion, n'apprécie dans la parole que la
substance ou le contenu : les mots qui font rire de tout sont
au contraire une usurpation de la forme sur le fond. Dans un
conte l'Italien verra « ce qu'il prouve »[6], non l'arrangement
comique ; il ne comprend pas vite, car il ne songe qu'à « la
chose qui l'intéresse », il veut de la *clarté* (qualité du fond
requise par l'émotion de l'auditeur) non du *piquant* (qualité
de la forme qui excite l'esprit) ; un récit l'intéresse suffisamment pour qu'on le lui répète ; la surprise dramatique n'est
rien pour lui. S'il parle, il est éloquent[7], intarissable, fidèle à

1. *O.I*, p. 1319 ; *VHMM*, p. 387 ; sur l'esprit, invention inquiétante du
classique : *HP*, II, p. 400 ; *VR*, I, p. 283 ; même les saintes du Nord ont le
sang-froid de l'esprit.
2. Même un paysan : *RNF 17*, p. 138 ; et cela par la vanité.
3. *RNF*, I, p. 240.
4. Cf. *O.I*, p. 1155 ; p. 1132 ; *Molière*, p. 315 ; *Italie*, p. 357 ; mais
PR, II, p. 242, sur le succès d'une plaisanterie à Rome.
5. *De l'Allemagne*, I, p. 104, sur la conversation, ses succès, les talents
qu'elle exige et la vanité qu'elle surexcite ; II, p. 18, sur l'impossibilité de
plaisanter en Allemagne ; mais I, p. 189, comme chez Stendhal le retour :
« l'on a beau dire, l'esprit doit savoir causer », p. 192, en « Allemagne, on
ne sait pas dépenser son talent par la conversation ».
6. *RNF*, II, p. 32 ; II, p. 25 ; II, p. 32.
7. *RNF*, II, p. 241-242 ; *PI*, p. 110 ; *RNF*, II, p. 249-250 ; II, p. 26-27 ;
CA, I, p. 212, sur l'union du « bien dire » et du « bien faire » en Italie.

la chose et à son intensité ; l'épigramme, il la méprise : car le jeu des mots y fait diversion à l'indignation ; ce qui est sérieux, voire *odieux*, le reste pour lui, il ne chansonne pas l'objet de sa haine, il n'oppose pas le langage et son pouvoir de détente ou de décharge, à l'émotion. Il n'a pas la vivacité de l'esprit, mais celle d'une pensée tout entière attachée aux choses et aux situations dramatiques. Un mot macabre dont le Français se tord, « eût indigné en Italie » ; dans le besoin de plaisanter, Stendhal voit bien qu'il y a un effet de dédoublement critique ou ironique, de désaveu de soi et du sérieux de l'émotion. L'homme gai tire parti de tout, ou se tire de toute situation ; en plaisantant, il offre son désaveu aux autres, il leur montre qu'il met plus haut le plaisir qu'il leur donne que l'émotion qu'il subit, qu'il est plus à eux qu'à soi. Plaire est pour lui de plus de valeur que sentir. Au léger et au piquant du Français s'oppose le « grand sens » à l'antique de l'Italien. L'esprit renonce donc à la valeur *réelle* des choses pour leur substituer une valeur de convention et d'artifice, qui dépend du consensus social. Alors la parole crée en somme son objet au lieu de se borner à le dire, et le savoir-dire s'unit au savoir-vivre.

Tout se joint pour conférer aux yeux de Stendhal une extrême importance au mot d'esprit : souvent son journal tourne au répertoire des « bonnes histoires » dont il tient à tirer profit et leçons, comme ses récits de voyages enregistrent non seulement les anecdotes qu'il recueille, mais aussi celles qu'il donne en échange. « Je ne serai pas aimable tant que je ne saurai pas par cœur beaucoup d'anecdotes »[1] ; aussi, à toute époque de sa jeunesse, ne cesse-t-il d'épier les bons conteurs qu'il fréquente, d'analyser leur forme d'esprit, celle de Pacé[2] n'est pas celle de Daru, ni celle d'Édouard Mounier, ou celle du meilleur récitant qu'il connaisse, un peu trop bouffon pourtant, Dugazon ; la révélation de l'Italie, c'est aussi, et presque d'abord, la révélation d'un nouveau genre d'esprit avec Lecchi[3] et ses histoires vénitiennes, dont il ne livre par malheur que l'abrégé inintelligible. Car ou bien il reprend pour lui le trait glané le jour même, ou bien comme

1. *FN*, I, p. 187 ; *O.I*, p. 730.
2. *O.I*, p. 1220 ; p. 1262 ; p. 717-718.
3. *O.I*, p. 1106-1107.

un spécialiste, il le désigne par une nomenclature technique[1] : il y a tels mots de Talleyrand, « celle » du *Juif dans le lit*, du *Domine vobis cum* de la *Visite à Bicêtre*, la meilleure nous dit-on, et le triomphe de Dugazon, celle « du garde du corps » racontée pendant la bataille de Bautzen, ou bien tout simplement Stendhal se fait son répertoire en reprenant dans Marmontel, Collé, Piron, Chamfort[2], etc., les plus éprouvés des bons mots. Il descend même (bien qu'il ait fortement médit de ce genre d'esprit, trop outrageusement français, et que le siècle précédent avait ouvertement codifié comme un jeu de mots et de formes absolument pur), jusqu'au calembour[3], il en réclame pour mieux séduire Mélanie et en renfort à *Félicia*, comme il note les devinettes, rébus, charades ; Brulard qui conserve pieusement le souvenir de ses premiers jeux de mots involontaires sans doute, ne fut-il pas au reste séduit par les bouts rimés du vicomte de Barral ? C'était « le vrai bon ton »[4].

Tout ceci certes il en prend note parce qu'il se sait incapable d'inventer des bons mots du même style ; mais il les note aussi pour s'en servir[5]. Et il a intéressé Byron en se faisant pour lui conteur napoléonien, et en Italie, le voyageur se félicite d'avoir brillé[6], proposant ses meilleures histoires tragiques ou comiques, celle du valet de cœur du comte de Coigny, ou celle du duc de Chaulnes et de Voisenon. Et il contresigne en les désignant comme les « deux anecdotes des *Mocenigo* » des histoires demeurées inconnues qu'en 1811 il s'enjoint de bien noter. C'est qu'en fait le mot d'esprit est bien pour lui l'accès à une parole moins pleine, et moins lourde, qui parce qu'elle est à distance de la vérité à dire, ou de la vérité qu'on est, constitue un traitement verbal, en fonc-

1. *O.I*, p. 559 ; p. 1150 ; *RNF*, III, p. 141 ; *O.I*, p. 774 et p. 848-849 ; p. 691, le bon mot de Marie-Antoinette.
2. *C*, I, p. 324 ; II, p. 202 ; *Molière*, p. 28 ; *FN*, II, p. 41-42 ; *O.I*, p. 808-810 ; p. 689 ; p. 640 ; *O.I*, p. 1302 ; *Compléments*, p. 301 ; *C*, V, p. 199 ; *MT*, I, p. 465 et n.
3. *O.I*, p. 727 ; p. 695 ; *Ruff*, p. 63 et sq.
4. *O.I*, p. 272-273 ; encore *O.I*, p. 1530 sur le calembour politique *O rus* et le rébus de l'an VII ; *O.I*, p. 126 et le « ballet » ou balai ; *VHMM*, p. 387 ; et *O.I*, p. 931-932 et p. 1070-1071 sur les jeux de mots et de société ; p. 656-658.
5. Cf. *O.I*, p. 1119, « ne pas oublier d'écrire avec soin les deux anecdotes des Mocenigo, elles peignent fortement... ».
6. *RNF*, I, p. 246-249 ; II, p. 129.

tion d'une tactique et d'un auditoire, de la chose à dire. Mme de Staël, pour caractériser la gêne que les Allemands ressentent devant l'*esprit*[1] et la prestesse moqueuse dont les Français ont fait une propriété nationale, déplore cette frivolité « sociale » et formelle car « dans tout ce qui tient aux mots l'on rit avant d'avoir réfléchi », l'insouciance du Français résulte de sa volonté de tout ployer à une expression piquante ; mais l'Allemand, « la vérité l'attache trop, il veut savoir et expliquer ce que les choses sont »[2] ; les mots il les prend littéralement, il y voit un engagement pour sa loyauté. L'esprit donc opte pour la forme contre la substance, pour le paraître contre l'être ; les Allemands[3] ne « conçoivent pas qu'on puisse traiter la parole en art libéral qui n'a ni but ni résultat que le plaisir qu'on y trouve » ; formule remarquable, car la liberté du langage, ou la liberté dans le langage, acquise au détriment du *sérieux*, surtout de celui qu'on accorde à sa personne, apparaît comme le trait culturel périmé, ou hypertrophié, que la modernité doit résorber. N'ajoute-t-elle pas que la plaisanterie française est une école de diplomatie[4] : le talent de causer est le talent de la négociation sociale, ou littéraire, où l'on manie les esprits par la parole et son dosage infiniment subtil. Autre formule essentielle : car Stendhal dans son mouvement de retour, accordera de plus en plus de place à la « diplomatie » comme art social de vivre, comme triomphe de la *politique* sur la politique des *engagés* indignés ou naïfs, de tous ceux qui, ne faisant aucun retour sur eux-mêmes, leurs fois ou leurs illusions, aucun retour sur la parole sociale, et son jeu relativement à la vérité, sont incapables de la démarche « libérale » en politique, ne savent pas que la politique est jeu, et qu'on peut en plaisanter. Ce sera une grande date pour la politique beyliste que l'accès à la plaisanterie politique. On le voit, les « règles du whist »[5], dans la mesure où elles définissent la vie sociale comme un jeu formalisé, ont été précédées étrangement pour

1. *De l'Allemagne*, I, p. 161, sur le style en France dont l'extrême importance est imputée à la vanité et à la vie de société.
2. I, p. 174, ceci contre l'insouciance moqueuse du Français qui ne s'intéresse qu'à l'expression brillante et amusante.
3. *Ibid.*, I, p. 103.
4. *Ibid.*, I, p. 105.
5. *C*, VII, p. 55 ; il s'agit de la conversation.

Stendhal par le souci des règles du jeu de mots : la forme est
« libérale » par rapport au fond, comme le whist par rapport
à la tragédie des passions et des chimères. Dans la plaisanterie, il y a un usage cynique, donc excellent, de la parole.
Qu'Octave passe de son premier état dans le monde, où il
offre « le tous les jours d'un homme appelé à faire de grandes choses »[1], à des qualités d'amabilité telles qu'il « n'ennuie
jamais », que Julien se délivre de l'esprit de sérieux et de
vérité, qui lui fait exiger qu'une plaisanterie « fût fondée en
raison »[2], et qu'il découvre, le marquis aidant, qu'il faut
« s'amuser » (c'est-à-dire « raconter clairement et d'une
façon amusante »), et en somme trouver du « réel » dans les
mots, et non seulement dans les événements, c'est l'indication
sûre que Stendhal a intégré la découverte de l'« esprit » au
procès de son héroïsme. Et le cas de Julien est exemplaire : le
moins apte de par ses origines à l'élégance mondaine, toujours prompt à courir aux armes contre les autres et lui-
même, il est au début désespérément attaché au *fond* : Stendhal distingue bien « les choses sérieuses »[3] qu'il dit, les « idées
nouvelles » qu'il peut avoir, l'excès de « positif » (digne d'un
provincial) et de « qualités raisonnables » caractéristiques d'un
homme qui regarde « encore trop de choses comme importantes », bref une sorte de pruderie intellectuelle et littéraire, des
qualités qu'il n'a pas, et doit acquérir ; elles sont de forme,
de convention : c'est la « langue étrangère »[4] qu'est l'esprit
parisien (Julien la comprend et ne la parle pas ; il sait penser, non encore parler « à la parisienne »), c'est « la grâce »,
l'« à-propos », la « manière », la « légèreté », toutes qualités
quasi naturelles chez l'aristocrate, et qui constituent *la forme*, soit des qualités de détachement et d'adresse, sinon de
fausseté opportune et d'un juste effet qui définissent une
authentique supériorité. Julien le sait si bien que pour reconquérir Mathilde, et la convaincre de son autonomie et de sa
supériorité d'indifférent, il travaille parallèlement à l'œuvre
des lettres russes, à exhiber sous ses yeux dans ses propos
absurdes, l'« élégance » d'une belle « diction »[5], d'autant

1. *A*, P, p. 152.
2. *RetN*, p. 255.
3. P. 321 ; p. 280 ; p. 244.
4. *RNF*, II, p. 254, p. 244.
5. *RetN*, p. 408.

plus fascinante qu'elle est désinvestie de toute préoccupation de vérité ou de sentiment.

La leçon est essentielle, tant pour les héros, que pour l'écrivain beyliste. Elle révèle, comme Beyle le comprenait déjà à partir de son propre cas (celui d'un homme à « esprit naturel », à « verve »[1], c'est-à-dire à inspiration et parole intermittentes, c'est-à-dire inégales, et forcé à « conformer sa pause, son maintien, ses propros, à l'état où il se sent » sans jamais se contraindre à régulariser les venues et les départs de l'esprit), l'importance d'une stabilité formelle. La spontanéité pure est de toute façon impossible ; la double expérience de la déclamation et de la parole mondaine aboutit aux réflexions du *Journal* des 3 et 11 février 1805[2], où Stendhal s'apercevant qu'il est en train de passer des plaisirs « d'une grande âme mélancolique » à ceux d'un « vaniteux brillant », ou heureux, constate qu'une « âme toute passion » ne suffit pas ; il « faut se posséder pour bien parler, il faut peut-être posséder une âme, l'avoir *understanding* pour telle passion à volonté pour bien écrire » ; le langage consacre bien une présence par une absence : être à soi, c'est être moins à soi. Mais surtout toute parole et tout écrit relèvent d'une « politique », ou d'une tactique ; ce qu'on est ne peut être dispensé d'être *voulu*, mis en scène et ramené à un paraître dont l'arrangement, loin de trahir la communication, l'assure. Considérations qui montreraient exemplairement combien les soucis d'expression et d'art pratiquent une érosion de l'hypocrisie : qu'en reste-t-il si la parole la plus vraie est soumise à une discipline, si la vérité s'établit en fonction des circonstances ? Le souci d'être toujours fondé en vérité ou en authenticité intérieure prend alors le vilain nom de « pédanterie »[3] ; le « grand philosophique » ou le grand passionnel, l'esprit « substantiel » qui fait trop travailler l'esprit des auditeurs, est mis en balance avec le pur jeu d'esprit, jusqu'au point où fasciné par Barral et ses plaisanteries bêtes, le beyliste s'enjoint de s'exercer à supprimer de ses propos tout « mot raisonnable » une journée entière.

Dès lors les impératifs de l'« esprit » sont perceptibles au

1. *O.I*, p. 452.
2. *O.I*, p. 611 et p. 619.
3. *O.I*, p. 519 ; p. 823 ; p. 541-542 et *FN*, I, p. 254.

beyliste : toujours fonction de l'autre, et jamais enivrée
d'elle-même, cette parole qui n'a de valeur que par son effet,
doit supposer un travail d'ajustement au « degré de
condescendance et de croyance d'un instant »[1] qui est requis,
à une certaine paresse de l'imaginaire de l'auditeur, à la
vanité ambiante qui veut être respectée et flattée, et réclame
de percevoir même dans la plaisanterie une intention de plaire dont elle se fait hommage[2]. L'art d'agréer, ou l'« esprit
d'agrément »[3] exige que l'on sache être *frivole* : on s'y forme-
ra, on l'apprendra si comme Stendhal on souffre initialement
d'une déplorable propension à l'esprit de sérieux et à l'*idéalisme*, redoutables producteurs de la *delectatio morosa* du
mélancolique mécontent et révolté. Programme qui on le
devine ne peut que conduire à adorer ce qui fut brûlé, soit les
valeurs aristocratiques et même classiques, car si l'écrivain
condamné comme « social » et académique souffre d'une pauvreté de substance, ce dénuement constitue aussi bien son
charme. Pour être émouvant, sinon ému, il faut commencer
par ne pas l'être ; le sincère est celui qui ne l'est pas. Le
sang-froid[4] est ce qui conditionne la bonne parole, lui permet
d'échapper à la contrainte du vécu ou du vrai, de l'actuel en
tout cas, pour s'établir dans la stabilité et la tactique : Beyle
le découvre en notant que tout bon mot implique froideur,
que pour vraiment bien conter, il ne faut pas « s'emporter »,
mais parvenir à cette « sensibilité tamisée » (en somme
mettre son cœur en « petite monnaie »), qui est la « base du
talent de l'homme aimable » et qui permet d'être « riant et
parleur », bref, l'*esprit*, tel qu'il parvint à en avoir en 1827,
n'est que « l'improvisation d'un esprit tranquille »[5]. Mais
alors que les efforts de Stendhal à propos de la comédie se
heurtent désespérément au problème de l'*odieux*, c'est-à-dire
des rapports du comique et de la vérité (comment transformer en jugement de dérision le jugement *vrai* qui réprouve
telle conduite, comment rire du nuisible ou de l'erroné ?), ou

---

1. *RNF*, I, p. 249 ; il s'agit bien des règles du récit, analogues à cet
égard au whist ; la règle des détails (*FN*, II, p. 20) est formulée à propos de
l'art de l'anecdote.
2. *FN*, I, p. 235 ; *O.I*, p. 943.
3. *C*, II, p. 155.
4. *O.I*, p. 499 ; *FN*, II, p. 276 ; I, p. 255 ; *O.I*, p. 621 ; *O.I*, p. 659 ; « je
contai bien, mais je m'emportai... ».
5. *SE*, p. 31.

si l'on veut à ceux de la matière et de la forme, du « réel » et du genre, très vite pour l'esprit, il se convainc qu'il repose sur une procédure de traduction ou d'habillage formaliste ; loin de suivre une vérité, l'auditeur se laisse aller à une péda-gogie discrète, feutrée, ou « tamisée », qui guide l'esprit hors des chemins de l'évidence, dans ceux du plaisir et de la vanité bien caressée. L'esprit fait recevoir la vérité à la vanité[1], par une adaptation que « la logique » se doit de réprouver, et qui est de l'ordre du formel, soit qu'une vérité choquante passe aisément mise en conte, qu'une raison péremptoire ne le soit réellement que mise en plaisanterie (la vérité est admise si elle menace le récalcitrant des représailles du ridicule), soit que la mue de la vérité en « finesse » qui d'un propos insolent et plat fait un « bon mot » bien décoché, permette d'en dire plus à une vanité flattée et offensée en même temps (d'où le calcul : la *forme* plaît à un taux supérieur à celui de l'offense de la vérité) ; soit enfin que maquillée une action carrément douteuse mais qui donne à autrui l'impression qu'elle lui est dédiée, ne passe fort bien. En somme la seule manière de dire est de *bien* dire, d'élever la parole à un état supérieur à ce qui serait la diction immédiate et simple.

Qu'est-ce donc que l'*esprit* sinon la forme première de la comédie ; cette « comédie de la société »[2], dira-t-il plus tard, il en parle d'emblée comme si raconter un bon mot mobilisait les ressources de l'acteur et de l'auteur : il s'agit « d'improvi-ser en dialogue au profit de la société... », de « donner une comédie de caractère »[3] dont on est soi-même le protagonis-te ; toute histoire déploie « l'éthos » du récitant[4], selon les modalités de convenance, d'unité de caractère, qui semblent bien ramener à un « classicisme ». La grande anecdote du *Mocenigo*, qui achemine l'*esprit* vers les récits de

---

1. Cf. *J. Litt.*, I, p. 362 : « lorsque je vois une raison on ne peut plus clai-re, qui me donne raison, plaisanter sur-le-champ ; cela aura un plus grand effet parce que les Français ne visent pas à raisonner juste, mais à n'être pas ridicule » ; de même *FN*, I, p. 296-297 ; *C*, II, p. 54 ; *FN*, II, p. 94 ; p. 274-275 : la vérité dite avec esprit procure le double plaisir de la vérité et de la vanité.

2. *CA*, IV, p. 17.

3. *O.I*, p. 48 ; p. 668 ; *C*, II, p. 194 sur les livres étrangers lus comme une « comédie de caractère ».

4. *O.I*, p. 462 ; p. 628 ; p. 686 ; p. 717 ; de même *C*, IX, p. 185 sur la conversation comme « parties de volant » qui empêche de « former des caractères ».

voyages, est, nous dit-on, « bien au-dessus du trait, c'est presque une comédie »[1]. Une comédie que l'on joue et invente à partir d'un « bon fonds de conversation comique », tel l'improvisateur de l'ancienne comédie italienne. Ou bien Stendhal définit l'esprit par l'énigme, l'art de cacher et de montrer, de sous-entendre, pour forcer l'esprit à jouer lui-même des mots, ou bien encore par le trait, le brusque ramener de la pensée. De toute façon, il y a comme des règles dans l'art de conter[2] : essentiellement que le narrateur doit être en retrait sur sa propre spontanéité, sur son plaisir de conter, sur l'effet irrésistible que son histoire lui fait à lui-même ; la parole efficace est celle qui dissimule son envie et son attente de l'être. Elle ment quant à ses intentions : autrui n'est un écho pour le moi que si la parole est manœuvrée ; le *je* triomphe quand il a feint de ne pas y tendre. Dugazon par exemple contraint trop à rire ses auditeurs : il n'est pas assez « de pair à pair avec nous »[3] ; celui qui se prépare à faire rire, l'annonce même, et anticipe sur le succès en riant le premier, c'est de lui que la vanité de l'auditeur rira ; pour faire rire, il faut rire le dernier. La vanité est inquiète qu'on veuille briller à ses yeux, elle réclame de comprendre le mot, mais pas trop facilement, de le voir arriver naturellement, car l'entreprise trop marquée de la captiver lui fait ombrage ; l'art de conter peut alors passer pour le premier terrain d'expérience d'une stylistique beyliste : celui qui conte doit[4] être « la glace qu'on met sur une gravure, on voit tout à travers, et on ne le voit pas ». La formule destinée à définir un « vérisme » est d'abord appliquée à l'*esprit*, et à l'abnégation du récitant qui ne peut calmer les vanités menaçantes qu'en renonçant explicitement à tout effet et à toute intention. Le bon récit est celui qui n'*affiche* ni sa qualité ni son dessein : il inverse

1. *O.I*, p. 1150 ; p. 730 ; *RNF 17*, p. 46 sur l'anecdote supérieure au roman.
2. Cf. *O.I*, p. 589, sur Dugazon et sa « comédie » pendant qu'il raconte ; de même p. 717-718, la réflexion sur sa manière : intrépide, peu à peu assuré et déclenchant les rires, nuançant les tons, caractères, détails ; une belle histoire est à Molière « ce qu'une divine miniature est à Raphaël ».
3. *Ibid.*, p. 717.
4. *C*, II, p. 89 ; *Molière*, p. 317-319 ; *PR*, III, p. 153-154 ; au contraire en Italie, *Italie*, p. 307 ; sur les procédures différentes du conte en Italie, *RNF b*, I, p. 222 ; si l'*art* est absent, la conversation est insipide, *O.I*, p. 1242 ; autres réflexions critiques sur des « conteurs » : *O.I*, p. 815-816.

l'idéal premier de la communication, par la mise en scène d'une réticence radicale du conteur qui doit d'abord montrer que dire lui importe peu. Il le doit encore pour ce qu'il dit : si l'esprit est *forme*, il ne réussit que par un désinvestissement du fond. En Italie, certes non, car pour des gens qui « ne parlent que de ce qui les intéresse », tout ce qui est « grâce de l'expression, piquant des réticences »[1]... est nul ; l'esprit en fait se détache du moi, du fond, pour ne se fier qu'au pur soutien de la forme. Beyle en était choqué : la conversation française examinée selon une hiérarchie des modes de jouissance de la vanité se fonde dans la « petite bourgeoisie » sur « le fond de ce qu'on dit », et dans la « bonne compagnie » sur « la manière de conter »[2], la matière étant là quasi indifférente. Force est de reconnaitre que la vanité a raison dans sa délicatesse. « Mr. Myself » concède au « Vicomte » que ses pensées à lui valent mieux que les siennes mais qu'il gagnerait « beaucoup en amabilité » s'il les « exprimait » comme lui[3]. La Pasta peut dire que « l'amour est une tuile qui vous tombe sur la tête »[4], c'est une belle idée italienne ; pour que ce soit un mot, il faut suivre la figure, et ajouter, « comme vous passez dans la vie ». L'esprit pour Lucien sera l'abandon de tout souci de vérité : parler pour parler, dire blanc, dire noir, « exagérer » et « charger », délayer et amplifier[5]. Et Octave, s'il parvient à être aimable, c'est en « se moquant du fond », « et ne songeant qu'au piquant et à l'élégance de la manière ». La forme ainsi privilégiée, le guide et lui sert d'appui, ou lui ôte ses scrupules. Que la manière l'emporte sur la matière, que le parleur se laisse emporter par le mouvement formel, que la forme devienne ainsi réellement formatrice de ce qu'il dit, et c'est un gain en liberté, en présence ; « masque » verbal (le seul que Julien ou Lucien réussissent à figurer) moins contraignant, semble-t-il, que tout autre, que celui des manières, de la morale, des modèles sociaux, c'est aussi un véritable soutien du sujet, grâce auquel étant moins à soi, il est davantage soi.

---

1. *RNF*, I, p. 241.
2. *O.I*, p. 1148 ; *Molière*, p. 260 ; *VHMM*, p. 66.
3. *O.I*, p. 1149 ; autres règles : « créer l'imprévu » (*Molière*, p. 292) ; *RetS*, p. 33, sur l'*art* de conter et ses conditions.
4. *O.I*, p. 1340.
5. *LL*, P, p. 952 ; *A*, P, p. 75 et p. 1442.

L'idéal stendhalien du causeur et du conteur est donc riche
de signification ; c'est une des solutions, la plus prometteuse,
pensons-nous, au problème des mots et à la difficulté de se
situer dans le langage. Le sujet, dès lors qu'il se veut sans
intermédiaires, sans maîtres, sans extériorité, et fidèle à la
seule présence en lui du sens, souffre de l'arbitraire de sa
parole ; il la voudrait tout entière vouée à contenir la vérité
immédiate du moi, jusqu'au point où contenant et contenu se
confondent (ainsi pour Stendhal dans la rêverie musicale), où
moi et langage constituent une unité indissoluble. Mais que le
langage taille dans le moi, et le force à se définir en acte, qu'il
le mutile en le contraignant à se formuler comme un deman-
deur, qui n'est pas sûr de la réponse, que la parole qui produit son effet de parole ne soit pas la parole sincère, pleine et
spontanée, qui fuit l'arrangement comme synonyme de mensonge, il n'en faut pas davantage pour que le moi se sente
aliéné dans le langage, mal à l'aise devant son pouvoir d'invention, de falsification. Entre le langage et nous, il y a, dit
Brice Parain, « la roue libre »[1] de l'amour-propre qui joue
dans le vide et le faux. Le langage est impur mais la vraie
impureté que le révolté rencontre et veut fuir, c'est sans
doute la sienne propre. Il n'y a pas de langage « irrésistible »,
nous dit J. Brun[2], et le moi ne trouve en lui que la sanction de
la non-coïncidence des consciences, de l'impossibilité de l'entente directe, de la compréhension pleine ; le moi, pour être,
doit se rendre public, par l'intermédiaire qu'est le langage,
dont l'usage selon la formule staëlienne menace toujours de
devenir trop « libéral », c'est-à-dire creusant l'écart de l'être
et du paraître, de l'émotion et de sa traduction, du moi et du
masque. Toute parole pourrait être autre : elle est accusée
par la conscience d'être fortuite ou dirigée. Une parole intou-
chable, c'est celle sur laquelle on ne peut exercer de droit de
reprise, soit par le commentaire, soit par l'inculpation d'une
direction intentionnelle. C'est dans cette direction que doit
chercher le beyliste pour retrouver, une fois rompu le silence,
la parole. Il a dit aussi, « j'ai toujours parlé infiniment trop
au hasard, et sans prudence »[3] : est inattaquable, même si

1. *Petite métaphysique...*, p. 38.
2. *Conquêtes*, p. 374.
3. *SE*, p. 24.

elle est agressive et moqueuse, une parole si démesurément étourdie et enivrée que son auteur lui-même a renoncé à la contrôler pour la livrer au « hasard » de ses escapades. Mais non moins nécessaire, si l'on s'engage dans la voie contraire, une parole entièrement réfléchie, entièrement consciente d'elle-même, et parvenue à l'état d'une algèbre : dans cet état de pureté, et devenu véritable métalangage, où il se confond avec le procès logique de la vérité, le langage se veut entièrement contrôlé, et d'un effet irrésistible, pour autant qu'il s'adresse à d'autres esprits doués de raison. L'idéologie se propose ainsi comme voie de restauration du langage. Mais l'expérience du conteur indique aussi une voie « formelle » où le beyliste, comme pour le rite ou le « monde », découvre combien est enviable ce qu'il a déclaré insupportable, et qui conduit vers un compromis de la spontanéité et de la formalisation, vers l'élaboration d'une discipline qui s'efforcerait d'éliminer la conscience de ce qu'elle implique de contrainte et de régularité.

CHAPITRE IX

Langage et journal intime

Mais si nous savons ces démêlés du beyliste avec le langage, c'est parce qu'il les écrit ; ce qu'il ne peut pas dire, le fait de ne pas dire, il en écrit : est-il plus libre dans le monologue intimiste que dans le dialogue au-dehors ? Le discours secret tenu par écrit à soi seul peut-il vaincre la difficulté du langage et, réalisant les objectifs de l'intimiste, constituer un équivalent verbal du moi, et de ses expériences reproduites par le papier comme par un miroir, rallier l'activité littéraire à une forme de spontanéité qui déjoue les discours institués, aussi bien que la mauvaise foi de tout apprêt verbal ? L'intimiste est voué à une sorte de confiance dans le texte où il note dans le présent pur de l'événement la recherche tâtonnante de soi, dès lors qu'il s'est ordonné de fuir toute référence à une norme externe, tant pour le style que pour son être, tout effet de simulation ou d'arrangement que la communication ordinaire, comme elle demande quelque chose, au moins l'approbation, ne peut fuir aussi radicalement. Doublement *moi* (on se souvient du mot de Beyle sur sa conversation, et sa « physionomie inimitable, elle est moi »[1]), le journal dit indéfiniment moi, et le dit librement, dans une communication qui ne concerne et ne vise que lui. L'écrit, c'est l'homme, le style, ou l'absence de style, c'est l'homme encore, plus libre de s'affirmer dans sa différence, contre le langage ritualisé, et contre la contrainte du langage comme interlocution aliénante. S'il y a donc une originalité native du sujet, telle qu'il

---

1. *O.I*, p. 690 ; cf. sur ce point Blanchot, *Livre à venir*, p. 57 sur Rousseau ; Starobinski, « Le style de l'autobiographie », dans *Poétique*, n° 3.

suffise de lui laisser une libre parole pour qu'il révèle sa particularité, sa déviation différentielle, la qualité unique de ce
qu'il vit, et de ce qu'il est, c'est bien là qu'elle doit paraître ;
le langage étant là comme sans distance, disponible, homogène au moi, entièrement ouvert à sa course, et sans tiers, le
moi devrait donc enfin se confondre avec sa parole, dire ce
qu'il dit, et être ce qu'il dit, en une mutualité d'appartenance
capable de dénouer les rapports du beyliste et du langage.
Dans l'intimisme, le moi en principe ne rencontre que le moi :
ce qui supprime pour Beyle à la fois les difficultés de l'œuvre
infaisable, et de la parole impossible ; cette fois, langage et
moi naissent ensemble, ou sont l'un et l'autre à l'état naissant puisqu'ils sont pris l'un et l'autre dans le présent et l'intimiste, en écrivant, connaît un autre présent, en une obéissance redoublée à l'être pur de l'instant et du *quidquid in
buccam venit*. Comme nous avons tenté de le montrer, la relation du journal beyliste avec le vécu n'est pas de l'ordre du
constat et du récit[1] ; le spéculum de l'écriture intimiste en
essayant de reproduire et d'interpréter ce que le beyliste a dit
et fait, en revenant sur les communications réelles et limitées,
ou limitatives, qu'il a eues, sur le moi simplifié ou falsifié
qu'il a produit, revient par son propre mouvement de jugement, et de correction, à un état plus complet et plus riche du
moi, à sa nébuleuse première ; le journal est le carrefour des
possibles[2], la somme des virtualités de tous ordres que son
mouvement propre de réflexivité, davantage de réflection sur
lui-même, accroît sans cesse. Et de même, on le verra, si le
beyliste n'écrit pas de pièces, c'est par l'embarras du choix,
la difficulté d'opter parmi les pièces possibles que la méthode
créatrice fait surgir ; ici l'œuvre n'est qu'une présence réelle
du moi toujours enchanté de s'entretenir de lui-même, s'aimant dans sa personne, et non dans l'acte créateur, préférant
se redoubler comme individu à se produire comme auteur.

Stendhal si inquiet de sa parole l'est moins de ses écrits[3] ;
« j'écris mieux que je ne parle ; mon âme se montre mieux » ;

1. Cf. notre étude sur « Expérience intimiste et acte d'écrire chez Stendhal ».
2. Qui fascinent Gide au début de son *Journal* (La Pléiade, t. I, p. 28),
« je m'effraie à chaque instant, à chaque parole que j'écris, à chaque geste
que je fais, de penser que c'est un trait ineffaçable de ma figure que je
pose... ».
3. *O.I*, p. 715 et p. 710.

vis-à-vis de Victorine, de Mélanie, il fait plus confiance à ses lettres qu'à ses discours, il croit même que ses vers et essais rendent mieux compte de lui-même que ses paroles ; ses « grandes pensées » ne seraient à leur aise que dans l'écrit. Davantage, sa confiance dans l'entreprise du journal n'éveille pas chez lui les inquiétudes d'un Constant, ou les précautions liminaires d'un Gide[1] qui d'emblée comprend que la sincérité qu'il vise est la « sincérité artistique », que le vrai journal est fondé sur un emploi « irrésistible, insupprimable » du mot, bref, que l'usage « toujours nécessité » du langage relève du *bien dire*, auquel selon Blanchot, et bien qu'il jure avec un projet sincériste, Gide n'aurait jamais renoncé. Pour peu qu'il soit libéré d'autrui, et de l'affectation, de la contrainte d'une communication avec l'extérieur, qui soumet le langage à la loi des autres, le beyliste replié à l'intérieur de ses frontières, et dans son négligé spontané, ne semble plus redouter le langage ; si la parole n'a plus de valeur « sociale », est-elle donc légitime et pleine ? L'idéal de la « sténographie » le prouverait : « penser tout haut », parler « à cœur ouvert comme à nous-même, penser la plume à la main »[2], ces formules familières au beyliste laissent entendre que si la parole externe est égale à la parole interne, si la pensée est libre de son expression, libre de la trouver et de l'inventer dans un rapport immédiat et instantané, alors le langage ne sera pas soupçonné. « Je note le son que chaque chose produit sur mon âme », nous dit Stendhal[3] ; les « pensées charmantes » qui lui viennent et qui s'en vont « comme l'éclair »[4], s'il peut les écrire au vol (de Moscou à Smolensk que n'a-t-il pu noter ces visiteuses qui ne reviennent jamais), elles semblent sauvées de l'oubli, et du langage ; celui-ci est déjoué si sont déjouées les contraintes externes, et la valeur externe du langage. Le pouvoir propre des mots, leur valeur de figuration et d'illusion, le fait que le discours constitue son objet autant qu'il le représente, et invente autant qu'il désigne, ce pouvoir pour Stendhal semble moins inquiétant dès lors que le langage se « désocialise », qu'il est soustrait à l'in-

---

1. *Journal*, I, p. 27, 31 déc. 1891 et p. 39 ; commenté par Blanchot, *La Part du feu*, p. 220-222.
2. *O.I*, p. 1036 ; p. 1389 ; p. 816 ; *C*, I, p. 322.
3. *Ibid.*, p. 1131.
4. *Ibid.*, p. 1231.

fluence de l'autre, et du moi intentionnellement captif de l'autre, c'est-à-dire de l'« égoïsme » maléfique tel que le surexcite la rencontre de l'autre et les relations de pouvoir qui s'ensuivent. Je puis donc confier mon être au papier, car j'y suis délivré du paraître ; mon image n'est pas un message suspect. La phrase qui naît en moi comme l'éclair, événement interne soudain dont on ne peut plus se demander si elle est formée par l'événement ou formatrice de lui, je puis m'y fier comme à l'unité du moi et des mots ; le problème de savoir si le moi est avant *cette* forme, ou en elle, différent d'elle, ou fait par elle, ne se pose même plus : l'intimisme est supposé « naïf », comme si la vérité coulait de source dans les mots dès lors qu'ils sont soustraits à la tâche sociale et mensongère de déclarer le moi.

Pourtant le langage demeure en tiers dans les confidences du journal : tiers gênant dont il n'est pas impossible que la présence ait fait échouer aux yeux de Stendhal lui-même l'entreprise intimiste. Dès qu'il s'agit du moi, le langage ne peut qu'entrer en crise car il révèle son insuffisance radicale. Jamais l'émotion n'a son langage, jamais elle n'a d'effet verbal nécessaire ou suffisant. Ce qui est le rôle constitutif du langage est aux yeux du beyliste trahison, insurmontable distance. Le senti n'est jamais converti en langage[1] : ce qui peut être dit est inférieur à ce qui est vécu, décoloré et exsangue, ou carrément si pauvre qu'il s'agit d'une destruction et d'une profanation ; le vécu est unique, d'une richesse et d'une originalité inimitables, et s'altère dans les mots, qui ne peuvent jamais le saisir, ni le fixer. Cette impuissance est rarement surmontée, quand le beyliste reconnaît que ses pages « pleines » de sa sensation ont renouvelé et redoublé ses jouissances « en les faisant[2] ». Décrire n'est possible que dans l'extinction de la sensation[3] ; et d'ailleurs comment la

---

1. Sur cette carence du langage, voir la belle page de Starobinski dans *L'Œil vivant*, p. 232 ; sur cette difficulté philosophique, voir Brun, *Conquêtes*, p. 245 ou les textes de Nietzsche cités par *Poétique*, n° 5, et commentés pp. 64-67 et 72-73 sur l'écart du langage et la nécessaire transposition de la chose au mot ; cf. Custine, *Lettres*, p. 52, « le secret de la vie échappera toujours à la parole qui ne peut exprimer que quelques effets ».

2. Par exemple, p. 849 et p. 1165.

3. *O.I*, p. 616, où Stendhal se réfère à Rousseau, sans doute à *Confessions*, p. 224 et p. 236 de l'édition citée.

« vérité » serait-elle l'équivalent du « soupir » ? De l'un à l'autre, il y a un changement de qualité et de quantité : on ne peut dire ou décrire, ou rappeler que les moments qui ont été l'objet d'une participation vitale partielle. La « douleur directe », comme l'acte érotique, « est une sensation pure que l'on ne peut pas décrire »[1] ; quand la vie est à son comble[2], et par un effet de renversement, se retire du sujet anéanti par le trop haut voltage de la convulsion sensible, il n'y a ni pensée ni parole. « Rien ne peut décrire... la vivacité folle qui ne me quittait ni jour ni nuit »[3] ; aussi le journal est-il de l'aveu même de son auteur d'autant plus « mauvais » que le voyage est « bon » : l'écrit ne note que le vécu compatible avec le langage, c'est-à-dire relevant d'une sorte de moyenne. Si Stendhal veut prendre acte de ses bouffées d'émotion intense, alors « écrire (l'action physique) » devient une « rude peine », et nécessite un effort de « ralentissement », de distance par rapport au senti qui est symbolique de la valeur de détour du langage. Ceci bien que Stendhal ait décidé de prendre « les termes dans leur maximum de signification »[4]. Écrire est donc *affaiblir* les sentiments : « je ne peux pas », constate-t-il, « les écrire en un point comme je le sens »[5]. Comme ses lettres, son journal n'est pas *lui* ; il ne peut se dire à la femme aimée, pas davantage à lui-même.

Si donc le beyliste accepte sans plaintes trop ostensibles le « pacte » intimiste, c'est pour avoir reconnu initialement ses limites, qui sont les limites mêmes du langage : l'aventure avec Mélanie, dont on verra qu'elle est le tournant du beylisme, aura été le dernier, le seul effort vers une notation vraiment quotidienne et complète de la vie du moi, du tout-venant de ses désirs et de ses plaisirs. Le 6 avril 1805 il écrit : « Je n'écris plus les souvenirs charmants... »[6] ; plus gravement encore à Marseille le 28 juillet 1805, il donne congé à toute mention directe « de ce qui

---

1. *Marg.*, I, p. 272.
2. Voir *C*, I, p. 370 ; *O.I*, p. 620.
3. *O.I*, p. 1200 ; p. 1181 n. : « ce journal est diablement froid en comparaison de ce que j'ai senti ».
4. *FN*, I, p. 241.
5. *O.I*, p. 686 ; et p. 537 ; p. 591-592 ; de même le touriste renonce à donner l'équivalent de ses sensations : *MT b*, I, p. 46 ; p. 81 ; II, p. 53.
6. *O.I*, p. 715 ; p. 741.

me gouverne, du sentiment qui remplit tous mes moments... » ;
congé il est vrai relatif et provisoire, car il faudra bien donner
audience à nouveau à ces sentiments avec l'épisode de Mme Daru, ou l'aventure milanaise de 1811. Mais la décision de maintenir le journal tourné vers le dehors et limité à une surface du
moi, est tendanciellement sans appel ; le journal repose sur un
clivage entre le dicible et l'indicible, le profond et le superficiel,
clivage de plus en plus conscient à mesure que la découverte de
la musique et de la peinture s'en vient confirmer au beyliste que
la « partie de sa conscience intime... ce qui en vaut le
mieux »[1], ne peut trouver d'autre traduction que l'émotion
picturale ou la rêverie musicale ; le 1er juin 1810, il en fait
l'aveu : le journal, devenu carrément une « *partie* » seulement
de lui, élimine par principe la meilleure part, la plus personnelle. C'est l'échec de la notation directe et intime de soi : le
beyliste découvre-t-il qu'il ne peut être et se dire en tant que
moi que par l'intermédiaire des *œuvres* ?

En fait, il tire la conclusion de la disproportion sans cesse
ressentie entre ce qu'il vit et ce qu'il dit. Relativement au
fond intérieur, à l'expérience globale de l'existence indifférenciée, le langage n'est qu'une pièce de rapport, l'analyse,
une mise en pièces, ce qu'on peut dire ou écrire, un effet de
surface, qu'il vaut mieux ne pas tenter d'appliquer au bonheur réel[2]. A toute époque du journal revient le même aveu
d'impuissance : décrire, c'est affaiblir, ternir, faner, gâter,
on ne peut confier au langage que ce qui ne craint pas son
pouvoir de filtrage et d'appauvrissement ; le mot est définitivement la sanction d'une absence, il est soustrait à la
contrainte de l'actuel, retiré dans l'abstraction de la réalité
mise en idée, inévitablement distinct de la situation qu'il va
désigner, c'est-à-dire fixer et trahir. Jamais le mot ne peut
rendre compte de la richesse et de la complexité du vécu,
l'origine du langage, le senti, en est proprement expulsée ; du
senti au mot, il y a une perte irréparable ; le signe peut évoquer, réveiller le souvenir, résumer le vécu, jamais il ne peut
le dire vraiment. Cet hiatus confirme que le moi réel et vivant

1. P. 1224 et p. 962 n.
2. Voir *O.I*, p. 537 ; p. 565 ; p. 670 ; p. 715 ; p. 744 ; p. 797 n. ;
p. 849 ; p. 859 ; p. 957 ; p. 978 ; p. 1144 ; p. 1145 ; p. 1224 ; p. 1273 ;
p. 1275.

est rejeté du langage qui ne peut le contenir que par fragments, et comme une version édulcorée.

D'abord, il y a le problème du délai : le vécu se décolore à
attendre d'être mis en mots, c'est une expérience sans cesse
refaite par Beyle, qui, idéalement, devrait rapprocher le
temps du vécu et le temps du journal, jusqu'à les confondre
comme dans la pratique de la « marginale », de la pensée
éclair notée *au vol* où le « journal » va encore au-delà de
l'« horal », vers la parcelle de temps identifiée au fragment
d'écrit[1] ; avant d'écrire, il y a le brûlant, l'urgent, l'inépuisable du vécu ; c'était « il y a une heure »[2], hier, l'autre jour,
ce matin ; le beyliste écrit quand il ne sent plus, quand il est
las de sentir ; d'où pour les voyages, une perte de « cinquante
pour cent du coloris »[3], l'oubli de pans entiers du moi, l'effacement de tout relief, l'épuisement du vécu à mesure qu'il se
dilue dans les mots ; douze phrases instantanément écrites
peuvent être « fortes » et « pleines de ma sensation »[4] ;
rédigées en quatorze pages à loisir, elles risquent d'ennuyer
même leur rédacteur. Du vécu au mot, il y a la même fatalité
de tarissement du sensible que de la sensation à la perception. La conscience s'accroît, quand le plaisir s'efface. Le
langage est faible parce qu'il est différé ; et s'il entreprend
d'enregistrer minutieusement le vécu, certes, il le peut, mais
le beyliste se décourage : il avait le sentiment d'en dire trop
peu, il va maintenant en dire trop. Il lui faudrait des dizaines
de pages, des heures de travail, bref, un effort d'écriture bien
supérieur au temps vécu, pour en rendre compte. L'intimisme
ne peut occuper que des « bouts de temps »[5], donc rater le
vécu. « J'ai trop à écrire... Il y aurait trop de travail pour
peindre ce que je sentais... Il faut trop de paroles pour bien
écrire... si j'avais écrit le jour même, j'aurais écrit vingt
pages... » La pauvreté des mots pourrait être rachetée par
l'abondance des notations, leurs nuances fidèles, le projet
idéal de « tout » dire. C'est impossible, sinon le journal prend

---

1. *O.I*, p. 1231 ; et sur le même thème, *FN*, I, p. 290 ; *O.I*, p. 518 ;
p. 677 ; p. 683 et p. 684 ; p. 1061.
2. *O.I*, p. 938.
3. *Ibid.*, p. 1305.
4. *Ibid.*, p. 1165.
5. P. 1181 n. ; puis p. 497 ; p. 676 ; p. 875 ; et de même p. 657 ;
p. 663 ; p. 695 ; p. 990.

le pas sur le vécu, et révélant les virtualités qu'il contient, il devient une *œuvre* journalière ; il faut vivre ou écrire, ou encore sortant du dilemme, *écrire*, donc consacrer la vie à l'écriture[1]. Le journal implique ce choix, comme il implique un choix dans le vécu, dans ce qu'on décide de dire, dans la manière de le dire. Gide confronté aux mêmes problèmes, au même choix entre une explicitation infinie de lui-même, ou une simplification, qui l'ajuste à l'écrit, voit bien que le deuxième choix relève de la « mise au point littéraire ». Le journal, littérature brute, entamé en haine de la littérature et se voulant pur enregistrement fidèle du vécu, donc écriture *naturelle*, se heurte au langage, à son ordre propre, à sa différence par rapport au vécu, différence qui ne pourrait être vaincue qu'en se ralliant au projet littéraire en soi. Ce qui demeure en tout état de cause, comme tare du langage, c'est l'écart entre la sensation, par essence singulière, et un vocabulaire commun et général ; Diderot l'avait répété, il y a une « disette »[2] de signes, « nous sentons tous diversement, et nous parlons tous de même », si bien qu'en réalité, la singularité de chacun est hors langage ; le mot cache une infinité de sensations individuelles toutes différentes que la pauvreté du langage laisse incommunicables[3]. Stendhal de même doit admettre son impuissance à exprimer « les nuances fines, le profond, le meilleur » d'une situation donnée, « parce que les termes manquent »[4] et que le langage institué ne dit que le « plus grossier ». Les mots désertent le beyliste quand il est « occupé par la sensation »[5], et plus douloureusement il mesure la carence fondamentale du langage qui n'a aucune commune mesure avec le moi. Si le mensonge humain veut

1. Le beyliste le dit le 23 septembre 1813, *O.I*, p. 1278 ; et de même p. 859.
2. *O.C.*, II, p. 325.
3. *Id.*, XI, p. 132 et sq. sur la valeur reçue et précaire des mots qui ne peuvent dire les sensations infiniment variées ; sur ce point voir le texte précis et dense de Blin, *Personnalité*, p. 537-538 ; Joubert, *Carnets*, II, p. 922 : « Ah si je pouvais m'exprimer par la musique, par la danse, par la peinture, comme je m'exprime par la parole, combien j'aurais d'idées que je n'ai pas, et combien de sentiments qui me seront toujours inconnus. »
4. *O.I*, p. 629 n. ; *RNF 17*, p. 119 ; de même pour Brulard, *O.I*, p. 148 ; p. 407-408.
5. *VMF*, p. 156 ; *RetS*, p. 336, sur l'amour inexprimable par un langage toujours excessif ou insuffisant ; *RNF b*, I, p. 267, « le sentiment excédait toute parole ».

toujours en dire trop, le mensonge du langage est d'en dire toujours trop peu.

Mais c'est là que le langage confronte l'intimiste à son relatif échec, et l'égotiste à l'impossibilité d'être un moi en dehors de l'entreprise proprement littéraire. Le journal est une « a-littérature », mais aussi, et par la faute du langage, une redécouverte de la littérature. Comme nous avons tenté de le montrer, le moi se découvre lié à une altérité pour se définir et pour écrire ; de la même manière, l'insuffisance du langage relativement au moi premier, vécu, vivant, l'impossibilité de dire tout naïvement ce qui s'est passé, ramènent le beyliste à une sorte d'idéal du moi et de l'expression, qui, définissant ensemble et l'un par l'autre le moi et le style, les met l'un et l'autre dans la mouvance d'un modèle et non plus de la spontanéité brute. C'est le langage qui assure l'échec de l'expérience intimiste, ainsi que celui d'un certain « moi » naturel, et qui paradoxalement permet la relève du journal par l'œuvre. En fait, Beyle est sans cesse confronté à la littérature dans son journal ; en principe, s'il *écrit*, il se trompe et dévie de sa voie ; s'il « écrit », il ne peut plus écrire : « Plus mes phrases sont bien arrangées, et moins elles signifient ; plus je m'approche du bon ton[1]. » Le modèle stylistique et le modèle social sont également désastreux et tout au plus valables pour une certaine efficacité « hypocrite ». S'il respire dans ses pages qu'elles « sentent trop le génie », il s'en fait reproche : il vaut mieux « décrire tout bonnement ». Le « poète » et l'intimiste sont donc bien scindés. Il ne faut pas d'une tristesse bien écrite, ni d'un trouble bien ordonné ; ces effets, il les faut au-dehors, pour bien séduire, pas dans le journal où le trop bien dit n'a pas place. Oui, mais souvent revient la mention du « style »[2] du journal ou bien, quand le beyliste évoque ce qu'il ne peut dire ou ce qu'il dit en trop, relativement au simple vécu, il découvre que l'exercice de l'intimisme appelle l'acte littéraire comme un complément naturel, comme son accomplissement, comme le seul moyen de « rémunérer » le défaut du langage. Si les « termes manquent », il

---

1. *FN*, I, p. 235 ; et *O.I*, p. 730, p. 687 ; cf. Blin, *Personnalité*, p. 276, sur la direction du sincérisme vers l'art comme terme et solution.

2. Cf. *O.I*, p. 624 n. ; p. 972 ; p. 1165 ; p. 1231 ; voir aussi p. 533.

faudrait « deux ou trois heures pour plier »[1] les mots et les rendre capables d'en dire plus ; l'amour, il n'est vraiment exprimable qu'au prix d'un effort. Le compte rendu de tel détail infime de la conduite de Mélanie, Stendhal remarque que sa *finesse*[2] relèverait plutôt d'une mise en œuvre par la *déclamation*, et l'élimine en tout cas de la poésie. Se donnant acte que son but est de « conserver » dans son journal « le dramatique de la vie », il ajoute que l'intimisme probe et strict est sans cesse combattu par la tendance à « juger en racontant »[3] : l'aveu est grave, car il ruine l'idée d'une matière narrative vécue qui serait l'objet d'une transcription dans le langage qui la respecterait sans la modifier ; manié spontanément, dans le prolongement du vécu, le langage ne viendrait pas par son pouvoir propre déformer le vécu en le prenant en charge ; en fait, écrire « éloigne » du vécu, il n'y a pas de pure reprise du vécu qui ne tende au commentaire, à l'appréciation, le moi se réfléchissant sur le papier tend non à se voir seulement, mais à se « juger », à se convertir par le mouvement même de l'écriture en éléments analytiques et en termes de valeur. Le langage a par nature, par fonction, un rôle de surplomb par rapport à la sensation, il conduit au-delà de son objet, il le change en le saisissant. Ce pouvoir, dans un autre texte, où il revient sur cette distinction entre l'homme qui vit et l'homme qui écrit de sa vie, entre le vivant, et l'instauration propre au langage, Stendhal dit ouvertement qu'il est de nature littéraire, et que l'intimiste est du côté du « poète » : il affaiblit ses sentiments en les notant parce qu'il ne peut « les écrire un point comme je les sens », et parce que, par son « métier de poète », il tend, comme s'il compensait ce moins par un plus, cette impuissance par une autre puissance, à « les expliquer en les peignant ». Dans l'étalement par l'écriture, le vécu se complique, s'éclaire et s'explicite, d'une manière quasi involontaire, il devient autre, dans l'espace propre de la page blanche, autre, mais non pas plus pauvre, bien que sans doute, il perde ses couleurs et sa

1. *O.I*, p. 629 ; de même p. 655 ; cf. Gide, *Journal*, I, p. 30, sur le conflit morale-sincérité ; le « vieil homme » que la morale demande à expulser, c'est l'homme sincère ; « je trouve ceci, le vieil homme c'est le poète ; l'homme nouveau que l'on préfère, c'est l'artiste... ».

2. *O.I*, p. 650 n.

3. *O.I*, p. 479 ; de même p. 686.

fraîcheur ; l'écriture, douée comme le langage selon
Condillac, d'une fonction analytique, diminue peut-être le
vécu, mais aussi bien le dilate, le nuance, l'illumine.

En vain a-t-on chassé « la littérature », elle revient d'elle-
même, par l'écart entre le langage et le vécu. En vain le beyliste pourrait tenter de se dissimuler ce que Constant
découvre en un texte célèbre : on n'est jamais seul, même
celui qui écrit pour soi et sur soi, il écrit pour un autre moi, et
d'un moi qui devient autre dès lors qu'on en écrit. « Le futur
s'immisce dans le présent où j'écris »[1] : dans l'écriture (mais
aussi dans le langage), s'insère entre moi et moi, l'*intention*
d'écrire, le sentiment de ce que je vais dire et paraître, mais
aussi puisque je choisis et ordonne les mots, le sentiment de
la fin, de la finalité, de ce que j'écris ; le futur qui recouvre le
présent, vient de la *direction* du langage. Là encore on rendra hommage à Brice Parain pour avoir affirmé en ces temps
de crise du langage et de la communication à quelles
conditions le langage a pour le moi sa vraie valeur de futur,
et de promesse. La disproportion toute romantique du moi et
des mots n'a de sens que si l'on s'obstine à vouloir que les
mots soient « l'émanation », l'expression du moi, ou du réel[2].
Les mots s'effondrent si l'on veut les vouer à la spontanéité
pure du caprice singulier : ils la disent d'autant moins qu'ils
la forment en la formulant, et semblent la trahir si l'on ne
veut pas voir que « notre langage est orienté vers sa fin, et
n'a pas de commencement en nous »[3], que la « solution de
continuité » entre mots et sentiments, entre nous et le visage
que les mots nous donnent, suppose que le *sens* des mots est
leur avenir, leur pouvoir de promesse et d'annonce, l'engagement qu'ils contiennent ; la vérité du discours est qu'on
devient ce qu'on a dit, qu'on doit « passer par tout ce qu'il
signifie », « obéir » au mot, lui donner un sens, « travailler
pour lui », en somme, car il force notre futur, et *devient* vrai[4].

1. Belaval, *Sincérité*, p. 140.
2. *Recherches*, p. 94.
3. P. 98.
4. P. 231 et p. 225 ; Stendhal le dit presque dans un passage sur Ségur
et son livre sur la retraite de Russie (*CA*, IV, p. 142) : la vantardise peut
être un engagement, « car on était sans cesse mis à l'épreuve et là il fallait
être ce qu'on avait voulu paraître... rendre vrai ce qui d'abord n'avait été
ni vrai ni vraisemblable » ; cette admirable définition du courage, qui soulage de tout soupçon, pourrait aussi délivrer de l'inquiétude des mots.

Il est beaucoup plus que notre élan, notre intention, notre
désir même : « je ne suis pas de plain-pied avec ce que j'ai
dit » ; « j'aime » ou « j'ai faim » désignent une conformité
future et non passée avec le mot. Le langage est de l'ordre
non de la sincérité, mais de la fidélité. Jamais il ne peut être
l'équivalent de l'expérience originelle, ressembler au vécu, en
être l'*émanation* ou la *procession*. Si le beyliste veut atteindre
à cet impossible redoublement de ce qu'il a été, revenir à une
mythique authenticité de la sensation, à une substance naturelle antérieure, il ne peut en résulter qu'un désaveu du langage.

Si le sentiment de l'œuvre à faire, d'une stylisation simultanée du moi et du langage, apparaît dans le journal, c'est bien
que la vérité possible est terminale, et idéale ; le discours ne
saurait être l'enregistrement sans but, sans tension d'un moi
livré à sa singularité fortuite et empirique ; écrivant, il
découvre le mouvement même d'un déplacement de ce qu'il
est par ce qu'il dit, déplacement vers un modèle et un idéal.
C'est un autre moi, qui sort de l'expérience du langage intime, que le mouvement même de conversion du passé en futur
propre à l'écriture fait peu à peu surgir. Se dire c'est se
construire, faire céder le moi pur devant une certaine nécessité d'un type du moi, devant la sélection d'un moi-valeur, le
choix d'un retour constant et d'une sorte de légalité du moi.
S'il est vrai que l'écart différentiel d'un moi, évitant le double
péril du silence absolu de la pure présomption, et la banalité
du langage et des formes stabilisées, ne peut être communiqué
que par un « style », si l'invention d'un mode particulier du langage qui réconcilie le particulier et l'universel, accomplit par
l'œuvre la révolte d'une liberté qui tend à l'ineffable, alors ce
« détour » qu'est la « parole littéraire » et qui « commue » en
« pouvoir inventif » l'« écart pathologique »[1], est bien ce que
découvre Stendhal par le journal. Il conduit à la critique
d'art, où le moi de l'artiste *perçu* à travers une biographie
individuelle, n'est *vu* en fait que dans l'œuvre, dans la mesure
où elle est aux couleurs d'une « âme », non plus document, ou
transcription, mais présence d'une essence subjective qui est
la source spirituelle de l'œuvre, sa loi interne, son principe

----

1. Formules de Starobinski dans sa présentation des *Études de style* de
L. Spitzer, Gallimard, Paris, 1970, p. 23.

d'observation comme de modification du réel, analogiquement diffuse dans les personnages, les scènes, les couleurs ;
l'âme c'est l'*idéal*, loi du peintre et de la peinture, insépa-
rable de l'activité créatrice, et de sa représentation, logique
secrète et stable du moi et de l'œuvre, moi profond et transcendant qui à la fois fait l'œuvre et est révélé par elle. Sans
l'*âme*, et sans l'*idéal*, l'œuvre est matière, copie, rendu d'un
réel privé de sens et d'au-delà.

On voit par là les usages possibles du journal ; ils ne sont
pas psychologiques, mais philosophiques ou stylistiques. Se
regarder pour se voir, c'est en fait dans l'intimité avec soi-
même, trouver un fourmillement de moi, une distance infranchissable du moi à lui-même. Je est un autre, et même beaucoup d'autres, s'il se laisse capturer par ses images narcissi-
ques. Le journal est un mirage spéculaire dont on risque de
ne jamais être désenchanté, et dont le principe est la multiplication des moi, le creusement infini des identités superposées
et se regardant. On l'a bien dit pour Biran[1], qui idéalement
comme Stendhal vise par le journal le passage de la passivité
à l'activité, et qui en un sens identifie l'acte d'écrire à l'effort ; mais que préférer, le moi que l'on adore sous son aspect
immédiat, dans son image sur-le-champ réfractée, qui s'en
vient devant la glace de l'écriture, poser pour l'inspection et
la retouche, et que l'on n'a jamais fini de regarder, de perfectionner, de changer, ou le moi-auteur, le moi producteur
d'œuvres à montrer au-dehors, non plus moi-idole, mais moi-
pouvoir, distinct de ce qu'il fait, et réel seulement dans
ce qu'il fait. Si l'intimisme ressemble à la cure psychanaly-
tique, c'est aussi par son inachèvement, son caractère
interminable, le gouffre de la recherche d'une vérité
dernière du moi, qui se traduit par les interprétations provisoires et se renvoyant de l'une à l'autre, dans un mirage
redoublé. La loi narcissique de l'inachèvement par respect
excessif du moi pour lui-même et par crainte de risquer un
moi encore imparfait, c'est pour Stendhal l'expérience même de l'hypocrisie et de son *délai*, la première expérience de
ses pièces remises sans cesse sur le métier par l'évocation
des possibles qu'elles pourraient être, c'est plus profondément peut-être l'une des lois de sa création, et de ses fréquents

1. Cf. Voutsinas, *op. cit.*, p. 43-44 et p. 46-48.

naufrages. L'hésitation de l'auteur de la *Chartreuse*, « aimes-tu mieux avoir eu trois femmes, ou avoir fait ce roman »[1], qui pose bien le problème de savoir qui il est, quel moi est celui qu'il préfère, le moi immédiat aux satisfactions viriles et naturelles, objet d'un satisfecit privé, le moi « culturel », « sublimé », qui se donne *en esprit* à la gloire littéraire, est symbolique d'une hésitation plus profonde, et plus constante, que le journal a en partie pour fonction de traduire et de résoudre ; pour qui être parfait, pour qui travailler, sur sa personne et dans l'œuvre ? Sans cesse revient là cette tendance au repli sur un circuit purement intérieur d'écriture, de jouissances, d'images, sur la « lanterne magique » du subjectivisme clos. « Jouir de soi »[2], être pour soi-même merveille et objet d'amour, être à soi seul objet et sujet, désiré et désirant, « ne plaire qu'à soi »[3] : le journal qui permet de ne rien perdre de soi, et de revenir sur ses traces pour se célébrer et se déguster, invite de par sa nature même à envisager l'idéal de l'écrivain parfait pour soi seul, comme le Dandy (« tous les poètes sont quand même des Narcisse », a dit Fr. Schlegel) ; ainsi lors de la représentation de *Philinte*, date éminente du beylisme, Stendhal pris par l'orgueil immense de la vertu et de l'enthousiasme reconnaît son public, « choisi et peu nombreux », mais ne peut s'empêcher de ramener à lui-même l'enchantement qui l'a pris ; tout public est un peu son miroir, mais le vrai public c'est lui : « Le cercle part de là, se resserre peu à peu et finit à moi. Je pourrais faire un ouvrage qui ne plairait qu'à moi et qui serait reconnu beau en 2000. » Le succès absolu, c'est le succès près de soi-même[4]. Quelques-uns sont dignes de lui ; seul il est vraiment digne de lui. Il est moi, il a sa fin en lui-même s'il est son seul public, avec une postérité à peu près invisible. Toute considération des autres serait une perte et une compromission. Mais l'œuvre qui ne plaît qu'à moi, et fait du moi l'objet infini du plaisir du moi, c'est le journal.

Enfermant le moi dans son tête-à-tête, l'écriture égotiste égare le moi dans la multitude des tons, des identités, des

---

1. *ChdeP*, p. 423.
2. *O.I*, p. 1043 ; p. 1008 n. ; p. 1326.
3. *O.I*, p. 574.
4. Même formule dans *VHMM*, p. 247 ; et *VR*, I, p. 38.

« je » qui pour reprendre le cliché, sont inextricablement auteurs, narrateurs, personnages, commentateurs, voyeurs, lecteurs, et relecteurs. Parce qu'il ne peut se voir en se regardant, le moi joue de cet espace que le fait d'écrire creuse continuellement entre ce qu'il est et ce qu'il dit, entre ce qu'il a dit, et ce qu'il dit, il transforme en un cabotinage infini l'arbitraire de l'écriture, qui peut toujours parcourir ses variantes[1], gloser son texte, l'annoter, c'est-à-dire à propos du moi-texte laisser libre cours à la tendance de l'écriture à se prendre pour objet et à se réfléchir. L'intrusion d'auteur n'est nulle part plus fascinante que quand l'auteur écrivant sur lui-même, et se donnant acte qu'il écrit, se révèle par des effets d'appréciation laudative, ou péjorative, d'humour ou de provocation, toujours supérieur à la lettre de ce qu'il a fait ou de ce qu'il dit. Présent à soi, présent sous son regard régalien, il est aussi absent par la multiplicité des points de vue où l'écriture peut se placer. Se dire, c'est aussi démontrer qu'on est au-delà de toute parole. Loin de supprimer l'« auteur » au profit de « l'homme », selon l'antirhétorique pascalienne, l'intimisme qui en principe doit mettre à nu « l'homme », surexcite les jeux de « l'auteur ».

Ou bien il faut recourir, comme Constant, et Octave, à la pure notation télégraphique et chiffrée ; mais dès qu'on s'entretient avec soi de soi-même, comment ne pas se dire qu'on se dit, se donner acte de ce qu'on dit, et l'acte de l'acte[2]. C'est le principe souligné par le touriste de la mauvaise confession : celle qu'un jeune homme offrait tout écrite et fort bien écrite ; à quoi objecte le confesseur : « Vous jouissez une seconde fois de vos péchés en les écrivant ainsi. » Celui qui raconte sa vie, jouit du souvenir, et du récit, de l'aveu, et du fait et de la manière de le faire, de la critique qu'il en fait, de sa lucidité à la faire, de son habileté à la tourner. Il y a ainsi un transfert complaisant de l'événement à la valeur du moi, et au-delà encore à la parole qui met en scène les plans superposés, qui eux-mêmes illimitent coquettement le moi lui-même. L'intimisme est bien une pluralité d'identités en miroir ou en étages ; mais ce bruissement de moi qui révèle

---

1. Ainsi *O.I*, p. 566 n. ; p. 593 ; p. 610 ; p. 653 ; p. 736 ; p. 998 et p. 999 ; p. 1230.

2. *O.I*, p. 1534, « notice non relue (afin de ne pas mentir) » ; *O.I*, p. 505 où il écrit qu'il n'écrit pas et ce qu'il fait à la place.

la précarité du projet sincériste est littérairement utile : tous ils n'existent que par le langage, et sur le papier, comme tons, comme voix, comme indices stylistiques. Le journal vire à l'entretien avec soi-même, comme avec un tiers où la conscience d'écrire s'insinue invinciblement, comme conscience du pouvoir de la parole. Certes un « tel journal n'est fait que pour qui l'écrit »[1] ; il est fait pour la relecture : et l'on sait les commentaires empilés, les appréciations successives qui font du journal un ensemble de commémorations en circuit fermé[2]. Encore faut-il que le journal reste document ou témoignage.

Qu'en est-il si, devançant le futur juge[3], le journal l'intègre à son mouvement, et se livre à une sorte de plaidoirie[4] ? Si redoutant de devoir rire de lui-même, le beyliste entreprend d'emblée de se défendre ? Alors l'aveu entouré de clauses de style entre dans une rhétorique qui en oriente l'interprétation et en modifie subtilement la valeur[5]. L'arbitre idéal ou futur que le beyliste invoque dans son journal est alors incorporé au texte et préside à son mouvement. Le fameux « on voit bien que ceci n'est écrit que pour moi »[6] du *Milanese* de 1811

1. *O.I*, p. 1326.
2. Ainsi *O.I*, p. 498 ; p. 530 n. ; p. 797 n., relecture de 1819 ; p. 878 n., 1808 relu en 1815 ; p. 962 et p. 963 n. ; p. 986 n. ; p. 989 : 1810 revu en 1813 et re-revu en 1815 ; p. 1005 n. ; p. 1047 ; p. 1103 : où auteur et éditeur empilent leur commentaire ; encore p. 1113 ; p. 1222 ; p. 1230 ; p. 1240 ; p. 1255 n. ; p. 1258 n. ; p. 1267 n. ; p. 1273 n.
3. Cf. *C*. III, p. 247 : « *Do you mak a journal ?* C'est le moyen d'apprêter à rire pour les années suivantes » ; voir pour de tels jugements : *O. I.*, p. 639 ; p. 857 ; p. 869 n. ; p. 950 ; p. 962.
4. Par exemple *O.I.*, p. 1116 n., « ce dernier mot est ici sans orgueil » ; p. 1293, « je dis ceci pour le Beyle de 1826 » ; p. 957, « il faut que je me fasse honneur de ma modestie ».
5. Voir ces plaidoyers dans *O.I.*, p. 604 ; p. 729 ; p. 945 ; p. 955 ; p. 957 ; p. 975 ; p. 1066 ; p. 1244 ; p. 1255.
6. *O.I.*, p. 1114 ; même appel à un « on » : p. 915 ; p. 1063 ; p. 1116 ; p. 1119 ; la comédie interne au journal devient insidieusement une autre comédie : celle du style naturel, dans lequel les œuvres beylistes seront écrites, et qui d'une manière permanente désavoue l'écriture en la réfléchissant : l'écrivain qui juge, commente, corrige, rature, déplore, arrange ostensiblement son texte, abdique de toute prétention « littéraire » ; le naturel se définit par une absence prouvée de finalité littéraire et de but ; souligner son écriture conduit à la supprimer comme telle ; accentuant le jeu intérieur, et ceci pour le voyage de 1811, qu'il semble bien avoir songé d'emblée à publier, le beyliste le transforme en jeu pour le public, et l'œuvre virtuelle devient œuvre à partir d'un moi auteur qui l'est d'autant mieux qu'il mime les refus de l'être. Ce qui vicie l'intimisme sanctionne la littérature.

représente bien le public virtuel auquel insidieusement le journal est dédié ; ce *on* est souvent convoqué comme garant impersonnel des assertions du diariste, des objections qu'il se réfute, ou des évidences sur lui-même tellement aveuglantes qu'il aurait peu de mérite à les avancer de lui-même. Mais nulle part comme dans le célèbre texte cité il n'a du même mouvement invité et congédié un public, revendiqué et démenti la pureté de l'entreprise intimiste. Cette excuse, ou cette maladroite prétérition, où le narrateur désavoue ce qu'il avance, mais pour mieux l'avancer avec une meilleure justification de ses droits, se signale par son étrangeté ; à quelques pages de là, sans précautions oratoires, cette fois, Stendhal présente un événement d'un égotisme tout aussi singulier et « puant »[1], l'épisode d'une tasse de café à la crème et à la glace, en se contentant d'une justification moins captieuse et moins défensive : elle est pour « moi supérieure à ce qu'on trouve à Paris ». C'est bien l'indice que l'on sort du journal, qu'il va s'ouvrir en effet et devenir récit de voyage, exercice d'égotisme public. L'aveu se faisant prudent ou provocant perd sa fonction d'aveu ; le journal n'assure plus son rôle correctif de la personne, mais un protocole d'exposition du moi. Il ne se cherche plus, il cherche sa manière de se montrer, la figure faussement contrite et directement audacieuse qu'il doit avoir. Il ne cherche plus à se faire, mais à se figurer, et par le jeu du langage et ses modalités indirectes ou suggestives. Et cette mise en scène est à la fois l'apogée et le terme du cache-cache intimiste : pour être intérieur à soi, il faut être extérieur à soi. L'autre stabilise et définit l'ego : d'où les rapports du *je* et du *il*. Le moi se désigne substantivement (« mon âme d'il y a un an »[2]), allégoriquement, par des rôles et des classes d'activités, par des entités qui surgissent sur son théâtre intérieur. L'excès d'intimité avec soi-même conduit à cette sorte d'étrangeté avec soi-même, où par respect, par pudeur, par emphase, une sorte de complicité supérieure rabroue et désavoue l'autre moi-même pour l'exalter davantage, et le placer à distance comme un autre

---

1. *O.I.*, p. 1119 ; même type d'excuse p. 950. L'effronterie de l'aveu, ou l'exaspération de son subjectivisme se mue en *éthos* littéraire marqué par la démonstration de l'arbitraire ; tel est le « pacte » du naturel.
2. *O.I*, p. 1251 ; sur ce jeu des personnes, voir Blin, *Personnalité*, p. 548.

dont on parle, qu'on montre du doigt, comme une merveille surprenante, inattendue, et telle qu'on hésite à décider que c'est moi qui suis ainsi, qui suis elle. Le *je* se dit *il*, soit quand il est gêné d'endosser la sottise d'un moi pitoyable et rejeté, soit quand il jubile et redoute d'avouer de trop hautes prétentions : initialement le nom de guerre beyliste, ou le *Mr. Myself*, ou le *Mocenigo* vaut surtout pour désigner une part élue et choisie, celle des talents littéraires, ou du génie original, ou du cœur. La meilleure part. Comme un amant ne cesse de magnifier l'aimée par les surnoms, ou métaphores qui ne parviennent pas à épuiser ses qualités, la titulature beyliste de même semble reculer devant le fait de nommer, de cerner, de s'approprier les sanctuaires du moi. Cette comédie de coquetterie avec soi-même et même de « scènes » de faux reproches terminées par des réconciliations affectueuses (« ce coquin de Myself dont je pense tant de mal et que cependant j'aime beaucoup »[1]), ou d'agacement sur fond d'admiration, est à la fois le *nec plus ultra* du vertige narcissique, et l'instauration d'identités partielles, mimées logiquement comme une représentation idéale de soi où le moi empirique et labyrinthique de l'intimisme se transcende comme la chrysalide dans le papillon, dans le moi construit et figuré de l'auteur, ou de l'auteur narrateur. Comme le journal fait apparaître le *Mocenigo*, de même le je du journal met en scène le « M. de Léry », voyageur auteur du premier voyage qui est à la fois beyliste et stendhalien ; deux avant-propos font voir ce dédoublement, cette parole par substitution, cette subrogation d'identité qui accomplit l'intimisme stendhalien.

Acceptant d'être un faux nom, un personnage, et se ruant même délicieusement dans cette pseudonymie, ne peut-on pas dire que le beyliste modifie ses rapports avec le langage ? Aucun nom, aucun langage ne peut l'exprimer (même pas sans doute le sabir personnel), par contre il peut exprimer un *nom*, développer ce qu'il implique, devenir son nom. Ou l'on croit dire ce qu'on est, ou l'on est ce qu'on dit ; le langage qui échoue à dire la *réalité* du moi, ne peut-il pas dire sa *vérité* ? Il faut passer de l'aveu intimiste qui prétend sanctionner un passé, à un usage plus impersonnel du langage qui fixe l'identité du moi dans le personnage futur ou idéal qu'il

1. *O.I.*, p. 920.

devient. Et qu'il devient en l'écrivant, par la conversion de
l'intimisme à la littérature, par l'acceptation du langage, par
le dépassement de l'antinomie entre être et écrire, puisqu'il
n'y a plus de schisme entre l'être qu'on est et celui dont on
écrit. Tout se tient en ce point d'articulation essentiel des
divers aspects du beylisme et de ses étapes. Une nouvelle sincérité autorise la synthèse de l'être et du paraître, du vrai et
du faux, du senti et de l'écrit. Par le langage, le malaise
révolté devient activité médiatisée, conciliation (précaire,
certes, et tendue) du moi pur et de ses impuretés, ou relations
du moi et du social, si le langage c'est aussi les *autres*. La
parole, une parole peut enfin contenir, et dire le sujet ; dès
lors qu'on parle et qu'on écrit, le gouffre intérieur, le mal de
la subjectivité indéfiniment blessée et révoltée sont en voie de
fermeture et de guérison. Ce que ni l'hypocrisie, ni la rationalité n'ont pu faire, l'ajustement à soi, et au « monde », l'acte
d'humilité qui permet de *devenir*, de s'identifier à une légalité
autre que soi, l'expérience de la parole et de l'écrit l'ont peut-
être fait.

En ce sens la vacuité du langage relativement au moi n'est
pas cette relation annihilante du moi, décentré du langage et
aboli en lui-même, dont toute une critique actuelle a fait son
thème essentiel. Un très beau texte de Maurice de Guérin de
1838[1] analyse fort bien l'action du langage sur le moi : « Il y
a dans le soin de placer les mots, quelque léger qu'il soit, une
dimension qui trompe souvent les ennuis, et fait qu'on arrive
presque apaisé aux dernières lignes d'une lettre que le
trouble a commencée. » Le langage loin d'exprimer spontanément le moi, ne peut que le traduire, le déplacer, instaurer
de lui à lui une relation indirecte, qui le contraint à un retour
sur soi, à un renoncement où il ne peut se ressembler qu'en
s'éloignant de lui-même, qu'en prenant par rapport à lui-
même distance et hauteur. En fait, Stendhal analysant Burke, en dit autant que Guérin : la douleur directe est indicible,
n'appartient à l'ordre du dire que la douleur *consolée*, où le
chagrin adouci par la conscience du bonheur perdu n'est plus

1. Cité par A. Girard, *op. cit.*, p. 350 ; de même sur le rôle de l'écriture
intimiste chez Stendhal p. 305 et p. 317 : elle vise à une « consistance » du
moi, à une détermination de lui-même ; mais il nous semble que le moi n'y
atteint que par l'apprentissage de l'écrit qui est le vrai *moi idéal* accessible.

le deuil accablant et destructeur du moi, mais le deuil allié à la pitié pour soi, à un retour de l'amour de soi ; distant du mal, et le mettant à distance, le sujet peut le dire, par une sorte de critique implicite où se trouve vaincu « l'excès de subjectivité ». L'expérience de l'analyse achoppait comme on l'a vu sur le fait que la réflexion directe sur soi était par nature pratiquement la perte de soi : par le doute sur son objet qui est consubstantiel à l'attitude rationnelle, par l'esprit de vindicte et de destruction qu'elle contient ; analyser le moi, c'est le rendre sceptique sur soi, et mécontent de soi. S'observer pouvait avoir la valeur d'une « consolation » ; « regarder sa douleur de près », c'est « trouver des raisons de s'affliger moins »[1]. Écrire alors soulage, du malheur comme du bonheur. L'analyse ne rencontre jamais le spontané, le naturel pur, sans le mettre à mal. Tout autre est cette nouvelle expérience qui se dessine d'une sensibilité « tamisée » d'une manière féconde, d'un dédoublement plus nettement créateur. Si peu que la réflexion devienne acte, que la logique ou l'écriture dégage le moi qui est non seulement perception, mais volonté, c'est-à-dire choix et décision d'une « forme » du moi préférable et enviable, « maîtresse » si l'on veut selon la formule si profonde de Montaigne, c'est-à-dire ce point de fixité idéal où le moi se confond avec l'obéissance à son « masque », au sens stoïcien, à une stylisation libératrice et librement élue, alors l'adhésion à soi et au langage devient possible et méthodiquement possible. Beyle le dit fort bien au sujet du pouvoir consolateur de l'analyse « qui détaille » la douleur. Elle diminue, parce que « l'orgueil[2] l'emporte toujours où qu'il se mette ». Ce qui meut l'analyse, c'est un choix d'identité, souffrir, subir, ou vouloir ; ou coïncider avec le moi fort, le moi investi comme une formule idéale de soi.

De toutes les variantes de « courage » que le beyliste examine, le courage-vanité pour briller devant les autres, le courage-colère à l'italienne, le vrai sans doute, le plus proche de l'« énergie », sera le courage-devoir, par fidélité envers soi-même, comme paiement de la dette que tout homme qui s'estime a contractée envers soi-même ; ainsi le lieutenant

---

1. *O.I*, p. 648 ; de même p. 644 ; p. 682 ; p. 696 ; p. 674 ; p. 1389 ; *De l'A*, Cl, p. 131 ; *VR*, II, p. 292.
2. *O.I*, p. 542 ; et de même p. 945 ; *C*, X, p. 104.

Louant se jette à l'eau non dans une ruée irrésistible, mais une fois convaincu par sa « conscience » qu'il doit cet acte à son image, à ce qu'il est pour lui-même, aux termes d'une échelle de valeurs qui le subordonne à ce qu'il doit être, qui situe en un certain lieu la part suprême, l'âme, si l'on veut, de sa personne. L'émule moderne du Régulus d'Helvétius (si proche de Julien qui se détermine devant le danger selon des modalités identiques de *devoir* et d'estime de soi, troublées sans doute par « la vanité ») est fort proche de Stendhal lui-même si l'on se réfère à une de ses confidences égotistes la plus surprenante : le 20 décembre 1834, nous disent les marges de *Lucien Leuwen*, le consul de Civitavecchia dut à « midi moins dix minutes »[1] se faire tirer une épine du pied dont il souffrait depuis le 13 ! Il consigne « la joie qui suit l'opération », joie évidemment tout *intime*, et qui est, toutes proportions gardées, « la récompense du courage ». Être soi ici c'est avoir satisfait à une exigence intérieure (morale si l'on veut), avoir voulu être soi.

Mais le journal est acte ; l'acte[2] d'écrire, on l'a dit excellemment, préserve par sa seule valeur d'activité le beyliste de sombrer dans la « dépression » mélancolique, de languir dans l'atonie ; écrire le distrait du « malheur intérieur », et surtout constitue le retournement actif qui le sépare de lui-même, et lui rend confiance dès qu'il éprouve ses forces et sa valeur dans une tension. Dans ce qu'on fait, on s'oublie, c'est-à-dire qu'on se retrouve, une fois brisées la fascination imaginaire et la complaisance à être blessé. Le monologue stendhalien quand il donne une voix au malheur des personnages traduit leur travail de guérison, par la diversion, qui fait échec au « mur de Tancrède » des idées sombres et de l'imagination « renversée » ; ainsi Octave esquive le suicide grâce aux glaces de Saint-Gobain. Le vrai « mal du siècle », Stendhal le sait, consiste à aimer son mal. Or, il n'y a pas de journal qui dise le malheur pur (ni le bonheur pur non plus) ; écrire est une décision, qui implique le pouvoir de « sculpter » son masque. Mais dès lors que la sincérité relève du devenir, et du faire, qu'elle est dans le recours à un moi plus vrai, et dans l'imitation d'un modèle de soi, l'écriture en

---

1. *LL*, P, p. 1557.
2. Sur ce rôle de diversion bénéfique de l'écriture , *O.I*, p. 681, p. 595 n.

devient le mode d'accès privilégié. L'« *understanding soul* »[1] qui peut du dedans, par sympathie, par mimique intérieure, comprendre, c'est-à-dire contenir les autres, doit s'exercer « pour telle passion à volonté pour bien écrire ». Ce qui suppose que « bien écrire » relève d'un mensonge devenu vrai, d'un truquage actualisé en spontanéité ; la condition du « bien écrit »[2] c'est la feinte et la « possession » par soi-même qui autorise, surmontant le schisme hypocrite-sincère, des sincérités successives, délibérées, et empruntées. Mais aussi « bien écrire » est le moyen de ce travail sur soi, le moyen de dégager les masques et personnages élus.

Thibaudet[3] avait fort bien dit que « Stendhal n'est continuellement vrai que la plume à la main » : parce qu'il devient ce qu'il dit, que la discipline plus ou moins suivie du langage et du style selon des modalités de vérité ou de beauté, constitue la seule conciliation de l'histrionisme et de la pruderie sincère. L'être est la « forme » s'il est possible que le style découpe l'immuable et le préférable du moi. Valéry a donc tort lorsqu'il a cru accabler Stendhal en dénonçant la « comédie » du naturel : c'est que la distinction de l'homme et de l'auteur devient une impasse chez ceux qui la maintiennent au profit de l'*auteur* contre ceux qui l'ont admise au profit de l'*homme*. Dans les deux cas, les conditions de la sincérité sont méconnues : elle est le fruit d'une rhétorique et d'un travail, elle est dans le langage et son élaboration où la fidélité à soi comme origine est accordée à la fidélité à la parole comme promesse, et comme contrat. Une « œuvre », a dit Valéry sur ce point incontestable, « exprime non l'être de l'auteur, mais sa volonté de paraître... »[4] : pour être Beyle, il faut paraître « Stendhal ». Il n'y a pas de contradiction, si la parole assure une simultanéité de l'être et du paraître, à la fois et ensemble l'origine et le terme, l'être qu'on est et son mouvement d'adhésion à ce qu'il devient ou veut devenir. Joubert, que sa philosophie met sans doute plus à même de

1. *O.I*, p. 611.
2. L'intimisme contient une conscience esthétique ou rhétorique latente, celle du schisme sensation-perception ; par exemple p. 542, sur l'analyse de la douleur ; se saisir à distance de soi, comme « orgueil », comme passé, comme acte, c'est la condition d'une stylisation possible.
3. *Stendhal*, p. 52.
4. *Œuvres*, I, p. 817.

comprendre directement ce problème, se heurte à la même
difficulté : le langage trahit la vérité, qui est spirituelle et
contemplative ; mais Joubert[1] qui ne peut *faire* un livre, ne
peut s'empêcher d'écrire sans arrêt, comme si accomplir le
langage était la seule manière de le déjouer, vivre la plume
en main la seule manière de rejoindre la vérité. Le langage
cache et dévoile ; il ruine l'évidence et la transparence, et
permet sous conditions d'y revenir. Sous la condition d'un
travail de la spontanéité, sur lequel Joubert a continuellement réfléchi en le pratiquant : n'est *vrai* que le visage
de l'âme que l'on retrouve en le faisant ; la sincérité
est une règle, le naturel une contrainte, une exigence selon un
modèle (divin dans le cas de Joubert), un exercice de l'esprit
et du style en même temps, un travail d'ascèse qui unifie
l'être et le dire selon une vérité idéale. Si l'artiste romantique
et nommément beyliste est si empressé de proclamer sa nature quasi angélique, n'est-ce pas parce qu'il attribue à sa
nature ce travail de dépouillement en quoi consiste la « sincérité », ou même le « naturel » littéraire ? Le langage a son
sens, et cesse d'être aliénant, le « soupçon » littéraire cesse
d'être envahissant, si entre l'impossible dictée du vécu, et en
face, l'ordre pur du langage, se trouve encore le moyen terme, la comédie sincère du personnage et du style. La vraie
parole n'est ni brute ni artificieuse ; le plus réel en elle est sa
soumission à l'irréel, à l'invention permanente du personnage que l'on veut figurer. La vérité n'est pas en deçà d'elle,
dans son origine, son apparente exactitude, mais au-delà
d'elle, dans ce qu'elle représente en se déployant. En ce sens
Joubert pouvait dire que la condition de la sincérité, la possibilité d'exprimer « au juste tout ce qu'on pense ou qu'on a
senti », était « le temps », soit la lente maturation
contemplative qui laisse déposer le réel et laisse le vrai paraître. Le même blâmait Rousseau d'avoir fondé une morale sur
l'« art d'augmenter les passions avec utilité »[2], ce qui est
confondre poésie et morale ; seule la poésie peut en effet diriger, exercer, embellir les passions. Aussi considérerons-nous
comme prometteur le fait que dans le journal, et reniant insi-

---

1. Voir à cet égard l'excellent commentaire d'Alain Girard, *op. cit.*,
p. 224 et sq. sur la sincérité joubertienne comme identique à la spiritualité.
2. *Carnets*, II, p. 610.

dieusement son projet, Stendhal constate qu'il a tort de
« débonder »[1] ses passions en écrivant sur ce qui lui arrive ; il
a tort de confondre « la passion *sfogata* », et le plaisir d'y
céder avec le « chef-d'œuvre » ; car à la relecture « la peinture
de passion » n'est que « commune ». Ou encore qu'analysant comment il a dissipé la tristesse d'une scène macabre
qu'il vient de voir en racontant une histoire[2], il note qu'il dut
sa distraction à une sorte de distance avec soi, de dépersonnalisation de nature « romancière » ; en s'identifiant au
héros de l'histoire, et surtout au personnage du conteur qui a
le « plaisir » de faire réussir son récit, il a travaillé à être un
autre pour revenir à soi, il est sorti de soi pour rentrer en lui-même.

1. *FN*, II, p. 373.
2. *O.I*, p. 777.

CHAPITRE X

D'une linguistique beyliste
(Stendhal dans la grammaire générale)

Mais dans tout problème le beylisme recourt à la rationalité : étape inévitable, fondatrice par ses traces et les données durables qui en sortent, embardée aussi sous sa forme extrême qui écarte le beyliste de sa voie. Inévitablement le langage sera l'occasion d'une telle démarche : le compromis qui aménage le langage, sera d'autant mieux instauré que le langage pourra être supposé l'objet d'une élucidation totale et par là d'une domination par le sujet. Il s'agira autant d'en faire selon les voies de l'idéologie le moyen infaillible d'une pensée fatalement véridique, de confondre l'énoncé avec la notation « de ce qui est », que d'en éclaircir si totalement les tenants et les aboutissants que le parcourant d'un bout à l'autre, le moi ne trouve que des données sans mystère, et davantage, des données lavées de tout soupçon d'irrationnel et de traditionnel. Connaître le langage, c'est en fait pouvoir le recommencer, et de fait, le recommencer pour soi-même. La difficulté à se confier au langage va-t-elle trouver sa solution dans une « linguistique » rationnelle qui disant ce qu'est en soi le langage, et la parole, permet d'en maîtriser l'« être » et le maniement, en vue d'un usage certain, et tel que le moi en fasse son outil, son domaine, l'annexe de son vouloir et de sa subjectivité, qui ne le trahisse pas, mais assure son pouvoir, et ceci sans qu'il ait à sortir de soi où à se convertir à un autre ordre. Savoir sur l'homme, la « linguistique » idéologique autorise à penser qu'il n'y a plus de secret dans l'homme, qu'une parole faite par lui et pour lui est possible, qu'elle se confond à la fois avec la vérité, et avec le sujet humain ou personnel, comme auteur premier et dernier du langage. En ce sens la rencontre de Stendhal avec la « grammaire générale », dénoue la révolte contre la parole, et la perpétue en donnant à la connaissance du langage, et au « positivisme logique » qui en résulte une valeur prométhéenne[1], puisque par l'idéologie tout homme devient coauteur du langage, et se trouve déterminé par lui en le déterminant. Tel est le remède idéologique et méthodique à la crise du moi et du langage. Mieux vaut vaincre le langage que d'être vaincu par lui : l'idéologie inverse les mauvais rapports initiaux, sans pourtant les annuler, car la connaissance vise à contrôler ce qui gêne, ou tyrannise, donc à le supprimer, à le neutraliser du moins, à le rallier à une nécessité dans l'usage contrôlé (je peux savoir comment je parle, donc en tirer un pouvoir presque absolu de parler), qui le rend identique à la chose et au moi. Identique, ou plutôt même homogène : le système de signes idéal somme toute *est* le savoir et ne se constitue pas d'une manière différente. D'où le risque de n'accepter le langage qu'à condition qu'il n'existe pas et se dissolve dans la pure signification. Dans la pensée de l'« école » que Stendhal[2] prend à son compte, sentir, penser, parler, sont une même chose, sous trois noms ou trois formes différentes ; ou bien le style n'est que la perfection du système grammatical. Tout se *déploie* à nouveau, sans saut et sans rupture ; le discours que l'analyse va fonder, n'est qu'un autre nom de la pensée. Dans ce privilège permanent du « signifié », le langage acceptable tend à disparaître dans la pensée au profit d'une évidence logique et sensible où le discours se fait invisible. Il traduit la pensée comme si lui-même n'existait pas : tenu de s'ajuster au fait, de s'effacer devant la chose, il ne fait que noter l'empirique ou le logique.

Cette sorte d'inclusion du langage dans la représentation[3]

---

1. D'où l'inquiétude de Bonald, *Théorie du pouvoir politique et religieux*, 1843, I, p. 73, « si l'homme a fait lui-même sa parole, il a fait lui-même sa pensée, il a fait sa loi, il a fait la société, il peut tout détruire ».
2. Voir sur ce point le bon résumé de Rastier, *Idéologie*, p. 11-12, qui met au net le lien des idées et des signes chez Tracy, et le rapport entre *idées*, *grammaire*, *logique* ; « L'idée étant l'unité élémentaire, un signe recouvre plusieurs idées, et un raisonnement plusieurs signes » ; sur l'origine de la rationalisation, du langage, voir Gusdorf, III, p. 335 et sq.
3. Voir Blin, *Personnalité*, p. 487, sur le rôle de « moyen », non de forme, du langage.

ne va pas manquer, disons-le tout de suite, de provoquer de nouvelles contradictions. Si le langage est une autre version de la vérité, il est aussi convention, et lors même qu'il tend à s'abolir, à se fondre dans les catégories de la pensée, il tend inversement, comme parcelles sonores convenues qui *sont* des pensées, à rester essentiellement suspect. S'il est convenu, l'on ne sera jamais sûr que les modalités de la convention sont suffisamment explorées et définies : il faut un langage idéal, et l'échec de l'idéologie relativement à Condillac est d'achopper sur cette conséquence inéluctable de la doctrine. L'unité pensée-langage se lit dans les deux sens : les mots qui décomposent la pensée, la réveillent, la provoquent ; bien qu'ils ne soient que diverses fonctions du jugement, ils ont inversement le pouvoir de faire le jugement, de le mettre en mouvement. A la pensée-langage, s'unit un langage-pensée, d'où l'obsession de voir la psyché réduite aux mots, jouet des mots qui la meuvent et l'orientent par leur propre pouvoir ; la pensée a cru maîtriser le langage en se l'annexant, et c'est le langage qui a fait la conquête inverse. En se libérant des mots, en niant qu'il y ait des mots, différents dans leur être de l'évidence, on aboutit à dire aussi bien qu'il n'y a que des mots, à généraliser leur empire, et à les faire agir par leur propre poids dans une inquiétante expansion du verbalisme. Le matériel verbal qui s'efface devant les idées et les faits *revient* encore plus malveillant ; la vigilance du beyliste tout entière gendarmée contre la tromperie sociale (les mots, c'est les *autres*) ne pourra que soupçonner anxieusement le primat des mots sur les choses, de la rhétorique sur la vérité, en constatant que la parole et l'écrit tendent invinciblement à disjoindre et à opposer les mots et les choses, tout en conservant aux mots le pouvoir de se faire passer pour des choses. Ensuite ce sera la même impasse qu'avec la logique : le moi unifié par elle se trouve par elle aussi privé de toute profondeur ; il acquiert bien une sorte d'unité, sinon de nécessité, mais en s'amputant de lui-même.

Les critiques contemporaines de Stendhal du sémantisme condillacien remarquent de la même manière que si le moi *est* sensations et mots, il perd son intériorité, sa possibilité de vouloir et d'être au plus intime de lui-même un sujet. *On* sent

en lui, *on* parle pour lui[1] : le même retour de la forme en fait
l'épiphénomène du langage. Il n'est que ce qu'il dit, il est ce
qui se dit en lui. Ainsi Helvétius peut très bien admettre que
ce sont les mauvais effets (provisoires bien sûr) des gouvernements et du langage imparfait qui rendent les esprits
inégaux : avec une bonne méthode, il n'y a plus de génie, il
n'y a que des génies. Où est donc le moi s'il n'est que mouvements organiques et langage ? Toute la critique de Condillac
restaure la dualité du sujet, sa disproportion avec le langage,
revient à un antiformalisme rigoureux cette fois, qui empêche
le retour en force du signe pur. Relativement à l'expérience
intérieure ou extérieure, il va se signaler par son insuffisance, il est moins que le sujet. Comment Stendhal pourra-t-il
limiter la conscience du langage, et la déborder ? Si je suis ce
que je dis, comment puis-je faire la part du formulé et du
non-formulé, trouver au-delà des mots une part de non-dit ?
Le langage n'est pas ma liberté, il faut qu'il devienne compatible avec un travail propre et intérieur, sinon secret, du moi.
C'est poser par là même le problème de l'invention : elle doit
se distinguer du travail logique, et de sa forme grammaticale[2] ; ou bien alors l'invention de l'inconnu, semblable au
jugement condillacien voué à répéter l'identité, n'est que
combinatoire et distribution. Le piège de l'idéologie est en
effet d'emprisonner toute invention dans les possibilités
logico-verbales déjà données. Tout le problème sera de restaurer l'inconnu, et l'inconscience dans le langage.

Ceci posé à titre de préambule, il est vrai que le trouble de
la communication conduit Stendhal à adhérer fortement aux
principes linguistiques de l'idéologie. La parole, on l'a vu,
trahit le moi, dans la mesure où elle n'implique pas sa réponse ; le langage pour éliminer la blessure de l'incompris doit
être nanti d'un efficace qui rende infaillible ce que le moi dit
de lui-même, et qui restreigne le schisme entre ses intentions
et sa réalité objective. Il faut être sûr de ce qu'on dit, ou
entend : le premier travail qui rend le langage possible

1. Cf. Sieyès, cité par Sainte-Beuve, *Lundis*, V, p. 197, « nos langues sont
plus savantes que nos idées ».
2. Cf. Condillac, *Corpus*, I, p. 421, sur la grammaire, « système des
mots qui représentent le système des idées dans l'esprit » ; l'art d'écrire
est « le même système porté au point de perfection dont il est susceptible ».

est de le rendre sûr, de le fixer, de le « déterminer » comme a dit J.-P. Richard[1]. Le principe du sincère, selon Gide, c'est que « jamais le mot ne précède l'idée, ou bien que le mot soit toujours nécessité par elle »[2]. A ce prix la parole proférée est soustraite aux conventions et au hasard. Le beyliste pour se confier au discours doit être rassuré sur ce qu'il va dire, sur son résultat, savoir à l'avance à quoi il va aboutir comme sens et comme évidence agissante sur autrui. Un texte intéressant sur *Tartuffe*[3] le dit bien : dès qu'il faut « persuader », dès que toute relation avec autrui n'est ni domination ni sympathie immédiate des cœurs, « l'évidence » est « notre grand appui dans notre action sur les autres hommes, l'appui au moyen duquel nous marchons souvent au bonheur ». Or cet appui peut manquer dans le « plus pressant besoin », autrui peut s'aveugler à la vérité, ou nous pouvons en rater l'exposition. Dérobade angoissante qui renvoie le moi au sentiment de sa séparation inexprimable, de son impuissance sur autrui : l'évidence, substitut de la pure communication amoureuse, n'est même pas sûre, et elle seule permet qu'une vérité soit équivalente dans deux consciences. Faut-il donc comme le dira Valéry se résigner à ne plus confier au langage ce qui ne peut se prouver, « ce qui ne se raccorde pas par une chaîne d'expériences personnelles possibles au présent actuel » ?

En fait l'idéologie fournit un idéal de communication parfaite ; n'est-elle pas en dernière analyse une réflexion sur la langue de la science, ou la science comme langue ? Aux conditions qu'elle expose, elle montre qu'une relation sans secret, sans malentendu, sans techniques d'influence de mauvaise foi est possible ; une relation où tout ce qui serait donné et reçu serait contrôlable. Avec l'idéologie, le retour de l'idée et sur l'idée est toujours faisable, ce qui est dit par un homme peut être tel quel reçu par un autre ; l'idéologie n'est qu'un système de contrôles permettant une communication complète et sûre, celle que Stendhal identifie à la rapidité de l'accord et de l'évidence entre personnes que ne déforme ou ne

1. *Op. cit.*, p. 94.
2. *Journal*, I, p. 27 ; voir Valéry, *Cahiers*, I, p. 423, contre les mots à ne pas dire, et pour l'élimination de « tout ce qui ne se raccorde pas à une chaîne d'expériences personnelles possibles au présent actuel ».
3. *RetS*, p. 309.

sépare ni préjugé ni intérêt, et qui avec des délais différents à mesure qu'on s'éloigne de la pure mathématique, parviennent à la même pensée[1]. Être sûr du langage, c'est être sûr d'autrui, sûr d'une relation construite dans l'égalité et l'évidence. Instaurer une symbolique certaine et précise, stoppe entre autres résultats les entreprises d'intimidation et de tromperie qui jouent du vertige verbaliste et *toujours* d'une hypertrophie de la forme quant au fond. Le bon, le vrai langage, bannit l'irrationnel et sa magie, et l'artifice ; il est innocent, indifféremment (en principe) « naïf » et « logique », selon la coïncidence condillacienne de l'algèbre et de la sensation, des mathématiques et de l'instinct, de la nature et de l'*artifice* perfectionné[2], ou de l'activité sémiotique spontanée et de l'artificialisme dernier. Le langage qu'on a vu si inquiétant et si malmené par le beyliste qui craint d'en être la victime, va alors devenir le lieu possible d'une synthèse et d'une unification du moi ; le moyen non seulement de s'entendre, mais aussi si j'ose dire de s'attendre, c'est-à-dire par le strict contrôle du langage, de le rendre adéquat à ce qu'on veut dire, à la chose à signifier, à l'intention de la signifier. L'effort de vérité peut n'être qu'un effort portant sur les mots, un effort de purification du langage qui le rende identique à lui-même et à sa mission, et par là un effort pour réaliser une communication de soi qui anticipe sur sa fin, et élimine le désaccord des consciences.

Plus profondément, et plus dangereusement pour ce qui concerne la littérature, la parfaite domestication du langage, puisqu'elle promet de rendre ce qu'on dit égal à ce qu'on veut dire, ce que je suis pour moi égal à ce que je vais être pour autrui, ou moi-même égal à ma conscience de moi, permet de triompher de l'imprévisible et de l'inconnu ; ce que le moi aura dit sera ce qu'il avait à dire. La logique supprime dans le maniement de la pensée toute direction d'intention et aussi bien toute interpellation impromptue de la vérité. L'analyse convertit le moi au vrai et le vrai au moi et à son immanence : dès lors pour qu'un sentiment soit réel et profond, il faut qu'il soit hors de la conscience et s'y insinue par un coup de force. De même pour le langage : bien manié, il interdit tout jeu

1. Cf. *PR*, II, p. 205 ; c'est exactement le contraire de la rhétorique.
2. Cf. *Essai*, éd. Derrida, p. 19-20.

entre les mots et moi, tout débordement intentionnel de la
vérité par les mots (ce qui va être pour Stendhal la rhétorique, ou le mauvais style), ou tout « torpillage de l'idée au sein
de la phrase qui l'énonce, quand bien même cette phrase
serait nette de toute charmante liberté prise avec son sens »,
selon la formule d'André Breton, « décidé à magnifier la brutale révélation au sein même de l'expression et grâce à ses
surprenants détours ». Interdire au langage de me devancer,
comme de demeurer en retard sur moi, d'agir par lui-même,
comme de laisser le moi démuni d'expression, telle serait la
possibilité ouverte par une domination stricte du langage qui
en fait non plus un moment de la division du moi, mais une de
ses procédures d'unification consciente. Unification qui peut
aller jusqu'à la volonté de dominer aussi l'invention, l'avènement de l'inconnu à partir du connu. Comme nous avons ailleurs tenté de l'analyser, la domination du langage peut se
faire en deux sens, par la voie idéologique, où le signe, sans
cesse sommé de tendre au symbole logique, a une valeur
absolument sûre et définie, telle que son sens, et ses règles
d'emploi, sa fonction et sa teneur en vérité soient identiques,
que sa signification peut-être pauvre soit rigoureusement
cernée (alors le segment du discours, la pensée, la vérité
objective sont la même chose) ; ou par la voie musicale,
l'autre extrême de l'unité où le signe a une signification si
totalement libre que le sujet en est le maître, et lui associe ses
rêveries si arbitrairement qu'il s'abolit dans le pur monologue du moi avec lui-même. Ou le langage est pris dans l'unité
moi-raison, ou il est pris dans l'unité moi-image.

Que la théorie des signes ait donc cette importance pour le
projet beyliste, explique l'intérêt de Stendhal pour la « grammaire générale ». On a peut-être sous-estimé son adhésion à
cette partie fondamentale de l'idéologie : n'a-t-il pas manifesté moins d'enthousiasme pour la *Grammaire* de Tracy que
pour la *Logique*[1] ? Encore faut-il ajouter que son initiation à
la théorie du langage avait déjà été faite à l'École centrale

---

1. Par exemple *C*, II, p. 137, où il conseille à Pauline de « sauter la grammaire ennuyeuse et de lire tout de suite la logique » ; mais *C*, II, p. 48, il
avoue donner à Mélanie des leçons de grammaire ; cf. *O.I*, p. 130, son
grand-père avait les œuvres de Court de Gébelin ; il mentionne aussi Thurot (*SE*, p. 53) ; il a dû lire P. Prévost (*FN*, II, p. 169) ; il cite Rivarol
(cf. *RetS*, p. 209 et Del Litto, *Vie*, p. 588 et n.).

par l'abbé Gattel[1], et que sans attendre Tracy, il avait reçu de Hobbes le grand ébranlement : recopiant avec soin les paragraphes de *De la nature humaine* consacrés au langage, il enregistrait avec joie, « Hobbes est le premier chez lequel je trouve cette science sur les mots qui est le sublime du genre[2] ». Et l'on ne doit pas mesurer l'influence des théories linguistiques de l'idéologie par les simples mentions contemporaines de la première lecture de Tracy. Car son effet visible se produit des années plus tard, en 1818, quand le beyliste est tenté d'intervenir dans les débats sur la langue italienne[3]. Alors, aidé à coup sûr par les traductions en italien de Tracy, il retrouve d'emblée et sans peine ses lectures de jeunesse, et renoue si simplement avec les thèses de la grammaire générale qu'il faut bien admettre qu'elles n'avaient jamais cessé de rester vivantes et présentes en lui : intégrées au beylisme comme une de ses composantes essentielles, il n'a pas à les apprendre, seulement à les reprendre. C'est au nom de Tracy, et du nécessaire recours à une réflexion idéologique comme prélude à toute grammaire, qu'il entend intervenir dans un débat qui à ses yeux manque essentiellement de doctrine, et de science des idées[4] ; davantage, si Monti se réfère à des grammairiens philosophes, il a le tort de ne pas mentionner les meilleurs et les plus récents ; il en est à Condillac, Dumarsais, Beauzée, c'est-à-dire à une préhistoire de l'analyse des langues, avant « la

---

1. Cf. *O.I*, p. 223 et sq. et p. 176 ; Arbelet, *Jeunesse*, I, p. 283 et Alciatore, « Stendhal et l'étude des langues », in *French Review*, 1950 ; il semble avoir retenu de cet enseignement l'idée que les langues ayant des principes communs, leur apprentissage relevait d'une seule méthode directe ; un Fiévée (*Correspondance et relations avec Bonaparte pendant onze années*, 1836, t.I, p. 40) conteste violemment l'enseignement de la grammaire générale et se plaint du déclin de la grammaire pratique et normative.

2. *J. Litt.* I, p. 363 ; le *Rapport historique* de M.-J. Chénier (1815, p. 2) s'ouvre par le bilan de la grammaire générale et l'exposé de son rôle comme base de toute pensée, parole, écriture.

3. Cf. P. Martino, « L'ouvrage de grammaire de Stendhal », in *Giornale storico della let. Italiana*, 1923 ; R. Vigneron, « Deux pamphlets milanais de Stendhal », in *Mod. Philology*, 1942, pp. 182-183, et 189-192 sur les emprunts à G. Compagnoni, la velléité de lui soumettre le texte, et les dettes envers Tracy ; voir *J. Litt.*, III, p. 81-85 et p. 95 n. ; les conditions de rédaction de cet opuscule sont dans Del Litto, *Vie*, p. 589-592, qui retient les autres influences (Johnson, Boswell) et insiste bien sur le grief majeur, l'ignorance philosophique d'un Monti.

4. *RetS*, p. 232 ; p. 245.

révolution » analogue à celle de Lavoisier[1] qu'a faite Tracy, et avec lui l'Institut des premières années du siècle. Alors que son ami Fauriel est déjà l'introducteur en France des nouvelles théories sur les langues, le sanscrit, etc., le pamphlet de Stendhal s'il avait paru, eût été, avec certains textes de Volney, le dernier tenant de la grammaire générale. Pour lui la science du langage, comme indexée absolument sur l'« histoire de la génération et le développement de nos idées », est définitivement close avec les « grands analystes français »[2] parmi lesquels il range outre Tracy, De Gérando, Biran, Volney, et auxquels il joint quelques Anglais. Monti est à « quarante ans » en arrière, mais lui met le point final de la science du langage à quinze ans de là. Clé de toute langue, la théorie idéologique, caractéristique de l'âge de l'analyse et de la critique, vient en dernier, comme ultime effort de la raison, qui fait accéder au stade rationnel « l'art de bien exprimer ses idées dans une langue »[3], et soumet au directivisme humain le maniement et le perfectionnement des langues. « Science générale de l'expression des idées », la grammaire générale est un stade très avancé du savoir, celui qui requiert les meilleurs philosophes, les « meilleures têtes » d'une époque et d'un peuple, qui indifféremment théoriciens et praticiens, sont à même de légiférer en matière de langage. Si la chimie a atteint la « scientificité » par son langage, les langues modernes, si elles adaptent à leur « génie particulier » la « Grammaire générale de l'immortel comte de Tracy »[4], ne manqueront pas de parvenir à la perfection. C'est donc avec retard, mais avec autant de ferveur et de dogmatisme, que l'adhésion de Stendhal aux thèses linguistiques de ses maîtres devient *visible*. En fait il a toujours été entier, important, agissant, et si l'on sait interpréter ce que signifient toutes sortes de thèmes beylistes en ce domaine, l'on mesurera jusqu'où va son accord fondamental.

Il faudra dire d'abord que la vision du langage à laquelle il souscrit relève d'un « individualisme » conséquent, (sinon d'un égotisme) si l'on veut bien jouer du double sens, logique

1. *RetS*, p. 258-259.
2. P. 257.
3. *Ibid.*, p. 245.
4. *Ibid.*, p. 210.

et personnel, du mot, double sens qui recouvre si l'on veut les catégories de « romantique » et de « réaliste », au sens esthétique, soit la double vocation à dire le sujet singulier, ou l'objet unique, à ne placer l'exercice des mots que dans la seule dimension de l'être individuel, qui est seul de son espèce, seul réel, seul dicible. Nominaliste donc, Stendhal le serait si l'on suit l'analyse de Jean Largeault[1], puisqu'il unit à une politique libérale, à un atomisme social qui exclut toute transcendance de la société par rapport aux individus qui la composent, une « linguistique » qui induit une « ontologie qui ne comporte que des individus ». Le « criticisme » du révolté eût été imparfait s'il n'avait pas dans le langage aussi exploré les conséquences générales, et nommément littéraires d'une négation de toute essence, de tout concept général, et du primat de l'expérience individuelle et du fait concret. Non réductible au « moi », le langage l'est néanmoins à l'individuel : en ce domaine, et sans sonder à une profondeur excessive des implicites et des impliqués, l'on reconnaîtra que tout se tient. Si Stendhal évoque la nature du langage, c'est invariablement, par exemple, pour le ramener à l'état d'« habitudes très profondes », ou en dernière analyse de « convention », ou d'ensemble de « signes convenus pour représenter les idées »[2] selon un contrat social qui attribue telle valeur à tel vocable, et ne porte que sur des questions de fait : « chacun parle pour soi »[3] ; le langage se réduit à l'usage qu'on a décidé d'en faire. D'où la pointe contre tout « réalisme » qui voudrait interpréter les mots comme des oracles ou des messages de vérité : les genres des mots relevant de l'habitude, comment tirer une conclusion sans absurde du fait que l'« Église » est du féminin[4] ?

C'est donc un fait remarquable, et qui oriente à long terme le beylisme et la littérature, que Stendhal ait dévotement recueilli dans Hobbes[5] l'idée que les mots sont des « marques », analogues aux balises des marins, soit « des

1. *Op. cit.*, p. 5-12 et p. 18.
2. *RNF 17*, p. 89 n. ; p. 224 ; *Marg.*, II, p. 23 ; *RetS*, p. 160, p. 161 n. ; p. 207 ; p. 224 ; p. 228 ; p. 363-366.
3. *RetS*, p. 228.
4. *De l'A*, Cl, p. 233 et n. ; et Tracy, II, p. 73 sur l'arbitraire des genres attribués abusivement aux noms quelconques.
5. Voir *J. Litt.*, I, p. 363-364, et Hobbes, V, § 1-6.

objets sensibles », arbitrairement et volontairement choisis
comme moyens de rappel des choses, ou des images et
conceptions qu'on en a. Marques grâce auxquelles un peu
d'ordre et de cohérence est introduit dans le chaos des sensations. Dès lors le mystère du langage est éclairci sur le mode
du « ne... que », à coup sûr, mais en tout cas radicalement.
Réduit à un rôle fonctionnel, et *utile*, pure procuration des
choses, « étiquette » posée sur elles, le mot, comme expression de l'idée, elle-même étant l'expression de ce qui est
empiriquement, n'est qu'un artifice instrumental totalement
élucidable, qui doit être référé pour être percé à jour, et compris autant que jugé, à son origine, la genèse des idées, et à
sa fin, les lois de la communication et de la pensée. L'instrument linguistique se réduit comme ensemble de signes sensibles et arbitraires à son rôle de commodité : il lie, excite,
formule les pensées. Il n'est que ce qu'on en a fait, il ne
contient que ce que l'homme y a mis. C'était là pour Stendhal
aussi bien l'héritage de Locke que de Descartes, s'il est vrai
que Condillac est fidèle à l'idée que le langage *n'est que* du
sensible, des impressions renouvelant des impressions ; les
signes relèvent d'une analyse psychophysiologique qui
d'un côté permet de comprendre leur fonction mécanique
de rappel et de représentation. Pour le reste, qu'ils se
résolvent à une puissance convenue d'incitation, de représentation, d'information, c'était unanimement l'opinion des
maîtres de Stendhal : Helvétius, pour qui le mot, indice
des rapports entre les objets, est un « tableau », qui produit une impression, « une manière plus courte et plus
abrégée de réveiller l'attention de la société »[1], Hérault de
Séchelles[2], Duclos[3], pour qui les mots ne « sont que les
signes des idées », Volney[4] qui, reprenant l'anecdote d'Hérodote sur l'origine des langues, s'étonne qu'on ait pu penser que le langage était né d'un « instinct naturel » et
non d'une convention sociale expresse, Lancelin[5] enfin, et

1. *De l'H.*, I, p. 116-117 ; cf. Keim, *op. cit.*, p. 535.
2. *Ambition*, III, § 22.
3. *O.C.*, 1820, I, p. 312.
4. *O.C.*, I, p. 381-382.
5. Voir I, p. 352, est « langue » tout art d'exprimer des idées : le dessin
comme le télégraphe ; I, p. 309, sur l'existence des notions complexes
réduites au signe qui les désigne et qui est fait sur la collection des éléments

Tracy[1] qui définit les mots comme des « notes permanentes attachées aux idées », qui les fixent et les perpétuent, et telles que « nous raisonnons avec des mots sur des idées faites par des jugements sur des souvenirs ». Comme l'idée n'est que du sensible plus ou moins transformé[2], le signe n'est aussi que du sensible dont le rôle a été codifié dans la double finalité d'organiser le savoir et de le transmettre.

Stendhal aussi enregistre et retient l'idée que les *noms* ne sont que la désignation de faits de pensée, de *mouvements*[3] de l'intellect, dont le bilan est définissable, et l'origine connaissable ; ils expriment des « résultats »[4], et non des « éléments », ils suscitent une « image » ou réveillent des souvenirs composant tout le matériel mental en fonction des modalités diverses de l'abstraction, ils abrègent une « foule d'idées »[5], si bien qu'une idée peut être exprimée en vingt mots ou en un seul, mais celui-là doit pouvoir être développé au moins mentalement et être considéré par celui qui s'en sert comme un emboîtement de parenthèses qui sous chaque expression, en explicitent les données et les « circonstances » auxquelles elle renvoie ; bref le mot vaut très exactement pour une certaine « valeur démontrée d'avance »[6], et la « force de tête » est la capacité à conserver présent en nommant le savoir dont le nom est le résumé, le sommaire implicitement rassemblé. Du mot il faut donc pouvoir redescendre

---

primitifs ; cf. Diderot, *O.C.*, t. VIII, p. 232, sur la nécessité pour les mots de « se résoudre en dernière analyse à quelque image sensible » ; l'on retiendra le mot de Chamfort (GF, p. 73), « c'est une vérité reconnue que notre siècle a remis les mots à leur place ».

1. III, p. 329.
2. II, p. 146 : il s'agit de « rechercher ce que les signes sont aux idées et comment ils naissent de nos opérations intellectuelles » ; cf. *O.I*, p. 585, qui se réfère à ce texte de Tracy (I, p. 376), « quand l'idée est une fois liée à une sensation, elle frappe aussi vivement, aussi facilement que cette sensation » ; *J. Litt.*, I, p. 435, selon Hobbes, « les noms sont seulement liés dans notre tête avec les images ou conceptions ».
3. *RetS*, p. 241 : tout signe joint à une idée établit un mouvement cérébral, et le mot « six » prononcé et entendu, « ébranle assez fortement toute ma personne ».
4. *Molière*, p. 225 ; sur le mot-image : *FN*, I, p. 285 (selon Hobbes) ; II, p. 140 et sq ; *J. Litt.*, I, p. 367 ; *FN*, II, p. 54 ; cf. Tracy sur cette valeur du mot, I, p. 342 n.
5. *C*, II, p. 137-138, et le même texte sur l'arbitraire du signe qui n'est qu'un abrégé convenu d'idées ; *C*, I, p. 205.
6. *FN*, I, p. 195.

au savoir qu'il mobilise, à la collection d'idées qu'il représente, pour effectuer réellement le système de transformations dont il est capable. C'est très exactement ramener le signe aux opérations qui l'ont fait, exiger qu'il n'y ait de valable que le signe se rapportant à une opération, thèse cardinale du nominalisme[1] pour qui les mots ne peuvent désigner que des instruments de pensée, ou des objets réels et vérifiables. L'entité abstraite n'est qu'un rapport, une relation posée par la pensée, tout mot ne désigne qu'un acte de la pensée, et des règles d'usage et d'efficacité : par là le nominaliste radicalement hostile à tout absolu humain, entend reconquérir à chaque pas sa liberté sur les « produits » du savoir ou du langage, ne pas se laisser dominer par les systèmes symboliques, et les ramener à leur fonction de modèle provisoire, ou d'outil, bref à rétablir la puissance de l'homme sur ses créations, qui le menacent s'il croit que le langage est un ordre en soi, la convention une nature, les concepts une réalité. Tout mot, comme savoir engrangé et observable, ou comme outil mental et grammatical doit présenter un solde positif et certain[2] ; il renvoie à un pouvoir de l'esprit (on sait chez Hobbes l'immense portée de la notion de pouvoir) monnayable en objets, en opérations, en actions. On doit de tout signe pouvoir dire de quoi il est le remplaçant, le substitut, *pour* quoi il est mis. Lavoisier dans un texte célèbre disait que « le mot doit faire naître l'idée, l'idée doit peindre le fait, ce sont trois empreintes du même cachet »[3] ; bref, un mot indique la méthode à mettre en œuvre pour en vérifier la valeur observable, ou les règles de l'emploi que l'on peut en faire. Le savoir c'est le pouvoir, et le langage est ce pouvoir, pouvoir acquis si l'on sait restituer la genèse et la formation de tout terme, pouvoir futur aussi bien.

Loin de signaler une quelconque passivité du moi, le langage est ainsi au contraire ramené à un point de départ strictement humain. Mais davantage, en lisant Hobbes, Stendhal notait encore l'explication des noms abstraits et généraux ;

1. Voir Largeault, *op. cit.*, p. 67 n., p. 89 et p. 62.

2. Voir Largeault, p. 4 sur le concept pour le nominaliste ; de même p. 4 et p. 246 ; le nominaliste revendique la puissance de l'homme sur ses créations, « la liberté n'a pas à s'incliner devant ses produits », en particulier les systèmes symboliques.

3. *Œuvres*, 1864, t.II, cité par Largeault, p. 205.

que plusieurs choses soient regroupées sous des noms universels disait son auteur, ne signifie pas qu'il y ait des « choses universelles » ; il y a bien « Pierre et Paul », qui sont des hommes, il n'y a pas « l'homme en général »[1], la dénomination générale ne doit pas être prise pour « la chose qu'elle signifie » ; en fait « il n'y a rien d'universel que les noms... ». La dénonciation de l'idole « réaliste » du mot s'accompagne explicitement selon le credo nominaliste fondamental de la définition de l'idée *générale*, représentation collective d'individus, définition qui elle-même suppose qu'il n'y a que des individus. Le langage n'est pas plus « général » que les êtres singuliers ; malgré les apparences, c'est à eux et eux seuls qu'il renvoie ; son seul gage, c'est l'expérience toujours individuelle (« rien n'est identique »[2]), et le travail (qu'on peut refaire et vérifier) sur elle. Une « ontologie », si le mot a encore un sens, individualiste soutient l'analyse nominaliste ; comme l'a dit Pierce[3], la question de savoir « si le genre *homo* a une existence distincte de celle des individus humains n'est autre que celle de savoir s'il y a quelque chose qui ait plus de dignité, de valeur et d'importance que le bonheur individuel... ». Dire l'homme au singulier, dire l'objet dans sa particularité, dire l'instant dans sa valeur unique, rompre avec un langage qui se bornerait à classer, et à intégrer le sujet et l'objet dans une catégorie, tout ceci n'est-il pas possible si l'on se rallie à une conception du langage, fondatrice d'un pacte de l'individu et des mots, selon laquelle il n'y a pas d'élément du langage qui ne puisse en dernier recours être identifié à un individu ?

C'est à Ockham que Largeault[4] fait remonter la lignée des penseurs qui « poseront que la seule fin de l'homme est la satisfaction de ses désirs, et termineront en identifiant le droit et l'utile » ; l'essentiel c'est en effet le rapport de la lin-

---

1. *J. Litt.*, I, p. 364 et Hobbes, V, §§ 5-7 ; de même, mais selon Tracy sur le *rouge*, *J. Litt.*, II, p. 186 ; *FN*, II, p. 140-143, même idée, due à Brissot cette fois.
2. *FN*, II, p. 40 ; cf. Largeault, p. 182, « pour un empirisme nominaliste, l'expérience ne nous livre que des individus ».
3. Cité par le même, p. 135.
4. *Id.*, p. 154, qui fait le lien entre Ockham et Bentham ; sur l'aspect politique du nominaliste et son lien avec le libéralisme, puisqu'il n'y a pas d'ordre qui préexiste ou se surajoute aux parties, pas d'entité collective qui transcende les individus, voir p. 180-182.

guistique et de l'éthique, le fait qu'en rejetant les universaux, en ramenant l'universel à un simple travail effectuable et au rôle d'instrument de pensée, dont la dénotation une fois explicitée se réduit à des individus, on libère l'individuel de sa situation d'accident, ou en morale du poids des valeurs objectives et des exemples idéaux ; la sincérité se prononce comme une morale de l'intuition immédiate qui se passe dans la constitution de l'identité de toute référence « générale » : le nominaliste ne croit pas plus aux concepts qu'à l'esprit de sérieux d'une éthique qui se résumerait dans l'imitation d'un modèle supposé absolu, et transmetteur d'une existence absolue ; c'est là l'hypocrisie, la fausse éthique du « rite », l'illusion que l'on puisse *être* par l'assimilation à un modèle extérieur et transindividuel, sinon transcendant. Le problème des idées abstraites (elles ne sont pas *générales*, puisque leur validité est individuelle), c'est le problème de l'*ordre*, ordre social qui, se surajoutant aux parties de la société, c'est-à-dire aux individus, les contraindrait à quitter leur intérêt propre pour adhérer à celui d'une entité collective, et ferait une obligation de la conversion ou du sacrifice du particulier au général ; ordre linguistique aussi, puisque les mots ne pouvant dire que ce que dit l'expérience, aucun nom ne sera admis que si l'objet qu'il désigne peut être traité comme une réalité individuelle. Derrière le mot général, en apparence séparé du sensible, il n'y a, si la dénomination est bien faite, qu'un usage général d'une représentation sensible concrète. Tout mot vaut pour de l'immédiat et du singulier. Il y a ainsi une règle « nominaliste » dans la pensée positiviste[1], qui n'enregistre l'« idéation » abstraite que comme un modèle fictif accroissant l'efficacité de la pensée, en tout cas comme un acte, un exercice de l'intellect, à caractère opératoire, comme l'étaient déjà chez Condillac, ou Locke, les classes, genres et espèces. Le nom général[2] donc, désigne confusément le singulier, et il faut l'opérer dans le sens d'un

---

1. Voir L. Kolakovski, *La philosophie positiviste*, Denoël, 1976, p. 10 et sq. ; la règle est « l'interdiction de supposer qu'un savoir quelconque formulé en termes généraux ait dans la réalité des équivalents autres que des objets concrets singuliers » ; sur cette tendance chez les idéologues, voir Moravia, *Pensiero*, p. 600.

2. Voir Largeault, p. 212-215, sur l'idée générale chez Condillac ; le mot général ne peut être que l'usage général d'une représentation sensible ;

dénombrement de cas, d'une distinction progressive, d'une extension du raffinement perceptif et senti, en poussant le langage vers les choses à la limite du nommable qualitatif ; ou bien s'il institue une identité supérieure aux individualités, il devra être versé au dossier de l'hypocrisie, de la fausseté, de la confusion, qui prennent le général pour du réel, alors qu'il n'est produit qu'à partir des singularités observables qu'il dit en dernière analyse. Dans cet intuitionnisme qui affirme de bout en bout le primat de l'individuel, comme entre le moi et la somme des états qui forme le moi, il n'y a ni saut ni intermédiaire entre le signe et *la* chose ; il n'y a de saut et d'intermédiaire, que la convention humaine de nommer de telle manière, et tout au plus encore, au-delà de cette décision, des raisons de commodité et de service qui ont motivé le recours au général.

Le beyliste sait donc d'où vient le langage, comment il se forme, ce qu'il est en nature et en fonction ; parlant de son maître l'abbé Gattel, Brulard le félicite encore d'avoir su autant qu'on en savait alors des « mouvements d'instinct »[1] puis des « mouvements de facilité et d'analogie que les peuples ont suivis en formant les langues ». Il sait aussi selon l'enseignement de l'abbé Chélan que la condition pour « raisonner juste » est de ne pas « se laisser payer de vaines paroles »[2] : la vérité est fonction des mots, et de leur critique. « En fait de grammaire et de philosophie, une question de *mots* est une question de *choses* »[3], avait dit Duclos résumant fort bien le problème du nominalisme et son impasse. Toute pensée est une critique des mots, et toute pensée est tout de même dans le piège des mots[4]. Le rôle du « philosophe »,

son sens est dans son usage et son acte, et il doit pouvoir restituer les opérations intellectuelles qui l'ont produit ; cf. p. 205 aussi, sur la théorie de la valeur économique selon l'utile qui règle l'échange.

1. *O.I*, p. 226.
2. *RetN*, p. 187.
3. Cité par Brengues, *op. cit.*, p. 527 n. ; ajoutons Barante, *op. cit.*, p. 148, sur Duclos et Condillac, qui enfermèrent le style dans la grammaire et « transformèrent la pensée en paroles ».
4. Cf. Largeault, le nominaliste commence par nier que tout mot ait nécessairement un sens (p. 8) et (p. 12) fait de la raison un pouvoir qui s'élabore dans l'expérience et appréhende le réel directement ; Gilson, in *Linguistique*, p. 194-195, rapproche les idéologues du positivisme logique ; assez étrangement, Rastier, *Idéologie*, p. 165, partisan d'une gnoséologie matérialiste, mais aussi d'une sémiotique à valeur critique et antiphilosophique, fait grief à Tracy d'être « idéaliste ».

c'est-à-dire du destructeur de la spéculation ou de l'ontologie, est bien de questionner le langage, et les idoles qui sont le résultat du passage des mots à la réalité, des mots dont le révolté doit dénoncer le néant prestigieux et trompeur, l'abus de sens qui assure le règne des fictions sociales[1]. La philosophie, la vraie, est une mise à l'épreuve des mots : ce que fait sans cesse un Helvétius, se demandant préalablement[2] à tout débat quel sens il est possible de donner à tel mot, ou plus simplement en quel sens il est couramment pris par l'opinion, car il entend démasquer la « philosophie » qui se résume en abstractions, avancer la sienne propre déguisée en définition de termes, et encore, en montrant que les mots *ne* veulent dire *que* cela, faire la preuve que toute signification se ramène à l'*utile*, au sensible ou au convenu *hic et nunc* par tel groupe social. Il faut donc faire une sorte d'« équation » des mots pour les ramener à du « physique », à du tangible. Le paradoxe est que le texte d'Anatole France[3] utilisé plus récemment par Derrida dans les mêmes visées antiphilosophiques est étrangement voisin d'Helvétius : cette fois la grammaire (comparée et non générale) doit démontrer qu'il n'y a pas « de mot abstrait de tout sensualisme », que l'abstrait n'est qu'« un moindre concret » au nom de cette affirmation préalable, que « le vocabulaire des hommes naquit sensuel » ; ainsi ramené à un sens premier, à un sens pour le primitif, le vocabulaire à qui est subtilement interdite toute espèce d'évolution sémantique, possède un « matérialisme fatal ». Tel est le processus d'une critique de la déification du mot, et de son usage mythique.

Critique qui depuis les maîtres de Stendhal jusqu'à nous en passant par lui démontre la permanence d'un nominaliste incrédule et sceptique, dont Valéry[4] serait un excellent représentant : reprenant l'idée que le mot, en métaphysique, est l'exemple

1. Valéry, *Œuvres*, II, p. 705, sur la métaphysique comme née du langage et de sa « tendance à augmenter gratuitement la pensée ».
2. Cf. Grimm, X, p. 102, la lettre d'Helvétius contre les mots « qui n'expriment point d'objets physiques », ils ne donnent point « d'idée réelle » et doivent être « rendus physiques par leur application à telles ou telles substances » ; même tendance à définir chez Duclos : cf. *Considérations*, p. 6 (les mœurs) ; p. 27 (l'éducation) ; p. 49 (la politesse) ; p. 72 (la probité).
3. In *Jardin d'Épicure*, Calman-Lévy, 1921, p. 205-220.
4. Cf. *Œuvres*, II, p. 593, p. 591, p. 504-506 ; *Cahiers*, I, p. 399, p. 475, p. 411, p. 365, p. 420-421.

d'une inflation, d'un excès de valeur fiduciaire par rapport
au crédit réel, et que par un isolement qui le sépare de son
sens (qui ne peut se prononcer que dans un contexte et selon
des règles d'emploi), il acquiert un effet d'ampleur qui donne
l'illusion qu'il contient un savoir, Valéry est bien convaincu
que la vraie pensée commence par la chasse aux « mots insol-
vables », et par la réduction à zéro du langage, de « tout ce
qui n'est que par le langage » ; encore nous montrerait-il
la permanence du débat beyliste : les mots de l'ontologie
répugnent à un moi parce qu'ils semblent penser pour lui,
instituer quelque chose hors de son contrôle, hors de
ce qui semble ses « besoins réels »[1], et signifier au-delà de
« l'homo » pur et simple ; suspects d'augmenter gratuitement
l'humain, les mots ne devraient être nettoyés et purifiés qu'au
prix d'une refonte positive, qui surveille l'encaisse verbale,
mais aussi égotiste, car le vrai travail consiste à se faire pour
soi ses définitions, son dictionnaire ; le Sisyphe valérien *se
fait son* langage et reproche au langage existant son inferio-
rité relativement aux langages techniques ou mathématiques (tout mot y désigne ce que l'on peut faire avec
lui), mais aussi son insuffisance par rapport au moi.
A cet égard l'on réservera pour leur profondeur les réflexions de Ballanche[2] sur les « nominalistes », ceux qui
travaillent à s'émanciper de la « parole » pour affranchir la
pensée et l'individu : protestant contre la parole immuable et
hiératique, ils déclarent que la modernité n'est pas enchaînée
par la « parole », qu'elle est une invention toujours nouvelle
du présent pur ; ce faisant Ballanche remarque que la littérature classique souffre d'être discréditée par la multiplication
des sens par rapport aux mots ; ils n'ont plus la même signification pour tous : mais en fait ne s'agit-il pas d'une protestation plus sourde contre le langage lui-même ? Le « romantique » s'affranchit de la « parole », c'est-à-dire du « verbe »,
ou du *logos*, mais aussi bien il combat l'existence même du
langage, sa nature matérielle et fixe. Avec lui, « la pensée fait
effort contre la parole fixée... (des) écrivains dominés par
l'ascendant de la pensée se sont trouvés à l'étroit dans une

1. *Cahiers*, I, p. 452.
2. *Essai*, p. 175, car le pouvoir traditionnel est dans le sens immobile des
mots ; et p. 94-98.

langue où les limites de l'expression ne sont pas assez incertaines ». Le procès de la signification instituée ne recouvre-t-il pas un procès de toute signification[1] ?

Le nominaliste est de fait renvoyé à un soupçon encore plus obsédant à l'égard du langage : c'est le piège des mots auquel ils est pris, dès lors que majorant le pouvoir de l'homme, son rôle de démiurge des mots, il doit confesser le vertige subjectiviste auquel il se condamne. On n'oubliera pas que Stendhal démarquant Hobbes[3] enregistre que le langage étant convenu est fondamentalement incorrect, grevé d'équivoques, que les mots « ont précipité les hommes dans l'erreur au point qu'ils surpassent les bêtes brutes en erreur, autant qu'à l'aide des avantages que leur procurent les mots et le raisonnement ils les surpassent en science... » ; que les mots qui fondent la vérité et constituent tout l'horizon mental de l'homme sont susceptibles d'être assemblés par des mouvements mécaniques[3], habituels ou passionnels, « qui ne sont que des mouvements de sa langue », que n'accompagne, comme dans le cas des mendiants rabâcheurs de patenôtres où ne sont combinés que des sons sans conceptions ni images qui leur répondent, aucune représentation. Hobbes énonçait alors cette proposition très grave : les hommes pour se communiquer ont « fait passer tout le discours de leur esprit... à l'aide du mouvement de la langue dans le discours des mots. Et la raison (*ratio*) n'est plus qu'une oraison (*oratio*) pour la

1. Voir dans Largeault, p. 161 et sq., l'analyse de la théologie du nominaliste qu'il voit comme un fondateur de la laïcisation du temporel et du droit subjectif.
2. Voir *J. Litt.*, I, p. 364 et sq., et Hobbes, V, § 7 et 8 ; le mot change de sens selon celui qui parle, ses humeurs, intentions, etc. ; de même § 14 sur l'aspect passionnel du sens ; même idée chez Duclos à propos du goût, *O.C.*, VIII, p. 421-422, sur la variation du sens ; de même Diderot, *O.C.*, XI, p. 135, sur l'identité tout apparente du sens d'un mot qui en fait recouvre des sensations irréductibles chez chacun.
3. Cf. *J. Litt.*, I, p. 367-368 ; Hobbes, VI, §§ 1-2-3-4 et 14 ; sur cette conséquence des théories nominalistes et en particulier chez Hobbes, voir l'analyse de Cassirer, *Formes symboliques*, I, p. 79–80, Largeault p. 184-190, qui commente les passages lus par Stendhal ; p. 426, « dans le nominalisme l'idéalisme du signe est compensé par le réalisme de l'objet », et p. 192, sur la synthèse du formel et de l'intuitif qui réclame la concomitance de la pensée et du mot, interroge les conditions de vérité de toute proposition et ne conçoit la raison qu'en acte, en opérations, comme production d'artefacts ; pour Gilson, *op. cit.*, p. 147, les impasses du nominalisme se prolongent dans la linguistique dès lors qu'elle « chosifie » le « signifié ».

plus grande partie », c'est-à-dire assujettie aux mouvements machinaux de la langue qui assemble les sons « sans que l'esprit s'en mêle ». Étonnante revanche du langage ; Stendhal n'avait plus qu'à résumer le paragraphe découragé de Hobbes énumérant les obstacles que le langage oppose au savoir. Logiquement en effet, en plus du savoir « effet du sens, ou science originelle et son souvenir », il y a la « connaissance de la vérité des propositions et des noms que l'on donne aux choses » ; c'est toujours l'expérience, nous dit Hobbes, soit des « effets des objets », soit « de l'usage propre des noms dans le langage ». Il est ainsi déclaré que le savoir est verbal ; et par ailleurs avec quelle peine parvient-on à l'« évidence », cette « sève » de la vérité, qui est la « concomitance » d'une conception avec « les mots qui signifient cette conception dans l'acte de raisonnement » ; passage que Stendhal illustre et paraphrase à sa manière, et qui démontre que pour bien penser, il faut et il suffit de penser ce qu'on dit, de ne pas raisonner des lèvres seulement, de déjouer le psittacisme menaçant : « Si les mots seuls suffisaient on parviendrait à enseigner à un perroquet à connaître et à dire la vérité. » Certes, mais tout homme tend à être perroquet ! Pour l'évidence, il faut maîtriser le sens des termes d'une proposition, il faut avoir nommé les conceptions.

Stendhal qui a tout noté, s'arrête là interloqué que l'évidence sensible ou conceptuelle soit subordonnée au fait de nommer : « (Henri), mais une chose ne peut-elle pas paraître évidente sans être nommée ? » Ainsi un sauvage peut savoir qu'un coup de fusil est mortel sans avoir nommé le fusil. Est-ce donc du langage que dépend le savoir ? Le texte de Hobbes, ce « plus que nominaliste », sur lequel Stendhal était tombé est riche en effet de problèmes : dès lors que le mot renvoie à l'idée, ou à la procédure de l'esprit établissant l'idée, il n'est que le reflet du sujet, de son activité, la paraphrase d'autres mots. Il n'y a en effet que des mots pour l'empiriste, le langage explique la notion, mais se trouve aussi construit par elle. La vérité est relative au langage, c'est une convention sur les mots : certes Hobbes ne nie pas qu'il y ait de « bons » et de mauvais mots, dans un rapport dernier des mots à la réalité, qu'il y ait lieu de juger des propriétés des mots en les comparant à ce qui est. L'expérience, vraie condition de vérité, demeure toujours comme « états de cho-

ses », ou souvenir des choses. Reste que le pur langage verbal menace toujours de prendre le pas sur le langage mental et intérieur, et qu'il est envisagé, si l'on est sûr du
langage, comme bonne synthèse du formel et de l'intuitif,
de le traiter comme un calcul, et de raisonner à l'intérieur du
langage. La peur d'être trompé par les mots conduit à se
fier absolument à eux ; certes dans « le nominalisme l'idéalisme du signe est compensé par le réalisme de l'objet » :
chez Condillac comme dans la « logique » beyliste, l'intuition
du sensible singulier se conjugue fort bien avec le
goût du formel[1], du raisonnement pur, conçu comme une
algèbre qui joue de signes sans idées. La contradiction
n'est pas ressentie grâce au mythe de la langue bien faite, ou
subsidiairement du mot propre et juste, qui établit une équation de l'expression et du monde. Le beyliste se fie identiquement aux mathématiques et à l'application parfaite du mot
sur le fait.

Mais cette valeur de parfaite dénotation permet aussi bien
un « raisonnement conçu comme un maniement formel de
mots ou de signes »[2] ; opérer sur des signes purs est-il opérer
sur du sensible ? Comme la nature d'Helvétius peut aboutir à
une conception de l'homme sans nature devenu matière première entièrement pétrie par la société, de même le langage
dans la même finalité sophistique peut devenir tout-puissant,
la réalité unique qui mesure les choses et les détermine par
une sorte d'adéquation en sens inverse ; il peut se replier sur
lui-même et ne dire que lui-même ; une épistémologie solipsiste et subjectiviste peut très bien considérer que le langage
ne représente que lui-même, ou le sujet. Pour que le discours
et les choses adhèrent, qu'il y ait correspondance entre langage et faits, il faut qu'il y ait une vérité : sinon langage et
choses basculent chacun de son côté dans un schisme où la
littérature[3] de nos jours semble souffrir son agonie. Si tout
est langage, tout est chose, donc vérité, donc il n'y a plus ni
vrai ni faux, et le langage est un fait sans référence aux
autres faits. Un nominalisme faisant du langage un système

---

1. Cf. encore Largeault sur Condillac, P. 216-223.
2. *Ibid.*, p. 227.
3. Valéry a on le sait opéré ce clivage : cf. Schmidt-Radefeld, *op. cit.*,
p. 99-100.

autosuffisant double le nominalisme classique[1] : dès que la vérité est dans l'individu, l'adhérence de l'être et du langage semble difficile. Où situer le point de jonction, le point où nature et discours peuvent coïncider, où la mimesis, sur le plan littéraire, peut reprendre dans les mots la singularité réelle ? La reprendre telle quelle, ou autre ? Stendhal hérite de l'idée nominaliste que le langage est apte à la vérité de la singularité, que c'est là sa fonction, qu'il est par sa nature adéquat à cette forme de vérité. Ce moment précaire qui sépare les mots et les choses pour les unir sous conditions, mais pour les unir encore au nom d'une communauté fondamentale, autant qu'inexplicable, relève d'une sorte de croyance aveugle et logique qui stoppe le soupçon à l'encontre des mots. Mais déjà, séparant le langage de l'objectif des langages du sujet, où la notion de vérité s'estompe dans une plus complète fusion du moi et du signe, du réel et de l'idéal, il souligne lui-même combien est limitée cette garantie réaliste des mots.

Le moyen de résorber la hantise et le malaise du langage peut être de situer le moi dans le confort d'une parole infaillible, telle qu'être, penser, parler, se présentent sur une même ligne, dans un même mouvement ; telle que, conjurant le risque du langage, l'on puisse supprimer, ou tenter de supprimer tout écart entre la chose à dire et la parole dite. Le dépliement logique nous a déjà donné l'image de cette perfection rationalisée du moi : inutile de préciser que la « grammaire générale »[2], qui est la variante linguistique de l'idéologie, va être le recours du beyliste, et le complément de son choix nominaliste. Recours en réalité à une sorte de donnée unitaire permettant des variantes, ou des traductions sous formes diverses, mais d'un passage toujours direct et quasi infaillible. L'idéologie offre un point de vue central[3] à partir duquel pensée et langage se présentent comme homo-

---

1. Largeault, qui a d'excellentes formules incisives sur le pseudo-nominalisme de la « structure » (p. 43), est lui-même conscient de la dérive du nominalisme (p. 25, p. 106, p. 177).
2. En en parlant à grands traits et en négligeant les variantes bien soulignées par J.-Cl. Chevalier, *La Notion de complément chez les grammairiens. Étude de grammaire française 1530-1750.* Droz, Genève, 1968, p. 483, p. 499.
3. *RetS*, p. 358-359.

gènes et identiques dans leur différence, à partir duquel il est presque possible de dire indifféremment que la pensée parle en se formant, ou que le langage pense en se formulant. La grammaire générale comme le redit Stendhal en 1818 est non seulement applicable à toute langue, mais dans la mesure où elle enseigne à « exprimer les idées d'une manière correcte » elle est à l'idéologie ce qu'un *art* est à une « science » ; toute grammaire particulière (c'est du Tracy tout pur) dépend de la « science générale de l'expression des idées »[1] ou grammaire générale, et celle-ci relève de la science de la formation des idées dont il faut partir pour atteindre à la science de leur expression[2]. Inutile donc de prétendre comme le font les Italiens à une réflexion quelconque sur le langage sans science des idées[3] ; mais de celle-ci à l'usage pratique des mots, il n'y a que le rapport direct de spécification pratique qui unit la science à l'art ; « la grammaire n'est que l'art de noter nos pensées »[4] : encore faut-il que la « note » de la pensée soit comme enveloppée en elle, ou déduite d'elle, que de la pensée à sa marque il n'y ait ni hiatus ni changement d'ordre. Si l'idéologie est « science », la grammaire, qui est comme « la logique » un *art*, en relève directement, et la logique à son tour après la grammaire. L'un des premiers textes de la *Filosofia nova*, destiné à préparer un *Éloge* de Dumarsais[5], le louait d'avoir « voulu rappeler à la vraie manière d'écrire qui tient si immédiatement à la manière de bien concevoir ». La théorie centrale de l'idéologie fonctionne ici à son vrai régime : pour savoir comment parler, il faut savoir comment on parle, quelle est la nature du langage, c'est-à-dire savoir comment on parle naturellement, la règle du langage n'étant que la conscience du fait de parler ; mais en dernière analyse il *suffit* de savoir comment on pense, et de penser.

---

1. *RetS*, p. 240 ou *J. Litt.*, III, p. 81-86, où les références à Tracy sont bien marquées.
2. Cf. Tracy, II, p. 12-13, sur les rapports art-science et la différence entre une « grammaire particulière », qui est un art, et la grammaire générale, science sur qui repose tout le perfectionnement de chaque grammaire ; II, p. 190 n. : si la première dit « comment on s'exprime », la deuxième dit « comment on doit s'exprimer » ; cf. Gusdorf, VI, p. 300, sur cette conception analysée déjà chez Beauzée.
3. *RetS*, p. 243.
4. *Ibid.*, p. 258 ; cf. *C*, I, p. 315-316.
5. *FN*, I, p. 1 ; sur Dumarsais encore, *RetS*, p. 246.

Il nous semble que le beylisme est tenté par cet usage rationalisé et quasi informatif du langage ; il permet que l'adéquation signe-réel soit obtenu par des moyens logiques qui
font l'économie du moi et de sa « liberté ». Si le scandale,
c'est qu'on puisse dire « coursier » pour « cheval »[1], et traiter
les choses par un jeu sur les mots, où se manifestent la perverse
initiative des « moi » cyniques et dominateurs, leur séparation de la « nature » qui peut faire des mots des « idoles »
sociales, si donc le mal c'est que l'égoïsme aggrave le dualisme des mots et des choses, de l'homme et du vrai, du vrai et
de la rhétorique verbale, il est nécessaire pour rétablir le moi
dans une certaine confiance dans le langage et la possibilité
de se dire en vérité parmi les hommes, de restaurer une
nécessité des mots, et de le soustraire à l'empire de l'hypocrisie. Comme la logique, la grammaire générale met le moi en
relation immédiate avec le langage vrai. Mais n'est-ce pas
encore une fois un procès d'unification du moi avec lui-même,
du moi avec le langage, qui cette fois en s'efforçant de supprimer l'altérité du langage, le pouvoir propre des mots, qui
déborde le moi et le transforme en le nommant, contourne
l'être du langage et son ordre autonome et ne le reconnaît
que comme annexe de la conscience ? L'obstacle, c'est que
les mots ne sont pas fatals, et que les mots sont un *milieu*
réfringent[2] (c'est ce que dit Biran, « les signes artificiels sont
donc des *milieux* par lesquels nous contemplons les choses,
mais les choses sont toujours au-delà »), qui ne peut adhérer
à son objet, sauf s'il disparaît en lui ou le fait disparaître
en soi dans deux « puretés » contraires mais non contradictoires. A quelles conditions se formule une parole juste ? Où
le langage coïncide-t-il avec nous et ce qu'il désigne ? Peut-
être l'acte de naissance du « romantisme » ne serait-il à trouver que dans l'inquiétude d'un gage du langage, d'une limite
à trouver à sa liberté, ou d'une régulation de son initiative,
régulation qui ne fait pas de problèmes pour « le classique »
qui croit à l'être et à la nature philosophique, et pour qui
l'écart du « fond » et de la « forme » va de soi et sans gravité
insurmontable, puisque l'invention du discours est maintenue
dans les limites de l'essence objective de l'homme. Mais l'ère

1. *O.I*, p. 276.
2. *Habitude*, p. 269 n.

du moi et du sujet n'a plus cette assise ; le problème de l'hypocrisie (c'est le fond et la forme dans le domaine existentiel) devient angoissant dans l'ordre du langage. Ballanche peut encore dire, mais c'est un acte de foi, « l'homme ne peut nommer que ce qui est »[1]. Le nominaliste sait déjà que l'homme est prisonnier des mots ! On peut tout faire dire aux mots, et le beyliste ressent comme une blessure de devoir se confier à eux, et à leur trahison. Mais si justement entre le fond que je suis et la forme que je vais donner, il y avait un lien intrinsèque, et nécessaire, tel que l'apparence verbale et charnelle constitue avec la réalité profonde une indivisible unité semblable aux deux faces d'une monnaie[2] ?

Reprenant sous la Restauration le vieux problème du Consulat, Stendhal est tout prêt à reconnaître la toute-puissance des *signes* et à avouer que leur « influence sur la faculté de penser est extrême »[3] ; ils soutiennent la pensée, la concentrent et la stabilisent sur un objet, mais surtout « ils vont jusqu'à avertir l'homme supérieur de ses erreurs ». Car non seulement ils ont une fonction de communication, mais selon la pure doctrine de Condillac, ils produisent l'idée, ils la déterminent, ils sont le seul « soutien » des idées abstraites et généralisées qu'ils permettent de combiner et de fixer ; sans le nom « six », « nous pourrions à peine avoir nettement l'idée de six ». La pensée est entièrement tributaire des signes, sans eux elle n'existerait même pas ; l'homme est de part en part langage, soit, mais surtout, s'il conditionne la pensée et se substitue à elle, c'est parce qu'il guide la pensée vers la vérité, il *pense vrai* pour elle, et parfois en somme à sa place. Ce qui conduit ainsi le beyliste, si réticent, comme nous avons tenté de le dire, devant l'écran du langage, c'est que les signes fidèles, neutralisés, sont des vecteurs ou des opérateurs de la vérité. Dans la conception qu'il fait sienne, le beyliste découvre que si l'esprit est langage, le langage est esprit, et finalement, une grammaire et une syntaxe du réel. Les mots

---

1. *Essai*, p. 310.
2. Cf. Blin, *Personnalité*, p. 489 sur ce point ; cf. *Marg.*, I, p. 224, l'appréciation « admirable » donnée à Vauvenargues : « il n'y aurait point d'erreurs qui ne périssent d'elles-mêmes, rendues clairement ».
3. *RetS*, p. 230 ; cf. Tracy, I, p. 319, qui s'exprime dans les mêmes termes.

que j'énonce, en réalité, je les lis[1], aussi bien que je suis lu par eux, et déchiffré par leur propre mouvement, et si je lis les choses dans les mots, c'est parce que les mots lisent activement les choses. L'alliance avec la parole ainsi nouée certifie non seulement que les lois du langage sont fondées dans la nature et la genèse des idées, ou que le langage est apte sous conditions à dire la vérité, mais aussi qu'il la dit activement, il est le miroir des liaisons entre les choses, de leurs propriétés et de leur agencement, il est sûr comme contenu, et comme action positive ou comme portée logique de la pensée. Une faute de langue est une faute de pensée. Tracy[2] disait bien qu'il pouvait parler « d'une idée et d'un mot qui la représente comme d'une seule et même chose » ; ou bien que grammaire, idéologie et logique ne sont qu'une « seule et même chose », qu'une science est « une langue bien faite », « faire une science ce n'est autre chose qu'en bien faire la langue »[3]. L'on sait aussi que son idéal était la langue de la chimie ; pour lui, dit Sarah de Tracy[4], Lavoisier méritait le titre de « grand idéologue » pour avoir préfiguré ses découvertes « par la chaîne de ses idées » ; dire H_2O n'est pas seulement désigner l'eau, c'est dire la vérité sur l'eau, c'est en formuler la loi de telle manière que si je continue à parler de l'eau je dois et je peux rester fidèle à la logique impliquée par le vocable qui me guide, ou mieux, qui me précède et me dicte ma pensée[5]. Lancelin disait de même, « en analysant des mots, on analyse des idées, et réciproquement »[6], ou Helvétius, « qui sait sa langue a déjà beaucoup d'idées... il n'est point d'homme qui dans la seule méditation des mots de sa langue ne trouve plus de questions à discuter qu'il n'en résoudrait dans le cours d'une longue vie »[7]. Il y a un savoir des mots (celui dont parlait Hobbes à la grande joie du bey-

1. Sur ce rôle du langage, voir Foucault, *Clinique*, p. 96, qui montre l'isomorphisme de l'analyse, du langage et du déchiffrement clinique ; de même J.-P. Richard, *op. cit.*, p. 23.
2. I, p. 97.
3. I, p. 368 ; II, p. 3 ; p. 21 ; III, p. 31 et p. 32 n.
4. Dans *Essais divers, maximes et pensées*, 1852, I, p. 314.
5. Cf. Tracy, II, p. 252, tout langage est une « dictée » de l'opération de pensée.
6. I, p. XXIX ; II, p. 108.
7. *De l'H*, I, p. 150 ; cf. encore Condorcet, *Esquisse*, p. 180 sur la « langue » des naturalistes qui met la définition de l'objet dans son nom.

liste), car les mots sont la première science de l'homme ; première extériorisation de la connaissance, les sciences prolongent le processus de pensée analytique qui commence avec le
langage, qui décompose, réunit, hiérarchise, ordonne les
idées *comme* les sciences. Le beyliste a pu se fier à la rigueur
du raisonnement-calcul pour disposer son être selon l'enchaînement analytique : comment n'aurait-il pas la même
confiance dans le langage dès lors qu'il était l'analyse en
acte, le réel entièrement repris, le naturel déplié et ordonné
en pleine fidélité à lui-même par le double mouvement de
l'analyse et de la chaîne signifiante. Le signe est légitimé s'il
se confond avec la raison ; « nous ne raisonnons jamais qu'a-
vec des signes et sur des signes »[1] ; proposition cardinale de
Tracy qui à la fois aggrave le pouvoir des signes et tente de le
dissiper.

Des études récentes ont montré la consistance et la modernité du sémantisme condillacien[2], ses liens avec Humboldt ou
avec la linguistique plus actuelle ; c'est lui qui dilué peut-être
et affaibli soutient la théorie idéologique des signes et de leur
rôle analytique. On voit bien comment Condillac, en démontrant qu'une pensée prédiscursive ne parvenait à naître réellement comme pensée qu'en passant de l'instantanéité à la
succession, en entrant dans le temps, par sa décomposition
indifféremment analytique et discursive, parvenait à une
interprétation absolue de la pensée et du langage ; la décomposition de la pensée et du langage aboutissait à une position
digne du Janus, où il était possible par un double retournement de dissoudre le langage dans la pensée, ou inversement
de faire du langage la condition de la pensée, de faire qu'on

---

1. Cf. Tracy, III, p. 343, texte commenté par Rastier, *op. cit.*, p. 83 et sq.
Sur la langue comme analyse, voir Foucault, *Les Mots...*, p. 131 ;
Condillac, *Corpus*, I, p. 15 ; II, p. 406-408 sur l'algèbre, modèle de toute
langue, « elle est une méthode analytique et une langue, comme toutes les
langues sont des méthodes analytiques » ; II, p. 466, sur le fait que le raisonnement se fait seul, que la langue *travaille* pour nous, que les mots nous
« conduisent », « c'est proprement la méthode qui invente, comme ce sont
les télescopes qui découvrent ».
2. Voir A. Joly dans sa présentation de Thurot, *Tableau des progrès de la
science grammaticale. Discours préliminaire à Hermès*, Ducros, 1970, en
particulier p. 29-38, qui exposent l'évolution des rapports pensée-langage
depuis Port-Royal jusqu'à Thurot ; il s'agit bien d'un retournement des rôles : « à la limite le langage apparaît bien comme la condition d'existence
de la pensée ».

ne pût penser qu'autant qu'on parlait. La démonstration de
Michel Foucault est nette et péremptoire[1] : l'idée que le
langage contient la pensée et montre comment elle se fait,
qu'il est une méthode en lui-même puisque dérouler le langage, c'est le diviser, juxtaposer et ordonner des parties qui
sont des atomes mentaux, si bien que l'ordre de la phrase
cautionne la bonne marche du savoir, implique que le langage n'est que l'aptitude de la « représentation » à se redoubler
et à se « représenter elle-même » en un jeu de mise à distance
et de réflexion qui l'écarte de soi pour se décomposer et se
recomposer, et que d'autre part, le langage n'est certes pas
tout à fait « la pensée », mais à coup sûr la pensée sous forme
de « discursivité », ordonnée selon ses lois, la connaissance se
déroulant dans l'articulation des mots qui est une découpe
des représentations, une analyse visible. Bref une fois logée
la totalité du langage dans l'espace de l'analyse, le grammai-
rien philosophe n'a plus qu'à commenter « cette simple phrase, le langage analyse »[2]. Et aussi bien l'analyse parle :
s'exprimer, c'est analyser, se laisser porter par le mouvement des connexions logiques, ramener toute éloquence au
jeu mécanique de la pensée-calcul. Savoir, c'est « parler
comme il faut, comme le prescrit la démarche certaine de
l'esprit » ; si les sciences sont des langues bien faites, la langue est « une science en friche », parler, éclairer, et savoir
sont « au sens strict du terme, du *même ordre* » ; dépôt du
savoir, recueil des prescriptions analytiques, le langage est
« résultat » et « instrument » de l'analyse qui met en ordre le
monde.

C'est donc bien vrai que le « langage fonctionne sans exister »[3] ; il est neutre et si « transparent à la représentation
que son être cesse de faire problème », qu'il se rend invisible
si l'on veut. De quoi se plaint le linguiste structural qui ne s'y
retrouve plus : il va reprocher à Tracy son « idéalisme » ou
son « phonocentrisme »[4], déplorer que le signe soit là réduit
au rôle d'auxiliaire et de subordonné de la pensée, que dans
cette linguistique absolument fermée à la notion de

---

1. On se reportera à Foucault, *Les Mots...*, p. 78-100.
2. *Ibid.*, p. 131 ; de même p. 103 et p. 106 ; même vision dans l'analyse de
Gusdorf, VI, p. 301-302 et p. 312 ; dans Rastier, *op. cit.*, p. 138.
3. Cf. Foucault, p. 93 et p. 96.
4. Cf. les plaintes de Rastier, *op. cit.*, p. 161 et p. 165.

« forme », le signe ne soit que le subalterne d'un contenu, l'indice d'un fond intelligible dans lequel il s'absorbe. Fidèle à
son principe d'un « dépliement » continu où les éléments d'un
ordre *sont* purement et simplement identifiés à ceux d'un
autre, et où l'homologie devient déduction, Tracy superpose
les signes verbaux aux idées, les signes écrits aux verbaux,
et l'ensemble à l'« expérience » aussi bien qu'à l'intellect ; la phrase est proposition, et celle-ci jugement logique[1].
Fidèle donc à une sorte d'ésotérisme rationnel qui rend
introuvables le grammatical, ou la signification, Tracy fait
du jugement un « inconscient » du langage[2], élidé ou masqué
parfois, mais que la grammaire doit mettre à nu : logique
déguisée, le code grammatical n'est que la pensée plus ou
moins visible. Dans la partie de la *Grammaire* que Stendhal
semble bien avoir négligée, Tracy se livrait à une « traduction » permanente, à la fois génétique (tout le langage n'est
que l'interjection), logique (tout élément du discours vaut
pour son rapport au jugement et sa fonction représentative),
et normative, puisque la prescription grammaticale (comment
utiliser ou faire les mots) n'est qu'un autre nom de l'analyse
du mécanisme logique de la phrase. La « forme » à laquelle
Tracy conseillait de ne jamais s'arrêter[3] varie dans chaque
idiome, elle masque « le fond de la pensée » ; il louait Dumarsais d'avoir « démêlé sous le voile de l'expression... la véritable opération de la pensée »[4]. L'« artifice du discours », « le
matériel des mots », les « classifications qu'on en a faites », il
fallait, pour en juger, « pénétrer jusqu'au fond de l'expression
et de la nature de l'acte intellectuel qu'elle représente ». La
« forme » n'est pas du ressort de l'idéologie ; jamais le critère
formel[5] n'est valable, ni même possible ; la fonction représentative seule permet de trouver des unités de langage, de
retrouver sous elles en les décomposant la raison de leur

1. Ce point mis en avant par Foucault en général, pp. 107 et 114, et Rastier, p. 110, p. 150-152 et p. 163.
2. Tracy, II, p. 50 et sq. sur le jugement comme fond de tout discours ;
p. 61 et sq. sur l'analyse de la proposition et de ses éléments ; on consultera
sur ce point l'analyse de Rastier, p. 102-107.
3. Tracy, II, p. 47.
4. II, p. 8, II, p. 43.
5. Cf. Rastier, p. 119 et p. 126-127.

apparence, comme si toute proposition n'était que la figure de l'idée.

Ainsi rationalisé dans un « métalangage » qui sous le langage dévoile la pensée en soi, l'acte pur de penser, le langage n'est-il pas en partie aboli ? N'est-ce pas dans le déchirement du beyliste une indication de solution ? « Utopie de l'entendement pur »[1], qui ménage ici et plus tard le réajustement permanent des langues sur l'ordre analytique premier et dernier, la grammaire générale en effet peut « servir » à résoudre le drame de la parole, à résoudre la parole dans l'adéquation absolue à la vérité, et ceci, comme l'idéologie, « sans intermédiaires » si l'on veut ; car la grande équation de Tracy, qui aligne le sensible sur l'intelligible, le senti sur l'entendement, et ce dernier régissant absolument le domaine du verbe, cette reprise complète du naturel en rationnel, et en « culturel », par-delà tout schisme et tout conflit, se retrouve ici à l'œuvre, décryptant la norme spontanée du langage, permettant « un droit de reprise », a dit très bien Gusdorf[2], sur l'élément étranger et suspect qu'est le discours ; le verbe est identique au contenu, à mon *contenu* (« entre le signe et le contenu il n'y a nul élément intermédiaire, et nulle opacité », « les signes n'ont d'autres lois que celles qui peuvent régir leur contenu »[3]) ; convenu, mais rationnel dans son statut profond et jamais perdu totalement, quelles que soient les aberrations des mots, le langage cesse de menacer de ses traîtrises : il est ramené à un mouvement spontané et perfectible que le moi a en lui, immanent et personnel bien qu'universel.

Ce qui apprivoise les mots, c'est qu'ils disent quelque chose de contrôlable, et assurent comme une fonction domestique et intime. Se fier à eux, c'est en un sens, ne pas sortir de soi, ne pas quitter son ordre, ni ses lois. Le langage devient, quant à son caractère « formel », ce que Tracy[4] nomme « un amas de

---

1. Formule de Gusdorf, VI, p. 306 ; voir le même p. 301-305, sur les rapports de la grammaire et de la logique ; et I, p. 294, sur Tracy lui-même.
2. Gusdorf, VI, p. 298.
3. Foucault, *op. cit.*, p. 80 ; voir encore R. Dangé, *La Grammaire générale et raisonnée de Port-Royal, contribution à l'histoire des idées grammaticales en France*, éd. Francke, Berne, 1967, p. 173-174, sur les rapports de Tracy et de Port-Royal ; G. Harnois, *Théories du langage en France, de 1660 à 1821*, Belles lettres, pp. 29-31 et 59, sur la place de Tracy.
4. I, p. 374.

variantes inutiles » : « si tous les hommes étaient raisonnables », nous dit-il révélant que sa grammaire est une sorte de conte de Noël linguistique, il n'y aurait qu'un alphabet, et qu'un caractère pour « chaque voix et chaque articulation » ; à défaut de ce système unique de signes, le métalangage idéologique en tient lieu, et ramène en deçà du babélisme des hommes à une structure fondamentale qui relègue tout le superflu des formes variées à l'état de déguisement plus ou moins seyant de l'acte de la pensée. Tout le dehors est encore une pure fonction du dedans, une simple excroissance matérielle et transparente du sujet humain et rationnel. Le langage n'est *forme* que dans la mesure où la méthode unidimensionnelle de l'idéologie amincit, effile, vaporise le rôle du formel : « toutes nos connaissances, dit Tracy, sont des idées. Ces idées ne nous apparaissent jamais que revêtues de signes »[1] : la forme n'est que le moyen, l'occasion d'une épiphanie de la pensée se révélant à elle-même. Cabanis présente ainsi le rôle du langage dans la bonne méthodologie intellectuelle : il faut « représenter ce qu'on a senti par des expressions bien déterminées » pour « enchaîner dans leur ordre naturel les résultats des sensations »[2]. Dans l'œuvre de Tracy, comme dans le programme des Écoles centrales[3], comme Stendhal avait pu le voir, la grammaire jouit d'une position centrale, mais subordonnée : elle vient après la formation des idées, au titre de leur expression, et fonde leur déduction. Lancelin le disait encore[4], il faut savoir parler pour savoir raisonner, mais parler, c'est « en un mot », « analyser une langue exacte et bien faite ». Le moindre paradoxe de cette théorie qui milite, croyons-nous, pour le beyliste, pour une abolition du *formel* au profit de la plénitude substantielle du moi ou des choses, que le langage permet de dire, sans que par lui-même il ne puisse rien dire, c'est, par le biais de l'idéal algébrique, un retour au pur mécanisme

---

1. II, p. ix.
2. *O.C.*, I, p. 141.
3. Que résumait Tracy, I, p. xxiii, en présentant la place centrale de la grammaire ; cf. A. Joly, *op. cit.*, p. 20 et sq., sur le moment où l'élève y était initié : après le latin et les mathématiques, avant toutes les sciences morales, et pour contribuer à l'étude du français, des langues et de la logique.
4. I, p. 307.

du calcul formel, où l'esprit est sensé fonctionner en « automate spirituel ». L'idéal du langage relève d'un idéal mécanique dans lequel le signe serait suffisamment sûr pour que l'analyse, cessant de confronter à tout instant le signe avec sa représentation[1], puisse se fier uniquement aux rapports entre les signes qui doivent *opérer* la pensée.

Stendhal prônant les merveilles de l'idéologie aux Italiens les invite à comparer l'algébriste « conduit » par ses formules et ses calculs et le « locuteur » qui lui-même est conduit « réellement mais non pas aussi sûrement, par les mots »[2]. Bourget avait bien perçu cette fidélité condillacienne ; si la langue est algébrisée[3], Beyle devait écrire « en effet comme un algébriste ». C'est à voir, mais il y a bien dans le beylisme l'idéal d'un système de signes tel que le côté « expression » de l'idée, la face signifiante du signifié seraient indifférents, c'est-à-dire nécessaires. L'algèbre est exemplaire pour l'adéquation du signe et du sens : le calcul est l'image d'un langage où tout est fondé en nécessité, le choix des mots, leur ordonnance, leur valeur réciproque. Condillac définissant l'algèbre comme la seule langue sans arbitraire, ajoutait : « Quand une pensée est bien rendue, tout est fondé en raison jusqu'à la place de chaque mot[4]. » Étrange formule qui pourrait être de La Bruyère, de Boileau, ou de Flaubert si le mot « en raison » n'introduisait une nuance spécifique. Les maîtres de Stendhal reconnaissent unanimement aux mathématiques une valeur de langue exemplaire parce que l'esprit y est « conduit » par une nécessité qui fait l'épargne de ses faiblesses, et hésitations, et rallié à une direction de pensée qui transcende chacun comme une « métalogique ». Bien que Tracy proteste contre la réduction du jugement à l'équation, il n'en dit pas moins que la syntaxe est « un art de calculer

---

1. Sur cet idéal inaccessible de l'algèbre, Tracy, I, p. 346 et p. 347 n. ; à cet égard, il est très en retrait sur le dernier Condillac : voir Moravia, *art. cit.*, « Logica e psicologia » sur les nuances de cette filiation.
2. *RetS*, p. 241 ; cf. Tracy, I, p. 348, « en raisonnant nous sommes conduits par les mots comme par les caractères algébriques », mais avec moins de sûreté.
3. *Art. cit.*, p. 261 ; inversement les « pédants » italiens (*RetS*, p. 259) qui ont un mauvais langage sont incapables de comprendre une grammaire générale.
4. *Corpus*, II, p. 419 ; de même p. 468, p. 449, p. 450 sur le savoir comme « une route » qui « se prolonge d'elle-même ».

des idées de tous genres »[1], que le langage « peut être considéré comme combinant, c'est-à-dire calculant nos idées », que l'algèbre est « une langue qui dirige l'esprit avec plus de sûreté que les autres »[2] et que « les règles grammaticales font juste le même effet que les règles du calcul » ; dans un texte compilé par Stendhal pour sa sœur, il montrait que tout segment représentatif pouvait quel qu'en soit l'énoncé être assimilé à une « lettre » algébrique, puisqu'il ne s'agit de toute façon que de rassembler par des signes des analyses sémiques que l'on n'a plus à refaire dans le détail ; du coup, et malgré toutes les différences évidentes, il pouvait dire que la substitution du signe simple à un matériel mental complexe avait un « effet qui est exactement celui des caractères et des formules algébriques »[3]. C'était conserver l'idée de Condillac des mots comme des « chiffres » et du discours comme « une route » qui « se prolonge d'elle-même si l'on sait comme elle est faite ». Le mot est à prendre comme un élément aussi simple qu'un symbole mathématique, et l'idéal est de pouvoir se servir des règles de la grammaire comme des lois du calcul, de se référer mécaniquement à la valeur propre des mots et à leur valeur en construction, comme si la phrase relevait de l'opération mathématique. Le mot affirme la possibilité de ce qu'il représente, et présente aussi les valeurs occasionnelles qu'il possède, les énoncés qu'on peut, qu'on doit construire avec lui, ses clauses d'incompatibilité et d'accord.

Cette formalisation générale est en fait aussi souvent évoquée que la disparition du langage dans la représentation : les deux thèmes sont à l'envers l'un de l'autre. Helvétius[4] se proposait grâce à un recueil général de « presque toutes les idées des hommes » de rendre aussi démontrables que la géométrie les « propositions morales, politiques, métaphysiques » ; Condorcet[5] souhaitait une langue scientifique universelle sur le modèle de l'algèbre ; ainsi on connaîtrait

---

1. II, p. 157 ; II, p. 243 ; autres passages du même genre : I, p. 313, p. 323.
2. I, p. 340 ; de même II, p. 154.
3. I, p. 335-339.
4. *De l'H*, I, p. 200.
5. *Esquisse*, p. 235 ; cf. Granger, *La Mathématique sociale du marquis de Condorcet*, p. 29, sur son idéal algébrique.

« le signe en même temps que l'objet », et aussi l'opération qu'il désigne. Lancelin[1] qui comme Tracy identifiait les mots à des tableaux de nature équationnelle et le verbe *est* au signe =, et qui donnait comme idéal de l'expression la précision et « le laconisme » de la formule mathématique, n'hésitait pas à voir dans l'algèbre la langue « la plus proche du fonctionnement de l'esprit », où toute idée a son signe, et inversement ; Biran[2] dont la première critique à l'égard de la descendance condillacienne était qu'il était impossible à des signes conçus sur le modèle mathématique de dire l'existence du sujet, la qualité du vécu, prenait ses distances à l'égard de l'idéologie dès lors, avant le *Mémoire sur l'habitude*, qu'il voyait dans ce primat des signes formalisés une atteinte à la liberté du sujet, une éviction de son intériorité au profit de l'anonymat d'un ensemble logico-verbal au mouvement mécanique (Valéry dira « si le langage était parfait, l'homme cesserait de penser ») ; Biran donnait pour exemple de parfaite correspondance mutuelle du signe et de l'idée les figures de géométrie[3] : pour un esprit formé à en user, « les signes tendraient ensuite d'eux-mêmes à se joindre aux idées, les termes vagues ou vides ne trouveraient point de place pour s'y loger ».

Le paradigme du langage est bien pour l'idéologie « l'ordonnancement du discours mathématique ». Fascination certes attentatoire au sujet, comme le dit Biran, mais tout autant au langage. Le signe mathématisé est en tout cas indifféremment matériau et mise en œuvre, fond et forme, élément et rapport, symbole d'objets et de relations, convention pure et règles rigoureuses ; il est supposé tenir lieu de quelque chose (comme objection au condillacisme, P. Prévost fait remarquer que le signe mathématique est d'autant plus pur qu'il ne renvoie qu'à lui-même), mais son pouvoir de remplacement est étroitement déterminé et parfaitement stabilisé ; il signifie lui-même et les possibilités de combinaisons qui

---

1. I, p. 209, p. 223, p. 328, p. 295 ; dans *De l'Allemagne*, I, p. 141, Mme de Staël préfère inversement la grammaire aux mathématiques.
2. Cf. *Notes sur les rapports de l'idéologie et des mathématiques* dans éd. Tisserand, P.U.F., 1952, du *Mémoire sur la décomposition de la pensée*, p. 302 et p. 309, contre les conséquences égalitaires d'une « mathématisation » générale ; Valéry, *Cahiers*, I, p. 400.
3. *Habitude*, p. 156-158.

sont établies à partir de lui. Dès lors que le langage est
conventionnel, et que la perfection de la pensée dépend de la
perfection des signes, le symbole mathématique est le signe
idéal : convenu, susceptible d'un rapport précis et sûr avec
son contenu, on peut dire également qu'il est totalement
déterminé par la valeur qu'on lui donne, et qu'il la détermine,
qu'il établit la convention dont il est l'opérateur. Et il indique
non pas seulement tel objet, il n'est pas le simple index pointé
vers la référence, il indique à l'esprit un chemin, une direction, une série d'enchaînements réglés, c'est une communication qui va d'elle-même, qui détermine la suite syntagmatique de la parole, et les possibilités combinatoires entre lesquelles le choix peut être certain. Le sens n'est qu'un épiphénomène du signe, lui-même dépourvu de sens en soi, mais le
signe rationalisé semble avoir été dissous en tant qu'altérité
résistante et gênante. Faute de réunir contradictoirement
forme et fond, idée et *chose* verbale, on les confond en affirmant qu'il n'y a que des valeurs de sens, ou qu'il n'y a que
des fonctions, et des régimes de fonctionnement. Dans les
deux cas, le signe n'est pas différent de ce qu'il signifie : la
jonction de la lettre et de l'esprit en est la confusion.

La preuve que Stendhal demeure dans la mouvance de la
grammaire générale et convaincu de la nécessité d'une sorte
de traversée rationnelle du langage, qui interdise en dernière
analyse de penser ou de parler faux, ou de penser et de parler
dans le vide d'une communication incertaine et sans réception, ou encore qu'il garde comme idéal du langage l'espoir
de pouvoir confondre le mouvement de la chaîne signifiante,
le développement de la phrase dite avec celui de l'analyse et
de la connaissance portée, d'élément en élément, vers la vérité et
la preuve, c'est qu'il ne cessera de prôner l'invention de
Lavoisier et de désigner comme modèle des langages, celui de
la chimie. Là il est possible de connaître l'objet en déchiffrant
le signe, de réunir la prédication ou l'attribution aux rapports expérimentaux des substances, d'user du langage
comme d'une analyse et d'un compte rendu des choses. Si la
langue est le « premier instrument du génie d'un peuple »[1], si,

---

1. *RetS*, p. 210 ; ceci dit encore par Biran, *Habitude*, p. 161 ; sur la qualité du français, comparer à Andrieux, *op. cit.*, p. 113, « Le français est si conforme aux règles de la saine logique que... (on ne peut) guère y faire de faute
de construction qui ne soit en même temps une faute de raisonnement. »

dans l'hypothèse où elle est « bien faite », elle soutient le travail de l'esprit qui reçoit le double adjuvant de sa propre méthode, et de l'avertissement spécifique des règles du langage, il faut méditer l'exemple de Lavoisier : « on ne peut plus déraisonner en chimie depuis que Lavoisier en a fait une langue » ; une langue, c'est une science ; ici le « positiviste » accorde la primauté à la nomenclature sur « l'expérience ». Ou plutôt il ne les distingue pas. *Parler* le phénomène ou l'observer, c'est tout un : se référant à Lagrange et aux mathématiques, il en dit le pourquoi. « Dès que le géomètre se trompe il en est averti par l'instrument dont il se sert. » L'erreur de sens est une faute de signe ; le langage proteste, violé, quand violence est faite à la vérité. Plus qu'« un instrument », le langage est un allié, un guide, un double de l'esprit. Et de même puisqu'il est « impossible d'être obscur en français », ou « frivole » en anglais, si l'énoncé en français est obscur, il est incorrect ; si je suis plaisant en anglais, est-ce que je parle mal ? Le langage fait penser, il pense pour moi, sinon à ma place[1].

Le moi peut dire qu'il pense dans le langage, d'une manière à la fois rationnelle et mystique. L'altérité du moi et du langage est alors surmontée : le langage n'est qu'une méthode en sommeil, une pensée en attente d'un penseur, capable d'effectuer la vérité. Quand donc Stendhal réclame que pour la déclamation[2] en son jeune temps, pour la musique ensuite, pour l'art médiéval[3] enfin dans les *Mémoires d'un touriste*, l'on se décidât à élaborer une nomenclature précise (en un sens c'est ce qu'il fait pour l'amour), qui selon l'exemple de Lavoisier, entreprît de fixer « avec exactitude » le sens des termes utilisés, et de dresser le dictionnaire notionnel et le vocabulaire rigoureux de ces disciplines, il ne souhaite pas seulement parvenir par là à une possibilité de description et de communication certaines ; certes, c'est son but : il faut parler la même langue, convenir des mots et de leur valeur, fixer l'acception des termes techniques. En fait il va plus loin

---

1. Voir de même *VHMM*, p. 46 n. ; *De l'A*, Cl, p. 316 ; *VR*, I, p. 176-177, pour une langue de la musique.
2. *FN*, I, p. 66.
3. *MT*, I, p. 44 n. ; II, p. 166, p. 237 n. et p. 238 ; encore *MT*, I, p. 364 et p. 397 ; pour le souhait d'une détermination exacte du vocabulaire esthétique, *EIP*, II, p. 290.

aussi dans le sens de Lavoisier : la langue musicale c'est
aussi bien les rapports des sons et de l'émotion, les règles
fondamentales de l'art ; partant des éléments simples,
comme la chimie, et dressant le tableau de leurs liaisons, et
de leurs effets, selon la « nature du cœur humain » et les tolé-
rances habituelles de l'oreille, elle aboutirait en pleine fidélité à l'expérience, à un code général des sons musicaux, à un
répertoire général des valeurs, ou des valences expressives
(tant de cantilènes possibles pour telle passion) ; bref l'on
offrirait au musicien le corpus expérimental de ses règles, le
dictionnaire et la grammaire d'une *langue* qui contiendrait
latentes les possibilités de combinaisons et de compositions ;
l'on aurait ainsi selon ces spéculations qui ne sont pas sans
faire penser aux « dictionnaires » symboliques de Hoffmann
ou de Baudelaire, un « usage » des sons codifié et éprouvé, les
« mathématiques » du plaisir musical dont la consultation
serait aussi mécaniquement utile au musicien que pour le chi-
miste le tableau des éléments simples et la liste de leurs
accords.

On le constate, la méfiance à l'égard du langage recouvre
dans le cas de Stendhal des possibilités inouïes de foi en lui :
que le signe soit rassurant, immanent à l'intention et à l'invention humaines, ou égotistes, réellement acquis avec l'objet, l'idée, l'opération qu'il désigne, que l'on accède à lui sans
aucune espèce de dénivellement, de saut dans la coutume ou
l'inconnu, et il est prêt à retenir l'idée du langage-savoir, ou
méthode. Biran évoquait ces langages marqués par la double
analogie des signes entre eux et des signes avec les idées ; là
« le mot peint l'idée, et l'idée peint le fait »[1] : point ultime de
perfection du langage, de transparence, ou de rôle actif du
signe. Dès ses débuts Beyle avait accueilli avec joie une
remarque du Père Brumoy[2] qui pour expliquer combien il est
vain de prétendre faire coïncider terme à terme les langues,
et qu'on ne peut « tourner nos chansonnettes en grec », décla-
rait : « un tour en toute langue vaut souvent une idée et en est
véritablement une ». Tour ou tournure, désigne pour Stendhal aussi bien une disposition syntaxique[3], qu'un idiotisme,

---

1. *Habitude*, p. 161.
2. Cf. Del Litto, *Vie*, p. 80 et sq. sur cette source et *FN*, I, p. 23 et p. 67.
3. Par exemple, *RNF*, II, p. 45, p. 241-242 ; *RetS*, p. 236.

un cliché, une métaphore, une donnée de grammaire ou de convention qui assemble les mots d'une manière fixe, toute signification née d'une composition syntagmatique. On peut admettre que le signe dicte la pensée, en soit l'équivalent, et en ait l'initiative : en dernier recours il y a identité entre la nature du langage et la nature de la pensée. Le dépliement idéologique du sujet à partir de la sensation transformée qui se répète et se reproduit sous d'autres formes n'est pas différent du dépliement des signes à partir de la sensation naturelle qui est une pensée sans signes et sans conscience d'elle-même et qui se signifie en s'analysant dans le discours : la même identité se conserve dans la vie « psychique » et dans les signes, et l'analyse monnaye, découvre, combine des éléments de plus en plus nombreux et fins, en même temps qu'elle multiplie en une croissance continue les signes ; langage, pensée, existence, marchent de front à partir des éléments simples, des systèmes de transformations qui en résultent, et qui multiplient toujours données élémentaires et combinatoires nouvelles. L'idéal est que le savoir élabore sa terminologie, et que la terminologie se confonde avec lui.

Stendhal n'a jamais renié cette alliance en expansion du signe et de la pensée. A la question qui en sa jeunesse va signaler les doutes fondamentaux à l'égard de l'école de Condillac, peut-on penser sans signes, y a-t-il une pensée sans signes, il semble indifférent ; le langage est pour lui un ensemble disponible de signes, toujours croissant et multipliant selon l'analyse des idées, qui tout à la fois requièrent des signes, et accèdent à la signification par production directe des signes qui les rassemblent, les rendent opérables ; les signes, produits d'analyses, relancent plus loin les pouvoirs de l'analyse ; « plus nos signes expriment de nuances délicates »[1], dit-il à l'appui de sa théorie d'une modernisation nécessaire de l'italien, « plus nos analyses deviennent fines ». L'idée crée le mot, mais le mot pense. Condillac l'avait dit : la langue permet de dire ce qu'on sait, et « fait voir dans ce qu'on sait ce qu'on paraissait ignorer avant de parler »[2] ; parler, c'est apprendre à dire ce qu'on ne savait pas dire auparavant ; c'est découvrir ; l'ignorance manque d'expres-

---

1. *RetS*, p. 241.
2. *Corpus*, II, p. 507.

sions, elle n'est pas un non-savoir absolu, mais un « sentiment » qui ne sait pas dire. L'ignorance est un fait de langage, une lacune provisoire dans le langage, un pressentiment
qui attend d'être parole pour être savoir, et conscience, un
état préconscient, analysable dès qu'il est verbalisé. Savoir,
conscience, parole, vont de pair, le préconscient est du préverbal. Jouant, aux confins de la sensation, de l'ambiguïté
d'un jugement virtuel tout fait avant l'énoncé, mais n'existant qu'en lui, la sémiologie de Condillac affirmait que seul le
mot forme la réflexion.

Il ne nous appartient pas ici de revenir sur la surenchère de
Condillac[1] sur Locke, qui pour s'en tenir à la sensation devait
confier au seul langage la possibilité pour la pensée de s'opposer à elle-même. C'est cette difficulté qui, posant du temps
de la jeunesse de Stendhal le problème philosophique de la
pensée et des signes, va provoquer le premier éclatement de
la « grammaire générale », qui perd sa cohérence et son évidence ; dès lors que l'on s'interroge sur l'antériorité du signe
ou de l'idée, « c'est que déjà leur immédiate appartenance
commence à se brouiller... »[2]. On sait comment Maistre renverse les termes de Condillac, et admet que les mots sont bien
la pensée, qu'ils sont *vrais*, de par leur valeur essentielle et
leur appartenance à l'idée[3] ; comment Cousin rétablira l'activité de la conscience sans les mots[4] ; comment Prévost, De
Gérando[5], contribuent à assouplir la relation de la pensée et
des signes, et surtout le monopole du signe mathématique.
C'est aussi le point sur lequel achoppe l'idéologie de Biran, et
grâce auquel il se convainc que Condillac « a trop étendu

---

1. Se reporter à Le Roy, *La Psychologie de Condillac*, Boivin, 1947,
p. 49-62, et à Madinier, *op. cit.*, p. 23-27, sur le signe comme un « toucher
supérieur » ; encore à A. Joly, *Thurot*, p. 35 et p. 37.
2. Foucault, *Les Mots...*, p. 79, « et que l'idée et le signe cessent d'être
parfaitement transparents l'un à l'autre » ; voir la discussion de Roederer
avec le Premier Consul sur le rôle des signes ; « si on ne peut avoir d'idées
que par les signes, comment a-t-on eu l'idée des signes », objecte Bonaparte
à l'idéologue (cité par Picavet, p. 123 n.).
3. *Examen de... Bacon*, I, p. 130, et contre Condillac, II, p. 18.
4. *Philosophie sensualiste du XVIIIe siècle*, 1856, p. 22 et p. 60-61.
5. *Op. cit.*, I, p. XXIX, où il annonce les réponses données au concours de
l'Institut ; voir encore Picavet, p. 532 et sq., sur la place de Laromiguière
dans le débat.

l'influence »[1] des signes sur l'art de penser, ou part en guerre contre Cabanis et sa proposition que « sans signe il n'existe ni pensée ni peut-être même à proprement parler de véritable sensation »[2]. Le *Mémoire sur l'habitude* relevait vivement que l'on « ait transporté tout entière l'idéologie dans la grammaire générale »[3]. C'est seulement si la signification cesse de relever d'une fonction symbolique quasi naturelle et directement enchaînée sur les mouvements premiers de l'organisme, qui à son tour engendre le pouvoir réflexif, si elle devient l'enjeu d'un effort antérieur et supérieur aux signes eux-mêmes comme à la pure production organique, qu'elle s'intègre à la réaction antinominaliste des premiers textes de Biran. Réaction, bien sûr, à laquelle Tracy[4] ne se joint pas ; sa réponse à la question essentielle, « peut-on penser sans signes », révèle l'impavidité habituelle du maître de Stendhal en matière de suppression des notions métaphysiques, comme la crise latente de la grammaire générale. « Sans signes, dit-il, nous ne penserions presque pas. » Qu'est-ce à dire ? A cet égard plus « lockien » que condillacien, Tracy ne veut voir dans le signe que le résultat d'une activité qui lui est antérieure et différente, activité sensible et perceptive, activité intellectuelle de composition des idées complexes. Le signe fixe l'idée mais elle ne consiste pas dans le signe : « Il n'est pas possible que le signe et la chose signifiée ne soient pas éternellement deux choses distinctes[5]. » Le langage est un outil, puissant et déterminant, pas une méthode. Signifiant et signifié constituent une unité et une dualité, ils se conditionnent, se produisent mutuellement, sans se fondre ni s'anéantir l'un dans l'autre. On retrouve chez Tracy les thèses cardinales et provocantes de Condillac : qu'une science est une langue, que le signe crée l'idée autant qu'il la communique[6]. Mais d'emblée Tracy corrige Condillac : le signe est un résultat de l'analyse, non son moyen ; il est

---

1. In *Notes, op. cit.*, p. 308 ; Derrida, éd. citée, p. 61, rappelle que Condillac lui-même s'était fait ce reproche.
2. *O.C.*, I, p. 157 et n. ; un enfant sans langage a des signes à lui, « sa langue », sans laquelle il n'aurait ni idée ni sensation.
3. *Habitude*, p. 229 ; cf. Madinier, p. 75-79, et Voutsinas, p. 254.
4. I, p. 362 et III, p. 173 n.
5. III, p. 503-507.
6. Par exemple, I, p. 322 et sq. ; p. 355-357 ; II, p. 32, p. 386.

impossible de se fier aux mots comme à des symboles mathématiques et d'en user sans revenir continuellement à la
consultation du contenu de la représentation ; l'analogie du
mot et du chiffre est précaire dès qu'on sort des rapports de
quantité, où il est « impossible de marquer le point où l'esprit
s'arrêterait faute d'un mot, et celui jusqu'où il va au moyen
de tel mot ou tel autre »[1]. En fait, grâce à l'extension de la
notion de *sentir*[2], Tracy n'avait plus besoin du langage pour
introduire un seuil entre la sensation fugitive, globale, infiniment singulière, et la fonction d'abstraction et d'analyse ; on
peut penser sans signes, dit-il, puisque la sensation est une
idée, et l'idée une sensation, que la fonction d'abstraction
n'attend pas les signes articulés, mais commence dès la perception de rapports, dès le langage d'action.

C'en était donc fait de l'exhaussement de la fonction symbolique que Condillac avait présentée ; Tracy affadissait la
doctrine et faisait du langage une annexe commode bien qu'à
surveiller de l'activité humaine. Un nominalisme tranquille
ne veut plus voir dans le langage que le produit du pouvoir de
l'homme, de l'acte de donner nom et forme à l'activité mentale ; le signe suppose toujours la chose, ou la raison qui l'a
élaborée ; nominalisme devenu évidence, bon sens si l'on
veut, et comme sorti de la spéculation philosophique, qui au
moins en apparence donne une sorte d'accalmie au drame du
langage. La paisible simplicité d'un Tracy conjure l'inquiétude pour l'esprit de se sentir prisonnier de la lettre, et créé par
elle, l'angoisse du moi de se savoir déterminé fortuitement
par l'appartenance à une langue ; ainsi Valéry pourra dire :
« Je ne sais ce qu'eût été ma pensée si j'avais été élevé en
Chine et instruit en langage chinois[3]. »

Malgré le redoutable rapprochement de Hobbes, *ratio-
oratio*, l'idéologie aplanit le problème du langage : « la[4]
grammaire n'est que l'art de noter nos pensées », et le « rapport des mots à la pensée c'est là tout le mérite des
langues »[5]. Ce rôle second et de bon second du langage,

1. I, p. 334 et p. 324, p. 342.
2. I, p. 360 et sq. La thèse de Lancelin (I, p. 129, p. 139, p. 155) était
plus proche de Tracy que de Condillac.
3. *Cahiers*, I, p. 464.
4. *RetS*, p. 258.
5. *O.I*, p. 71 n.

Stendhal s'y tient pour une part ; il implique un droit de
reprise de la raison sur les mots, un pouvoir de voir au-delà
ce qu'ils visent, de les contrôler de près, et de les réformer s'il
le faut. Ce n'est pas certes que Stendhal ne relève les cas
inquiétants où, le langage constituant tout l'horizon de l'homme, il ne vienne à buter sur la disette de mots, et ne se heurte
comme le disait Tracy tout à l'heure, au point où « manque »
le mot. Le langage est un facteur virtuel de retard, sinon
d'arriération ; il peut devenir la limite infranchissable de
l'homme, le grillage qui circonscrit la pensée, qui lui interdit
des domaines entiers d'elle-même qu'elle ne peut apercevoir
que de loin, et laisser à l'exploration des générations futures
mieux nanties en outillage verbal. Ainsi le beyliste se plaint
de ne pas avoir « d'idées » pour bien voir les nuances des
caractères[1], et autant, de ne pas avoir de « mots pour noter le
peu que j'en vois ». L' « influence des signes sur la faculté de
penser est extrême »[2] ; être tenu par une langue morte, ou
sclérosée, c'est « un obstacle presque invincible si ce n'est à
la découverte de la vérité, du moins à sa diffusion ». Le langage bloque le génie comme « les hommes ordinaires ». L'habitude que donne l'éducation dévote de « se payer de vaines
paroles sur toutes sortes de sujets »[3] est mortelle pour les
« têtes » qui ne peuvent résister à cette perversion de la pensée par le mauvais usage des mots. L'épuration du français
se solde par une perte de mots et d'idées[4] ; le *cant* agit de
la même manière en anglais par un étouffement des mots,
donc des sentiments[5]. Les grands hommes du « Moyen Age »
sont séparés de nous par la barrière linguistique : bridés
moins par la « civilisation » que par la langue, ils n'ont pu
accéder à « des idées à la fois exactes et fines »[6] ; il manquait
à Léonard « une langue pour exprimer ses idées ». L'esprit
dans sa jeunesse, les passions dans leur énergie ne se sont
pas épanouis en philosophie vraie, en liberté politique : les
Italiens n'ont excellé qu'en peinture, en musique, dans les

1. *O.I*, p. 775.
2. *RetS*, p. 230-231.
3. *RNF*, I, p. 211.
4. *RetS*, p. 369 et n.
5. *De l'A*, Cl, p. 276 n. : on ne peut plus dire en anglais que les « sentiments sauvages et énergiques » ; impossible « d'écrire une page gaie en
anglais ».
6. *HP*, I, p. 299 et p. 308.

« mœurs », parce que le langage les a retenus au bord de la vérité.

Et les retient toujours : le malheur de l'Italie pour le beyliste, c'est d'avoir été « grande » « de trop bonne heure » ; dès le XIIIe siècle, elle avait tout ce qui relève du cœur et de l'âme, de la force brute du « barbare », mais justement le « barbare » des époques nues et grandioses l'est resté « pour la langue et les idées autres que celles du moment »[1]. Si l'« Italien ne pense pas », si l'Italie est le désert intellectuel, littéraire, *moral* qu'explore le voyageur beyliste avec l'ambiguïté que l'on a vue, c'est à cause des gouvernements, et aussi du langage : les idées qu'il contient, qui y ont été déposées par ceux qui l'ont fait, la pensée latente des mots, ce qu'ils disent d'eux-mêmes, ce sont les idées mesquines, vulgaires et périmées des négociants toscans du Quattrocento. Les « signes »[2] du XVe siècle ne sont plus praticables : ils interdisent de penser, et leur vétusté simpliste, exotique même, est tout à fait la chaussure qui interdit au pied de grandir, le maillot qui arrête la croissance du corps. Les « deux tiers des idées qui nous occupent aujourd'hui » ne sont pas, ne peuvent pas être « dans les mots et les tours de phrase dont se servaient les Toscans du XVe siècle » ; les idées ne peuvent être « pliées » aux signes, qui sont modelés sur un état antérieur et plus rétréci des esprits, sur une moindre croissance du nombre, de l'étendue, de la variété des idées. La langue ferme un horizon mental, et se referme sur une « mentalité » ; il y a des choses qu'on ne peut pas dire dans un tel langage, qui définit un point de vue local, une étape limitative de l'homme : « Comment rendriez-vous dans la langue du paysan de l'Irlande la description des cérémonies de la cour de Louis XIV ? »

Mais l'argument qui semble attribuer au signifiant le rôle premier et dominant, se retourne : si l'Irlandais ne peut pas dire Versailles, c'est que l'Irlandais n'en a aucune *idée*, ni aucune expérience. Le dicible n'est que le bilan du savoir ou de la sensation ; le signe est réductible à ce qu'on y a consigné. Largeault a bien opposé le nominaliste classique au pseudo-nominaliste structural qui érigeant le langage en

---

1. *RetS*, p. 212.
2. *RetS*, p. 241 ; *RNF*, II, p. 45-47 ; *RNF 17*, p. 88.

absolu autonome en fait le dépositaire d'une anti-ontologie. Aussi bien le beyliste tend à réduire le rôle du langage à son aspect analytique (les mots sont des stations du savoir et du raisonnement), à son pouvoir de conservation et de transmission du savoir. Le langage est pour lui une invention de l'homme, par laquelle (c'est l'*utile*) il s'invente lui-même, un ensemble fonctionnel disponible, où la mise en mots va de soi ; l'idée attend son signe, le trouve, le détermine ; ce qui fait la pensée, donc le langage, c'est l'expérience et l'analyse[1]. C'est là que se produit « notre monde », la découpe de ce que nous sommes et disons, la relation de la parole et du monde. Un état de choses est derrière, ou devant tous les mots qui relèvent d'une certaine visée analytique où l'on trouve les raisons de leur être, leur détermination unique, et les limites de leur validité. Sur ce point Stendhal est fidèle à la modération de Tracy[2] qui tend, dans les perspectives d'un positivisme futur rallié aux phénomènes, à ne plus poser le problème même du langage. Dans le dépliement progressif du savoir, le langage intervient comme relais : « alternativement l'idée fait naître le signe, et le signe fait naître l'idée » ; le signe conclut et relance l'analyse, il est un nœud sur le fil du savoir qui, des éléments et conformément à eux, nous conduit aux nuances ; les signes s'accroissent du fait des analyses et des combinaisons en nombre, et en complexité, et « plus nos signes expriment de nuances délicates, plus nos analyses deviennent fines ».

Tracy dans l'examen de ce besoin du signe qui le fait naître, ajoutait (c'était son versant optimiste) qu'un « langage quelconque ne peut jamais avoir plus de signes que ceux qui l'instituent n'ont d'idées »[3], et que le « niveau se rétablit à chaque instant entre le signe et l'idée »[4]. Ils ne peuvent rester longtemps en divergence : d'où l'absurdité de l'italien moderne, analogue à celle de B. Constant s'il voulait écrire *Adolphe*[5] avec le langage d'Amyot, le système des idées a

1. *Molière*, p. 225 ; *RetS*, p. 230 et p. 243 ; sur le langage et la transmission du savoir, *VR*, II, p. 116.
2. I, p. 366 ; comparer avec *RetS*, p. 241.
3. I, p. 365-366 : le langage satisfait d'abord les besoins de la pensée, puis en éveille de nouveaux, etc. ; « en masse les connaissances et le langage marchent toujours de front ».
4. *Id.*
5. *Italie*, p. 258.

changé et ne peut se loger dans un système verbal resté trop distant ; à la pensée de nourrir le signe, de le déterminer d'une manière vivante, à elle en somme de tisser son vêtement à sa mesure. Quand l'Égotiste nous dit que Lingay[1] n'a « aucune idée des devoirs du citoyen », comme lui des « devoirs de la religion », ou des « rapports de l'homme avec les anges », il confirme *a contrario* que le mot ne dit rien, si le sujet ne sait pas ce qu'il dit ; le mot « citoyen » est superflu pour Lingay, c'est comme s'il n'existait pas. « Comment aurions-nous une langue pour une chose dont nous ne parlons jamais[2] ? » Pourquoi convenir d'un signe si on n'en a pas besoin ? D'où cette faiblesse des langues vue par Stendhal dès sa jeunesse : faites par la « majorité des hommes » elles n'ont enregistré que ce qui « était tombé »[3] sous leur sens, ou ce qu'avait éprouvé leur âme. C'est alors l'expérience qui est la limite du mot. Et c'est elle qui en en démontrant le besoin oblige à le créer, à l'importer, bref à prolonger le processus de convention du langage dès qu'il se révèle trop pauvre pour les idées en attente : ainsi depuis que la France a un « budget », elle a pris le terme aux Anglais, à quoi se refuse sottement le purisme toscan, qui prétend appliquer un mot archaïque à une idée moderne[4]. Le beyliste se fera néologiste (il se vante d'avoir « introduit dans la société de Paris » trois « mots », c'est-à-dire trois idées, « payer son billet d'entrée », « cristallisation », « fioriture »[5]), quand « le mot manque à la langue quoique la chose se voie tous les jours »[6] : ainsi pour le « puff ». Pour que le signe naisse, il faut qu'il soit substituable à une « idée », réponde à un besoin, sanctionne un état de fait ; ou surtout conduise à un

1. *SE*, p. 105.
2. *RNF*, I, p. 165 ; ce qui fait que la langue italienne est la langue idéale de l'amour, la plus riche en nuances, et où justement le mot « amour » si vague et si général n'est jamais en usage, c'est qu'une langue est le dépôt des mœurs : *De l'A*, Cl, p. 316 ; *RNF b*, I, p. 50, p. 147.
3. *FN*, II, p. 223 : « plus on devient passionné, plus la langue vous manque » ; *Molière*, p. 233, sur le « sublime » et le « sourire » » : ils n'ont pas vraiment de *nom* ; car « peu de personnes comprennent ces sortes de choses, par conséquent il n'existe pas de langues ou de signes convenus pour des choses qu'on n'a pas à exprimer ».
4. *RNF*, II, p. 48.
5. *O.I*, p. 282 ; *De l'A*, Cl, p. 47 et p. 48 n.
6. *Mél.*, III, p. 215.

gain analytique : « saisir la pensée dans ses moindres nuances ». Dès que le procès d'analyse est en marche, la langue bouge. Ainsi en Italie : Florence fut pour « la liberté et les richesses (les deux conditions pour former la langue) » la première cité d'Italie, elle eut « les plus belles idées »[1], donc la langue la mieux formée qui devait triompher des autres. Le Florentin pouvait tout dire, tout écrire, il avait plus d'esprit, il « donnait audience » à ses pensées et à ses sentiments, il pensait en somme plus loin et plus fin. D'où sa langue. Mais maintenant l'italien est en retard : il a moins de signes qu'il n'y a virtuellement de sensations et d'idées. Le Dante, nous dit Stendhal, génie à la pointe de son temps, et de l'analyse, aurait compris les « sentiments fins » d'*Adolphe*, mais pour les exprimer « il aurait été obligé d'agrandir sa langue »[2]. Impossible de même de traduire Diderot en grec : les Anciens étaient des « enfants dans la science des mouvements de l'âme »[3] ; leur langue quant au raffinement des nuances est hétérogène aux sentiments des personnages de *Jacques le Fataliste*.

Ces idées, qui sont du Tracy tout pur, Stendhal, on le sait, devait en tenter une application pratique et originale dans le conflit linguistique des Italiens[4]. Les circonstances en sont connues : l'effervescence libérale et nationale des cercles milanais, la déception de Stendhal devant la modération de Monti, ou les ignorances théoriques de ses amis ; finalement il abandonne son projet, victime comme le dit V. del Litto de l'intransigeance nationale des Italiens soucieux de se réserver comme chasse gardée le conflit sur la langue qui les opposait depuis quatre siècles sinon plus. On notera encore que le diligent traducteur de Tracy en italien, G. Compagnoni[5],

---

1. *RetS*, p. 213, et *RNF 17*, p. 87 ; *RetS*, p. 217, p. 209.

2. *RNF*, II, p. 48.

3. *HP*, II, p. 174 ; voir *LL*, P, p. 1032, où Lucien réfléchit sur les idées de Mme de Chasteller qui ne peuvent « s'exprimer qu'avec un langage un peu philosophique », qui les rend invisibles.

4. Voir l'historique de Del Litto, *Vie*, p. 583-597, et les motifs du renoncement malgré toute la diplomatie déployée.

5. Cf. *Grammaire générale*, Milan, 1817, t. III, p. xx et sq., contre la Crusca et sur la réforme de la langue, soit contre le toscan arriéré ; de même sur l'orthographe, IV, p. 95 ; p. 124 cet argument stendhalien, « *quale è il libro in prosa che leggasi unanimente della nazione, che posso dirsi nazionale ?* ».

avait assorti son édition de notes et d'indications aussi
virulentes et aussi nettes quant à l'orthodoxie idéologique que le pamphlet prévu de Stendhal. Le projet en est évidemment politique : « qui délivre le mot, délivre la pensée ».
Le combat des « italianistes » et des « toscans », des vieux
mots locaux contre une langue jeune et moderne[1] est romantique et politique inextricablement ; en « jacobin » (un
peuple, une langue, une nation), Stendhal entend préserver
l'italien de sa corruption par les langues voisines, le français
au premier chef, et donner comme support à l'unité politique
une unité de langue, sinon de « mentalité ». Que tous se comprennent, s'éprouvent identiques et égaux dans le langage
commun. Donc il faut faire « tomber »[2] les dialectes devant
un « italien » commun et moderne. Davantage la victoire sur
le toscan et la Crusca serait une reconquête des Italiens par
eux-mêmes, ce que nos contemporains verraient comme un
retour à une identité nationale, une « décolonisation » en
somme. Il faut restituer le langage au besoin, à la vivante
détermination de l'utile, à l'usage d'une part, et à l'usage
actuel, partir de la « manière dont nous parlons »[3], et non de
celle « dont on parla », engager l'italien dans le mouvement
de l'essor spontané, fondé dans l'être du moment et ses
besoins, enraciner dans la réalité substantielle des êtres la
vie des mots, dans la mesure où le combat est mené contre les
« formes » figées, les contraintes désuètes, des règles parasi-
taires, une dictature de l'usage ritualisé et mort, à quoi s'ac-
crochent des castes privilégiées, à la fois locales et
académiques[4]. Bref substituer à un « modèle » archaïque et
particulier, un *mouvement* neuf et général. Cela dit, la maniè-

---

1. *RetS*, p. 211 et p. 219 ; *RNF*, II, p. 49 et n.
2. *O.I*, p. 1322 ; sur l'aspect politique : *RetS*, p. 218, p. 239, p. 243 ;
RNF b, I, p. 285 : la thèse romantique est « chercher des mots nouveaux
pour les idées nées depuis le XVe siècle » ; le *Conciliatore* (n° 71 et n° 80)
devait dans le même sens déplorer que la langue fût à l'image du pouvoir,
et des mœurs qu'il impose, et citant Tracy contre Monti, ou l'exemple
anglais, réclamer que l'on partît de la raison, des concepts, pour parler de
la langue.
3. *RetS*, p. 208-212, contre le privilège linguistique, qui immobilise une
situation archaïque ; p. 234, qu'un journal en écrivant « comme on parle »
a une bonne influence ; de même *Italie*, p. 259.
4. *RetS*, p. 208 ; le tort de Monti est d'être en retrait sur l'usage, qui
est revendiqué par Stendhal au même titre que la vraie théorie de la langue.

re dont Stendhal aborde le problème d'*une* langue est révéla-
trice pour notre propos.

Il s'agit pour Stendhal de rendre aux Italiens leur langue,
et à celle-ci une vitalité qu'elle n'a plus ; l'italien « va
périr »[1]. Son intervention définit une table rase préalable : là
où il y a des privilèges, des divisions de parti et de clocher,
des consécrations arbitraires, le beyliste n'entend se réclamer que des droits à l'égalité devant la langue, des droits
pour les membres d'un même ensemble national à se parler et
à se comprendre, loin de s'exclure comme *étrangers*, et ne
veut relever que du fait : la langue se définit en termes de
nation, de raison, d'usage collectif véritable et fondé dans la
nature de la langue. Mais qu'est-ce qu'une langue ? Le problème de ce pamphlet est bien que Stendhal adhère énergi-
quement à un point de vue, et se révèle un antitoscan violent ;
qu'on se réfère aux travaux incisifs sur ces questions de Mme
Labande-Jeanroy[2], qui restituent le contexte intellectuel,
passionnel surtout de ces querelles, et les paralogismes en
présence, on verra le centre délicat des débats ; y a-t-il une
« italianité » diffuse dans tous les parlers italiens, ou l'« italien » a-t-il son centre, son noyau constructif dans le *bon* toscan ? Le choix de la fin du XVIIIᵉ siècle, jusqu'à Manzoni, est
résumé entre les points de vue des puristes ou des « liber-
tins » : devant la difficulté d'une langue pure et moderne, ou
l'on cherche avant tout à se faire comprendre par tous les
moyens linguistiques, ou l'on se replie (dans un schisme bien
défini par Stendhal, ou bien écrire ou penser), sur le sanctuaire de l'autorité, de l'usage établi, qui est archaïque. La
difficulté générale est d'admettre qu'un certain état de langue, une conscience linguistique vivante et créatrice, puisse
servir de modèle et d'idéal : manque la notion d'un *bon* usage
toscan. Le toscan (comme le fait Stendhal) est accablé dans la
thèse de l'« italianité » comme un purisme hiératique (est

1. *TA*, I, p. 147 ; voir aussi *PR*, I, p. 220 n. ; *Mél.*, III, p. 344 ; *C*, IX,
p. 295.
2. Cf. *Question de la langue italienne*. Publication de la faculté des lettres de l'université de Strasbourg, P.U.F., 1925, et *La question de la langue
italienne de Baretti à Manzoni*, Champion, 1925 ; ouvrages qui font la
clarté sur ces polémiques ardues et qui ne brillent ni par la bonne foi ni par
la cohérence ; nous résumons ces thèses sans nous vanter d'en avoir saisi
toutes les nuances ; voir dans le deuxième ouvrage cité p. 31-33, p. 49-57
et p. 1-12 l'exposé schématique des positions.

« bon toscan » la littérature classique), ou comme un dialecte
vulgaire et local au même titre que les autres. On admet mal
qu'il y ait des niveaux de langue, des emplois hiérarchisés
d'une même langue : le français, académique, poétique, quotidien, est supposé *un*. Qu'il y ait un bon et un moins bon toscan,
est interprété contre le toscan ; spontané c'est un parler
populaire et bas, forcé, il est livresque, et pédant, ou
confondu avec la *koinè*. Le toscan littéraire n'est pas du toscan « meilleur », il est de l'italien, et dans le même postulat,
le toscan n'est que parlé et populaire. Qu'une même langue
ait des usages, et une norme, que les dialectes soient des langues spécifiques, que leur commun dénominateur ne forme
pas un ensemble linguistique, ce sont les points d'achoppement de la thèse de l'italianité, qui met évidemment l'accent
sur le lexique, alors que les « florentinistes » le mettent sur la
morphologie.

Qu'est-ce donc qu'une langue ? Ce n'est pas seulement la
sympathie du « romanticiste » qui range Stendhal du côté des
« antipédants », mais il retrouve chez eux une définition de la
langue comme ensemble commode, unidimensionnel, remarquable surtout pour son pouvoir de communication et
d'adaptation à la modernité. Une langue en somme sans définition, aux frontières du sabir, sans être propre, ni puissance
organique, ni système, mais absorbée par sa fonction de traduction et de véhicule, quasi nulle relativement à la pensée
qu'elle doit présenter. L'italien, qu'est-ce que c'est[1] : « du
latin altéré et adouci par un long usage, plus quelques mots
grecs et esclavons » ; une langue aux possibilités d'emprunt,
de contamination infinies, qui dans « cent ans » sera « du
français avec des désinences italiennes »[2], c'est-à-dire des
idées françaises, dans des mots d'emprunt, à peine badigeon-
nés d'italianité. Le laxisme linguistique peut aller difficilement plus loin. Où est donc la frontière d'une langue, son être
propre, le principe de sa survie, de son invention ? En fait la
grammaire générale est là tout entière : si la grammaire italienne n'est que « l'art de noter ses idées en italien », toute
langue n'est « que la notation du degré de civilisation où le

---

1. *Marg.*, II, p. 23 ; *C*, V, p. 15, c'est « de l'allemand corrompu ».
2. *Italie*, p. 326 ; sur les emprunts au français qui constituent le fonds
moderne de la langue, *Italie*, p. 258.

pays est parvenu », ou au mieux « le premier instrument du génie d'un peuple ». Les signes conservent les idées, les « connaissances acquises »[1], en imprègnent les « relations sociales », les mettent au service de ces « millions d'hommes » médiocres mais instruits qui font une civilisation ; la langue, c'est la civilisation, la notation des idées[2], préjugés, découvertes, sans lois ni histoires propres mais livrée comme bric-à-brac cognitif et social, à tous les emprunts, contaminations, inventions, fabrications ; elle déroule les « idées » sans principe interne de déroulement, elle s'enrichit, s'appauvrit, se développe, selon les aléas des conquêtes, oppressions, révolutions. C'est là encore le legs de l'idéologie, qui en particulier pour l'écriture n'envisageait que les liens des signes et des lumières, et n'interrogeait les rapports des signes et de l'histoire qu'en fonction du savoir et du devenir de la liberté ; De Gérando[3] esquissait une sociologie des langues selon les climats et les régimes politiques, ce qui pour lui sous-entendait les relations variables des signes avec la réflexion ou l'imagination, selon la grande division désormais classique en ce domaine du Nord et du Midi. Bonstetten[4] devait parler du « fil de la pensée déposé dans le langage » ; « la langue qu'on parle est le résultat de tout ce qui l'a précédée », mais comme ensemble de *traces* laissées ; les langues « maternelles » et pures sont seulement plus homogènes que celles qui ont subi comme dans le Midi beaucoup de conquêtes et d'apports : « une bonne moitié des mots n'a ni souvenir ni racine ».

Pourtant Stendhal ne se limite pas à ce point de vue classique : il en sent soudain la précarité. La langue a beau *n'être que* la convention passée entre les hommes pour dire leurs idées, le cas de l'italien révèle l'insuffisance de cette convention ; une convention suppose la liberté de convenir autrement, l'indiscipline du contrevenant. Comment la

1. *RetS*, p. 240, p. 217, p. 210. *VR*, II, p. 115 ; de même *VR*, I, p. 176 ; *RetS*, p. 231, p. 306, p. 243.
2. *RetS*, p. 228, *LL*, p. 1388, sur la décadence des langues, non par conquête mais par appauvrissement du vocabulaire ; cf. Foucault sur ce point, *les Mots...*, p. 126 et sq. (Tracy et la langue dans l'histoire) ; Volney, *O.C.*, VII, p. 108 et sq.
3. *Op. cit.*, II, p. 466 et p. 485.
4. *Midi*, p. 69.

convention linguistique peut-elle demeurer stable, collective, être norme et invention, stabilité et variété ? en fonction de quoi peut-elle être invention en demeurant convention ? Le « barbarisme » d'un laxisme absolu semble choquer le beyliste. Il faut une autorité, un tribunal qui fasse la *loi* et la fasse respecter ; le langage est alors un *bon* langage. Contre l'anarchie des dialectes et l'insupportable tyrannie du toscan, Stendhal recourt à l'exemple français : l'autorité reconnue, puissante (par le ridicule) de l'Académie, la loi de la capitale, et du « langage beau et simple »[1]. La convention est à la fois stabilisée, et idéalisée : elle devient une référence obligatoire et supérieure, il y a un *idéal* de langue à respecter. Mais là la rigueur de l'idéologue semble céder devant de nouvelles obligations imprévues : une langue *fixée* n'est qu'un usage. Et Stendhal montre soudain qu'il tient beaucoup plus que ses maîtres à un aspect, qui sous-tend sa reprise des thèmes habituels de la querelle de l'italien. La « convention » doit être spontanée, ou en tout cas le langage que l'on doit parler doit « partir du cœur » (non de la raison), les « tournures »[2] qui deviennent alors un fait de grammaire vivante, émotive, ou expressive l'emportent sur les simples *mots*, car elles contiennent plus de variétés et de naturel ; « on n'a jamais de feu qu'en écrivant la langue qu'on parle à sa maîtresse et à ses rivaux »[3]. Au nom de l'immédiateté de la parole, les dialectes sont en passe d'être réhabilités et exaltés, comme les langues du cœur et de l'imagination que la grammaire générale situait justement dans les origines où l'analyse n'était pas développée, vers l'Orient imaginatif, figuratif et menteur. Le critère de la langue, c'est qu'on y est soi-même, ce sont les valeurs de naturel et d'affectivité qu'elle contient. C'est le besoin du cœur ou de la passion qui motive l'invention ou la conservation aussi du langage. Dès lors l'argumentation du beyliste est à faux et c'est peut-être là la raison de l'inachèvement : comment allier la nécessité d'une loi et d'un « tribunal » de la langue, et le recours à l'expressivité émotive que seules les langues du souvenir, de la coutume, de la localité peuvent comporter ? Le toscan est une lan-

---

1. *RetS*, p. 249 et p. 222-227.
2. *Ibid.*, p. 229 et *passim* ; *RNF*, I, p. 170.
3. *RNF 17*, p. 88.

gue morte (et basse) : figée, étrangère[1] aux Italiens qui n'y ont accès qu'au prix d'une traduction, comme au latin, elle ne vit pas, ne s'enrichit pas, personne ne la fait, puisqu'elle est toute faite et qu'on ne peut qu'en imiter les répertoires livresques. Ici la convention est si totale qu'elle diverge sans remède de la créativité spontanée des locuteurs. Le beyliste est dans l'impasse : il faut une *loi* et un pouvoir exécutif pour que la convention ait vigueur et rigueur mais inexorablement le beyliste est déporté vers l'exaltation du parler à soi, du parler natif. S'il veut conseiller un mode de réforme de l'italien, il propose que consultant les Italiens modernes, anciens fonctionnaires sous l'Empire et anciens militaires français évidemment, l'on retienne[2] « les tournures usitées pour exprimer chacun de nos sentiments ». Ou que s'inspirant de l'exemple de Johnson, l'on constitue une nouvelle langue académique et livresque, à coup d'auteurs, et en dehors de l'usage vivant[3].

L'impasse de Stendhal, c'est qu'il sort des limites de l'idéologie où il prétend trouver la clef du problème : il en sort par le recours à la notion tout irrationnelle de *bonne* langue, comme par le préjugé non moins irrationnel en faveur des parlers coutumiers accrochés au hasard des communautés humaines. Voici donc Stendhal réticent quant à l'usage pratique de l'idéologie dans le domaine où elle devait affirmer honnêtement ses inquiétudes, et manifester les symptômes d'un échec, la manipulation prométhéenne du verbe. Revenant aux exemples de Richelieu ou de Johnson en matière d'amélioration du langage, ou aux langues du cœur, par une nette revanche de Rousseau sur l'idéologie, Stendhal démontrait implicitement la limite de la théorie, et son point extrême de validité. Car l'idéologie condamnée à promouvoir une réforme du langage, comme rédemption du savoir et de la raison, se condamnait en la reconnaissant difficile ou inopérante. Comme métalangage caché, consubstantiel à la raison même, et à la nature, régissant à leur insu tous les idiomes, la

1. Cf. *RetS*, p. 228-231 ; *RNF 17*, p. 87-89 ; *Italie*, p. 258-259 ; *RNF*, II, p. 46 ; *Ch. It.*, P, p. 808 ; *Mél.*, III, p. 333-334.
2. *RetS*, pp. 247-253.
3. *RetS*, p. 211, p. 219, p. 250 et p. 254 ; *Italie*, p. 260 ; Lancelin au reste (I, p. 316) donnait pour la réforme des langues des conseils allant dans le même sens.

grammaire générale devait se parachever dans la « grande
utopie »[1] d'un langage juste, qu'il fût le terme de l'art ou le
retour de l'ordre premier de la nature ; sous le nominalisme
dormait le fond cratylien, aidé cette fois par le mirage pratique d'une refonte des langages par la réforme des mots sur
la vérité, les besoins réels, les pouvoirs vérifiables de l'homme. Toute pensée du langage, prétendant assujettir à une
rationalité le hasard rugueux des mots et l'injustifiable
conditionnement sensible de l'homme, n'est-elle pas en secret
ou ouvertement une révolte de nature à la fois logique et
ascétique, une tentative pour séparer le « verbe » du verbal
ce dernier étant jugé trop *naturel*, donc repris et racheté
dans les grandes sémiotiques mathématisées plus pures et
plus contrôlables. Le problème de l'origine des langues, de la
langue première en un sens, recouvre peut-être le problème
plus immédiat du pouvoir de l'homme sur le langage, c'est-
à-dire d'un salut prométhéen par le langage, par la victoire
définitive sur le langage ; seule la langue sauvée comme
« épiphanie de la raison retrouvant partout son bien »[2]
montre que l'homme peut se sauver lui-même. Utopie qui
pour être plus professée par les poètes que les théoriciens
politiques ou sociaux, n'en appartient pas moins dans toute
la modernité à la visée révoltée. Biran[3] remarque que
l'idéologue acharné à vouloir « se diriger lui-même, savoir où
il va, d'où il vient, ne veut pas d'ombres dans les signes »,
qu'il constitue en un « système », qui ne contient que « ce que
l'homme y a mis ». Un Lancelin[4] qui se sent encouragé par
ces trois indices de raison pratique que sont la division de la
France en départements, la chimie, et le système métrique,
évoque les conséquences morales et politiques de ce qui va
advenir, « une langue éminemment analytique, organe de
l'intelligence pure ». Encore ne songe-t-il qu'à réformer le
langage courant et non à en créer d'artificiels.

Ces points ne sont pas essentiels pour nous : Stendhal vient

---

1. Foucault, *Les Mots...*, p. 133.
2. Gusdorf, I, p. 284 et p. 285.
3. *Notes*, p. 14.
4. I, p. 311-313 ; Rastier, p. 152 et p. 156, note à juste titre que l'échec
de l'idéologie était dû à cette concession à l'*artifice* trompeur du langage
que constituait le renoncement au projet de langage idéal qui est
consubstantiel à sa théorie.

trop tard. L'idéal d'une langue parfaite, à la Lavoisier, comme on l'a vu, revient parfois sous sa plume : ainsi dans le pamphlet italien (toute langue ayant « adapté à son génie particulier la grammaire générale »[1] se rapprochera de la chimie ou de l'analyse mathématique). Plus simplement il s'en tiendra à l'idée d'une « langue forcément claire »[2] comme soutien de la réflexion rigoureuse : en français, l'obscurité est une sorte de solécisme qui doit avertir d'une faute de logique. L'on doit pourtant se souvenir qu'il trouvait chez ses maîtres, avec quelle insistance, l'affirmation de la nécessité d'une « langue bien faite », où les termes ont « un sens vrai et précis », condition, disait Lancelin, d'un « maximum de l'intelligence humaine »[3] ; que cette évolution chez Condorcet[4] passait par la possibilité d'une langue scientifique universelle, qui ne pouvait être que l'aboutissement du perfectionnement de la méthode et de la langue de chaque science, et ne signaler que la ruine des langues mythiques et cléricales. Que Cabanis[5], Tracy[6], De Gérando[7], Lancelin[8] se déclaraient prêts, dans les sciences expérimentales même, à concevoir sur le modèle de la chimie un langage parfait, à la fois déductif et inductif, où selon des lois constantes de composition, le signe serait une représentation idéale de l'idée et du fait, le nom une définition, les mots un portrait de la génération des idées, les relations grammaticales le double des relations des objets entre eux. Mais aussi alors que Lancelin, comme un « ultra » condillacien[9], maintenait intégralement l'« empire des signes » sur le savoir[10], ou mieux

1. *RetS*, p. 210.
2. *CA*, I, p. 328 ; même idée chez Rivarol (*Discours*, p. 112-113) et dans Lancelin, I, p. 421 : une langue bien faite fait découvrir sans peine les préjugés, mensonges, contradictions « dans la construction même des phrases comme en algèbre les fautes de calcul ».
3. I, p. XVIII ; p. XXXV ; chez Tracy, III, p. 33 ; et dans le *Commentaire*, p. 319 n., « faire une science c'est en faire la langue, et faire la langue d'une science c'est faire la science elle-même ».
4. *Esquisse*, p. 7 et p. 50 ; puis p. 225-233.
5. *O.C.*, II, p. 163.
6. III, p. 32, II, p. 363, II, p. 382-383 ; mais contre le principe même d'une langue parfaite qu'interdit la nature de l'esprit humain, *Grammaire*, chap. VI, III, p. 411 et sq., et Picavet p. 323-324 sur la pasigraphie.
7. III, p. 153 et p. 175.
8. I, p. 149-150 ; p. 176 ; p. 297-300.
9. G. Blin, *Personnalité*, p. 488.
10. Cf. I, p. 205-206, I, p. 296 ; p. 177-179, p. 182 ; p. 420.

sur la morale et la justice (si les notions générales étaient
fixées, classer telle action comme juste/injuste relèverait de
l'évidence mathématique), réclamait un Dictionnaire analytique universel et ne cachait pas ses préférences pour la
construction *a priori* d'une langue, où signes et idées marche-
raient de front, en tout cas pour les langages « formés régu-
lièrement et d'un seul jet », il n'y avait là pour De Gérando
qu'une impossibilité (ainsi il analysait le langage des sourds-
muets en tout point conforme aux souhaits des idéologues,
hormis celui-ci : les signes ne sont pas des analyses[1]), et pour
Tracy un vœu respectable et une « brillante chimère »[2] qui
l'avait lui aussi fasciné ; désabusé quant à tout projet prémé-
dité de langue parfaite universelle, ou savante, il en concluait
que « l'incertitude des signes de nos idées » était « inhérente à
la nature de nos facultés intellectuelles », car l'exactitude
significative est un leurre entre deux individus, pour un
même individu, et qu'au reste les langues réelles demeuraient
notre seul outil moins imparfait qu'on ne le croit. On n'oubliera pas pour en finir avec ce point que l'Égotisme métaphysique d'un Valéry[3], fondé sur « l'introduction systématique de la *self-consciousness* », donc sur le mépris du langage « démotique », recherche évidemment une pureté identique
dans la direction cette fois du langage symbolique, dénué de
toute motivation par la ressemblance, et découvre dans la
cohérence du formalisme le même tête-à-tête de l'esprit avec
lui-même.

Le renoncement en tout cas de l'idéologue en chef est grave
pour notre propos : car la grammaire générale établissait
concurremment la rédemption des langues, et leur déchéance
antérieure. Que se passait-il si l'on abandonnait l'idée d'amélioration, quand on conservait le bilan critique des langues
existantes ? En ce sens l'idéologie à quoi le beyliste
raccrochait (comme il s'était raccroché à la raison pour
retrouver foi en lui-même et dans le « monde »), pour se fier
au langage cette fois par une analyse rationnelle de son existence d'où il découlait une procédure nécessaire de parole
vraie et juste, pouvait aussi bien le conduire à une plus gran-

1. III, p. 185 ; IV, p. 351, et sq. et sur les langages artificiels, p. 456-464.
2. II, p. 368 et sq., et Rastier, *op. cit.*, p. 153 et sq. ; on peut donc retrouver la nature de l'esprit qui a créé le langage dans le langage.
3. *Cahiers*, I, p. 194 et p. 426.

de méfiance. Car enfin le langage, dépôt des préjugés, et lieu privilégié de la tromperie sociale, qui dans la mesure où il y a des mots vides, sans idée, mais non sans force constitue une hypocrisie intérieure, et à l'extérieur un moyen impressionnant de manipuler les autres, est à la fois pour le beyliste une aliénation, et un *pouvoir* ; s'il n'a pas comme garantie l'union des consciences dans la vérité, il ne fonde que leurs dominations réciproques, et ne transmet que leurs ruses. Reçu comme faux, truqué, encombré de tous les parasitismes sémantiques, véritable piège pour la vérité, puisque tout langage est au moins malade de la religion et de la philosophie, et en dernière analyse, du *pouvoir* des gouvernements, il est par l'idéologie l'objet d'une hygiène critique et pratique dont le terme est la coïncidence de la parole et de la pensée, de la parole et de la vérité. Mais en regard des remèdes la partie critique de l'étude des langages est accablante. Ce n'est qu'un cri chez les maîtres de Stendhal : à l'égard des mots ce sont des professeurs de soupçons. Hantés par l'idée de recommencer à neuf l'aventure de l'humanité, ils voient dans le langage l'hypothèque d'une préhistoire de l'homme. En même temps que Hobbes identifie la raison à une « suite de mots »[1], à des assemblages tout faits ressassés par l'homme, il ouvre la voie à une réflexion qui montre que toutes les vérités et toutes les erreurs sont fonction du langage. Il n'y a que des mots et ils sont falsificateurs ! La vérité n'est accessible que par les mots, le langage est la source de toute vérité, et la gêne, l'obstacle de la vérité. Ce thème, de Locke à Tracy[2], est continu : « masque », « voile », superfétation de la « frivolité » montante dans l'humanité avec Condillac, vide d'une parole déviée de la nécessité naturelle, enivrée de son besoin de parler sans idée (c'est au fond l'image d'une humanité de plus en plus la proie de l'hypocrisie vaniteuse), le langage toujours en accusation apparaît chez tous comme

---

1. Cf. V, §§ 13 et 14, recopiés dans *J. Litt.*, I, p. 365-366, en particulier l'idée que le langage est cause de tout bien et de tout mal ; de même *FN*, I, p. 281.

2. Locke, *Essai*, III, IX et X ; Condillac, *Corpus*, II, p. 464, « les langues nous cachent le commencement de tout et ne nous apprennent qu'à déraisonner » ; I, p. 398, sur la frivolité ; Condorcet, *Esquisse*, p. 225, sur le « masque des langues » ; sur cette impasse, Cassirer, *Formes symboliques*, I, p. 82-84 ; sur cette « chute des langues », voir Largeault, *op. cit.*, p. 209-211 ; thèse que reprend Lancelin (I, p. 179).

le mal, le fruit d'une désarticulation de la nature et de l'histoire, d'une liberté déviante qui cultive le bavardage, et les mots pour eux-mêmes ; l'esprit en son essence est trahi par les abus de mots.

Tracy, on doit s'en souvenir, inaugurait ses réflexions par l'avertissement de ne pas être dupe des mots, et le grief fondamental d'absurdité à l'encontre de l'usage grammatical : les langues « ont été faites avant la science »[1]. Il les jugeait à la fois prématurées et tardives, « travaillées, tourmentées, sophistiquées, détournées »[2], c'est-à-dire fabriquées par un immense travail de subtilisation opéré sur elles-mêmes, mais aussi contre elles-mêmes, dans la mesure où cet artifice irrégulier les écartait de la « véritable expression de la pensée » et constituait devant elle une apparence trompeuse, un « déguisement » ; « il ne faut pas que la forme de l'expression fasse illusion »[3] ; la seule autonomie du langage est dans la distance et les libertés qu'il prend quant à sa mission. Les langues réelles dont Tracy établit la grammaire sont donc en état de désordre : les mots sont des fragments d'idées, les idées pulvérisées en des fragments de signes[4], la pensée est trop décomposée, et trop peu ; quant aux genres des noms, aux régimes des verbes, à leurs temps, aux notations alphabétiques, orthographiques, qu'il désespérait de réformer[5], et qui produisaient non « une peinture fidèle de la parole », mais à peine « un croquis informe »[6], c'étaient autant de points noirs irrationnels que son analyse dégageait. On ajoutera pour rester au plus près de Stendhal dans ce domaine qu'Helvétius et Lancelin, fidèles aux critiques de Locke contre ceux qui obstruent ou rompent le « canal »[7] de la vérité qu'est le langage, dénonçaient dans « le gouvernement par les mots »[8],

---

1. I, p. 57 (à propos des pluriels et singuliers) ; I, p. 104, sur le fait que les mots masquent les différences de sens.
2. II, p. 36 ; II, p. 55.
3. I, p. 57 ; II, p. 43.
4. II, p. 36 et p. 39.
5. II, p. 170, p. 220-222, p. 188, p. 264, p. 353 et sq.
6. II, p. 355 ; il conseillait comme le fait Stendhal, de corriger la graphie par la prononciation.
7. Formule de Locke, *Essai*, III, XI, § 5.
8. *De l'H.*, I, p. 241 ; I, p. 46 ; « l'erreur et le crime cherchent tous deux l'obscurité, l'une dans les mots, l'autre dans la nuit » ; *De l'E*, p. 490, p. 516.

l'un les entreprises de la théocratie, l'autre le mauvais vouloir des gouvernements empressés à « jeter un voile mystérieux »[1] sur la morale et la politique, ou la toute-puissance de la convention sociale reçue de nos parents avec les mots « comme la nourriture et l'éducation ». Bentham enfin s'était voué à détruire les « fictions », qui dans l'ordre du langage comme de la société, représentaient la tyrannie de l'abstraction et des entités. Sa tâche était de les ramener à du sensible, à du tangible, dans la mesure où la parole intéressée à tromper se doit d'inventer des « figures » verbales ou morales, ou sociales, qui ne sont que des effets de vocabulaire qu'un sémantisme critique et politiquement engagé peut seul réduire à ce qu'ils sont. Ainsi outré que le langage établi tyrannise la réflexion par la valeur péjorative ou laudative attachée à certains mots, au point que leur simple mention vaut condamnation ou exaltation, il commençait son *Apologie de l'usure*[2] que Stendhal a sans doute lue (il en partage en tout cas la thèse) par dénoncer le pouvoir répulsif du mot même : « le son du mot constitue presque toute la force de l'argument » ; il déclenche un réflexe négatif, parce que le mot ne « connote » qu'une définition morale convenue et insignifiante, mais toute-puissante sur l'imagination, au fond de laquelle Bentham ne pouvait trouver qu'une supercherie du « principe ascétique » qui disqualifie avec le plaisir le fait de gagner de l'argent. Le péché de prêter de l'argent est alors insidieusement proportionné au loyer de l'argent. Que de pouvoir dans un mot, ou que de choses dans un mot !

A une telle école, la mise en question préalable du langage va de soi : Stendhal la pratique donc, non plus sous la forme spontanée et globale qu'on a vue, mais sous la forme je dirais canonique de ses maîtres. L'on ira plus vite sur ce point : les griefs et leur ascendance idéologique ou empiriste relèvent d'une certaine banalité. Par exemple que les signes nous sont inculqués avant « *de connaître par nous-mêmes les éléments des idées qu'ils représentent* »[3] ; aussi, comme le dit le pamphlet milanais, leur emploi ne nous sera jamais absolument clair. Les torts du langage commencent à l'enfance,

1. Lancelin, I, p. 206-207, p. 230.
2. Voir p. 6 et p. 62-68 ; cf. Halévy, *Radicalisme*, I, p. 69 et p. 204 ; *CA*, II, p. 125, sur les plaintes de Bentham contre les mots.
3. *RetS*, p. 243.

quand « l'infans » reçoit passivement et mécaniquement les mots au lieu d'en faire la découverte et d'en refaire la genèse en même temps qu'il naît à la vérité et à l'expérience ; perroquet de la « re-production », à laquelle on le sait Brulard s'est soustrait, l'enfant est par les mots dressé à la passivité et modelé par la convention : il n'épelle que les mots de la tribu. Grief immense, qui ne tend à rien moins qu'à accuser l'éducation de dévoyer *ab ovo* l'homme de la vérité et de lui-même (« un homme né mûr serait sans préjugés », dit Condillac[1]), et à ramener l'apprentissage des mots à un dressage social, et qu'on trouvera aussi bien chez Condillac[2], Duclos[3], Rousseau, Helvétius[4], réactualisé encore par Tracy[5], Lancelin[6], De Gérando[7], Biran[8] qui unanimes voient dans le psittacisme enfantin l'origine des crédulités, des mouvements chimériques et passionnels, le triomphe du non-sens sur le sens, de l'idée reçue sur la vérité. Et ensuite, ce pessimisme linguistique prend appui sur le développement même des langues : leur croissance livrée à l'anarchie et à l'ignorance, à la tradition et non à l'analogie, est le fait du vulgaire. Langues des hommes médiocres et pris en masse, « traduction traînante et grossière de cette belle langue de l'intelligence »[9], disait Lancelin, elles sont calquées, comme le relève vite le beyliste, sur ce que « la majorité des hommes » a éprouvé et senti ; de là leur pauvreté : « plus on devient passionné, plus la langue vous manque »[10], leur prolixité vicieuse (puisque penser c'est sentir, pourquoi deux mots, dit l'apprenti idéologue ? « c'est la majorité des hommes qui fait la langue... »[11]), leur retard sur la pensée car elles véhiculent, comme le remarque Stendhal en lisant Brissot, des erreurs inscrites dans les mots même quand la pensée les a reçues comme telles[12]. Bref pour l'« habitué de

---

1. *Corpus*, I, p. 771.
2. Condillac, *Corpus*, I, p. 396, p. 734, p. 758 ; II, p. 453.
3. Cf. Brengues, *op. cit.*, p. 517.
4. *De l'H*, I, p. 177-180 ; I, p. 228.
5. I, p. 61 ; p. 105 ; II, p. 365.
6. I, p. 379.
7. III, p. 236.
8. *Habitude*, p. 135, p. 140-141.
9. I, p. 296.
10. *FN*, II, p. 123.
11. *C*, I, p. 307.
12. *FN*, II, p. 205.

l'exactitude irréprochable du langage des sciences physiques », l'« imperfection »[1] de la langue dont il faut user pour les « sciences métaphysiques » est profondément choquante. Comment se comprendrait-on s'il est vrai comme le disaient Tracy et Lancelin qu'il est impossible que les mots aient le même sens pour tous, qu'ils ne sont pas déterminés au prorata des « idées » de chacun, surtout s'il s'agit de notions complexes inévitablement équivoques[2] ? La nature « sensualiste » des idées et leur caractère individuel condamnent le mot à ne les *fixer* que précairement ; ce qu'on dit est incommensurable à ce qu'on a senti. Ce thème qu'aussi bien Duclos[3], Helvétius[4], offraient au beyliste, il l'avait enregistré pour la première fois dans Hobbes qui le mettait en garde contre l'« équivoque », « l'embarras » des mots et l'invitait à chercher « le vrai sens de ce qui se dit »[5] ; « attachons-nous donc à ce que disent les mots », conseillait-il à sa sœur, c'est-à-dire, ne les prononçons qu'en fonction d'un contenu mental spécifié à chaque fois. Idée qui revient en 1818 : « Nous ne sommes jamais complètement sûrs que ceux à qui nous parlons comprennent absolument les mêmes combinaisons que nous sous les mêmes signes[6]. » En fait, pour des mots clés comme « bonheur », « vertu », « décence »[7], chacun ne peut avoir de représentations concrètes qu'en fonction de son degré de sensibilité ; l'argument empiriste est développé dans le sens d'un subjectivisme absolu : le mot ne peut que sanctionner un contexte intérieur irréductible et singulier. Le procès du langage comme inexact et incertain s'étend du problème des « idées » sans signes certains à celui des signes sans « idées » précises :

---

1. *De l'A*, Cl., p. 389.
2. Tracy, I, p. 92, II, p. 379 ; Lancelin, I, p. 203.
3. Cf. Meister, *op. cit.*, p. 198 et n., « plus un mot abstrait est en usage moins l'idée en est fixe, parce que chacun l'étend, la restreint ou la change ».
4. *De l'E*, p. 297-298 ; *De l'H*, I, p. 198.
5. *J. Litt.*, I, p. 364 et p. 365, cf. Hobbes, V, § 7, § 8, § 12.
6. *C*, I, p. 178 ; *RetS*, p. 243.
7. *RNF 17*, p. 46 ; *Molière*, p. 230 ; voir aussi *RNF* II, p. 47, le cas du Florentin qui emploie dans les mots un sens tout différent de celui qu'il leur donne ; de même *LL*, P, p. 1130, cette indication sur la variabilité du langage, le mot « gens sages et incapables de mensonge » est « compris par le plus âgé des médecins dans le sens qu'on leur eût donné quatre ans plus tôt » (sous la congrégation).

d'où le réquisitoire, devenu banal depuis l'immense effort de
clarification et de distinction du siècle précédent, contre les
synonymes[1] ; Helvétius[2], Lancelin, également indignés qu'un
mot ait plusieurs sens, et plusieurs mots une même idée,
étaient pour Stendhal des témoins de ce grand combat contre
les mots fantômes, et pour la stricte équivalence en nombre
entre les mots et les idées dont on dispose. Condillac avait
pris la part qu'on sait à cette œuvre, indispensable dès lors
que les mots ont une fonction analytique et qu'il importe de
démêler pour chacun les idées principales et les idées acces-
soires, qui sont des nuances importantes à ne pas laisser
confondues dans les mitoyennetés suspectes. S'il faut un nom
pour un sens, en une relation terme à terme parfaitement
maîtrisée, la synonymie n'est pas plus tolérable que la poly-
sémie. Stendhal, qui pour sa part s'inquiète des identités
sémantiques comme du symbole même du « vague », a dressé
le constat pour l'italien des méfaits de la prolifération des
mots trop proches, de la « multiplicité vicieuse des
synonymes »[3], « richesse funeste » pour la pensée, qu'un
« vocabulaire bien fait » et national peut résorber ; qu'il n'y
ait pas deux mots « signifiant la même chose » ; que les mots
ne soient pas « indifférents », parce qu'ils sont tous différents, « peignant » la chose « sous divers aspects, donnant
d'elle des idées fort différentes », appartenant à des
contextes divers, à des situations de parole incompatibles ;
que chaque mot soit défini par son poids de sens, et ses
valeurs propres, Stendhal se plaisait en 1818 à en emprunter
la démonstration à Voltaire, et à en faire la leçon aux Italiens.

1. Cf. Mornet, *Clarté*, p. 312-313 ; Andrieux, *op. cit.*, p. 135, « il n'y a
donc à la rigueur qu'un seul mot propre à exprimer chaque idée et c'est ce
mot unique qu'il faut trouver ».

2. *De l'E*, p. 485, « il n'est point de mots exactement synonymes » ; Lancelin, I, p. 206 n. et p. 321 n., « que le nombre des termes soit toujours égal
à celui des idées » ; Caillet, *op. cit.*, p. 145, cite Laplace à l'École normale,
« la langue philosophique la plus parfaite serait celle où l'on pourrait
exprimer le plus grand nombre des idées par le plus petit nombre de mots
possibles » ; de même Dumarsais, *Tropes*, 1811, p. 158.

3. *O.I*, p. 1322, cela « me dégoûte d'apprendre une langue » ; contre les
synonymes italiens, déposés dans la langue par les dialectes : *RNF 17*,
p. 88 ; *HP*, I, p. 248 ; contre le synonyme dans le langage passionné : *RetS
b*, p. 146 n. ; *EIP*, II, p. 328 n., « gentillesse est-il le synonyme de grâce,
sinon quelle est la différence de sens entre les deux mots ? ».

Mais le grief capital dans cette tradition dont relève le bey-liste, c'est, comme on sait, le problème des abus de mots, si souvent abus de pouvoir, la tendance de l'esprit à « réaliser » les mots[1], à perdre de vue le fait que le mot soit une création et un acte mental de l'homme, ou plus gravement le fait qu'il doit être cautionné par le réel ; la dénonciation d'une infla-tion idéelle à partir d'un usage funeste du langage aboutis-sant à un détournement de la vérité et de la nature par les mots, était bien l'abc d'une philosophie. « Comme si les mots sonores étaient des faits, dit Washington », note par exemple Joubert[2]. Tous ceux que Stendhal a lus lui disaient et redi-saient que l'abus de mots est le principe de toute l'erreur humaine : Helvétius[3] pour qui tout le « charme » magique de « l'ontothéologie » se dissiperait en exigeant « la signification précise des mots » dont elle se sert, si les « grands » ne fai-saient obstacle à l'entreprise de « fixer le sens » des mots[4] (si bien que seule l'Angleterre pourrait faire un bon dictionnai-re) ; Brissot[5], pour qui toute mauvaise méthode de pensée était liée à la confusion verbale, à l'usage de « signes sans idées », si bien que « pour parvenir au point de ne pas se ser-vir d'un seul mot sans en connaître la valeur, il faut un cou-rage singulier » ; Condorcet[6] évidemment, pour qui le progrès dépend de l'analyse des mots ; Lancelin[7] qui en concluait qu'il ne faut jamais parler de religion ni de Dieu aux enfants, il y a là des mots « indéfinissables » ; et Volney[8], et Cabanis[9] et Pinel, et Broussais[10]... D'eux tous Stendhal a appris que l'artifice verbal indique une défaite, une dérobade de la pen-

---

1. Cf. Locke, *Essai*, III, X ; Condillac, *Corpus*, II, p. 361.
2. *Carnets*, II, p. 604 ; on sait comment La Harpe devait retourner contre les révolutionnaires l'argument de la « tyrannie des mots » (cf. Moravia, *Tramonto*, p. 442) ; Bigillion (*Let. à St.*, I, p. 183) redoute de « se perdre dans un dédale de mots comme les théologiens », de « devenir fou en parlant pour parler ».
3. *De l'E*, p. 490, p. 205, « faire de la philosophie une science des choses qui jusqu'à présent n'a été qu'une science des mots » ; *De l'H*, I, p. 71, sur le « charme » scolastique.
4. *De l'H*, I, p. 198 ; contre la théologie, II, p. 400.
5. *Vérité*, p. 294, p. 310, p. 319, et p. 327.
6. *Esquisse*, p. 69-71 et p. 155-157.
7. II, p. 107-108.
8. *Leçons d'histoire*, t. VIII, p. 245, sur le besoin machinal de croire dû à l'automatisme des sons qui ramènent les expériences enfantines.
9. *O.C.*, II, p. 99 ; *Nosographie*, I, p. 130, p. 135, p. 143.
10. Cf. I, p. lxvi-lxviii.

sée, le triomphe de la mauvaise foi ou de la précipitation fan-
faronne. Lui-même s'accuse d'assortir ses réflexions d'un
« quelconque, ou d'un en général »[1] qui en multiplie
frauduleusement la puissance et le dispense d'une vraie
démonstration. Il notera aussi comment toute défaillance de
l'idée, par sottise[2], ignorance, ou dans le cas du médecin
mondain de *Lamiel*[3], par dissimulation délibérée de la vérité,
se traduit par un grossissement, un renforcement du verbe.
C'est un principe qu'il s'est si totalement assimilé qu'il n'a
plus à le rappeler, et qui préside à tout son rejet des fumées
spéculatives : pour admettre Kant, il faut lui accorder « que
des mots obscurs sont des idées »[4].

Mais pour bien comprendre combien cette critique banali-
sée du langage reprend de force du temps de Beyle, il faut
ajouter que Tracy et Biran surtout, aggravaient le reproche
en innovant avec une certaine profondeur : ce dernier dans
une direction qu'on pourrait qualifier de « romantique »,
dans la mesure où le langage est moins référé au savoir qu'au
sujet, moins à l'erreur qu'au déclin de l'existence dans le
mécanisme. Bref le conflit des mots et de la vérité devient le
conflit du sens et de la forme. Pour Tracy[5] le vrai tort du
langage était que, correct pour celui qui l'invente, ou l'émet,
le signe s'altère, et voit son sens s'évaporer ou s'user dans
l'échange ; au regard du vécu, qu'il peut dire, le signe n'a
qu'une valeur « momentanée » pour un même homme, chaque
mot change de sens avec ce qu'il éprouve, ce qu'il met sous ce
mot. Subjectivement le langage est « mobile », « sans nous en
apercevoir nous avons chacun un langage différent, tous
nous en changeons à chaque instant... ». Mais comment cette
croûte verbale surimposée à une signification toujours changeante pourrait-elle la transmettre, la faire recevoir ? Le
signe est toujours autre que son invention, sa ré-invention
personnelle. Ce que nous disons s'éloigne de ce que nous vou-
lons dire, à moins que le signe ne soit l'objet d'une activité,

---

1. *O.I*, p. 893.
2. *O.I*, p. 1291, sur les sots qui « emploient un mot nouveau » quand ils
n'ont « pas une idée nette » ; *MN*, p. 240, sur la confusion du mot nouveau
et de l'idée.
3. *P*, p. 61.
4. *HP*, II, p. 43 n.
5. Cf. I, p. 381 et p. 384.

d'une réfection continuelle. La justesse du langage est moins l'enjeu d'une analyse, d'une logique, d'une rationalité au travail suivant ses normes, que d'un effort, d'une volonté, d'une reconquête continuellement à refaire du sujet sur le malheur des mots, d'une lutte inachevable du vivant contre le routinier, du vécu contre la forme, de la liberté contre la fatalité ou la platitude. Le vrai travail est de se déprendre à chaque instant du vêtement verbal, de faire apparaître sous la forme, le sens, l'activité du dedans subjectif, la pureté de l'intention. L'idéal dans ce qu'on pourrait appeler un « horizon libéral » du langage, n'est plus la coïncidence de la pensée et du langage, mais sa perpétuelle discordance, une permanente possibilité de reprise du fond sur la forme, de réajustement des données expressives aux conditions du sujet[1]. Du coup le langage idéal ne sera plus les mathématiques, mais la musique : glissement qui se fait en partie au nom des mêmes principes, par une conversion du « nominalisme » à l'esthétique. Mais le langage est si totalement annexé aux profondeurs du sujet, si totalement voué à être l'enregistrement d'une vérité incomparablement plus riche, plus mobile, plus puissante que lui, qu'il n'y a plus rien à en dire, à condition qu'il lui soit interdit de s'*établir* comme une forme *a priori*, ritualisée et codifiée. Son destin serait alors comme celui, dans une société libérale, d'un *establishment* immobile, d'une forme politique soustraite à l'influence des membres de la cité, d'un État distingué du vouloir des individus. Avec Biran en effet, l'on retrouvait bien la critique du pouvoir des mots[2], qu'il s'agisse du pouvoir émotionnel des mots pris dans les combinaisons de l'imagination, qu'il s'agisse du « pouvoir d'inhérence »[3] du signe qui fonde mécaniquement des jugements d'existence et déclenche l'illusion de réaliser hors de nous ce qui est revêtu d'un signe, si bien que la pensée se

---

1. C'est donc substituer une tension à un monisme, une activité à une rationalité ; position qui répond à une politique *libérale*, comme dans le style à une gestion libre et créatrice du signe.
2. Cf. *Habitude*, p. 141-142, sur cette électricité verbale qui nous saisit sans raisonnement, par la pure « persuasion » des mots « puissants », la sympathie de l'éloquence, sans examen des « titres nominaux » (ainsi « Dieu, vertu, honneur, nature ») ; sur les prêches de saint Bernard, l'allusion ironique prise à Cabanis, *HP*, II, p. 418 n.
3. P, p. 164-168.

moule sur la parole, et que le signe abstrait suppose du sensible absent, que le signe et l'idée se confondent et se masquent mutuellement ; « le monde réel disparaît devant le monde imaginaire ; l'individu croit bien plus à ce qu'il dit, entend, et répète sans cesse, qu'à ce qu'il voit et palpe » ; soit enfin que la facilité du raisonnement[1] et son accélération par l'usage des signes représentatifs en fassent un automatisme aveugle aux confins de la conscience. Dans tous les cas, la cause du mal était non les mots, mais l'habitude, cette secrète complicité de l'homme avec ce qui détruit la liberté. Le remède ne pouvait plus être de mathématiser ou de formaliser davantage le langage, c'était aggraver le danger de l'habitude, qui eût été à son comble dans une langue « bien faite », mais de combattre l'habitude en tout instant, de développer les facultés et les forces du moi, de revenir par une activité consciente et volontaire de la forme qui décolore l'idée, la perd progressivement, dispense même de la rappeler, au fond ; de revenir en dissociant les termes trop bien unis, aux idées et aux actes qui les soutiennent, pour maintenir vivante et active une conscience que l'agrégat des mots, la solidification du formalisme rangent sous l'empire de la routine.

---

1. P, p. 181-189 ; ce qui met en cause le vers ; c'est la forme qui est un leurre, si elle est confondue avec le mécanisme matériel du rythme ou du raisonnement ; la liberté, l'adhésion à la vérité, dépendent d'une activité, elles sont en acte ; idée qui a son équivalent politique évident.

CHAPITRE XI

Le langage sous surveillance

Tout ceci est-il de nature à changer le rapport négatif du beyliste avec les mots ? L'idéologie promet un usage du langage et une réforme du langage, tels qu'il soit possible de contrôler son dire, de savoir ce qu'on veut dire et de le dire exactement, tels aussi que dans ce langage vraiment *mien*, le passage de l'idée aux mots et le retour à l'idée se fassent par méthode et par nécessité, par une sorte de forclusion du moi, et l'esquive du choix des mots. Et pourtant aussi l'idéologie ravive le soupçon contre le langage, en décrit inlassablement les aspects les plus scandaleux, et ne peut conduire qu'à un surcroît de précautions et de sévérité celui qui entend ne pas parler la langue morte de l'erreur et de la routine, n'être pas dupe du « on-dit » ritualisé du social, et pour qui le premier effort de détermination personnelle et d'identité propre, doit être l'expression juste, probe, la réinvention du langage sur le vrai et sur le moi. Stendhal persévère dans l'idéologie, dans la mesure où il conclut à un usage personnel et conditionnel : la « langue bien faite » est de la responsabilité de chacun, elle relève des précautions, de l'hygiène antiverbale que chacun doit pratiquer, s'il veut sortir du labyrinthe du mauvais langage. La première et la seule vraie sauvegarde, le « garde-fou » qui permet à Stendhal de « faire confiance » aux mots, c'est la possibilité de les « immobiliser »[1], de les réduire à un « pouvoir contraignant » et purement littéral : alors ils sont sûrs. L'enfant Brulard n'est-il pas celui qui donnait à ses

1. J.-P. Richard, p. 24 sur la « lettre » stendhalienne ; G. Blin, *Personnalité* p. 491-492.

parents une leçon d'exactitude et de bonne foi : ils se plaignaient
d'être « suspects »[1] de ne pas aimer la République, alors qu'il
était « certain » qu'ils ne l'aimaient pas. Le mot ne peut lier
que si lui-même est lié à un sens précisément délimité. Brulard devait imputer aux mathématiques son « amour fou
pour les bonnes définitions sans lesquelles il n'y a que de l'à-
peu-près »[2] ; osera-t-on lui rétorquer que plus que « l'esprit
de géométrie », il redécouvre le Rasoir d'Ockham[3], et l'effort
pour diminuer dans une langue le nombre des termes non
définis, limiter toutes « les assomptions d'existence » que
provoquent les mots, ramener le non concret à du concret,
expérimenter pour tous les cas de termes théoriques les possibilités de les définir ? Ou qu'il annonce « le crépuscule du
vague »[4] ; mais le « vague », c'est aussi bien le domaine des
mauvais mots qui égarent et asservissent, que celui des choses qui n'ont pas de signes, qui sont dans l'informe dynamisme du désir et de l'image, qui ne sont pas nommables parce
que les mots ne suffisent pas à les désigner, parce qu'ils sont
faits pour distinguer, pour empêcher la confusion ou la
fusion. Le malaise du langage d'emblée précipite hors du langage tout ce qui ne pourrait s'astreindre à sa sévère simplification littérale, et condamne le langage à n'être qu'*un* langage, un langage d'ailleurs qu'on n'aura jamais fini d'asservir
à la pensée, ou de voir prendre sa revanche sur elle. Les mots
par lesquels il faut bien passer vont « revenir » hanter le beylisme, qui les sait capables de faire la pensée.

Tout critique du langage s'y sent enfermé et piégé : Pascal
pouvait assigner un terme à l'enchaînement des définitions,
ces « mots primitifs qu'on ne peut plus définir », ce point
d'arrêt du langage, du commentaire des mots par eux-
mêmes. Pour Valéry[5] le langage n'a de sens que si l'on en
sort : un mot « mène hors du langage », vers des objets, des
actes « bien nets », vers des substitutions véritables, telles
que « le moi en soit sûr comme de soi-même »[6] ; le langage

---

1. *O.I*, p. 132.
2. *Id.*, p. 359.
3. Voir Largeault, *op. cit.*, p. 129 et sq. ; le pouvoir de définir un terme
signale que ce terme peut être éliminé.
4. Valéry, *Œuvres*, II, p. 621.
5. Cf. Schmidt-Radefeld, p. 40 et sq., et *Cahiers*, I, p. 456 et p. 463.
6. *Cahiers*, I, p. 447 ; de même I, p. 403, p. 421 ; I, p. 114.

doit être tout entier conscient, car le mot est en fait le point où l'acte mental cesse de s'accompagner par la conscience de ce qu'il fait. Le « démon de la précision » transforme le langage en « tonneau des Danaïdes », selon la formule de Blanchot[1], en un trou à mots indéfiniment versés, et l'homme en un anxieux désespéré qui ne peut jamais être capable de vérité ou surmonter son indignité métaphysique. Ou bien il doit opérer de lui-même le sacrifice drastique de ce qu'il ne peut dire, et appliquer l'axiome du positivisme logique : « tout ce qui se dit, peut être dit clairement ; quand on ne sait comment s'exprimer, mieux vaut ne rien dire ».

En tout cas, l'univocité devient la qualité idéale unique du langage ; c'est chez Stendhal le problème du « vague » : « Nous voyons tous les jours dans la vie que l'homme qui comprend bien une chose l'explique clairement[2]. » La clarté est la qualité d'une pensée qui ne dit qu'une chose et la dit complètement ; le message univoque est le seul digne d'être message : des mots exacts, des définitions stables et connues, un sens fini, seuls sanctionnent une vraie communication, et un authentique acte de pensée et de parole ; seule la parole claire est conforme à son but, et la clarté est la conformité du langage à sa fonction. S'il y a du vague[3], le beyliste soupçonne soit que le « locuteur » ne se comprend pas lui-même, soit qu'il ment intentionnellement, soit comme dans le cas de l'Italien qu'il est victime de sa langue, « abominable par son obscurité », et bien adaptée à des « têtes » brouillées avec la logique, dont le défaut est de vouloir en dire trop, et mêler « les circonstances au fait principal »[4], c'est-à-dire d'après l'exemple qu'en donne Stendhal, décrire, commenter et non seulement dire. Il est donc supposé, comme dans les théories

---

1. *L'Entretien infini*, Gallimard, 1969, p. 487-495.
2. *Mél.*, II, p. 280 ; *Mél.*, III, p. 217 ; cf. *Molière*, p. 78, « bannir le mot "excellent" ... et en général le plus possible les louanges vagues ».
3. Par exemple *RetN*, p. 412, et « quand on m'aime » de Mme de Fervaques, « cela ne veut rien dire, ou veut tout dire, voilà des secrets du langage qui nous manquent à nous autres provinciaux ».
4. *LL*, P, p. 1578 avec ce préambule, « je ne trouve pas déjà la langue française trop parfaite », et l'exemple de « Pierre le Grand bâtit Saint-Pétersbourg » transformé en phrase totale ; cf. aussi *S.C.*, n° 5, T. Kotchetkova, *Marginales et lettres découvertes en U.R.S.S.*, une marginale dans un Lanzi sur l'Italien ; et *Ch.It.*, Cl, p. 341 ; *Marg.*, II, p. 300-301, sur Saint-Simon et le sens précis des mots.

qui faisant de la dénotation la loi du langage, sont embarras-
sées par la connotation, qui reprend tout ce qu'on a éliminé
de la première, que relève du « vague » tout ce qui s'écarte de
l'*information*, que le seul usage du langage qui n'en soit pas
un abus repose sur un symbolisme simplifié, défini, épuré,
sur une mise à l'épreuve des mots réduits à ce qu'ils veulent
dire de sûr, à ce qu'ils *peuvent* vouloir dire ; bref le langage
s'abolit au service d'une signification rigoureusement cernée.
Le pire, c'est l'abstraction, ces « combinaisons » artificielles
à la fois indistinctes et inexistantes, ou selon le mot de Valéry, ces « mots dont on ne voit pas le fond », mais qui attirent
le penseur dans l'abîme spéculatif. En fait il s'agit toujours
d'un usage négatif, méfiant et négateur, du langage : on ne
lui reconnaît que le droit de dire ce qu'on sait, ce qu'on sait
savoir, de n'apporter à l'« idée » qu'une consécration limitée
et fonctionnelle, de ne faire qu'*un* avec le parleur, dont il est
la demeure provisoire et bien explorée ; on lui interdit de
déborder le moi, le su, par l'annonce d'un sens qui manque
encore et qui doit être fixé ou tenté pour être trouvé et assumé. Dans cette limpidité schématique et étouffante, où le langage « ne dit que... », et se trouve débarrassé de ses richesses, absorbé dans un sens qui le supprime comme matériau
sensible, on trouve une conception *extrémiste*, c'est-à-dire
restrictive, des possibilités du langage.

C'était pourtant celle de tous les maîtres idéologues de Stendhal, qui avaient finalement cru que les règles de l'« esprit
géométrique » pouvaient être transférées du raisonnement à
la langue, et que l'univocité de la science était valable pour
toute communication. Vauvenargues[1], lui, disait que « la
marque d'une expression propre » est que « même dans les
équivoques on ne puisse lui donner qu'un sens » ; si relisant
le même auteur en 1811 il le voit recommander de ne pas
adhérer aux idées reçues dont les termes ne sont jamais définis, Stendhal note, « frappant de vérité », et rappelle qu'au
moins pour la « vertu », Helvétius « l'a fait », c'est-à-dire a
redéfini le mot. De fait Helvétius[2] pour qui il n'y a

1. *O.C.*, II, p. 475, n° 732, et *J. Litt.*, III, p. 326.
2. *De l'H*, II, p. 23 ; I, p. 40, « que veut-on d'un auteur ? Qu'il attache
une idée nette aux expressions dont il se sert » ; de même I, p. 166, I,
p. 177, sur les idées confuses et leurs motifs inavouables ; *FN*, I, p. 114 et
Alciatore, *Helvétius*, p. 51.

d'obscurité que dans l'expression des idées, si bien que le travail du génie n'est que de « voir » le premier, de « dégager » les vérités des mots, réclamait que l'on s'inspirât des mathématiques en n'attachant que des idées « nettes » et toujours identiques aux mots ; une langue philosophique est celle où « chaque mot aurait un sens précis »[1], car « toute idée rendue par une expression louche est un objet aperçu à travers un brouillard ». Cabanis[2] ne disait pas autre chose : pour écarter « le nuage des termes », il faut les définir ; encore, avec Tracy[3], devait-il avouer que le projet d'enfermer dans un nom la définition ou la description d'un objet n'était pas réalisable ; le mot demeure arbitraire, mais ce qui doit être fixé « clairement et sans équivoque », c'est l'objet qu'il « rappelle ». Lancelin[4] pour que l'on puisse faire la « liaison des idées » et la *sentir* constamment voulait que l'on eût toujours les idées des mots, et les mots des idées en se conformant à leur « liaison exacte » et immuable. Pour Bentham l'idéal de la désignation[5] simple et immédiate était aussi bien logique que juridique : le code est vraiment loi s'il tient de la formule scientifique. L'essentiel c'est que l'équivalent mental du mot lui soit toujours clairement attribué, toujours sous-jacent, et aisément substituable, comme le veut l'« esprit géométrique » ; pas de terme qui ne soit remplaçable par son « definiens »[6]. L'analyse est donc bien comme le dit Stendhal un « esprit subtil et sévère qui se porte partout à la fois sur les choses et les mots »[7] ; son premier pas c'est le cahier, la liste de définitions ; de sa jeunesse il aurait dit ce qu'a dit Valéry : « j'ai passé ma vie à me faire mes définitions »[8]. Helvétius lui

---

1. *De l'E*, p. 39 et p. 516 ; cf. Duclos, in *Meister*, p. 196, « en s'appliquant à parler avec précision on s'habitue à penser avec justesse... ».
2. *O.C.*, I, p. 464 ; mais dans II, p. 167, il refusait que le nom pût contenir la définition ou la description de la chose ; il se bornait à une désignation sans équivoque.
3. III, p. 335 et IV, p. 21.
4. Voir I, p. 291, p. 304, p. 349 ; sur les conditions d'une bonne pensée scientifique, voir Pinel, *Nosographie*, I, p. 14.
5. Cf. Halévy, *Radicalisme*, I, p. 137.
6. La philosophie devient donc un vocabulaire, ou une mise au net de définitions : c'est ce que Hobbes avait montré d'abord à Stendhal ; ce que pratiquait Helvétius, arrêté à chaque pas par le recours à l'idée nette, ou Duclos ; Tracy, III, p. 114, avait loué Hobbes d'être passé d'une réflexion sur la raison à une critique des mots, donc des idées.
7. *RetS*, p. 245.
8. *Cahiers*, I, p. 452.

donne[1] l'idée de sa « *theory of the name* » ou « dictionnaire qu'il faut se faire pour entendre soi et les autres », ou Lancelin le projet « *to do a book of all definitions* ». Qu'un auteur, Mirabeau[2] par exemple, lui offre des emplois caractéristiques des mots, il s'empresse d'en enrichir son lexique personnel. Ou il recourt comme démarche préalable à son enquête au Dictionnaire de l'Académie : « avant tout définir »[3]. Veut-il justifier une page acerbe contre Mme de Staël, qu'il propose à son lecteur de légitimer comme « mots propres » le « Dictionnaire à la main »[4] tous les termes litigieux et injurieux. Aux Italiens il donne l'exemple de la Chambre des députés qui glose la Constitution le même Dictionnaire en main.

Sur ce point il n'a pas varié : depuis le *Journal*[5], à Marseille, où il s'enjoignait comme « étude principale » de « connaître et déterminer le sens des mots », ou d'« attacher un sens constant et déterminé à chacun des mots... », jusqu'à l'*Histoire de la Peinture* où il louait la scolastique d'être au moins logique, et de ne « laisser prononcer aucun mot à l'élève sans qu'il y attachât un idée nette »[6], jusqu'aux romans où il apparaît que toute bonne pédagogie beyliste est une élucidation du langage qui précise la validité stricte de chaque terme[7] (ainsi le mot « dupe » est analysé pour les enfants Rênal, le mot « machiavélique » pour Lamiel, ainsi en général la religieuse qui a élevé Valentine lui a inculqué l'aversion du

---

1. Cf. Del Litto, *Vie*, p. 121 et sq., et voir *J. Litt.*, I, p. 204, p. 232, p. 248-250 ; ou *Compléments*, p. 91-93, p. 102-105, p. 121 ; de même *FN*, I, p. 269, I, p. 300, II, p. 144 n.
2. *FN*, II, p. 325, p. 333, p. 336 ; *Compléments*, p. 131 ; autre recherche de définition *FN*, I, p. 71 ; *J. Litt.*, I, p. 340-341 ; *Marg.*, I, p. 226 ; *MPH*, I, p. 37, p. 49 ; *C*, II, p. 159, sur un scrupule de sens ; *FN*, II, p. 314, de même le mot « parfait » suscitant l'inquiétude ; *Molière*, p. 117, p. 124, sur « libertin » et « fâcheux » ; *C*, II, p. 46, « se faire une idée juste du commerce » ; *PR*, I, p. 102, l'idée « nette du mot style » ; même formule *PR*, I, p. 138-139 ; ce qui n'empêche pas Stendhal d'être sensible à d'autres valeurs du mot : selon « nos mœurs » (*FN*, II, p. 32 n.) ou selon sa valeur historique : *PR*, II, p. 45 n.
3. Par exemple *Molière*, p. 251 ; lui même (*RetS b*, p. 15) commence par définir l'« illusion » dramatique.
4. *Mél.*, III, p. 188.
5. *O.I.*, p. 775.
6. *HP*, I, p. 15 n.
7. *R et S*, p. 144 ; *Lamiel*, p. 150 ; sur l'enseignement de la géométrie par Fédor, p. 163.

mot vague[1]), il est toujours constant que l'équivoque de termes, la confiance nominale[2], la magie des noms complice de la mauvaise foi, sont les pires perversions de la parole, alors que l'idéal demeure comme il est dit de Lamiel de « peindre ses idées par des paroles d'une façon exacte »[3]. Idéal qu'on aurait tort tout de même de croire innocent et de réduire au simple culte de la clarté d'esprit ou de la justesse toute classique des mots. Il y demeure latente la signification originelle, et idéologique, de ces conceptions : est-ce un hasard si « l'explicateur de mots » exemplaire est le duc Fédor, polytechnicien ? L'« exactitude » à quoi se réfère le beyliste ne relève pas du monde verbal, mais des mathématiques, de la chimie, bref de la science qui seule à cet égard est « irréprochable »[4], c'est-à-dire qu'elle est au-delà de la langue, ou confondue avec une « langue bien faite », c'est-à-dire rationalisée. Ou à défaut, il pense à un langage futur, dans une société entièrement démocratique et irriguée chaque matin de vérité par de « grands journaux in-folio »[5] qui dispenseront de toute lecture en disant tout d'une manière aveuglante et incontestable « dans les termes les plus directs et les plus nets ». Alors la vérité sera de l'*information*, car on saura tout, ou l'on n'aura plus de curiosité, le langage contiendra toute vérité. Il était réservé à Orwell de montrer qu'un état tyrannique s'appuierait sur un langage entièrement univoque et dénotatif.

Le culte de la définition repose sur l'idéal d'un langage qui parle et analyse, qui est soutenu par le mécanisme de l'analyse. Une bonne formulation a non seulement *un* sens, mais offre aussi ses preuves, ses conditions de vérité ; d'où cette étrange phrase de Crozet-Beyle sur Montesquieu : « les définitions de mots dont l'auteur se sert nous montreront s'il est vrai ou s'il est faux »[6]. Comprendre, c'est juger. De même Jacquemont reprochera à Stendhal un de ses mots, « goût

---

1. *Féder*, p. 1324 ; Beyle recommande à sa sœur de faire faire à Gaetan des « définitions de mots (vertu, crime, honneur) », *C*, I, p. 239.
2. Sur les savants dupes de la terminologie, *PR*, I, p. 297 ; p. 326 ; II, p. 213-214.
3. *Lamiel*, R, p. 96 ; de même *O.I*, p. 607, Pacé envié pour son souci de la « signification exacte de chaque mot dans le monde ».
4. *MT*, III, p. 82 ; *De l'A*, Cl, p. 289, p. 85 ; *R et S*, p. 40, p. 210, p. 336.
5. *RetS*, p. 135.
6. *Mél.*, III, p. 32.

étroit »[1], en le sommant de ne le présenter que dans un énoncé complet qui contiendrait ses preuves avec son application précise. Sous la méfiance à l'égard du flou polysémique des mots il y a le regret que le langage ne soit pas l'analogue d'un calcul, qui forcerait à une sorte de nécessité les relations de signification. Le regret en tout cas que le mot ne soit pas à traiter comme un élément, dont la valeur bien établie et délimitée soit toujours susceptible d'être rappelée pour qu'on contrôle d'un coup d'œil, par une simple réassurance logique, si on lui reste fidèle. Si la source d'erreur ce sont « les divers sens que nous attachons aux mots dont nous nous servons »[2], tout raisonnement part d'une définition qu'il suffit de maintenir présente, ou mieux, dont il suffit de conserver l'identité sous les diverses formes que l'analyse lui donne. Un mot, c'est un résultat[3], plus ou moins complexe, qui est transportable, à la seule condition de demeurer constant, ceci quel que soit le nombre réel d'idées qui constituent sa rubrique en une « unité » ; signifier c'est lier des notions définies, aux contours bien nets, des unités de sens sans jeu possible ; le mot est donc un noyau sémantique isolé, ou isolable, une notion dont il faut bannir tout le pouvoir cumulatif, et instable, toute la mobilité qui permet son emploi, tout le potentiel qui est actualisé par le discours. Et en fait Stendhal traduisait bien dans sa jeunesse son malaise du langage, et cette impulsion à en sortir, à le rendre neutre et transparent pour viser au-delà de lui quelque chose qui lui échapperait, un au-delà immédiat que ne truquerait pas la parole humaine et la mauvaise foi intrinsèque du parleur humain, à tenter l'impossible projet d'un langage absent ou à peine présent ; prenant argument de la définition de l'intelligence par Hobbes[4] (« art de montrer nos conceptions et images aux

1. *C*, II, p. 822.
2. *C*, I, p. 178 ; de même *FN*, I, p. 39 ; tout raisonnement avec quelqu'un doit être ouvert par une définition de la chose dont on parle et se réduire à son analyse ; cf. Valéry, le même conseil dans *Cahiers*, I, p. 414.
3. C'est ce que disait Beyle dans *C*, II, p. 137-138 ; cf. Lancelin sur cette décomposition sémique et la combinaison des éléments : I, p. 306 et p. 327 ; Duclos, *Considérations*, p. 268, « un seul mot renferme souvent une collection d'idées ».
4. *J. Litt.*, I, p. 365, ce qui constitue « la première partie du style, dont la deuxième est l'harmonie imitative » ; de même p. 367 et p. 368, sur *évidence* ; Tracy (I, p. 344 n.) conseillait aussi de « substituer la description détaillée de l'idée au signe qui la représente en abrégé ».

autres *exactement* telles que nous les concevons »), et de celle de l'*évidence* (le fait de *voir* ce qu'on dit en le disant), ou de certains conseils de Tracy, il conseillait à Pauline[1] de ne jamais prononcer les mots « forts » comme « vertu », « âme » (dans ses notes sur Molière il en fait autant pour « société »), sans « *se dire* » intérieurement le sens précis et évidemment restrictif à attacher au mot. Par là il se garantissait contre le pouvoir indu des mots, se donnait le sens comme un exposant invariable et vérifiable, et finalement, en refusant toute valeur au mot à moins qu'il ne fût doublé de l'acte mental qui le cautionne, qu'on ne pût à tout instant en appeler de ce qu'il dit, à ce qu'il doit dire, il démontrait qu'il ne consentait à s'aventurer dans les mots que sous l'expresse réserve de pouvoir toujours en sortir, *voir* à travers eux, vérifier leur encaisse de sens et revenir aux conditions de leur usage.

1. *C*, I, p. 178 ; de même *FN*, I, p. 195 ; *Molière*, p. 164 ; *O.I*, p. 603, même chose pour « la vertu » ; *C*, II, p. 196, où le mot « abstrait » est suivi de son explication : il veut dire, « tiré de » ; *LL*, P, p. 1024, « décoléré » et sa variante ou explication, « il n'est pas sorti de colère ».

CHAPITRE XII

Le mot fatal

En fait ces précautions vont droit à aggraver le mal : nous voudrions montrer que la crainte du mot, ou le mythe de la puissance des mots ne cessent d'agir dans le monde beyliste ; telle est leur malice, voudrait-on se passer d'eux, qu'ils reviennent vous hanter. Et ils sont dans leur droit : dès lors qu'on craint leur puissance autonome, leur action indépendamment de la pensée, qu'on a établi qu'ils sont toute la pensée, sans pouvoir jamais être sûrs qu'ils s'ajustent à elle, et dans le soupçon infini de ce qu'ils veulent dire que nous ne voudrions pas dire, on leur a reconnu une force qui revient sur celui qui y croit. Les mots sont du bruit, de la matière sonore, de la convention, des à-peu-près indéfendables pour la rationalité, et ils sont la conscience, la déterminent, la traversent, ils déclenchent la pensée, rappellent les idées, en fabriquent, en constituent les éléments, ils s'assemblent, et se dissocient en portant toujours avec eux leur poids de « signifié » qu'ils font miroiter par leur présence. Je parle, certes, mais les mots parlent, la parole se parle. L'explication phénoménale du langage et de la pensée tend peut-être fatalement à faire que l'un est l'épiphénomène, l'effet de surface, de l'autre, et ceci en cercle et tour à tour. Si l'idée générale n'est qu'un mot, inversement le mot est l'idée générale. Paulhan a démasqué les paralogismes du pouvoir des mots[1] ; illusion projective, hantise qui crée le danger en y croyant, répulsion devant le mot-matière, dédain ascétique du langage, dénon-

1. Voir *Les Fleurs...*, p. 143-149 et p. 133 ; voir aussi, p. 63, p. 84, p. 101, et III sq.

ciation surtout de la pensée des autres, les mots forts sont ceux qu'on craint, « l'on appelle *mots*, les idées dont on ne veut pas. Le verbalisme, c'est toujours la pensée des autres ». C'est l'illusion de l'« hypocrite » : le mot, trompeur pur, rejoint le « mythe » du trompeur total, et révèle peut-être la même anxiété de la duperie passive et de la possession par un autre, ici « le langage » ; le révolté dans les mots craint un maître qui pour être anonyme n'en est que plus prenant. Qui donc a dit, « la parole est le gouvernement d'un homme par un autre »[1] ? Mais aussi comment éviterait-on dès que l'on se met à analyser le langage, à le voir déterminé et déterminant, de recevoir en retour le choc d'un déterminisme brut du langage ? Si *ratio* est *oratio*, l'état habituel du langage est la récitation réflexe dont l'incipit est purement verbal. Tous les maîtres de Stendhal, bons héritiers en cela de Descartes[2], ne pouvaient que rattacher les mots au corps, à l'étendue, à la « machine » ; le penseur logophobe (même s'il est en apparence logophile) déteste le physique, et va se scandaliser de l'« abêtissez-vous » pascalien, ou de l'« hypocrisie », c'est-à-dire du fait que le geste, le mot, l'enveloppe charnelle anticipent sur l'intériorité, et figurent l'être que l'on va être. On sera reconnaissant à Paulhan[3] encore d'avoir si bien élucidé l'arrière-pensée des critiques du langage : la Terreur est nostalgique d'une « langue de paradis » où le pouvoir des mots serait annulé par une transparence directe de l'esprit. Les logophiles actuels qui se disent matérialistes, donc haïssent la matière, ne conçoivent les signes que comme un symbolisme pur et arbitraire ; ils redoutent avant tout que le signe soit chair, figure sensible, consistance et ressemblance. La même difficulté existait pour les idéologues : ils apprenaient de Condillac que le mot forme l'idée, la remplace, la fait entrer dans la discursivité analytique ; mais que le mot lui-même n'est qu'une sensation[4] comme les autres qui a seulement la propriété d'être unie à des « idées » ou à d'autres sensations ; le mot agit comme « une impression », il associe « l'idée qu'il représente à la sensation qu'il produit »,

---

1. Paul Valéry, *Œuvres*, II, p. 770.
2. Cf. Gusdorf, VI, p. 343 et sq.
3. *Les Fleurs...*, p. 151.
4. Tracy, I, p. 349 et sq. I, p. 346-347 ; en dernière analyse le langage doit être ramené à une fonction d'ordre naturel sinon organique.

dit Tracy ; ainsi Stendhal parle du « physique de la langue »[1].
Le mot est donc un pouvoir physique, déterminant, envahissant, il a une action comme celle des choses, il est « chose »
lui-même, et il peut tout en constituant sur moi une
contrainte être vide de sens, ou de vérité. Le pouvoir des mots
relève de l'association des idées, de leur ébranlement mécanique, ce qui simplifie la signification, et aussi la rend insupportable : la révolte contre le langage s'aggrave de la puissance nouvelle prêtée au langage.

Le mot mobilise l'esprit, et l'occupe tout entier : il résonne
en lui, et le définit. Mais sans doute le postulat de l'idéologie
peut seul expliquer qu'à lui tout seul, le mot soit revêtu de
cette puissance. L'atomisme mental de la « linguistique » des
Lumières édifie une théorie des signes qui néglige absolument
le niveau de leur organisation en phrases, le niveau de l'énoncé, où se déroule le procès sémantique essentiel, pour ne
considérer que le pouvoir de rappel du signe et son union
avec un « signifié » limité et ponctuel. La décomposition du
langage exhausse l'élément au détriment du processus créateur et des ensembles réellement significatifs. Le sens ne
semble plus résulter de la phrase, mais d'une contagion,
d'une action quasi mécanique dont le mot est le seul agent.
Pour la grammaire générale, « le nom, c'est le terme du
discours »[2] qui « tue en l'épuisant la possibilité de parler » ;
nom propre d'abord, puis général, le nom, le mot qui désigne,
qui marque le réel, se substitue à lui, qui permet l'attribution,
et les liens de représentation à représentation, est réellement
« privilégié », il est le lien des choses et des mots, du discours
et de l'analyse ; le langage conduit jusqu'au nom et se

---

1. _RNF 17_, p. 88 ; on le verra, le « physique » de l'art est non moins
gênant ; en ce sens Prévost (p. 235, « il ne regarde pas les mots comme une
noble matière première en laquelle on peut avoir une confiance illimitée »)
et Blum (p. 207, sur la vitesse d'écriture de Stendhal, « l'étincelle passée
les mots n'étaient plus pour lui que des mots, et il répugnait au maniement
de cette matière refroidie ») ont bien vu que les mots inquiètent comme
matière ; aussi par la même dialectique d'agonie que pour la sincérité, le
beyliste n'aime pas à mener de front l'investigation des mots et de l'idée :
cf. _VMF_, p. 158, à propos de l'espagnol qu'il comprend et ne parle pas,
« dans la conversation très occupé de ce que je veux dire, je ne me soucie
plus des mots » ; _Compléments_, p. 128, « l'esprit est trop occupé des grandes choses pour s'apercevoir de la faute de grammaire... ».
2. Foucault, _Les Mots..._, p. 133, et aussi p. 112.

« résorbe » en lui. Pour Tracy[1], tout le langage vient de l'interjection, du nom propre initial, tout le discours « est uniquement destiné à peindre ce qui arrive aux noms », car seuls « ils représentent une idée complète et unique », ou « existante par elle-même »[2], c'est-à-dire douée d'« une existence absolue et indépendante de toute autre idée », si bien que tous les autres éléments du discours sont *relatifs* aux noms car leurs idées sont existantes dans le sujet nominal auquel ils se rapportent ; la « bizarrerie » du discours vient de ce qu'il masque cette prééminence du mot qui à lui seul est idée, et idée complète. Ceci alors que les nouvelles théories du langage vont chercher du côté du pronom, du verbe, c'est-à-dire de l'activité et du sujet, l'élément fondamental[3] ; Biran lui-même par le simple mouvement de sa philosophie s'oppose à l'idéologie en notant : « C'est dans le verbe que réside toute la puissance du langage[4]... » Et l'on a pu admettre l'hypothèse que chez Stendhal le verbe conçu selon Tracy tendait à se vouer à l'état plus qu'à l'acte, à noter la disposition plus que l'activité[5].

Que l'on ne croie pas en effet que ces implications de l'idéologie aient échappé au beyliste : on le voit incidemment noter qu'en français, une pensée rapide « glisse »[6] sur les verbes, et « pèse » sur les substantifs, qu'un bon style est celui où le nom l'emporte franchement sur le pronom, sur l'épithète, celui qui « plein de substantifs »[7] se révèle inattaquable et suffisant. Surtout on le voit reconnaître le rôle décisif de l'acte de *nommer*[8] : sans leur nom, sans l'attribution instauratrice du nom qui dit et désigne, les choses ne sont pas

---

1. II, p. 74 et p. 41.
2. II, p. 52 ; Lancelin (I, p. 215) présente une conception identique ; sur cette primauté du nom, en particulier chez Fontanier, voir Ricœur, p. 68-71, qui montre ses liens avec l'idéologie.
3. Voir par exemple Genette, *Mimologiques*, p. 230.
4. *Journal*, I, p. 20 ; J. Prévost, p. 238, retrouve la même priorité chez Stendhal.
5. Cf. Colin Smith, *art. cit.*, qui rapproche la conception du verbe chez Tracy (faire = être faisant) du « il régnait » de la *Chartreuse* où le verbe ne désigne pas une activité, mais une disposition, un état ; de même pour *aimer* dans la cristallisation.
6. *FN*, I, p. 155.
7. *O.I*, p. 997 ; de même p. 502, sur le style clair, où l'on répète « la chose » plutôt que de lui substituer un pronom.
8. Foucault, *op. cit.*, p. 136.

pour la conscience. Le nom seul découpe ce qui est, et ce qui n'est pas nommé, ou ce qui l'est indistinctement (par exemple le général), demeure du virtuel, de l'existence en sommeil, qui dans sa confusion relève justement de l'organique, du monde exploré par Cabanis, ou des arts qui n'usent pas du langage ; ce sont des états du reste ravissants, à la limite du moi et du langage ou du moi et du corps. L'égotiste s'il veut se parcourir et se savourer doit nommer, classer ses états : ainsi *De l'Amour* mène de front analyse et nomenclature. La conscience de soi, le moi lui-même prennent appui sur les mots, je me trompe, sur les noms, et se trouvent en dépendre ; le nom me crée, détermine ma connaissance et ma reconnaissance de moi-même. Tracy[1] le disait, « pour exprimer une sensation, un sentiment, un désir,... il suffit de les nommer » ; Biran mieux encore : « il semble à l'individu qu'il approprie, qu'il incorpore en quelque sorte à sa pensée tout ce qu'il y tient *par un nom* ; ce nom est comme un cadre, un ouvrage de ses mains... toute nuance un peu tranchée du sentiment peut avoir un nom distinct dans sa mémoire... », texte admirable qui précise bien que je ne suis à moi-même qu'en fonction des noms que je me donne, que je ne possède de moi-même que ce que les noms me donnent à déchiffrer, à retrouver. Entre moi et moi, il y a les noms, médiation indispensable et décisive. Ceci Beyle l'avait appris aux tout débuts de Hobbes : toute science est science des *noms*, et Beyle était assez frappé de cette proposition pour se demander si le nom avait bien cette importance absolue (un sauvage qui voit les effets de l'arme à feu mais qui ne sait pas la nommer ne connaît-il pas tout de même sa fonction ?) et pour retenir de l'affirmation de Hobbes que certaines sensations n'ont pas de nom, qu'il fallait « les distinguer et leur en donner »[2]. Pour retenir aussi, hélas, que « la majorité des hommes » ayant « imposé les noms », ils sont indigents et inexacts[3]. Tout de même, « avoir des mots » pour chaque nuance de caractère[4], pouvoir au moins « nommer une fois »

---

1. Tracy, II, p. 25 ; « pour exprimer une sensation, un sentiment, un désir... il suffit de les nommer » ; Biran, *Habitude*, p. 126, sur pouvoir du nom.
2. *J. Litt.*, I, p. 367-368 et *FN*, II, p. 73 et p. 92.
3. *FN*, II, p. 123.
4. *O.I*, p. 775 ; *Molière*, p. 251 ; *HP*, I, p. 58.

les « liaisons d'idées qui font les trois quarts du charme des beaux-arts », « pouvoir donner un nom aux pensées qui l'agitaient »[1], comme il est dit de Lamiel, cette nécessité montre bien que chez le beyliste selon la leçon idéologique l'acte de nommer est fondateur ; que le nom est une conquête, une victoire sur l'inconnu ; ainsi Brulard avoue que les « façons diplomatiques » de Daru le père l'inquiétaient d'autant plus qu'il était bien « loin alors de pouvoir leur donner les noms propres »[2].

On ne s'étonnera pas pourtant qu'une fois reconnu ce que peuvent les mots, Stendhal nous dise juste le contraire dans cette étonnante proposition, « en tout les mots ne sont rien »[3], qui se trouve dans une lettre à Pauline, où après toute une leçon d'idéologie, il conseille à sa sœur de reprendre les exemples donnés en « changeant les mots » ; les propositions au reste sont valables en toute langue : Pauline peut les reprendre en italien si elle veut. A l'appui du principe essentiel de la grammaire générale que le jugement immuable et plus ou moins apparent est le fond permanent de tout langage[4], que la pensée sous sa forme logique constitue la structure de toute phrase, Beyle ajoute, « que me fait de dire : donnez-moi du pain, *give me some bread, date mi del pane, da mihi panem...* pourvu qu'on me donne un morceau de pain ». La variété des langues, fait de vocabulaire uniquement, n'est donc *rien* relativement à la vérité ; en soi tel mot n'est qu'un travestissement fugitif ; à quoi bon, va répéter invariablement Stendhal[5] dans ses lettres de jeunesse, plus tard dans le *Mémoire sur Napoléon*, ou par la bouche de l'abbé Blanès si hostile à l'étude du latin, étude de mots ! à quoi bon savoir comment dans telle langue telle chose est nommée, qu'ajoute *King, equus, man* ; la traduction d'un lexique dans un autre n'ajoute rien à ce qu'on sait. Seuls comptent la définition, le raisonnement ; la nomination est de convention.

1. *Lamiel*, R, p. 163.
2. *O.I*, p. 373.
3. *C*, I, p. 309.
4. *C*, I, p. 22-23.
5. Cf. *C*, II, p. 151 (les mots ne sont pas des définitions : l'essentiel est le raisonnement) ; *C*, I, p. 145, « quel plaisir auras-tu à savoir que *man* veut dire "homme"... » ; *MN*, p. 125 ; *Ch de P*, P, p. 39, contre le latin, *FN*, II, p. 168, et Helvétius, *De l'H*, II, p. 417, *De l'E*, p. 633 ; sur l'arbitraire des mots, *C*, II, p. 68.

Argument qui porte contre les langues anciennes, mais aussi
contre les langues modernes, variantes injustifiées de la pensée, devant qui le langage s'efface ; n'est-il pas en dernier
recours qu'un pur répertoire lexicologique aux variantes
secondaires (aussi le beyliste peut-il écorcher toute langue) :
« je pense en italien », se dit Stendhal, ce qui veut dire, « je
revêts de couleurs italiennes ma pensée »[1], ce qui veut bien
dire, il pense du français habillé d'italien. On a vu comment il
situait l'italien, on sait comment avec Pellico[2] il prédit que le
français va devenir une *koinè* européenne, soit qu'il s'établis-
se partout, soit qu'il pénètre toutes les langues qui seront du
français déguisé.

Il est à ce point convaincu que la pensée est détachable des
mots, que ces derniers révèlent et masquent une pensée qu'il
est toujours possible de faire mieux apparaître, c'est-à-dire
de la reprendre autrement, mais en la clarifiant (Tracy ne
dit-il pas : traduisez en français certaines hypothèses,
« refaites-en la langue », « elles croulent »[3]), tellement sûr
donc que « la langue » d'une pensée lui est extérieure et qu'en
manipulant intelligemment ces dehors verbaux, l'on ne
conservera que l'invariant, le fond, qu'il est toujours prêt à
« traduire »[4], à opérer un perpétuel « rewriting » qu'il nomme
« traduction » pour écarter le voile des mots et mieux voir
sous eux, sans eux, au point où le langage se décante, perd
son opacité et ne conserve que l'indispensable vêture de
l'idée. « Traduire » Mme de Staël « en français »[5], traduire
même en vers[6], traduire les pensées de Rétif dans le style de

1. *RNF 17*, p. 277.
2. Cf. le texte attribué à Pellico par Del Litto, *Vie*, p. 598, sur l'avenir
d'une langue européenne, celle du « peuple le plus éclairé… » qui donnera
« ses mots et ses tournures » aux autres en ne leur laissant que « leurs
désinences particulières » ; évolution déjà si avancée qu'« il est presque
ridicule de croire que le parler d'en deçà des Alpes est une langue différente du parler qui est au-delà ». Le texte serait un commentaire sur le projet
du pamphlet stendhalien ; il est confirmé par Stendhal, *RNF 17*, p. 224,
qui mentionne à nouveau un propos du poète.
3. III, p. 34.
4. *FN*, I, p. 48-49 et Alciatore, *Helvétius*, p. 10, qui voit là un principe du
philosophe, fidèle à l'idée d'une pensée-équation qui apparaît mieux en
modifiant son expression sans perdre son identité.
5. *O.I*, p. 802, p. 1035, *C*, II, p. 13.
6. *RetS*, p. 97 ; *O.I*, p. 844.

Mme de Genlis[1], *traduire* ses propres livres[2], ceci suppose une remise au « creuset » d'un texte par ce passage d'une expression donnée à une autre qui permet en effet de mesurer à quel point les mots sont et doivent être peu de chose. Ajoutons qu'il faut expliquer par là le culte persistant (il le cite encore en 1818) de Stendhal pour Dumarsais[3], et la traduction interlinéaire : on sait combien il l'a prônée à sa sœur, appliquée lui-même pour le latin[4], l'anglais, l'italien, et constamment invoquée non sans doute pour les services qu'elle lui rendait, mais parce qu'elle répond absolument à ce qu'est pour lui le langage. C'est-à-dire des mots, ou des noms, relativement auxquels les « règles » de grammaire sont secondes ; « sache par cœur mille mots italiens et tu sauras la grammaire en quinze jours », dit-il à sa sœur[5]. Outre que la méthode se présentait comme la marche naturelle de l'esprit, et de l'enfant, et donc allégeait tout ce qui est mémoire, contrainte, discipline ou routine[6], elle était fondée sur l'échange terme à terme entre les mots, donc sur l'idée qu'ils

---

1. *O.I*, p. 799 ; *C*, X, p. 281-283 : si Villemain, G. Sand, « traduisait Chateaubriand ».

2. *Marg.*, II, p. 48 ; *Mél.*, III, p. 82 n., le style ou « art de traduire des idées... » ; « traduire » ne veut pas dire traduire si l'on en juge par le « *incedo per ignes* » de *RetN*, p. 190, interprété fort librement, mais dégager l'idée ; Taine (*Philosophie*, p. 323 et p. 331) identifie « analyser » et « traduire », c'est-à-dire traduire en faits et en exemples avec une rigueur mathématique.

3. Cf. Del Litto, in *Studi sulla Let. dell'Ottocento, in onore di P-P. Trompeo*, Naples, 1959, l'article « Stendhal, Monti, et Pauline Beyle », sur un cahier de traduction juxtalinéaire de Pauline comme Stendhal lui-même l'avait fait pour Virgile ; cf. du même *Vie*, p. 12 et sq. Dans *Marg.*, I, p. 359, Dumarsais est traité de « dictionnaire vivant » ; première mention, *FN*, I, p. 1, et voir l'indication que Stendhal possédait un Dumarsais : *O.I*, p. 476, et *J. Litt.* I, p. 284.

4. Sur ses essais, *J. Litt.*, I, p. 17, p. 46, p. 184 et sq.

5. *C*, I, p. 63, où conseillant à Pauline d'imposer la méthode à son maître d'italien (qui serait un « imposteur » s'il refuse), il lui apprend comment « traduire » le Tasse (mettre sous le mot italien le mot français) et apprendre la grammaire ensuite : « il faut connaître les mots pour pouvoir leur appliquer les règles de la grammaire » ; voir encore les mêmes conseils : *C*, I, p. 72, p. 102, p. 152, p. 128, p. 136-137, p. 309 ; *C*, II, p. 110, p. 121, p. 151, p. 179 ; *C*, III, p. 161, p. 189 ; de même *MT*, III, p. 190, le conseil d'apprendre une langue sans grammaire, en lisant et apprenant par cœur un auteur.

6. Cf. l'éloge de Dumarsais dans l'*Encyclopédie*, t. VII, 1757, que Stendhal a lu, et *Méthode raisonnée pour apprendre la langue latine*, Paris, an III, p. 31 et p. 38, où le principe que les différences entre les langues sont arbitraires par rapport à une pensée uniforme est explicité.

sont toute la langue, et qu'ils sont entre eux comme des variantes tout au plus ; car la pensée est uniforme et Dumarsais précisait que d'une langue à l'autre, varient les « tours » qui relèvent de l'imagination. Traduire n'est donc qu'égaliser tous les mots à leur commun dénominateur, les rendre également relatifs et transparents, se situer en partie hors de toutes les langues.

Et pourtant c'est impossible : le mot *est,* et il vaut, il peut par lui-même. Cette grande vérité, on va la voir se dérouler dans l'univers beyliste, en particulier dans le roman. Il est capital que Stendhal, malgré l'idéologie et grâce à elle aussi, parvienne à ce sentiment d'une autonomie du mot dans la puissance, ou d'un pouvoir nominal ; « le langage, c'est le réel »[1], a-t-on dit, le monde, nous-même, tout est donné mot à mot, par une parole qui ne répète pas une réalité antécédente mais la constitue, l'oriente ; l'existence du moi, le « je suis », est verbale, « l'opération du langage nous crée, par-delà le présent, une nature persistante, apte à expliquer le passé, à engager l'avenir ». En bref le mot fabrique de l'objectivité, il n'est pas seulement résultat, mais il ajoute à ce qu'il désigne, il en dit plus que ce que l'on veut dire, il se surajoute à l'intention de signifier ; il conquiert la conscience et lui propose une dimension additionnelle. Nommer, c'est changer ce qu'on nomme : ce lieu commun finalement est sans doute l'obstacle contre lequel agit sourdement le nominaliste, qui entend toujours démystifier les mots, les resserrer dans un sens limité, en désavouer le pouvoir formateur. Ce jeu du langage devenu insupportable quand il est confondu avec l'hypothèque de la tradition (ainsi pour l'italien), l'oppression d'un *on* qui par la parole pense en nous et sans nous, et selon le mot sartrien « vole » la pensée, est sans doute au fond du grand débat contre les mots du « moderne » ; l'anxiété d'être conduit par le langage et soumis à une direction verbale, l'idée que les mots séparés du sens que le moi leur consent puissent agir en moi viennent peut-être de la découverte que le langage est déterminé ; il se produit sous le signe du soupçon une sorte de retour du signe, comme puis-

1. Gusdorf, *Parole*, p. 39 ; cf. Paulhan, *Les Fleurs...*, p. 79, « il suffit de quelques mots que me dit un livre, un autre homme pour me jeter dans une vie intérieure prodigieuse et inattendue ».

sance non maîtrisable (il peut en naître aussi un fétichisme du langage), il est porteur d'un signifié, mais à pouvoir déterminant ; le mot agissant en chose me fait chose. Ce pur outil se révèle tyran et le pouvoir verbal ne peut plus être que subi, ou cyniquement utilisé ; décidément extérieur au moi, aux choses, le signe est un maître incongru, un ennemi intérieur, un corps étranger en moi, l'opérateur inquiétant d'une prise de conscience qui a valeur de verdict et de décision, bref le signe, avec lequel on a tenté de diminuer tout écart, toute tension, devient à l'inverse un dominateur, un objet en soi, sans liens vraiment réciproques avec le sujet, dans la mesure où ce que la verbalisation apporte de son poids propre va pour une large part échapper au sujet, et montrer unilatéralement qu'il est le jouet des mots, beaucoup plus que les mots ne sont le milieu et l'habitat de la subjectivité. La réflexion sur les mots a conduit en même temps à reconnaître qu'ils organisent la réflexion, mais qu'ils l'organisent par un « irréfléchi » qui est en eux et qui est tout-puissant : le beyliste pris au piège de l'idéologie préfigure Valéry qui ne cesse de méditer sur les mots, et ne cesse tout autant de dénoncer l'emprise des mots, emprise du hasard, de l'imitation, de l'archaïsme, manœuvre des autres, « tout est prédit par le dictionnaire »[1], le langage n'a établi que les circuits de possession de l'âme.

On a déjà remarqué la persistance chez Stendhal des formules répétées[2], parfois concentrées en quelques lignes qui révèlent la brutale importance d'« un mot », de « tel mot ». Ce cliché stendhalien n'est pas une clause de style ; souvent en italique, mais pas toujours, le « mot » ainsi détaché et exhaussé peut être bien des choses, parfois un « trait », au sens du « mot d'esprit »[3] (ainsi Mathilde enchantée de son « mot » sur la condamnation à mort), parfois une phrase mise en relief par son importance, parfois une idée qu'une phrase résume ou abrège ; un *mot* c'est plusieurs mots, organisés ou

---

1. *Cahiers*, I, p. 394 ; de même I, p. 383 ; I, p. 362, le langage, « moyen le plus fort de l'autre, logé en nous ».
2. Cf. l'étude de G. Antoine, *Le mot, agent de cristallisation psychologique chez Stendhal*, in *Mélanges de philologie et de linguistique offerts à M. Veikka Väöänen*, Helsinki, 1965.
3. *Molière*, p. 173 ; *FN*, II, p. 93 ; *RetN*, p. 435, où « mot » veut dire « idée » et en est le synonyme.

non en énoncé, mais Stendhal préfère évidemment cette réduction, si souvent sanctionnée par l'usage de l'*italique*, qui condense en un signifiant toute la force de pénétration et de conviction d'une idée. Pour lui, comme l'idéologie le lui fait accroire[1], il y a bien des « unités » de sens, qui idéalement, ou par référence à la forme mathématique idéale, tendent à l'unité de signe ; *un mot* renvoie donc soit à l'idée tout analytique de l'énoncé fait pour expliciter une identité substantive, et réductible à une formulation abrégée et substituable, soit au pouvoir du nom pur et isolé, qui agit par son propre choc, par son propre poids, sans qu'il y ait à considérer sa mise en œuvre sémantique ; il travaille, et avec quelle virulence, comme signe, ébranlant des chaînes de signes, comme la pierre et les cercles concentriques que sa chute met en mouvement dans l'eau, par la même puissance qu'on dirait mécanique, car le *mot* atome sonore est le moteur des atomes mentaux, qui vont s'organiser en ondes agissant à longue portée selon les chaînes d'idées associées. Le *mot* est le révélateur du pouvoir du langage, il montre l'esprit esclave bon gré mal gré des signes, qui le traversent, le déterminent, le conduisent activement-passivement, sans lui et avec lui ; l'« analyse » est alors fonction du langage selon un schème beaucoup plus marqué par l'idéologie que ne le laisse supposer la formule banale d'« analyse psychologique ». Le pouvoir du signe sur la pensée est déterminant ; un *mot* est une question, met tout en question, il interpelle, il égare ou fixe le sujet, il est le médiateur de la pensée monologuant avec elle-même, mais un médiateur actif et puissant, à qui revient l'initiative, « tout le mal et tout le bien », comme le disait Hobbes ou Condillac, comme si Stendhal, d'accord théoriquement avec son maître Tracy et sa conception modérée et « équilibrée » du rôle des signes dans la pensée, était pour lui-même, dans ses romans, plus radical, et plus prêt, au nom d'une méfiance[2] fondamentale et inextinguible à l'égard du langage, à montrer combien le sujet est le jouet

---

1. Voir sur le mot « arbre », *FN*, II, p. 147 ; mais *C*, I, p. 355, où Stendhal isole le mot « culotte ».
2. Méfiance corrigée par le fait que « le mot » est obstacle et tremplin, gêne et favorise, et que somme toute chacun est responsable de son langage et du travail des mots en lui.

des mots, le prisonnier de leurs pièges et de leur abrupte révélation, la création fugitive ou durable de cette brève lumière que tel agencement de bruits convenus vient fortuitement produire en moi. En vérité le mot me fait au sens où il me « finit », me fait ressentir les bornes et la précarité de ma liberté, mon impossible pureté, la nature mêlée de mon être, qui est hasard et raison, lumière et bruitage, conscience de soi et non-moi, chair et âme.

On serait tenté de croire que le problème du « mot » est pour Stendhal un problème *personnel* : Brulard ne nous dit-il pas que les mots « atroce » et « monstre »[1] furent ceux qui le qualifièrent d'emblée selon le jugement familial et lui donnèrent un « être » moral et social. On pense ici à l'analyse sartrienne de l'enfance de Genet[2], qui a reçu sa « substance » du dehors, du jugement des adultes, c'est-à-dire du mot « voleur », qui le constitue, et ceci comme une sorte d'essence ou de programme ; être, c'est pour l'enfant, et surtout l'enfant rebelle ou déviant, s'apprendre par les autres, se subordonner à la « vérité », c'est-à-dire aux jugements de valeur que les mots contiennent ; le « paria » reçoit son être avec son nom, et se conforme à ce que le mot constitue comme attente de lui-même : « son aventure est d'avoir été nommé ». En tout cas, en tout temps on voit Stendhal sensible à la valeur d'*un* mot, qui peut contenir toute une foi (« le mot génie était alors pour moi comme le mot Dieu pour les bigots »[3]), agir agressivement (par son « excessive délicatesse » c'est « l'inflexion d'un mot » comme « un geste inaperçu » qui le jette dans le ciel ou l'enfer[4]), le lancer sur la pente de la rêverie (ainsi le mot « prosaïque parce que c'est un des mots de Métilde »[5]), être assez frappant pour échapper seul à l'oubli

---

1. *O.I*, p. 1529 et p. 55, p. 56, p. 120, p. 130, p. 138 ; de même *SE*, p. 127, sur le mot « léger » comme marque définitive ; pour Brulard (*O.I*, p. 144) « un mot » sur une mésentente de ses parents « fut... d'une portée immense ».

2. *Saint Genet...*, p. 43 et sq. En tout cas Biran, *Habitude*, p. 139-142, avait insisté sur « les mots doués d'une puissance surnaturelle », qui liés à d'obscures associations premières reviennent ébranler tout le moi.

3. *O.I*, p. 274.

4. *Ibid.*, p. 624 ; lui par contre usait de la parole sans se douter de son pouvoir de mortification.

5. *Marg.*, I, p. 318 ; voir dans *LL*, P, p. 1548, comment Stendhal ayant fait dire à De Vaize « cette terrible affaire » discute avec lui-même : « oui ce mot ».

(d'un entretien avec Daru le père, Brulard ne se souvient que d'un *mot*[1]) ; bref, dans ses lettres à Pauline, son premier essai dramatique, dans son journal, il insiste sur ce que peut un mot[2], comme plus tard il offrira une esthétique qui repose tout entière sur les mots « idéal », « sublime », « grands mots », « mots délicieux » dont[3] il s'excuse d'abuser, et un romanticisme qu'on pourrait abréger dans « ce mot d'ordre », pourra-t-on ou non prononcer le mot « pistolet » ou « mouchoir » sur la scène française ? Pourtant Stendhal a été précédé dans cette voie : soit par les critiques de l'hypocrisie et de son recours aux artifices nominaux, pour égarer le vrai sens, soit par la tradition du roman analytique (ainsi *La Princesse de Clèves* offre un bel exemple du pouvoir du mot comme inducteur psychologique)[4], soit par Marivaux[5], auquel Stendhal se réfère explicitement pour donner un exemple du génie parisien apte à faire « sentir l'influence d'un mot, d'un coup d'œil », soit par Diderot, pour qui la pénétration de l'observateur déchiffre « un mot, un geste », soit par ses maîtres en philosophie : Helvétius pour montrer que le génie ne peut qu'exploiter des vérités entrevues discerne comme origine de ce « premier soupçon »[6] qui met sur la voie des grandes vérités l'« effet d'un mot, d'une lecture, d'une conversation, d'un accident, d'un rien auquel je donne le nom de hasard » ; Biran qui expliquant le pouvoir de certains mots (Dieu, roi, patrie, liberté) concluait : « Sont-ce là des mots comme les autres[7] ? »

A coup sûr pour Stendhal il revient parfois aux mots une antériorité et une prééminence sur la pensée : comment Lin-

---

1. *O.I*, p. 373.
2. *C*, II, p. 197, « relis souvent cette lettre,... sens bien chaque mot » ; *O.I*, p. 695, sur son habitude de bien donner « la juste intonation » à chaque mot ; *Th*, II, p. 229, « un mot » peut raccommoder des amants brouillés ; *O.I*, p. 536, « un mot » bien dit à Adèle qui en est toute troublée ; *Let. à St.*, II, p. 191, Crozet veut épouser Blanche, « pèse ce mot, je veux ».
3. *VR*, II, p. 151, p. 166.
4. Cf. *La Princesse de Clèves*, La Pléiade, p. 1141, « il y a longtemps que je me suis aperçue de cette inclination, mais je ne vous ai pas voulu parler d'abord de peur de vous en faire apercevoir ».
5. *HP*, II, p. 173 ; *De l'A*, p. 258 ; *Marg.*, I, p. 270.
6. *De l'H*, I, p. 265.
7. *Habitude*, p. 140.

gay à force d'écrire les « mots »[1] « honneur », « loyauté »,
pourrait-il rester imperméable à leur influence ? Octave
cherche à créer une conviction en lui-même en la formulant,
Julien pris de court par Mme de Fervaques qui le questionne
sur les étranges bévues de ses « lettres », se confie aux mots
pour inventer une défaite. La *vérité* est-elle donc non antérieure à la parole, mais postérieure ? Les mots ne sont-ils pas
un réseau verbal décidé par la société qui fixe ce que nous
sommes, ce que nous croyons, ce qu'on croit de nous, et en ce
sens le mot dans la vie sociale fait la réalité, comme l'habit
fait le moine ; l'existence par l'opinion est une existence dans
et par les mots. Un orateur, notait Beyle en 1803, doit parler
« à l'abri des mots importants » (comme « vertu », « justice »)
et « montrer aux gens que leur intérêt est de faire ce qu'il leur
conseille[2] ». La stratégie de la société se fait toujours à l'abri
de mots, grâce au pouvoir de mots choisis ; au beyliste de
s'étonner que trois lettres faisant le mot « ROI »[3] puissent
avoir une telle influence sur les hommes, Lingay, ses parents,
lui-même ; car c'est « le mot roi » qu'aime Maisonnette qui ne
le prononce que « ses yeux égarés se levant au ciel ». L'aristocratie britannique a bien inventé « la tyrannie du mot
magique *improper* »[4] ; c'est le pouvoir qui nomme, et qui par
là décide des bons et des mauvais ; l'ancêtre des Farnèse en
nommant la tour-prison prétendait imposer à ses sujets la
fiction qu'elle existait avant d'être construite[5]. Les mots que
le pouvoir fait circuler (ainsi « le grand coupable », l'évadé
qui s'« est soustrait à la clémence du prince », inventés par
Rassi pour Fabrice) montrent qu'il est de sa nature d'agir
sur les jugements des hommes par la production de formules
et d'épithètes[6] ; la Sanseverina à l'inverse croyait lier le

---

1. *SE*, p. 105 ; *A*, P, p. 82, *RetN*, p. 412.
2. *FN*, I, p. 162.
3. Cf. *supra*, et *SE*, III, *LL*, P, p. 1183, *O.I*, p. 340 sur ses parents, « au
seul nom de roi et de Bourbons les larmes leur venaient aux yeux » ; *RetS*,
p. 134, en Angleterre « le seul mot de roi constitue le délit ».
4. *Mél.*, III, p. 281.
5. *ChdeP*, p. 291, p. 253, p. 378.
6. Au reste le pouvoir nominal règne d'un bout à l'autre du roman et
définit finalement le pouvoir ; le *mot* c'est la parole officielle déposée sur
les choses, la version politique de la réalité ; ainsi « trente imprudents »
sont déclarés « conspirateurs » (p. 113) ; une retraite est « disgrâce »
(p. 277), une insurrection est simplement gommée par la parole de la pro-

prince par « les mots procédure injuste » ; le déshonneur de Mathilde réclame « une phrase » que l'on donne à « répéter » aux salons[1]. Une négociation comme celle de la vie et de la liberté de Julien est une question de mots : d'une part on « prononce » le « grand mot évêché », de l'autre une apostille au bas d'une lettre qualifie Julien d'« étourdi »[2] ; par ces simples mots les protagonistes ont mesuré leurs forces et fixé leurs enjeux. Stendhal devait éprouver dans l'administration ce pouvoir d'*un mot*[3] ; en 1808 on le voit mêlé à une violente querelle administrative déclenchée par la vanité d'un général qu'avait ulcéré *un mot* malencontreusement mis en vedette par sa situation en bas de page ! Revenant de Caen, Lucien apprend que les bureaux unanimes sur l'énormité de ses fautes discutent sur « le nom à trouver » pour ce « crime[4] ». La justice, la politique ne sont pas moins attentives à prendre le suspect au mot ou à prendre appui sur le mot ; à Rome où tout aboutit au confessionnal, les mots d'une conversation si on peut les répéter ont une immense valeur[5]. A Parme le « mot tyran » une fois qu'il a été « prouvé » a accablé les coupables[6]. Dans l'affaire Kortis, le pire, c'est « que le mot d'opium a été prononcé ».

Tout ce qui est social a la religion du mot, qui fait titre et « exposition » ; ce n'est pas rien d'être appelé « Monsieur », ou « Mademoiselle »[7], ou « la fille du diable », mot « du médecin bossu » que tout le village adopte « avec empressement » ; ce n'est pas pour rien que M. de Rênal se déride si on nomme sa maison « le château »[8]. Comme Lucien est définitivement intronisé par « le mot sacramentel, parfaite-

pagande, ou baptisée « le malheureux événement, c'était le mot consacré » (p. 129) ; demander, c'est quand il s'agit du prince, « se jeter à ses genoux » (p. 243) ; en Russie les communiqués n'avaient-ils pas nommé la retraite, un « mouvement de flanc » (*C*, VII, p. 130) ; sur ce travestissement verbal du fait en droit, voir J.-P. Richard, p. 24.

1. *RetN*, p. 328.
2. *Ibid.*, p. 475-476 ; de même le mot de « future succession », *ChdeP*, P, p. 191.
3. *O.I*, p. 882.
4. *LL*, P, p. 1267.
5. *RNF 17*, p. 120 ; *AdeC*, P, p. 636.
6. *ChdeP*, P, p. 127 ; *LL*, P, p. 1130.
7. *Lamiel*, R, p. 65 ; le nom d'« Olivier » comme « exposition », *A*, P, p. 190.
8. *RetN*, p. 22.

ment bien »[1], dans la bonne société de Nancy, l'on risque aussi d'être à jamais « revêtu » d'un mot qui joint par le « on » à votre nom vous qualifie désastreusement ; l'on a cru perdre Courier en lui accolant l'épithète de « cynique »[2], Féder menace sa dupe du danger de voir par ses pataquès littéraires « un mot méchant » joint à jamais à son nom (c'est ce qui arrive au « Des Ramiers de Tourte »)[3], Stendhal n'avait-il pas l'habitude d'affubler en toute innocence les autres « de mots qu'on ne peut oublier »[4] ; le mot qui nous désigne nous consacre et sous l'être verbal ainsi octroyé l'être personnel est effacé. On ajoutera que prononcer le nom de quelqu'un peut chez Stendhal revêtir une valeur quasi sacrée ; pourtant qu'est-ce qu'un nom ! Brulard, c'est « sept lettres »[5] ; alors que les personnages beylistes n'ont qu'un désir, changer de nom ou jouer de leurs identités, leurs repoussoirs conformistes sont maladivement et ridiculement attachés à leur nom comme à leur titre, ou plutôt confondent l'un et l'autre : M. de Rênal ne dit-il pas « quoi ! quitter ce nom qui fait ma gloire et ma force ! »[6]. Mais l'amant peut ou ne peut pas dire le nom de l'aimée ; la nommer, est-ce indiscrétion du désir, familiarité, marque de possession ? Il y a là une superstition du mot qui agit en bien ou en mal si on le prononce. Est-ce trop dire que de dire un prénom ? Le nom devient à lui seul, pour les autres et pour soi, un aveu, et autorise à penser au-delà ; Octave blessé *ose* « nommer Armance », ce qui fait « révolution dans sa situation »[7] ; il dit le nom défendu, et le dire, c'est immédiatement prolonger cette audace en pensant à elle. Nommer libère, mais libère aussi les puissances de cristallisation ; Mathilde jalouse de Mme de Rênal n'osera prononcer son nom qu'avec « terreur »[8], elle verra à chaque fois « frémir » Julien. Pour qui aime, le nom ne se distingue pas de la personne ; Mme de Chasteller « frémit » en prononçant « mentalement » le nom de Lucien, et

1. *LL*, P, p. 927.
2. *RetS*, p. 71.
3. *Féder*, p. 237.
4. *HB*, I, p. 466.
5. *O.I*, p. 284.
6. *RetN*, P, p. 335 ; de même *ChdeP*, P, p. 150, « le nom de Del Dongo ! ».
7. *A*, P, p. 135 ; *ChdeP*, p. 400, le nom de Clélia, impossible à prononcer.
8. *RetN*, p. 471.

plus tard, dans une autre disposition de son cœur, « prononcer le nom de Lucien en parlant à lui-même eût été la suprême volupté »[1] pour elle. Comme la société, mais tout différemment, les amants ont la religion du mot qui pour eux est l'être tout entier.

En fait, à voir de plus près, *le mot*, qu'on l'identifie à la parole complète, ou qu'on ne retienne comme influent pardelà le remplissage sonore que *le mot*, tranche, agit, est la réalité de la réalité ; c'est lui qui sollicite et provoque les démarches, d'abord parce que dans le flux mental il est un opérateur de conscience, ou d'inconscience, il fixe la pensée, comme le regard peut fixer ou être fixé ; l'œil intérieur est occupé par le mot, qui fait « exposition », et obstrue les voies de la réflexion, ou lui bouche les avenues de son évolution. Stendhal pourra parler des *« mots »* qui « sont un repos pour l'esprit » : tout mot en fait est une pause pour la pensée, un point d'arrêt et de repos qui plus ou moins longtemps ferme la perspective ou permet une station plus ou moins solide ou lucide. C'est évident, mais bien vulgaire, pour les mots « gros », le mot « million »[2] qui ne manque jamais chez Stendhal de faire sensation, encore ne vaut-il que son pesant d'or ; les habitués de l'hôtel de la Mole se reconnaissent plus subtilement à deux mots, « croisade » ou « admirable »[3], qui les résument tout entiers et contiennent toute leur « vision du monde », ainsi que les limites de leurs émotions et de leur expressivité. Pour un agent provocateur, « le mot argent » est « capital » et détermine absolument le cours de ses idées[4]. Le débat romantique est occupé, dira Stendhal, par le mot « tragédie »[5] qui à lui seul, car on est loin de la chose, est le centre des colères. La curiosité de Lamiel est à la fois éveillée et bornée comme par un butoir par ces deux *mots* : « te serrer dans leurs bras », et « aller se promener au bois »[6] ; on

1. *LL*, P, p. 932 et p. 951.
2. Par exemple *LL*, P, p. 857 ; *RetV*, p. 83, p. 85 ; de même dans *A*, P, p. 49 et p. 40, les mots « qu'il allait lui voter » pour l'indemnité des émigrés, et « à coup sûr » joint à l'idée de jouer à la Bourse ; *RetV*, p. 134, les mots « duc et duchesse ».
3. *RetN*, p. 252.
4. *LL*, P, p. 1551, « le blessé change d'idée au mot argent... », de même *RetN*, p. 145, « le seul mot de cabaret ».
5. *RetS*, p. 103.
6. *Lamiel*, R, p. 136-137.

sait qu'elle n'aura de cesse qu'après avoir tenté de voir ce qu'il y a au-delà des mots. Stendhal ou ses personnages éprouvent le besoin de donner à eux-mêmes la sanction d'un mot, pour se donner acte d'une impression, la résumer durablement comme une référence stable et un argument à retrouver : Brulard juge sa famille en découvrant l'épithète de « ratatinée, ce fut mon mot »[1], l'Égotiste arrête son effort de définition sur le « mot juste » qu'il « trouve », Julien a concentré toutes impressions et tout jugement sur les Parisiennes dans le mot « poupée » ; comme pendant son premier dîner chez les la Mole, il est occupé à « trouver un mot » qui définisse et classe, comme on classe un dossier, la beauté des yeux de Mathilde ; le mot trouvé, il est en repos, à l'abri du mot. Car le mot une fois qu'il est établi oriente invinciblement toutes les pensées : le curé du Saillard[2] le sait bien, et après sa mise en scène infernale il épie sur toutes les lèvres s'il déchiffre le « mot de pétard » qui maintenant « gâterait tout » et empêcherait de s'installer le « mot de miracle ». Stendhal devant « les plus belles choses » peut être marqué invinciblement par « un mot ridicule ou seulement exagéré »[3] qui pour toujours donne raison à l'avocat du diable. S'il insulte mentalement[4] Mme de Chasteller, ou son père, Lucien entend par là se fixer sur des mots péjoratifs qui tentent d'agir négativement sur la suite de ses pensées.

De fait très souvent chez Stendhal, et souvent avec ironie, des mots, devenus « fatals »[5], ont viré à l'obsession et déclenchent comme un réflexe des associations sinistres : la conscience les fuit et les redoute, et voit dans tels mots, tels arrangements de mots le *signe* inquiétant et néfaste de ce qui va suivre ; ces mots ou « idées » fatals, il faut les contourner, les fuir, les effacer, par crainte qu'ils ne déterminent une situation irréversible, qu'en se fixant dans l'esprit ils ne fixent l'avenir. « Fatal » veut bien dire « funeste » et aussi il

1. *HB*, I, p. 301 ; *SE*, p. 113 ; *RetN*, p. 347, p. 243.
2. *Lamiel*, p. 33.
3. *O.I*, p. 419.
4. *LL*, P, p. 1360 et p. 979 ; ou bien dans l'intimité (p. 1037) « souvent un petit mot indirect amené par la conversation les faisait rougir... ».
5. Ainsi *idée* ou *mot fatal* : *O.I*, p. 104 ; *LL*, P, p. 902, p. 927, p. 1095, p. 1170, *RetN*, p. 159 ; *Lamiel*, p. 66 ; le nom de Jules, *AdeC*, P, p. 628 ; dans *ChdeP*, P, p. 155, le « mot fatal de jalousie » ; p. 467, « la promesse fatale » ; *PR*, II, p. 109.

indique que le mot doit venir, et avec lui les conséquences ; le mot est redouté pour ce qu'il crée comme situation, pour la clarté qu'il jette sur ce qu'il faudrait taire ou laisser vague. Ainsi M. de Pontlevé « fait une scène » chaque fois que les mots fatals « retour à Paris »[1] sont prononcés : s'il dissuade d'en parler, il pense que l'idée ne fera jamais son chemin. Les académiciens ne redoutent pas moins le mot « romantique »[2] et s'il vient, ils se livrent à une vraie scène d'exorcisme. « Fatal » aussi le mot « cet enfant » appliqué au nouveau prince[3] ! Il marque le souverain et définit à jamais ses relations avec le ministre, qui l'a lancé ; le mot va déterminer un style de pouvoir. Dans *Lamiel* tout l'art du médecin est que la duchesse prononce la première « le mot fatal de lectrice » et le mot « plus terrible encore »[4] de lunettes qui font époque dans la vie d'une femme. Mais le mot *veuvage* ou l' « idée » que Julien a pu cacher ses amours, ce sont là pour Mme de Rênal ou Mathilde des idées *fatales*, qu'il faut chasser ou aborder de front parce qu'elles supposent ou complicité ou refus de voir. Le mot ici a trop de rayonnement. Il agit en tout cas comme un titre de rubrique, derrière lequel se déplie tout un nouveau cours moral. C'est pour cela, comme pense-bête, et pour le pouvoir du mot comme table d'orientation intérieure, que Sansfin conseille à Lamiel de se répéter le mot « lierre »[5] pour s'accoutumer à la règle de l'incrédulité.

Le mot donc distribue la pensée, et la réalité, dans certaines directions fixes[6]. Mais elles peuvent conduire à la vérité ou non. Le mot peut être un cache pour l'esprit, un abri justement contre la vérité, un repos si l'on veut, et l'esprit arrêté sur un mot peut ainsi grâce à lui se détourner de la vérité dont il est séparé par l'épaisseur d'un vocable alibi. Le mot est un conducteur de mauvaise foi et d'illusions car il procure à l'esprit la fausse solidité d'une idée, le confort d'une défini-

---

1. *LL*, P, p. 905.
2. *RetS*, p. 62.
3. *ChdeP*, P, p. 465, p. 471.
4. *Lamiel*, R, p. 62 ; *PS*, p. 149, la « fatale parole 35 ans » ; *RetN*, p. 158, « la fatale idée de veuvage » ; « fatal » aussi le mot « monsieur » adressé par Mathilde et le mot « compromise », *C*, V, p. 231 et p. 241 ; *CA*, I, p. 256.
5. *Lamiel*, R, p. 83.
6. Aussi Stendhal pouvait-il dire qu'en amour « il ne faut jamais rien avouer » ; car ce qu'on a dit est irréversible (*O.I*, p. 781).

tion et interdit de voir au-delà, au-dessous ; il envahit la pensée et l'*occupe* indûment. Le mot indique une fausse piste : c'est Octave[1] si rigoureux pourtant, le plus apte à se leurrer du faux confort des mots ; s'il décide que son erreur fut de choisir « pour ami » une jeune fille qui peut se marier, Stendhal nous précise que « ce mot par son évidence devint bientôt une sorte de proverbe à ses yeux et l'empêcha de pousser plus avant ses recherches dans son propre cœur »[2] ; le mot a bien clos la conscience dans une ignorance qu'il soutient et organise. Au reste tout l'argument d'*Armance*, fidèle en cela à l'analyse classique qui montre comment l'amour non seulement se déguise, mais se débaptise, est fondé sur ces jeux de mots ; « ennemi de l'amour », Octave, comme Armance aussi, initialement est prêt à fuir pour le moindre « mot » qui lui eût indiqué qu'il aimait. Grâce à quoi c'est longtemps sous le signe du mot « amitié » qu'ils s'aiment éperdument : « tout le bonheur d'Octave... ne tenait cependant qu'à ce seul mot amitié qu'il venait de prononcer »[3] ; le mot est bien là l'indicateur d'une vérité falsifiée, l'obstacle à une vraie conscience ; il interdit l'exploration dans la direction dangereuse ; l'euphémisme de l'*amitié*, auquel les personnages tiennent encore bien après qu'ils se sont avoué leur amour, mais alors le changement de nom a sans doute une autre valeur, on le trouve encore chez Mme de Rênal[4] retenue par son innocence (et par ce mot) sur la pente des aveux qu'elle se doit. Parfois la volonté de s'en tenir à certaines formulations, ainsi Mosca aux mots « comme un fils », ou de ne pas voir certains mots gênants – Mme de Chasteller sait que « tout » est « dans le mot répondre qu'elle ne voulait pas regarder »[5] –, est explicite et délibérée. Mais à la fin du *Rouge*, Julien et Mme de Rênal simultanément maintiennent contre la renaissance de leur amour, à titre d'ultime barrage, le mot « remords »[6].

1. *A*, P, p. 62 : alors qu'Octave est en garde contre le mot « amour », il cède au mot « amitié » : p. 81, p. 82, p. 95, p. 141, où Armance elle-même réclame ce compromis verbal.
2. *Ibid.*, p. 98.
3. *Ibid.*, p. 82.
4. *RetN*, p. 80 ; de même Mosca, *ChdeP*, P, p. 154, mettant tout son espoir dans le mot « comme un fils ».
5. *LL*, P, p. 959.
6. P, p. 452 et p. 471.

Le mot est donc en nous, substance étrangère qui agit, qui tient lieu de solution et de vérité, qui reste là inerte et actif à la fois. Le discours intérieur s'y raccroche et en est le jouet. Le personnage stendhalien, « être de papier », est plutôt tissé de mots qui le meuvent, lui donnent sa consistance et son activité. Entre lui-même et lui-même, entre lui et ses actes, il y a les mots et leur écran continu, leur rôle de jalons, ou de carrefours, ou d'index, de déclics, leur intrusion, leur pouvoir aussi bien de rester dans le sujet comme un bloc solide, un caillot de sens, ou un « calcul » mental qui conserve tout un pouvoir quasi mécanique d'irradiation et d'action. Le mot n'est pas moi, il n'est pas soluble dans le moi, ou digéré par lui, c'est un corps dans l'organisme mental, il contraint l'esprit à le subir et à suivre sa loi. La conscience le contient, et elle n'est que son milieu, dépendante des mots (surtout de ceux lancés sur nous ou en nous par les autres), elle les combat ou les subit ; elle compte avec les mots qui sont entrés en elle et y font leur chemin. Mme de Chasteller est ainsi en proie au « mot de fat »[1] qui pèse d'un « poids terrible » en elle, et qu'elle doit « repousser ». On sait comment Mathilde explose en furie et en mépris quand le mot « le premier venu »[2] s'incruste en elle, comme elle tente à l'envers de loger durablement en elle les mots « mon maître ». Sa méditation sur Julien est de même orientée, scandée par les *mots* qui en quelque sorte ne passent pas, mais durcissent en elle, réclamant débat, solution, recherches ; dans une même page, elle est tour à tour impérieusement sollicitée par le mot de son frère sur la « guillotine »[3] où les enverra tous Julien, le mot « mauvais goût » qu'elle découvre un instant, ou la formule latente appliquée à Julien, « l'air prêtre ». Julien est voué aussi à garder sur le cœur les mots qui le blessent et l'humilient, et qui restent indéfiniment actifs en lui, prêts à la moindre semonce à revenir l'animer de colère, de haine, à

1. *LL*, P, p. 980 et p. 981.
2. *RetN*, p. 346 et p. 341, pp. 345-347, p. 365-366 ; le mot « maître » pris en sens positif : p. 359, p. 360, p. 361 ; de même p. 328, « elle écrivait la première (quel mot terrible !) » ; encore dans *LL*, P, p. 942, « ces mots affreux, se jeter à la tête du premier venu » ; p. 932, « ce nom » (M. Leuwen) « prononcé mentalement la fit frémir : *« " et je me suis compromis aux yeux de M. L."* »
3. *RetN*, p. 312-314.

relancer l'émotion première. Mots indigestes, achoppement verbal permanent de l'orgueil, les mots « domestique »[1], « si bien nés », ou en général les impératifs, fût-ce les plus banals, qui lui offrent autant de prétextes à la colère et à la vengeance, et qui demandent à chaque fois délibération pour savoir s'il va les laisser passer, ou les garder intacts comme *casus belli*.

A défaut des mots des autres, il se fournira lui-même de formules capables de maintenir vivace sa haine, et de renouveler son ressentiment : craint-il d'avoir pitié du marquis, qu'il trouve comme « mot » qui congédie sa reconnaissance envers son protecteur, « en ont-ils pour les gens du tiers état quand ils les tiennent[2] ? » (le « mot » est ou « tiers état », où se résume le ressentiment du plébéien, ou l'ensemble de la phrase traité comme l'analyse d'une seule idée).

Le mot donc travaille dans le sujet, et il peut ainsi avoir une efficacité soudaine, une vertu d'illumination ou de décision, si, bien amené et bien dit, il prend pour celui qui le reçoit valeur d'évidence, ou de terme de la réflexion ; il y a des mots qui concluent, enlèvent, emportent, qui disent ce qu'il fallait dire, qui, miracles d'opportunité, semblaient attendus, et désirés ; ces mots dits *avec bonheur* portent parce qu'ils font le bonheur des autres ; le mot est une flatterie, une délectation secrète et vaniteuse : il y a des mots qui sont d'authentiques jouissances pour l'ego. Ainsi les mots de passe, ceux qui flattent un conformisme ou contresignent une complicité, ou constituent une communion dans « un snobisme » : le mot « basse naissance » qui heureusement décoché tranche une affaire d'État[3], le mot « mes malheurs »

---

1. Cf. p. 77-78 et p. 306, p. 322 ; sur le mot « domestique », voir éd. Castex, p. 531 ; Julien de même est prompt à se sentir offensé par des mots : « je vous l'ordonne » (p. 83), « il faut » (p. 321), « adieu, fuis » (p. 437) qui lui semblent indiquer une sujétion et à chaque fois il se demande s'il doit s'en offusquer : cf. *RNF*, I, p. 244, « un mot dur adressé à un Italien lui donne de la retenue pour dix ans ».

2. *RetN*, p. 324.

3. *ChdeP*, P, p. 411 ; *Féder*, P, p. 1279 ; le même avait su découvrir le « mot qui fit sa fortune, le portrait de deux grands citoyens » (p. 1278) ; mais *le mot* peut rater : ainsi le « je vous adore » de d'Aubigné (*Lamiel*, p. 181-182) ; en politique, *CA*, III, p. 245, le mot « être conduit *directement* au cimetière » a pour le pouvoir-prêtre valeur de déconfiture ; *RNF b*, I, p. 301, « vous n'auriez cependant qu'un mot à dire mais ce mot est impossible et changerait votre position ».

pour Féder, mot de « bon goût » qui le place en bon lieu d'emblée ; souvent le mot ainsi inventé avec tout le génie du théâtre, qu'il parachève un rôle bien joué, ou qu'il devienne le tournant d'une scène bien menée, ponctue un débat par une sorte de commotion verbale : dans l'échange des arguments, l'hésitation des raisons, soudain dans cette stratégie des *mots*, l'un d'entre eux *achève* l'adversaire et la discussion : dernière initiative tactique, ultime charge de cavalerie verbale, ces mots sont des mots victoires ; ainsi Mme de Rênal après une mortelle discussion avec son mari trouve enfin le mot déterminant, et l'intonation concluante avec la menace de « passer un hiver chez sa tante »[1] ; ainsi M. Leuwen emporte tout avec le « mon fils mourra de la poitrine »[2], Julien repoussé par Mme de Rênal transforme sa défaite en victoire en disant : « Oui, madame, je vous quitte pour toujours, soyez heureuse, adieu. » Il y a des mots qui foudroient l'adversaire, qui lui révèlent en un instant des abîmes de déception ou des périls immenses, qui modifient en un clin d'œil des situations réciproques et des rapports de forces : par exemple Julien qui sur ce point chasse de race et rivalise avec le « Nous trouvons mieux ailleurs » de son père improvise un[3] « je sais où aller en sortant de chez vous » qui terrorise son maître ; ou veut-il inverser les rôles avec son père en prison, qu'il invente le terrible « j'ai fait des économies », ce « mot de génie », qui bouleverse le vieil avare ; le « je » du « je ne le crois pas » du marquis de la Mole « anéantit » nous dit-on les « vingt campagnes » du transfuge napoléonien contre lequel il polémique. Ou bien comme le dit Stendhal dans un cliché expressif à propos de l'impasse où Mme de Miossens s'est mise dans ses rapports avec Sansfin, il y a des mots qui « rompent la glace »[4], qui dénouent brusquement une situation bloquée en ouvrant l'issue, en sortant la pensée ou la volonté de la banquise verbale où elles sont prises. Le mot-

1. *RetN*, p. 132 et p. 133.
2. *LL*, P, p. 1323 ; *RetN*, p. 220.
3. *RetN*, p. 21, p. 60, p. 497, p. 379 ; de même *O.I*, p. 536, où vis-à-vis d'Adèle, Stendhal se félicite du « mot » de la « coquetterie la plus fine » que « le hasard » lui a soufflé ; voir dans *Lamiel*, p. 156, l'effet du « mot métamorphose » (p. 156) et le mot efficace de Nerwinde (p. 186) ; mais les mots de Mathilde (p. 308) font « tache » aux yeux de ses amis « si polis ».
4. *Lamiel*, p. 74, p. 114, « ce mot décida la duchesse... ».

dégel est fidèle à cette vocation du langage qui est de guider l'esprit[1], de le faire avancer discursivement vers d'autres mots, ou aller de bancs verbaux en bancs verbaux. Le mot ferme la pensée, et elle bute contre lui, mais aussi il ouvre de nouvelles directions, il tend les fils de la toile d'araignée rationnelle et analytique, il permet le passage subtil, logique ou associatif, métonymique si l'on veut définir la métonymie dans les perspectives de l'association d'idées, d'une idée à une autre. Un mot en appelle d'autres, le mot agit par lui seul, par cet effet dense et décisif que l'on vient de voir, ou comme aimant, atome crochu, insidieuse invitation à poursuivre ; c'est bien là en effet que le mot est le centre d'une *cristallisation*.

Ceci en deux sens : le mot par sa profondeur et son étrangeté conduit à la rêverie, à la phrase en pointillé que le rêve parcourt librement (ainsi « je ne connais pas Julien », repris par le marquis, « le jeta dans une rêverie »[2]) ou bien, il catalyse une cristallisation qui se dépose sur lui (Lucien, qui par un mot à propos donne à Mme Grandet cinq minutes de jouissance, découvre aussi le mot « qui fut comme le premier pas qui la jeta dans un sentiment jusque-là si inconnu pour elle et si impossible »[3]) ; car « que de choses dans ce mot »[4] s'écrie Beyle pour l'un des maîtres mots de sa pensée, l'*homme de bon ton* ; que ne l'a-t-on en effet aiguillé vers les vérités fondamentales et utiles par des mots : il demandait à Pauline, à ses protecteurs, ses amis, de ces *mots* qui lèvent le voile, découvrent l'horizon de pensées inconnues, jettent dans une direction que l'on ne peut trouver à soi seul : « Un mot[5] suffit à un grand génie pour diriger son attention vers une partie qu'il oubliait. » Un mot sur l'art d'écrire, sur la logique, sur

---

1. *O.I*, p. 1141, « le mot ''tourner la tête'' m'a sur-le-champ inspiré une plaisanterie ».
2. *RetN*, p. 444 ; de même p. 312-314, Mathilde rêvant sur des « mots » ; *LL*, P, p. 1164, « ce mot le jeta peu à peu dans un souvenir profond et tendre ».
3. *LL*, P, p. 1360 ; de même la belle formule p. 1273, « elle jouit de ce mot pendant cinq minutes » ; p. 950, « ce mot fut le bonheur parfait pour Mme de Ch. » ; dans *VV*, P, p. 760, « ce mot jeta une lumière fatale dans son esprit... ».
4. *C*, II, p. 89.
5. *EIP*, II, p. 70 ; de même sur « les mots » qu'on n'a pas dits à Beyle : *HB*, I, p. 215 ; *C*, II, p. 129, « le mot que tu me dis éclaire ma conduite pour deux mois ».

le monde eût changé sa vie, abrégé ses errements, précipité ses découvertes. Julien semblablement réclame de l'abbé Pirard, de Korassof « un mot »[1] qui le guiderait ou le sauverait en lui faisant franchir ce seuil d'obscurité devant lequel il stagne. Mais d'un autre côté si le mot guide, il peut servir entre les mains des maîtres hypocrites à une véritable possession verbale de l'autre. Le mot agit en lui, s'associe à d'autres, travaille et pousse en lui selon une germination que l'on peut déclencher, prévoir et diriger ; « faire agir » autrui, c'est laisser agir les mots qu'on lui suggère, qui le mettent sur la voie qu'on lui fait suivre subrepticement. Faire croire, n'est qu'indiquer à la croyance à son insu le chemin verbal qu'elle va parcourir. La parole est indirecte, comme le « symbolon », elle a une partie visible et une partie cachée, une partie en pointillés que la dupe doit remplir par son propre travail. Il s'agit là par les mots d'« empoigner » la pensée de l'autre, comme dit Sansfin. Beyle, en pensant à son ami « Tencin » qui a l'esprit lent[2], se propose de ne lui montrer qu'un petit nombre d'idées : « Jamais un tel homme ne pourra remonter jusqu'au plan qui fait que je lui offre telle ou telle idée et dans tel ordre. » Le meneur de jeu est un meneur de mots : il livre une partie des idées et des mots, dans un ordre efficace, mais il garde la clé du montage, il est au centre de la toile verbale où piéger la dupe. Il faut bien là que les mots agissent par eux-mêmes, s'allient par une attirance qui devance la pensée, et livre l'esprit de la dupe à son insu au manipulateur. L'hypocrite va donc « semer » des idées[3], en « mêler » à d'autres (tout est dit quand l'« idée d'évêché » est « mêlée avec celle de Julien » dans l'esprit de Mme de Fervaques), diriger par associations (ou répulsions) de mots et voisinage d'idées, souffler une phrase en la commençant, amorcer la marche où, de carambolages verbaux en carambolages verbaux, l'*esprit* sera mené au terme voulu. Mme de Rênal, si innocente qu'elle soit, doit en passer par là avec son mari, et « diriger les idées » de M. de Rênal, c'est-à-dire le

1. *RetN*, p. 179, p. 180, p. 421.
2. *FN*, II, p. 38.
3. Ainsi l'abbé Rey, *LL*, P, p. 1402 ; *RetN*, p. 407 ; de même Sansfin attaque allusivement l'abbé Clément par ce procédé renouvelé de Basile (*Lamiel*, p. 97), et ces « plaisanteries reviennent à la pensée de Lamiel » quand elle le voit.

« mettre sur la voie » et inlassablement, car il n'est ni vif ni rigoureux, trouver « les idées qu'elle croyait les plus propres à guider la colère aveugle... »[1], et lui faire énoncer par lui-même les raisons dont il n'a fait en réalité que compléter le libellé. Du Poirier n'agit pas autrement : avec la femme de chambre de Mme de Chasteller, il « arrange »[2] des phrases qui « invitaient indirectement cette bonne fille » à faire entrer Lucien ; c'est le « mot naturel » qu'il reprend avec lourdeur qui *doit* opérer sourdement. Le virtuose en ce domaine, c'est le chevalier de Bonnivet[3] : le montage par lequel il incite le commandeur à écrire une fausse lettre, et lui fait endosser entièrement cette responsabilité qu'il lui a dictée, repose sur ce principe qu'un mot produit d'autres mots, une idée d'autres idées, et qu'il suffit d'une sorte de contagion par voisinage pour déclencher tout le processus irréversible. Ainsi il établit lentement, car l'esprit du commandeur est inerte et n'enchaîne pas aisément, une série de rapprochements : comme il emploie les « mots les plus voisins » de l'idée à insérer dans l'esprit, il rapproche des « idées » et attend que leur jonction se fasse : il associe lettres des amants-lettres autographes-fausses lettres ; ce dernier terme est proposé par le double subterfuge associatif du roman grâce à la page indiquée par une tache, et par la requête apparemment étrangère au livre de « fabriquer » une autre page ; la fausse page renvoie à la fausse lettre du livre et l'idée de correspondance falsifiée est *liée* à celle de « fabriquer » un texte. Cette délicate réaction verbale et idéologique met un certain temps à se produire, mais elle se produit. L'abbé de Miossince au reste ne dit jamais, il laisse entendre, c'est-à-dire laisse comprendre par soi-même et compléter ce qu'il a esquissé[4]. Le mot devient à la lettre demi-mot : mot rompu dont une des moitiés suscite

1. *RetN*, p. 120, p. 128, p. 129, p. 130, p. 132, p. 157-158, « enfin après avoir été mis trois ou quatre fois sur la voie, M. de Rênal arriva tout seul à l'idée... ».
2. *LL*, P, p. 1059-1060 ; M. Leuwen avec son « groupe » doit user des mêmes armes ; il doit par de pures sottises ménager leur attention, et suggérer les idées, « cette idée difficile qu'il leur faisait conclure de mille faits différents ou que quelquefois il osait leur présenter directement... » (*LL*, P, p. 1279 et p. 1281).
3. *A*, P, p. 179-181.
4. *RetV*, p. 105 et p. 83-85 ou p. 102.

l'autre chez l'autre. Le magicien ici sera Roizand : il souffle le chaud et le froid par « ses demi-mots adroits ». Voit-il la duchesse sur la voie des confidences, qu'il entreprend de lui en faire dire beaucoup plus et de « diriger son imagination » ; donc « guidée par les demi-mots de Roizand, elle arriva à dire... ». Mais elle a trop parlé et s'en aperçoit : à Roizand de la rassurer et de calmer son amour-propre, en l'égarant, dit Stendhal, « dans un labyrinthe sans issue » de « phrases vagues »[1] qui « fourvoient » son imagination, puis en établissant une franche diversion, une parade verbale encore, qui l'envoie dans une discussion oiseuse et interminable pendant laquelle la duchesse de Vaussay prise par les mots ne pourra revenir sur ceux qu'elle a dits. Les mots invitent, ou dissuadent : il suffit d'user de leur pouvoir attractif ou répulsif. Octave alarmé qu'on ait dit publiquement qu'il aimait sa cousine doit « détourner le mot »[2] par d'autres mots qui éloignent ce « mot trop vrai » et le noient dans des paroles sans valeur ; Féder, acharné à éloigner toute idée qu'il puisse aimer Valentine, se livre aussi dans un épisode de détail au même travail de combattre des mots par d'autres mots : voit-il Boissaux lui répéter comme sien le conseil qu'il lui a donné lui-même, qu'il se garde bien de faire le rapprochement ; mieux il interdit qu'il puisse être fait, et « éloigne les moindres mots qui eussent eu l'air de revendiquer pour lui... »[3]. Il suffit parfois de mêler les mots, ou parfois il faut les dissocier fortement et contredire leur tendance à la réunion.

Le mot provoque donc en « nommant » une brusque détermination de l'esprit : ceci au nom de son étrangeté relative dont Stendhal ne semble pas pouvoir se détacher, au nom de cette antériorité (sensible dans tous les exemples cités) qu'il prend sur la conscience à qui il ouvre la voie par des rapports internes de compréhension comme par des rapports mécaniques d'association. Le mot me parle dans la mesure où je me parle : la signification ne saurait agir à elle seule ; ou bien le mot devient l'intrus sonore et social, manipulé en tout cas, qui dicte la pensée sans elle. La signification suppo-

---

1. *PS*, p. 120-122 ; « c'était l'effet que ce diplomate voulait produire » ; art fort voisin de celui de l'écrivain.
2. *A*, P, p. 113 et p. 111.
3. *Féder*, P, p. 1336.

se l'intelligibilité, et la présence à soi : c'est ce que semblent impliquer des exemples comme celui-ci de *La Chartreuse*, « chaque mot de la cantinière redoublait son bonheur en le lui faisant comprendre »[1] ; si le mot est un opérateur de la conscience et lui permet de s'approfondir et de se détailler, c'est ici parce qu'il l'appelle autant qu'il est appelé, qu'il en naît autant qu'il la fait naître ; Fabrice selon la formule célèbre de Bonald parle sa pensée parce que sa pensée était déjà implicitement et substantiellement parole ; le mot apporte une dimension nouvelle et indispensable, mais il n'est pas une importation dans une intériorité inerte et passive livrée à son action à son insu. Fabrice ne trouve les mots que parce qu'il les cherche ou les attend. Et de même Julien dans ce passage : rencontrant un peu au hasard dans ses réflexions le mot « bataille », « ce mot lui peignait en beau toute sa position »[2] ; à nouveau le mot médiatise une découverte, introduit la conscience à un autre niveau d'investigation, il surplombe la pensée et la domine par la puissance toute faite de la signification ; mais celle-ci ne trouve sa vigueur, sa valeur d'illumination, qu'à partir de la reconnaissance qu'elle suppose ; le mot ne peint la conscience à elle-même que dans la mesure où elle y cherche son reflet, son reflet grandi et modifié, mais son reflet tout de même. Non moins nette est cette formule du consul de Civitavecchia décrivant l'épidémie de choléra et la peur que les journaux ont semée par leurs informations : « Napoléon eût défendu d'imprimer le mot choléra[3]. » Le mot est ici inculpé d'effets paniques qui amplifient ceux de la maladie réelle : le mot est une caisse de résonance, mais il ne crée pas à lui seul le bruit.

C'est donc vrai que le langage chez Stendhal finit par s'intérioriser profondément, et, sans rien perdre de son abrupte puissance, par abandonner de son déterminisme. Ou plutôt par l'enraciner dans la personne qui est tout entière langage, parce que le langage est elle aussi bien. Ce n'est pas simplement au nom d'une convention littéraire que le personna-

---

1. *ChdeP*, p. 35.
2. *RetN*, p. 62.
3. *C*, VII, p. 339. Dans *A*, P, p. 31, Mme de Malivert va jusqu'à éviter que le mot de maladie de poitrine fût prononcé pour son fils, car « si elle avait le malheur de deviner juste, nommer cette maladie cruelle, ce serait hâter ses progrès ».

ge romanesque ne se fait connaître que par la parole, et que l'analyse dite psychologique, ou récit de pensée, se présente surtout comme un discours intérieur « narrativisé ». On pourrait dire aussi bien que le personnage stendhalien est particulièrement constitué par les mots en tant qu'être de fiction, justement parce que les mots, loin d'être simplement un piège, ou un leurre, sont aussi une réalité du dedans qui noue le « je » supposé à une dimension de généralité et d'essence sans laquelle il n'y a pas de « je » possible. Le mot décide d'une identité « morale » ou idéale que le nominaliste beyliste, davantage frappé par l'impossibilité d'enfermer le vécu divers et singulier dans l'identité immobile du mot, répugnait à éprouver pour lui-même, mais que les êtres feints de ses romans sont voués à proclamer, parce qu'ils sont feints, donc idéaux, et parce qu'ils sont personnages, donc verbaux. Ils sont donc les témoins exagérés et exemplaires du pouvoir des mots, de leur pouvoir de définition de l'être, comme substance du moi, agissant dans le moi et en un sens plus profonds que lui, ou constituant le « fond » du moi littéraire. Ce que disait Valéry, « les mots font partie de nous plus que les nerfs »[1], ou cette vérité, que « tout sentiment auquel celui qui le nourrit n'a pas encore suspendu de nom reste problématique »[2], qui est extrapolée de Stendhal, sont dans le roman l'objet d'une moindre protestation. Que le personnage s'éprouve comme tenu par les mots, traversé par eux, défini par l'universalité qui lui vient d'eux, et qui le fait corps et âme, c'est une conséquence de sa nature fictive et exemplaire, puisque selon les termes mêmes de Stendhal, il doit être rapporté à la dimension du beau idéal. Disons donc que l'« analyse » romanesque, en donnant un relief particulier à la toute-puissance des mots comme constituant la « conscience », le « corps » littéraires, contribue sensiblement à réintroduire et à apprivoiser une certaine présence de la forme et de la lettre.

---

1. *Cahiers*, I, p. 382 ; de même G. Blin, *Personnalité*, p. 490, « tout sentiment auquel celui qui le nourrit n'a pas encore suspendu de nom reste problématique » ; cf. encore l'article cité de G. Antoine, p. 427, sur le pouvoir physique du mot et ses facultés d'ébranlement.

2. G. Blin, *Personnalité*, p. 490 ; cf. Valéry, *Cahiers*, I, p. 382, « les mots font partie de nous plus que les nerfs ; ce qui obscurcit presque tout c'est le langage parce qu'il fixe et qu'il généralise sans qu'on le veuille ».

Sommes-nous donc des « nerfs » et des « mots » ? Valéry le disait : « On ne sait jamais en quel point et jusqu'à quel nœud de ses nerfs quelqu'un est atteint par un mot, j'entends un signifiant. *Atteint*, c'est-à-dire changé. Un mot mûrit brusquement un enfant[1] » : c'est presque un commentaire de Stendhal. A propos de la transformation que le mot « adultère » provoque chez Mme de Rênal, Taine remarquait déjà : « ici le disciple de Condillac a senti que les mots nous gouvernent »[2]. Et de fait les mots sont les maîtres de l'affectif, et du physique : le « j'aime à vous voir »[3] du marquis de la Mole « gêne » et force à sortir Julien suborneur intentionnel de sa fille ; le mot met à la gêne, il brûle, il glace, il fait choc, il se vrille à l'intérieur du sujet comme une lésion, une commotion. Que la duchesse parle à ses domestiques assemblés, ses mots provoquent larmes et cris séditieux[4] ; Roizand, il suffit « d'un mot touchant, d'une expression juste du malheur » pour l'attendrir « jusqu'aux larmes »[5]. Lucien « frémissait » de « découvrir tout à coup à l'examen quelque mot, quelque fait » qui « le séparât à jamais de Mme de Chasteller »[6]. Il y a des mots qui ravissent, qui rendent « fou », qui « éteignent » l'imagination, saccagent un plaisir, qui « bouleversent », qui font rougir. Qui « touchent »[7] au sens strict, et qui en un clin d'œil « déconcertent », « désarment », bref arrêtent l'autre dans sa résolution la mieux assise : d'un « *eh bien* »[8] balbutié, Lucien fait hésiter et presque

1. *Œuvres*, II, p. 495.
2. *Art. cit.*, p. 241, et « chaque mot est un coup au cœur ».
3. *RetN*, p. 322.
4. *ChdeP*, P, p. 248.
5. *PS*, p. 84-85.
6. *LL*, P, p. 938 ; de même *A*, GF, p. 73, « ce mot fit presque sourire nos amis ».
7. Ainsi *ChdeP*, P, p. 134, « ce mot donna comme un frisson à la duchesse » ; p. 441, « ce mot fut un coup de poignard pour Fabrice » ; p. 234, « ce mot produisit sur le prince un effet incroyable » ; *LL*, P, p. 1203, si Coffe ne revendique que le titre de « secrétaire » de Lucien, « ce mot jeté avec force parut cruel à Leuwen » ; au « nous trouvons mieux ailleurs », M. de Rênal est « bouleversé » ; *RetN*, p. 114, « il lui dira quelque mot dur... elle peut devenir folle... » ; p. 284, « un mot venait d'éteindre l'imagination de Julien et de chasser de son cœur toute illusion » ; p. 352, « ce mot détruisit en un clin d'œil tout le plaisir que Mlle de la Mole trouvait à... » ; p. 411, sur le « votre Bonaparte », « ce mot rendit toute son activité à l'âme de J. » ; *Lamiel*, p. 199, « ce mot fit oublier à la Vernaye toute sa réserve de bonne compagnie... ».
8. *LL*, P, p. 1035, « ce mot de Lucien changea tout... ».

reculer Mme de Chasteller. Le coup de foudre, c'est le mot, qui venant sans prévenir rendre à l'objectivité le subjectif, porter au jour le clair-obscur du préconscient, donner forme et existence à ce qui sommeillait dans le personnage, est de fait une révolution intérieure ; le moi est retourné, frappé en son tréfonds par le mot qui le met en face de lui-même et sans lequel il n'y a pas de conscience[1]. Le mot le porte à sa connaissance, et le fait devenir l'être qu'il n'était pas avant l'aveu et le nom qu'il se donne[2]. L'existence ne lui vient que par la nomination ; une parole dite devient vraie, mais surtout n'est vrai que ce qui est dit. Le personnage stendhalien ne sait de lui-même que ce qui lui est asséné par les mots. La réalité intérieure dépend du brusque surgissement verbal près duquel la lucidité de l'analyse n'est et la familiarité d'une conscience avec elle-même est aveuglément, alors que la lumière sur le caché, sur ce qu'on ne veut ni ne peut voir, vient des mots, et comme un éclair foudroyant qui brutalement illumine (en nommant) la zone d'ombre respectée par le moi, ou cette ombre de lui-même qu'il s'obstinait à ne pas regarder. Ainsi Lucien à coups de « raisonnements philosophiques » « éloigne » le « mot fatal »[3] d'amour, qui revient en boomerang au hasard d'une phrase qu'il se dit, et le laisse « frappé de la foudre au milieu de la rue ». Même formule pour Octave foudroyé par les mots qu'il surprend d'Armance à son amie, « une âme que je croyais si belle »[4], pour Armance « frappée » de la même manière par le refus du mariage dont Octave lui fait la confidence, pour Octave encore et surtout pour qui le mot de Mme d'Aumale[5], « vous êtes amoureux de cette belle cousine », « fut un coup de foudre... il se sentit frappé... ». Mais dans cet épisode exemplaire,

1. Si Lucien (*LL*, P, p. 1358) se fait dans son raisonnement une objection toute mentale, son regard en devient « hagard » ; on retiendra (*ibid.*, p. 1019) que l'aveu le plus tendre de Mme de Chasteller est *presque* dit : les mots « eh bien oui, mais ayez pitié de moi » sont sur le point d'être dits et formulés intérieurement.

2. Ainsi pour Mme de Malivert (p. 166), « ce mot imprévu comblait les vœux de Mme de M. » ; *LL*, P, p. 951, « et l'intonation de ces trois mots n'eût rien laissé à désirer à l'amant le plus exigeant » ; p. 1163, « ce mot si touchant "tu fais mon bonheur", retentissait dans son cœur... ».

3. *LL*, P, p. 902, p. 906.

4. *A*, P, p. 53 et p. 80.

5. *Ibid.*, p. 112 ; un peu plus haut en disant « on vous appelle », Armance a déjà virtuellement par l'intonation de « ces mots si simples » tout révélé.

l'ébranlement galvanique d'Octave qui croit entendre « l'arrêt du destin », vient de ce que le mot qui « portait sa preuve avec lui » et lui « découvre la véritable situation de son cœur » est une évidence à qui il ne manquait que d'être verbalisée, et qui, dès qu'elle l'est, prend le visage d'une fatalité.

Et c'est bien là que le pouvoir du mot va bien au-delà de la simple opération de conscience : il n'enregistre pas seulement ce qui serait *ante verbum*, une virtualité, et *post verbum*, une réalité. Il est un « arrêt », il scelle quelque chose, et ne se limite pas au constat[1]. Le nominaliste est en défaut : le mot n'est pas une « marque » de reconnaissance, il contient beaucoup plus, un acquis de culture, et de morale, un sens qu'il faut subir, il ne se borne pas à donner présence à une perception, qui nommée peut être analysée ; le mot n'est pas information neutre, mais jugement, et jugement de valeur, il ne décrit pas sans juger, sans ordonner. Le langage est un verdict insidieux, qui loin de donner seulement une assise fonctionnelle à ce qui est senti, le transforme, le porte dans le registre de l'*opinion* et des valeurs qu'elle véhicule, et le juge en le nommant. Entre le nom et la chose nommée, il y a tout l'espace qui sépare la réalité de la convention, de la coutume, de la « société ». Le mot n'est pas qu'une « forme », c'est une forme complexe, confuse, riche de ce *pouvoir* que les maîtres philosophiques de Stendhal voulaient lui ravir pour libérer l'homme de l'erreur et de l'oppression. Invinciblement les personnages de Stendhal éprouvent cet « Autre dans le Même »[2] qui constitue selon Valéry le « langage intérieur », cette division d'avec eux-mêmes que les mots viennent créer en eux, car il est à la fois eux-mêmes, et plus qu'eux-mêmes ; ils se voient au travers des mots, non comme dans un miroir, mais comme dans un miroir déformant, en bien, en mal, en beau, en laid ; le mot classe l'objet, mais aussi bien le blâme ou l'approuve. Se dire n'est pas un pur indicatif : il y a toujours de l'impératif dans les mots qui obligent, prévoient ; l'identité qu'ils nous donnent est un modèle et une

1. D'où par exemple (*LL*, P, p. 959) pour Mme de Chasteller le contournement du mot qui nomme ce qu'elle fait, et le nomme comme une démarche décisive : « elle répondait, tout était dans ce mot qu'elle ne voulait pas regarder », car le mot décide, et elle veut laisser dans l'indécision ce qu'elle ressent.
2. *Cahiers*, I, p. 461 ; de même Gusdorf, *Parole*, p. 12, le mot comme « index de valeur », ou « projet ».

contrainte. Les mots de la tribu sont porteurs de ses impératifs, la conscience qu'ils donnent au moi est une conscience
morale, dans laquelle il se voit comme par les yeux d'un
autre, ou des autres, qui s'en viennent lui proposer un *personnage*, un futur, l'enrôler par une sorte d'*engagement* et lui
dire non ce qu'il est mais ce qu'il doit être. Valéry devait le
dire[1] : « une religion fournit aux hommes des mots, des actes,
des gestes, des pensées... ». G. Blin[2] a analysé les grands
exemples, le mot « adultère » pour Mme de Rênal, le mot « jalousie » pour Mosca, le mot « peur » pour Fabrice : cas où le
mot a la valeur et le pouvoir d'un tribunal intérieur et social,
personnel et général, puisque le mot enveloppe le « il », le rôle
qu'il fait endosser au « je », ou le « on », la généralité qu'il
distribue avec l'objectivité. Le mot « étiquette » est aussi
« protocole » qui propose « une marche à suivre... des gestes
irréparables... une attitude... », ou qui « me développe une
personnalité d'emprunt » où l'on n'a plus qu'à se ressembler.
Du secret de l'expérience directe à sa nomination, il y a donc
transposition, et concession à l'approximation, ou au mensonge social, ou traduction du moi devant une instance judi-
ciaire, dont les catégories du langage font fonction comme
témoins intérieurs de moralité et d'appartenance aux valeurs
collectives. C'est par exemple ce qui indignait un Bentham,
soucieux pour des raisons politiques du mécanisme à l'œuvre
dans le nom, qui non seulement classe, mais qualifie et
constitue « une pétition de principe en un seul mot » ; nommer le délit en justice, c'est désigner la peine ; dans l'éloquence politique, une épithète vaut condamnation.

La question chez Stendhal doit être élargie à d'autres
exemples et d'autres considérations. Le mot est effectivement
un lien, il relève du contrat, et non du constat, et dans la
mesure où il est porteur de sens et non seulement de signification, où il surgit des profondeurs du sujet et y demeure inscrit
comme une lettre vivante porteuse de l'esprit, il a bien valeur
de destin. Le moi est lié à lui-même par les mots, dont la puissance est irréversible (seul l'hypocrite peut esquiver le sens

---

1. *Œuvres*, II, p. 587.
2. *Personnalité*, p. 277-279 ; Brice Parain, *Recherches...*, p. 234,
« parler c'est juger, donc être jugé » ; ce contre quoi protestait Bentham
qui n'acceptait pas qu'un mot fût « une pétition de principe en un seul
mot », cf. Perelman, *Argumentation*, p. 173.

des mots et les employer sans être lié par sa parole)[1], il crée dans le sujet une dénivellation, un dédoublement entre une instance qui parle et une autre qui obéit, il est l'autre, mais l'autre inévitable, le double interne, le compagnon qui nous guide et nous dirige. « Au son de ce grand mot » (le mot de « liberté ») « son âme s'exalta »[2], dit-on de Julien ; le mot autorise l'enthousiasme, il force au courage si souvent chez Stendhal ; quand la voix de l'autre moi prononce à l'intérieur le mot « lâcheté », ce « mot » qui « décide de tout »[3], il n'y a plus place que pour la ruée vers l'action. Ainsi Brulard : lui dit-on, « ne voilà-t-il pas mon bougre qui a déjà peur »[4], que ce mot sonne comme « le chant du coq » ; ainsi Lucien tergiversant devant la mission Kortis, « tout retard est un reste d'incertitude ; et une lâcheté, pourrait ajouter une langue ennemie ». A « ce nom terrible qu'il se prononça à soi-même »[5], tout est dit ; mais quelle est la « langue ennemie » qui le dit, sinon la sienne, sinon une langue amie, et meilleure amie que la conseillère des facilités, un ami en lui qui est son autre lui-même et son meilleur Myself. Le mot est bien, et martialement, « mot d'ordre », consigne intangible, sonnerie interne du clairon « aux armes ». Il n'est pas évident que le mot *peur* dont le « son »[6] soudain vient presque donner de la

1. D'où l'importance de la « procédure injuste » ; cf. les formules de J.-P. Richard, p. 24, qui y voit un idéal de la parole contraignante ou du vœu ; l'un et l'autre devraient lier, mais ni le pouvoir monarchique ni une conscience élevée dans le laxisme jésuitique ne peuvent se lier par la lettre ; qui le pourrait au reste ? Dans l'érotique stendhalienne la « lettre » du vœu répond à « l'esprit » du désir et contribue à le constituer ; une Hélène de Campireali est le cas de l'amante infidèle à la fois aux deux.

2. *RetN*, p. 72.

3. *Ibid.*, p. 334 ; d'où les mots comme mots d'ordre (« aux armes »), « je suis un lâche » du lieutenant Louant, et de Lucien (*LL*, P, p. 947) ; le « chant du coq » beyliste (cf. *LL*, P, p. 1349).

4. *O.I*, p. 417.

5. *LL*, P, p. 1127 ; de même *Lamiel*, p. 153, « le mot cruel, "auriez-vous le courage... ?" avait réveillé en lui le chevalier français » ; cf. *LL*, P, p. 826, « m'abstenir est le mot d'ordre... le plan de campagne... Lucien riait en faisant usage avec emphase de ces mots de son nouveau métier... ».

6. *ChdeP*, p. 179, et une deuxième fois quand le mot est dit par le cocher de la voiture p. 197 ; de même *RetN*, p. 417, « à ces mots son orgueil étonné de l'effroyable inconvenance de sa démarche la suffoqua » ; dans *PS*, p. 121, la duchesse est « réveillée » par les mots qu'elle dit, « je ne vous fais pas une confession » ; et Roizand plus vulgairement par ceux qu'il se dit : une « duchesse passionnée, cette alliance de mots le réveilla par sa vulgarité » (p. 120).

honte à Fabrice, soit autre chose qu'un rappel à soi, un de ces brusques réveils que justement chez Stendhal les mots sont chargés d'opérer quand leur résonance intérieure vient ramener le personnage à lui-même et à ce qu'il se doit. Le mot nous met *devant* l'opinion, Dieu, nous-même, dans la mesure où le révolté, l'ennemi de l'universel, le plus vigoureux réducteur de l'homme à la sensation et à la passion, ne peut esquiver le tête-à-tête avec le sens, ou rompre le lien avec la loi.

Nul ne peut éviter de se lire dans le miroir que nous tendent les mots, ou fuir leur interpellation secrète. Mme de Rênal peut éviter l'examen d'une première parole qui vient en elle, « quoi j'aimerais, j'aurais de l'amour, moi, femme mariée »[1], car bien qu'« effrayé », l'instinct de vertu n'est pas encore en elle au fait de la réalité ; mais « l'affreuse parole adultère » qui « tout à coup lui apparut » est, elle, imparable, comme les images, la sanction, la honte, « les pays inconnus » qu'elle vient montrer. La conscience (dans tous les sens du mot) est un duel avec les mots, un combat inévitable auquel ils nous appellent, ou un destin qu'ils viennent sceller par la permanence de l'exigence qu'ils signifient, comme on *signifie* dans le langage juridique. Si Mme de Rênal est aux prises avec le « mot adultère », Mme de Chasteller se heurte au mot « soupçon »[2] : on sait l'immense retentissement en elle de ce simple mot et ses innombrables retours dans la première phase des rapports entre Lucien et elle, dès que naïvement le héros de l'histoire l'eût laissé tomber. Le mot « soupçon » ne chemine si cruellement en elle que parce que les torts supposés et leur recherche pathétique s'ajoutent à des fautes plus réelles ou plus proches, et le mot éveille ainsi en écho d'au-

---

1. *RetN*, p. 65-67 ; auparavant (p. 43) le mot « amour » représentait pour elle « l'idée du libertinage le plus abject ».

2. Sur l'immense et décisif combat avec ce « mot » ; voir *LL*, P, p. 928-929, le mot dit presque par hasard, par « une naïveté imprudente » ; le mot compris bien après quand l'héroïne revoit sa conduite, p. 935-936, « tout à coup, son esprit vit le sens de ce mot... et moi je descendais bassement à me justifier de ce soupçon... » ; répété inlassablement le mot scande les méditations apeurées de Mme de Chasteller sur ses fautes réelles ou non ; cf. p. 940 et sq., p. 958, « quoi que pût vouloir dire le mot affreux, soupçon prononcé par lui... », p. 957-959, Lucien dans sa troisième lettre « glissa par hasard... le mot soupçon, ce mot fut précieux pour le parti de l'amour... ».

tres « mots terribles » ou « affreux »[1] ; Mme de Chasteller comprend peu à peu la vraie valeur du mot de Lucien, et le vrai sens de ses premières réactions, le « mot » draine toute sa mauvaise conscience et la questionne tout entière. C'est bien son moi que le mot a atteint et au point vulnérable. Un seul mot et toute une conscience est dénudée. Si le personnage stendhalien est ainsi *pris au mot*, et prisonnier d'une parole dite par autrui, mais qui devient une parole interne, une exigence du moi, c'est que le mot a valeur de pacte, ou du moins qu'il contient une vérité avec laquelle, et selon laquelle il faut bien vivre.

La puissance du mot c'est qu'il introduit un combat, qu'il présente un défi, qui sont inévitables. Il crée une situation sans retour, et modifie brutalement les données d'une personne ou d'une situation ; ainsi le mot « adultère » précipite Mme de Rênal dans des contrées inconnues ; « un seul mot venait de changer du tout au tout la position d'Octave et d'Armance »[2]. Le mot supposé de « mari amusant »[3] change inversement Octave et le souvenir de la fausse lettre qu'il garde dans sa poche interdit tout progrès à une relation qui ne peut maintenant que régresser et basculer vers la mort. Le mot, c'est le destin, le sceau de l'irréparable, sur lequel on ne revient pas. Ce qui a été dit est comme écrit, comme l'oracle dans *La Chartreuse*. Stendhal parfois en abuse, mais chez lui il y a tant de mots décisifs qui jouent tout un destin, au rouge et au noir du grand jeu des passions. L'amant en général « sent le poids immense qui s'attache à chaque parole qu'il dit... il lui semble qu'un mot va décider de son sort »[4] ; dans la superstition passionnelle tout mot contient tout le destin, à chaque pas l'amant joue sa vie ou sa mort, son enfer ou son ciel, et il ne dispose comme mise que des quelques mots qu'il peut balbutier. L'effet du mot est bien celui de la boule sur la

1. *RetN*, p. 328, « elle écrivait la première (quel mot terrible !) » ; *LL*, P, p. 936, « oui j'ai oublié toutes les lois de la pudeur, elle osa dire ce mot terrible » ; p. 942, « ces mots affreux, se jeter à la tête du premier venu ».
2. *A*, P, p. 142 ; cf. G. Antoine, « un mot suffit pour déclencher ou dérégler un destin, et en un instant tout un être, tout un aspect des choses se trouve changé » ; *LL*, P, p. 923, « au mot que lui adressa Mme de Ch. Lucien devint un autre homme » ; *A*, P, p. 68, « ce mot a disposé de ma vie ».
3. *A*, P, p. 183-184.
4. *De l'A*, p. 92.

roulette ; l'Égotiste le dit, « une seule parole » de Métilde « eût pu changer ma vie future »[1]. Julien avec Mathilde a éprouvé qu'un mot, un pauvre mot « franc » et « stupide » vient « tout changer en un instant »[2] et métamorphoser le bon vouloir en fureur méprisante ; instruit par Korasoff il surveillera sa parole : « Je puis tout perdre par un seul mot. » Lucien de même attend tout d'un mot qui « va décider de mon sort », qui « eût changé ces idées philosophiques en extases de bonheur »[3], et si lui-même a conscience d'avoir pris des risques immenses en disant à l'aimée, « mon ange », il ne peut pourtant, quand Mme de Chasteller va l'évincer, contre « ce projet qui le tuait », avancer le « moindre mot quel qu'il fût ». En Italie, et dans la carrière ecclésiastique, un mot prononcé compte pour toujours[4]. Mais il en est de même pour les héros beylistes qui n'agissent qu'en fonction d'un mot inscrit en eux, ou retentissant à jamais en eux, et confondu avec *la voix* intime de leur être ; le « devoir » lie le vouloir par un *mot* qui formule toute une vocation, un appel profond et irréfutable, la parole qu'on est obscurément contraint de tenir vis-à-vis de soi. Tout ce que la Sanseverina a tenté avec le prince, le lier par la lettre, et les mots « procédure injuste »[5] (et encore Mosca doute que l'on puisse lier le despote par quelque parole, tant le pouvoir absolu refuse que la lettre limite le caprice ; ainsi le prince héritier contraindra Gina à respecter sa promesse, et son père n'aura pas respecté sa parole), n'est que le négatif de l'héroïsme beyliste ; le prince est trop fort, donc trop faible, pour accepter le pouvoir des mots, le contrat d'honneur de la parole. Le moi tyrannique est sans lois, donc sans lettre. Alors que le personnage stendhalien a sa loi, son oracle interne, qui lui vient d'une parole contraignante et vivante au fond de lui ; être, c'est tenir parole, répondre à la

1. *SE*, p. 9 ; de même dans *Ch.It.* Cl, p. 208, « j'ai eu la faiblesse de dire un mot à ma mère, et le sang de Jules a coulé ».
2. *RetN*, p. 352, p. 417, p. 421 ; inversement le mot « de garantie » (p. 421, p. 424, p. 426) répété avec humilité traduit la reddition de l'orgueilleuse.
3. *LL*, P, p. 1031, ceci après le mot « mon ange » (p. 1029), et p. 1030 ; de même « si j'offre mon bras à Mme de Ch. elle peut me dire un mot décisif » ; voir aussi p. 1036, sur la valeur d'un « mot » de Lucien ; p. 1011, un mot vif au vicaire fait dire, « ce mot eût fini par le perdre ».
4. *RNF 17*, p. 120 ; en France aussi : *RetN*, p. 184.
5. *ChdeP*, P, p. 254, p. 293.

parole entendue et qui résonne encore, et qui brûle au vif celui qui l'a entendue une fois et ne peut manquer de lui obéir. Telle est la valeur de l'aveu d'Octave, reconnaissant que les mots malveillants de sa cousine qu'il a surpris, ont « disposé de ma vie »[1] ; ou de ce rappel permanent à lui-même que constitue pour Lucien même « regimbant sous ce mot brûlant » le défi initial de Dévelroy, ce « mot terrible »[2] qui revient chaque fois que le héros est confronté au double devoir qui le détermine, gagner sa vie, se faire aimer. A ce moment-là c'est bien « l'autre » qui parle dans le même, le langage, l'ami fossoyeur de la bonne conscience naïve, mais c'est l'autre inscrit dans le moi en lettres de feu qu'on ne peut plus ne pas épeler tout au long d'une vie. Le mot, c'est le destin, car il est le reproche intérieur qui bouscule toute inertie et toute satisfaction, et l'idéal pour lequel on part à la guerre parmi les autres ; le mot, c'est le pouvoir des autres, sans lequel on ne peut être soi, devant lequel il faut répondre de soi.

1. *A*, P, p. 68.
2. *LL*, P, p. 953, p. 1163, p. 1358 ; aussi p. 1035, « me servir d'un mot qui depuis m'a causé bien des remords ».

CHAPITRE XIII

Stendhal pour l'Académie

Est-ce à dire cette fois que par un renversemen
remarquable, le mot s'en vient soupçonner le moi, et n'es
plus soupçonné par lui ? Et que s'esquisse ici une sorte d'ac
cord avec le langage qui mettrait fin au malaise, rendrai
acceptable la condition précaire et illégitime de l'homm
dans les mots, ou adoucirait la critique du langage, en dépas
sant aussi bien le remède idéologique et nominaliste qu
conduit à la fois à un usage restrictif et utopique des mots
Nous le pensons. Un pacte conditionnel, méfiant, prudent
assorti d'ailleurs de toutes les tentatives pour sortir du lan
gage et l'« achever », assorti encore d'une sorte de foi dan
les mots, est en effet sans doute le point d'aboutissement d
la révolte beyliste contre les mots. Le doute destructeur et la
rationalité critique ont ici encore leur terme : nihiliste provi
soire, ou de regret, le beyliste tend à sortir de l'impasse cri
tique et rationaliste. Au-delà du malheur des mots, et de
l'idéologie, se présente une autre perception du langage que
nous allons esquisser. Non qu'elle renonce à l'idéologie : elle
en sauve bien des traits, et des concepts ; Stendhal pense tou
jours dans ses catégories ; mais il va les assouplir, les redres
ser, les nier parfois, les poursuivre jusqu'au point où elles
s'inversent ; il se trouve précipité à partir d'une conception
rationnelle du langage, vers un irrationalisme foncier qui va
multiplier les langages en leur interdisant d'en être de vérita
bles, vers une sorte d'évasion hors de l'idéologie, mais au
nom d'elle-même, et en la retournant selon ses propres prin
cipes. Oscillant entre les positions contraires et n'hésitan
pas à les unir sans en tenter la synthèse, le beyliste va encore

se contredire : en fait les contraires s'articulent les uns avec les autres et se donnent appui, et toujours dans chaque direction, Stendhal est aussi fidèle au projet d'une impossible unité. Le langage me divise : peut-on le rallier à la rationalité et l'y absorber pour refaire l'unité ? Ou faut-il le restituer tout entier à la déraison du sujet, à l'expressionnisme du moi ? Encore dans cette conception du langage, et dans les rapports que l'on dirait « post-idéologiques » que le beyliste entretient avec lui, on va voir que la critique du langage va tenir une moindre place et laisser s'établir comme une accalmie ou une acceptation.

Il faut bien d'abord en effet tomber d'accord sur quelque chose : « ouvrez les dictionnaires », dira Paulhan ; c'est le moyen de sortir des schismes et des idéologies survoltées. Ouvrez le dictionnaire de l'Académie, nous dira Stendhal. Si le langage est une convention, soit, il faut la régler bien vite et s'en tenir à ses clauses. Loin de prôner l'anarchie langagière, loin de croire à une perfectibilité à venir de la langue, et mieux, loin de travailler à une brutale extension du lexique ou à une révolution du vocabulaire, on va le voir se déclarer ouvertement fixiste en matière de langage, et classique quant à l'idéal linguistique. Il est bien loin en ce sens de l'idéologie et de son idéal d'une langue en mouvement permanent selon l'invention des besoins et du savoir, c'est-à-dire des *choses* qui viennent constituer l'être de l'homme et demander leur inscription dans les mots. Pas davantage il n'entrera dans la tendance romantique à reconquérir à la littérature toute la langue actuellement parlée. Pour lui le fait fondamental, c'est que la langue est fixée en France[1] : héritier sur ce point du XVIIIe siècle, et même de Voltaire, il admet comme définitif le travail fait au XVIIe siècle sur la langue, tout en justifiant son « conservatisme », ou son « fascisme »[2] si l'on suit un sémiologue contemporain, par un argument tiré des idéologues eux-mêmes. Si le langage est une *convention*, il n'est pas arbitraire ; il est soumis comme

---

1. *O.I*, p. 1237, « aujourd'hui que la langue est fixée », ceci à propos de Corneille dont Voltaire critiquait l'archaïsme ; l'abbé du Bos (II, p. 433) a pu lui confirmer que le XVIIe siècle était le point de perfection stable de notre langue.

2. Formule de Roland Barthes citée dans le journal *Le Monde* du 10 janvier 1977.

toutes les conventions à la loi de l'accord des parties
contractantes, qui ne peuvent modifier leur charte d'une
manière unilatérale. La convention change quand l'usage en
a décidé ; l'écrivain qui seul de son côté referait pour lui-
même la convention est soupçonné d'un amour-propre intempérant qui le porte à se signaler par des bizarreries. Les
« choses de convention »[1] sont donc « à peu près immuables,
ou du moins lentement changeables ». L'innovation, disquali-
fiée puisque l'« inventeur de signes » veut surtout *faire effet*[2]
par cette apparence de singularité, ne concerne que les écrivains tapageurs et creux, ou « les petits gens de lettres affec-
tés du règne de Louis XV »[3] qui écrivaient dans un français à
eux, ou les pays n'ayant pas la chance de disposer solidement
d'une langue. Toute langue est menacée par ces remanie-
ments anarchiques et de mauvais aloi, dont le beyliste, après
en avoir contesté la possibilité théorique, ne voit même pas le
pourquoi : « toutes les fois qu'une idée a déjà un tour qui
l'exprime clairement, pourquoi en produire un nouveau[4] ? ».
D'où sous la plume du beyliste ces passages étonnants, si on
les met en face des diatribes et des charges qui disent exactement le contraire, consacrés à exalter l'Académie ; passages
certes moins célèbres que leurs antonymes, non publiés du
vivant de Stendhal, mais qui constituent une variante très
importante de sa détestation académique. Loin de considérer
que sa création par Richelieu comme « tribunal »[5] suprême
en matière de langage, comme « loi admirable » faite pour
décourager l'innovation et « *maintenir* » la langue, puisse
constituer une mesure répressive pour l'essentiel, il est tout
prêt à admettre que la fondation de l'Académie (« loi contre
la liberté de la presse ! ») constituait une instauration politique et sociale (par la vanité) du langage, et un dirigisme
d'État des façons de parler, sinon de penser ; il est tout prêt à
l'admettre et ne s'en émeut pas : on le voit même affronter
gaiement l'accusation de n'être pas « libéral » que lui vaut

---

1. *RetS*, p. 260 n., p. 365, p. 226, p. 228 ; *RNF 17*, p. 89 n. ; *Marg.*, II,
p. 23, la langue comme « une longue habitude très profonde...».
2. *RetS*, p. 227 ; déjà *Mél.*, III, p. 128 n. contre le néologisme.
3. *RetS*, p. 224 ; sur l'impossibilité d'inventer des signes et le mauvais
exemple de l'allemand non subordonné à une Académie : *ibid.*, p. 227.
4. *Ibid.*, p. 365.
5. *RetS*, p. 222-227 et p. 248-249.

d'un sourcilleux homme de gauche son acceptation de l'autorité « de quarante pédants serviles réunis au Louvre »[1]. Tant
mieux même s'ils résistent le plus qu'ils peuvent aux néologismes : les usages qu'ils enregistrent en bons « secrétaires »[2]
du public sont au moins bien établis et déjà solides.

L'Académie en fait a permis la littérature : il faut une loi
pour qu'il y ait liberté, une discipline pour qu'il y ait innovation ; aussi Stendhal répète-t-il sans fin le domaine dans
lequel l'Académie a pleine validité : elle ne juge jamais des
idées, mais sans recours et absolument des « formes »[3]. Aux
auteurs sans idées de rendre le langage hypothétique et de le
transgresser : l'accord sur la forme permet la liberté de l'invention ; réduirait-on le langage à un rôle purement fonctionnel, qu'on devrait encore remercier les Académiciens : la
discipline, une fois acceptée, permet de reléguer le souci formel au second rang et de dissiper l'obsession du langage. Il
n'y a donc pas de liberté sans le code bien établi des mots :
veut-on le violer, qu'il faut encore le respecter. « Plus les pensées et les incidents sont romantiques... plus il faut respecter
la langue qui est une chose de convention[4] » : la nouveauté
n'est pas absolue, ni totale, elle n'est pas l'impossible, l'im-
pensable écart d'une contestation qui se voudrait irrécupéra-
ble, ou qui se situerait dans la dimension d'une altérité transcendant toute ressemblance et toute limite ; en fait même ne
sera « romantique » et conforme « aux besoins actuels » que
celui qui aura remis le langage à sa place, c'est-à-dire s'en
sera débarrassé comme problème. Les néologistes, comme
Mme de Staël, Chateaubriand et tous autres, « ces talents
remarquables » se sont fourvoyés en « tournant toute leur
attention vers le style en lui-même »[5] ; ils ont fait du langage
une question, et une question à part. Ici le beyliste fait penser

---

1. *RetS*, p. 362 et sq.; il faut aussi (*ibid.*, p. 249) une capitale « où se
forme un langage beau et simple ».
2. Mais secrétaires profondément attachés au « suranné », ce qui a le
bon effet (*RetS*, p. 362) de ne leur faire accepter l'usage qu'une fois « qu'il
est bien avéré et bien incontestable » ; ce qui n'empêche pas (*MT*, III,
p. 306) la violente diatribe contre l'orthographe : cette fois aussi au nom
de l'usage contre la « forme ».
3. *RetS*, p. 223, p. 225.
4. *RetS*, p. 160 n. ; de même p. 226 et p. 356.
5. *Ibid.*, p. 364.

à la critique paulhanienne de la « terreur » ; il se rapproche du « rhétoricien », pour qui l'invention commence à l'intérieur de relations avec le public et les « lieux communs » dûment codés.

Aussi, et dès ses débuts et ses premiers cahiers, et jusqu'à la fin, Stendhal se déclare-t-il pour le langage un franc classique ; il l'est dès le jour où il se recommande de « prendre son langage uniquement dans le petit nombre d'écrivains regardés généralement comme des modèles »[1], et son corpus d'auteurs canoniques, qu'il oppose aux « Sénèque » et aux « Lucain » modernes (« que nous comprenons moins facilement que Cicéron et Virgile »), et à leur montée irrésistible (aussi son classicisme se fait-il plus tranchant vers la fin), c'est Pascal, La Bruyère, Montaigne[2], le XVIIIe siècle jusqu'à Rousseau ; et encore, on le voit déconseiller toute lecture postérieure à la mort de Montesquieu. C'est là, dit-il, qu'il faut chercher le « mot » ou le « tour » indispensable, car l'écrivain complet est celui qui « pensant mieux que Voltaire et Rousseau »[3] se sert pourtant de la même langue qu'eux. Alors que l'idéologie tout aussi laudatrice de la « clarté » du français tend à identifier cette clarté avec la proximité privilégiée du français par rapport à la structure logique du jugement, et à la ramener à la liaison des idées, à l'ordre naturel des contenus de pensée, indépendamment de toute norme historique, Stendhal, on le voit, fixe dans un usage l'état exemplaire et définitif de la langue française ; lui-même dénonçait cette pratique chez les « Toscans » : leur italien était « celui qu'on parla »[4] et qui est consigné dans les bons auteurs. Et on le verra prôner comme seule ressource de l'écrivain « les livres composés avant 1700 », Saint-Simon excepté, resserrer encore son anthologie en déclarant que la « perfection du français se trouve dans les traductions publiées vers 1670 par les solitaires de Port-Royal », en particulier chez M. de Sacy[5], qu'il oppose au mauvais goût

1. *FN*, I, p. 38-39 ; I, p. 102, sur le « génie de la langue » trouvé dans Corneille et Racine.
2. *RetS*, p. 160 n., p. 223-224 ; *C*, II, P, p. 74 ; III, P, p. 263 n. ; X, p. 356 ; *Italie*, p. 325.
3. *RetS*, p. 364.
4. *RetS*, p. 236, p. 208.
5. *C*, X, p. 94 ; de même *C*, IX, p. 83, X, p. 37, p. 136 ; *MT*, I, p. 142 ; *LL*, P, p. 1533, p. 1388-1389 ; *Mél.*, III, p. 215 ; *RNF*, II, p. 49 ; *CA*, V, p. 208.

barbare de la démocratie montante qui raye les privilèges sociaux, mais rêve de parler, de nommer noblement. Son purisme, symboliquement, s'en prend aux tournures du *Charivari*, ou à cette nouveauté, « le siècle progresse, quel joli mot, qui rime avec graisse » ; à quoi bon inventer des « mots grecs que Dieu confonde »[1] : progressons, mais disons-le dans une langue qui au moins ne cherche pas à en faire autant.

---

1. *C*, IX, p. 79 ; sur M. de Sacy, voir Sainte-Beuve, *Port-Royal*, II, p. 352, qui en parle comme d'un style d'une monotonie tempérée et élégante, sans « cachet littéraire » ; d'après F. Boyer, *Bibliothèques stendhaliennes*, la traduction de Sacy, ainsi qu'un *Saint Augustin* d'Arnauld d'Andilly, étaient bien en la possession de Stendhal ; il y renvoie encore *MT*, I, p. 142, et *MN*, p. 67 ; voir *LL*, P, p. 1516, où le beyliste épluche son style en pensant à ce que M. de Sacy eût dit.

CHAPITRE XIV

Les langages « autres »

Cette langue fixée, par la tradition ou la littérature, est bien loin de la « langue bien faite ». Le beyliste au reste ne saurait s'en tenir au langage : loin d'admettre cette correspondance des mots et des idées qui, selon l'idéologie, tombent toujours juste dans leur détermination réciproque, moyennant le légitime retard du mot sur le besoin réel de s'en servir, il croit au contraire à une fondamentale disette de signes, à une insuffisance essentielle du langage relativement à la richesse et à la complexité du sujet. Il est hors langage, ou du moins, dans la mesure où il est par-delà ou en deçà de toute expression, il prouve sa qualité et sa liberté. Ce qui est, est ineffable : l'intériorité du sujet qu'un Biran restaure à la fois contre la réduction de l'homme au *sensorium* qui le lie à l'extérieur et le met à l'extérieur de soi, et contre sa réduction au langage, qui le détermine comme « parlé » et non comme parlant, est aussi chez Stendhal le point de sortie, d'évasion, hors de la rationalité idéologique. Ou de revanche contre une « grammaticalité » logique qui visait à partir de la sensation, et du mot, autre sensation, à édifier un système complet de l'homme et à le déplier au grand jour et bien à plat comme indistinctement matériel, et formel, comme si la traversée des mots, le quadrillage des mouvements organiques épuisaient le moi qui devient tout entier discours, langage et/ou objet de savoir ; mais celui qui produit l'énoncé ne peut être dans l'énoncé, ou le produit de l'énoncé. Derrière les mots, il y a quelque chose qui les traduit et n'est pas traduit en eux[1]. De

---

1. Voir sur ce point Le Roy, *Effort et Grâce*, p. 55 et sq.

même il y a tout un monde sensitif, inconscient, qui ne trouve ni prolongement significatif, ni même traces mémorielles dans le langage ; la sensation pure s'éveille, se consume, s'anéantit sans être reprise dans le déploiement discursif, sans survivre pour être analysée et retenue par la conscience dans les signes du langage. Avec Biran s'ouvre une autre critique du langage, par la comparaison de ce qu'on exprime et de ce qu'on n'exprime pas, par le privilège latent de l'inexprimé, par le débordement des mots par tout ce qui les anime, dans la vie sourde et muette du corps, et dans la présence à soi que constitue le vouloir. Les mots sont bien plus faibles que ce que nous sommes ; du spontané au discursif, du moi au langage, il est impossible d'établir une continuité, ni de concevoir une unité ; entre ce que *je* suis et les signes, il n'y a d'équivalence ni quantitative ni qualitative.

En fait pour explorer cette dimension préverbale il faut et il suffit de partir des tenants de la grammaire générale elle-même, qui aux origines du langage, situaient la zone non verbale et non analytique du même coup de la vie humaine : victime, sauf chez Rousseau qui inverse les signes de l'analyse, d'un refoulement rationnel et discursif, l'indicible originel, la totalité du sentiment, non encore fragmentée en signes, la spontanéité pure et fraîche du désir, relèvent en fait d'une poésie, d'une musique, d'une expression métaphorique ou chantante ; ce qu'on ne peut pas dire, les « idées » sans signes dans le langage-analyse, c'est ce que dit naturellement l'art. « Les langues naissantes, dit Tracy, dérivant immédiatement des cris de la nature, ne sont presque elles-mêmes que de la musique[1]. » L'idéologie en creux, contient une « esthétique » dont elle est la longue exténuation, et qu'il est possible de réveiller. Et qu'il est même nécessaire de réveiller si l'on veut éviter le dessèchement dans l'air raréfié de la raison et la lumière épuisante de la lettre ; ces signes limpides, cernés, définis, qui donnent accès à l'infaillible logique, sont les plus impersonnels, les plus contraignants, les plus négateurs. Or la « vérité » préverbale, cette intuition privée et intime du sujet par lui-même, est sans communication possible,

---

1. Tracy, II, p. 286.

« elle n'est qu'à nous », disait Dumarsais[1] ; ce que les signes sûrs ne peuvent contenir est authentiquement mien. Le beyliste condamné à se mouvoir contradictoirement entre les termes qu'il s'est donnés à lui-même comme limites, conduit sa révolte contre le langage dans le sens rationnel et nominaliste jusqu'à la conception d'un langage absolument clair, univoque, adéquat, tel que du mot à l'idée, et de l'idée au mot, il n'y ait plus de flottement, mais un simple effort de combinaison logique et même formelle, tel que, dans cette « machine à immobiliser »[2] ou « cet appareil à définir », analogue à ce qu'est le « catéchisme » ou le « Code civil », vérité et expression ne soient plus à décider, mais à calculer par la mise en œuvre d'un verbe pur où lettre et esprit sont indifférenciés ; et dans le sens irrationnel vers un idéalisme de l'ineffable, de l'*âme* débordant toute possibilité d'être signifiée matériellement, dans les contours limités d'un langage et d'une forme, il s'évade au-delà des signes, ou vers des signes eux-mêmes flottants et indéterminés, ménageant contre la lettre mortelle une liberté tout idéale de l'esprit, un pouvoir infini de signifier, qui fait que les arts, dont l'avenir est catastrophique si l'humanité est condamnée à savoir, sont l'esprit sans lettre, l'esprit qui s'exprime comme inexprimable, si j'ose dire, comme jamais assigné à ne dire que *ceci* et de cette manière, jamais tenu d'être dans le *hic et nunc* d'un signe ; dans les arts, l'ineffable est seul dit, car les signes plurivoques à l'infini, flottant au gré du sujet qui leur fait dire l'idéal et leur fait éveiller le rêve, témoignent du pouvoir subjectif d'inventer, de signifier, d'être toujours au-delà de tout signe.

Tel est le schisme majeur, coiffant tous ceux que nous avons dits : « Mozart n'avait pas le cœur de Newton[3] », musicien et physicien, « banquier » et artiste, Washington ou le Corrège. Les hiéroglyphes mystérieux, fugitifs du sujet pur, ou l'algèbre du positivisme logicien ; le langage comme appareil physiologique-logique, ou le langage comme épipha-

---

1. Texte cité par *Varia linguistica*, textes rassemblés et annotés par Ch. Porset, préface de Michèle Duchet, Ducros, 1970, voir p. 226 ; le texte tout entier porte sur l'état préverbal d'indivision quand la vérité est tout intérieure.

2. J.-P. Richard, p. 72.

3. *Compléments*, p. 263.

nie de l'âme toujours disproportionnée à ce qu'elle évoque. Musique, langue pure du désir et de l'image, ou mathématiques, langue pure de la raison, ou dessin, graphisme épuré qui ne montre que des contours et des schémas. Langages sans au-delà du signe, textes immanents, ou langages où il n'y a que de l'au-delà, et jamais de vraie relation entre l'ici-bas du signe et le sens. L'art est un non-langage qui est le seul langage de l'absolu du sujet. A un matérialisme du langage, qui pose la signification comme un phénomène, s'oppose un idéalisme, une « folie » du sens refusant le support de la lettre. Faut-il dire que l'un et l'autre se conditionnent, que l'ordre de la raison produit son désordre complémentaire, que ce qu'on élimine d'un côté se constitue en vis-à-vis rival et menaçant ? Oui, et c'est un des aspects de la pensée par contraires du beyliste ; mais les deux opposés se tiennent par l'origine, le malaise du langage, ce culte d'un moi prêt jusqu'à l'absurde au silence, prêt à préférer sa perfection de virtualité sans « acte », à l'expression effective et limitée ; l'idéologie permet de résorber le discours dans la raison, qui est moi, et dans la déraison, qui est encore et bien plus moi, le dérèglement de ma virtualité rêveuse et paresseuse, l'anarchie des images, les trésors du dedans, de la « partie cachée » du moi que nul langage ne peut profaner en les déterminant, en les arrachant à moi par un signe, par une forme qui les détruirait en les convertissant à une signification commune et reçue.

Les langages du sujet sont sans mots, ils disent « l'état du manque de mots », non par la poésie, comme le voudra Valéry, mais par la musique et la peinture ; les torts du langage sont ici l'objet d'une critique plus systématique encore et qui tend à se renverser[1]. A coup sûr les langues imparfaites, « populaires », vulgaires, ne sont « qu'une suite de signes convenus pour exprimer les choses généralement connues »[2] ; seuls les médiocres de la moyenne ont autant de signes que

---

1. *O.I*, p. 775, « je n'ai pas de mots pour noter ce que j'en vois » ; p. 716, « j'avais une jouissance inexprimable à entendre cela » ; p. 642, sur Mélanie jouant *Phèdre*, « on voit bien qu'elle sent plus qu'elle n'exprime » ; p. 666, « je ne me souviens pas du mot qu'elle ajouta, je crois qu'elle ne fit que l'indiquer avec la physionomie, elle eut une grâce charmante en le disant... ».
2. *VHMM*, p. 357.

d'idées. La généralité du langage est son défaut : ce qui est rare, ce qui appartient aux hommes et aux moments exceptionnels en est éliminé par définition. « Plus on devient passionné, plus la langue vous manque[1] » ; ce que les *happy few* ont à dire, c'est-à-dire ce qu'ils ont éprouvé, n'a pas place dans les langues ordinaires[2]. Le manque de signes devient un signe, le signe de l'appartenance aux élites cachées et de l'héroïsme de l'idéal et de la singularité ; moins l'on peut dire dans le langage de tous, et plus l'importance de ce qui reste forclos par les mots est confirmée. Le silence indique la franc-maçonnerie des esprits qui malheureux dans le langage, ou exilés en lui, protestent contre la tyrannie de l'homme moyen que consacre le langage, et sa bassesse irréductible. L'obstacle majeur qui provoque la protestation du beyliste contre le langage, demeure qu'il est commun à tous, que parler, c'est parler comme tout le monde ; imparfait relativement au savoir, le langage est maintenant imparfait relativement aux individualités d'exception et aux âmes rares qui, se trouvant au-delà des autres, sont aussi au-delà de leurs langues, dans les marges silencieuses du langage humain où seuls parlent l'esprit et le moi. Le redressement rationaliste du langage ne sert à rien : ce n'est pas telle langue, tel moment de la langue qui sont disqualifiés comme inaptes à connaître et à dire le connu, c'est plus insidieusement le fait de dire qui est inculpé, le fait d'être un moyen de communication entre tous, le fait de rendre intelligible ce que tous peuvent comprendre. Ce qui est inaccessible au langage, le sanctuaire du moi, peut et même doit le rester. Biran le dit de même : « le fonds de l'homme intérieur » est tel que « tout ce qui est à la surface, tout ce qui se nomme ou se peint n'est qu'une *ombre* fugitive... » ; là se trouve, hors des mots, « ce que nous sommes réellement ou substantiellement »[3]. L'orgueil du beyliste, à l'œuvre dans le refus de parler, le demeure dans ce dépassement du langage ; la qualité de non

1. *FN*, II, p. 123.
2. *Molière*, p. 233 ; *Compléments*, p. 138, sur le nombre des passions qui excède les noms qui les expriment.
3. *Journal*, I, p. 86, « on peut trouver une autre âme au fond de cette âme qu'on analyse et qu'on peint par le dehors » ; cf. Joubert, *Correspondance de Joubert et de Fontanes*, éd. Tressoneau, 1943, p. 57, le 24 nov. 1794, « depuis quelque temps, je ne travaille à exprimer que des choses inexprimables ».

dicible est en soi qualité éminente. Protester contre le langage, contre le fait qu'il cache ou mutile, est somme toute voisin d'une sorte de satisfaction de ces insuffisances ; le beyliste est une énigme « pour ceux qui ne savent pas lire certains hiéroglyphes, les choses frappantes qu'elle » (son âme) « peut produire sont en partie invisibles »[1]. Se rendre problématique, se masquer d'une ironie négatrice, jongler avec ses apparences et ses contradictions, c'est en un sens refuser la prise univoque du langage et de la définition. Le beyliste ne peut avoir de nom, et il ne peut trouver « par quels caractères, par quels mots » il pourrait par exemple faire comprendre aux gens du Nord « la manière italienne de sentir »[2] : la crise du langage est résolue dès lors qu'on se met carrément au-delà de lui, et qu'on confie l'essentiel au manque de mots. L'indicible est en fait dicible par et pour certains, les langues « sacrées » de l'art sont des langues réservées, et le premier triomphe remporté sur le langage est un triomphe sur le « on » qui le fait et le parle.

Il faut donc saisir « le langage des choses muettes »[3], remonter en deçà du langage, quand la sensation comme pure présence est un tout qui illumine l'âme et le corps de son évidence et de sa totalité ou s'avancer vers les régions inconnues que l'analyse des langues ordinaires n'a ni explorées ni profanées. De toute façon on est dans le signifié pur et le sensible pur, au-delà du mixte précaire de sens et de sensible qu'est le langage, débordé ici par le double afflux de sensations voluptueuses, et de significations infinies dont le sujet est assiégé, qu'il les subisse ou les produise de sa libre initiative. Être en deçà des mots, c'est être au-delà d'eux, dans un « verbe » plus pur : « qui peut comprendre la parole, non seulement avant qu'elle ne résonne, mais avant même que les images de ses sons ne soient enveloppées de pensée, peut déjà avoir quelque ressemblance de ce *Verbe* dont il est dit, au commencement était le " Verbe". Sont donc sur les frontières du langage humain, au point où il s'abolit parce que trop

1. *O.I*, p. 998.
2. *RNF 17*, p. 47 ; sur l'infiniment petit des nuances non notables, *VR*, II, p. 185.
3. *O.I*, p. 1169.

grossier[1], ou trop déterminé par l'habitude et le connu, donc absolument inférieur au pouvoir illimité de l'imagination d'inventer pour elle-même[2], les amants d'abord dont la rêverie par exemple « ne peut se noter »[3] ; si on le fait, on la contraint à renier sa liberté et son angélisme en la forçant à revenir sur ses traces, à s'imiter, à s'enfermer dans les limites d'une communication qui aurait un libellé et *un sens* ; traduire la rêverie dans le langage, c'est la tuer, car elle est, comme un roman, un pouvoir pur de produire des sens, la liberté de s'engendrer elle-même. Dans une correction de *La Chartreuse*, Gina passionnément éprise de Fabrice devait dire, « quand il me parle, je n'ai plus conscience des mots humains pour porter un jugement de son mérite... c'est un dieu pour moi et il n'est qu'un ami »[4]. De même pour l'art, on se trouve là au-delà des mots ; pour le ballet, par exemple, dont Stendhal se déclare hors d'état de décrire les mouvements et les effets ; ce n'est pas seulement parce que les mots sont trop faibles pour de telles évocations entièrement faites pour l'imagination ; en fait, pour que le ballet enchante, il faut comme préalable que l'imagination « soit lasse des développements donnés par la parole »[5] et soit déjà désireuse de sortir des régions explorées par le langage verbal ; alors le spectacle est un prétexte pour déployer le langage sans codes ni règles qui appelle le sujet à une réinvention pour soi et en soi du langage ; comment dire le plaisir du spectateur, qui est de laisser les images en pleine liberté, de développer le

1. La sensation pure et « directe » est on le sait hors langage ; *Marq.*, I, p. 272 ; *FN*, II, p. 73 ; cf. saint Augustin, *De Trinitate*, XV, p. X, « qui peut comprendre la parole non seulement avant qu'elle ne résonne, mais avant même que les images de ses sons ne soient enveloppés de pensée, peut déjà voir quelque ressemblance de ce *verbe* dont il est dit, au commencement était le verbe ».

2. *De l'A*, Cl, p. 67, « en amour-passion ce qu'on ne peut pas exprimer (parce que la langue est trop grossière pour atteindre à ces nuances) n'en existe pas moins pour cela... ».

3. *Ibid.*, P, p. 131, p. 162, « la langue manque de termes pour dire combien est impossible pour un Français le rôle d'amant quitté ».

4. *ChdeP*, p. 605.

5. *RNF 17*, p. 50 ; de même p. 47, p. 159, « je manque de termes pour exprimer le plaisir que m'ont fait les décorations » ; *TA*, I, p. 146, encore sur les ballets de Vigano, « mais comment transmettre cela par les paroles ».

spectacle et de l'interpréter ? Comment dire cette puissance de *faire dire*, d'inventer un dire ?

L'indicible relève, presque par définition, des « non-langues »[1] artistiques, de leur pouvoir de tout dire sans rien dire, de leur aptitude à éveiller ce qui échappe à tout langage, la pure liberté de l'âme, la parole intérieure que l'âme parle avec elle-même. Les progrès vers l'intériorité se font aux dépens du langage, aux dépens de la banalité humaine, de la détermination des signes, à la condition que le sens se subordonne absolument la signification. Pour être près de soi, et intérieur à soi, proche de ce « qui est vraiment divin dans le cœur de l'homme » et qui est sans mots[2], disait Mme de Staël, pour épouser les moindres mouvements du cœur et leurs imprévisibles changements en tout instant, il faut se fier à la musique, langage précis et indéfinissable, évident et indéterminé[3], qui énonce des « nuances bien au-delà de la portée de toute langue écrite »[4] et dont « l'empire commence où finit celui de la parole ». N'est-ce pas comme le dira le philosophe que la musique « est le médium absolu déterminé par l'esprit, le vrai médium de l'idée »[5], où la matière sensible est totalement absorbée donc annulée par le sens ? L'indicible, réalisant la grande protestation contre le langage, triomphe du signe en tant qu'il est matériel : « il faut que la pensée traverse rapidement tout ce qui est matière »[6], dit Stendhal à propos de la sculpture ; mais cela reste vrai des langages esthétiques en général : la « traversée » de la matière, ou de

---

1. Diderot, *Éléments de Physiologie*, Didier, 1964, p. 269, « la bonne musique est bien voisine de la langue primitive ».
2. *De l'Allemagne*, I, p. 205 ; de même II, p. 84, « si l'on pouvait se figurer les impressions dont notre âme serait susceptible avant qu'elle connût la parole, on concevrait mieux l'effet de la peinture et de la musique » ; à chaque pas de sa critique musicale, le beyliste s'excuse de son manque de mots, surtout de mots français : *VHMM*, p. 78, p. 339-340 ; *VR*, II, p. 131 n., 146 et n., p. 171.
3. Cf. J.-P. Richard, *op. cit.* p. 88, p. 90 et p. 94.
4. *VHMM*, p. 352 et *VR*, II, p. 3 ; de même *RNF*, I, p. 290 ; *VHMM*, p. 2, « les sentiments que nous devons à cet art enchanteur sont extrêmement difficiles à rappeler par des paroles... les poèmes destinés à conduire l'imagination, cette folle de la maison, dans les contrées romantiques que la musique rend visibles... » ; *VHMM*, p. 357, la musique, « langue des âmes sensibles » jusque-là inconnue.
5. Formule de Kierkegaard, *Ou bien, ou bien*, p. 55.
6. *HP*, II, p. 28.

la raison raisonnante par la libre diffusion du sens, telle que
« l'âme parle à l'âme »[1], c'est ce que les arts plastiques, puis,
les relayant, la musique, doivent assurer, inégalement au
reste, suivant qu'ils admettent plus ou moins de raison, et
déterminent plus ou moins la signification des signes utilisés.
Dès que l'on s'évade des procédés discursifs[2] et de leur
asservissement à la précision et au développement linéaire, à
mesure que l'on s'éloigne de l'esprit géométrique, des « contours rigoureusement exacts et des idées parfaitement justes
qui étendent le domaine du bon sens »[3], l'on trouve des
systèmes de signes à la fois beaucoup plus physiques, donc
plus voluptueux et beaucoup plus spirituels ou subjectifs, qui
relèvent plus que le langage ordinaire de la *lettre*, qui se fait
corps ou sensation, agissant sur le corps du dilettante, et
aussi de l'*esprit*, du pouvoir idéaliste de l'âme d'inventer et
de jouir d'elle-même en un tête-à-tête souverain et désincar-
né. « Qu'est-ce que veut dire[4]... » tel vers de *Phèdre* ? tel
tableau de l'Albane ? On le sait, on le sent, et l'on ne le comprend pas.

Le langage était suspect au beyliste dans la mesure où le
signifiant comparé au signifié, moi qui parle, ou la vérité à
dire, choque par son caractère insuffisant et disciplinaire,
trop étroit et trop approximatif ; avec le langage on est toujours double, et inquiet de cette dualité : ce qui est et ce qui
est dit, l'intention de dire et la réalité de ce qu'on a dit, le
bien-fondé du mot et la réalité de la chose, la convention et la
vérité, ne coïncident pas, et sont perçus séparément et
contradictoirement. Avec les langages de l'art, le malaise se
dissipe et l'unité est retrouvée : l'on est toujours d'*un seul
côté* du langage. Non dans le sens limité et précairement uni
à un signe, mais dans le sensible et le sens pur ; le langage
est pris en tenaille par ces langages moins déterminés, sinon
indéterminés, où la matière est traversée par le sens, mais en
tant que matière, où l'âme se rend « visible », audible, palpa-
ble, bref s'incarne, en même temps qu'elle s'évade de toute
limite. Adossée à la critique du langage et à son insuffisance,
et conduisant à une sorte d'unité supérieure du moi et des

1. *VR*, II, p. 186 n. ; *RNF 17*, p. 136 ; *VHMM*, p. 358.
2. A cet égard la poésie est inférieure à la peinture, *HP*, I, p. 196 n.
3. *Idées*, p. 23.
4. *EIP*, III, p. 353.

signes, l'esthétique stendhalienne se fonde sur des langages qui transcendent le langage, qui sont indistinctement chair et esprit, sensualité et idéal, mais toujours selon l'optique idéaliste et désincarnée du Sujet pur, beaucoup plus idéal que sensualité ; ou plutôt ils sont marqués par la possibilité constante d'une disproportion entre ce qui est perçu et ce qui est compris, d'une victoire du sens sur le senti : même au cœur de la plus grande jouissance sensuelle, le sujet est libre de fuir à l'infini dans le rêve librement inventé au-delà de toute *lettre* possible, au-delà de toute immersion dans le plaisir physique. Pour le beyliste, la vraie écoute musicale est celle où l'on ne pense plus « à la musique », mais où l'on pense ou rêve avec la musique, selon son analogie, mais en s'en libérant par une conversion à la seule analogie du sujet que l'on est[1]. Le médium de tout sens est l'imagination : les « arts du dessin... agissent sur l'imagination par les sens », la poésie « sur les sens par l'imagination »[2]. Et l'imagination est toujours au-delà ; ou parfois, comme le suppose un texte où pour une fois, Stendhal semble préférer Raphaël au Corrège (chez le premier, « l'âme sent plus que les yeux ne voient », chez le second, « les yeux sont plus enchantés que l'âme n'est touchée »), ce sont les sens qui sont au-delà : le principe essentiel est constant, c'est que loin de lier signe et sens, l'art les délie, les libère l'un de l'autre, et liquide la souveraineté terne de la lettre.

En fait la « sémiologie » esthétique de Stendhal, qui est sans doute le seul avec Baudelaire ou Delacroix à tenter une réflexion d'ensemble sur tous les langages, est une sorte de « grammaire générale » des arts, même si Stendhal conclut qu'ils sont par essence a-grammaticaux, et par là constituent une véritable révolte contre l'analyse linguistique et l'utopie linguistique des idéologues. Mais la révolte conserve son ennemi comme hypothèse initiale, et maintient la logique comme idéal de la communication, et comme repoussoir de l'idéal. Il faut aller plus loin dans l'examen de la dette

---

1. D'où l'importance des étendues indivises entre les arts pour lesquelles Brulard (*O.I*, p. 244) nous informe qu'il s'est trouvé tout de suite sensible ; un tableau et un air font une impression semblable, qui se trouve en dehors de tout langage, dans la similitude approximative d'un langage et d'un autre, dans le pur impalpable du sentiment.

2. *HP*, II, p. 163 et *EIP*, II, p. 53.

« sémiologique » de Stendhal envers les idéologues et de sa
conversion à autre chose. Il ne se contente pas seulement
d'opposer à l'alliance de la parole et de la raison une alliance des arts et du cœur, ou de refuser les signes du discours
comme limitatifs du moi, comme strictement définis, comme
temporels[1], comme sociaux, le discours étant le détour par
excellence et par là l'antithèse de l'immédiat ; de promouvoir
un refus extrémiste du langage confirmé par la prédilection
pour tous les langages fondés sur l'inadéquation du signifiant et du signifié, et sur une abrupte transcendance du sens
et du sujet. Il y a plus : le glissement de « la sémiologie » à un
expressionnisme[2]. Expliquons-nous. De même que le nominaliste est le proche voisin d'un subjectiviste absolu, pour qui il
n'y a pas de vérité, mais des points de vue, la vérité du « ti-
gre » et celle du « cerf », celle de l'amateur de « petits pois »
et celle du fidèle des « épinards », dès lors qu'on ne peut que
répéter « *je* pense » et « *je* sens », de même toute conception
immanentiste du langage ne pouvant plus lui trouver de cau-
tion du côté de la Vérité, lui en trouve du côté des passions,
des besoins, des aspects du moi ou du sujet. C'est encore à
Brice Parain[3] qu'il faut ici revenir, dont les analyses du
langage chez Nietzsche ou chez Hegel nous semblent rendre
compte d'une perception romantique et moderne du langage : quelle sémiotique en fait n'enveloppe pas un expressionnisme ? Barthes ne veut-il pas que *le style*, tout arbitraire du
signe rejeté, soit un soulèvement de la nature profonde, du
« Grund » biologique et unique de l'écrivain ? Dans la
conception « symptomale » de la vérité, qui demande pour
tout « mot », qui le dit, et non ce qu'il dit, quelle « valeur » et
non quelle vérité il prononce, tout parle, tout est langage,
mais ce sont des états affectifs ou actifs qui parlent, qui se

1. Sur ce point nous avons tenté une étude du problème dans notre article *Stendhal et les signes* ; les langages esthétiques, langage du sujet, sont
à voir, pour compléter cette première approche, dans les perspectives d'un
éclatement de la notion de signe, qui rapproche Stendhal d'une conception
du langage comme production du sujet ; en ce sens les dialectes vont être
semblables à l'*idéal* que produit le sujet et qui le dit dans l'invention du
langage unique de l'œuvre.
2. Qui attend sa reprise « herméneutique » ; le corps, nous l'avons vu,
l'histoire, l'art, sont à déchiffrer comme paroles plus ou moins cachées.
3. Cf. *Recherches...*, p. 189-190 et p. 211 ; c'est le « je veux » du créateur qui est la vraie loi du langage.

confessent, des expériences qui se disent ; le langage exprime l'être tout entier, mais uniquement comme un moment ou une *passion*. Le musicien ne dit que ses « instincts », et le philosophe aussi : ils « vivent tout haut »[1] ; le langage ne dit que ce qui est pour *nous*, ce que nous produisons, ce qui est produit en nous. L'expressionnisme surmonte le dualisme du mot et de la sensation, en identifiant le langage à une action spontanée, à une création, à la production d'une vérité du moment et du lieu, ou du sujet ; le langage devient « œuvre » et s'aligne sur l'esthétique, qui est alors le paradigme de la signification. La « vérité » ne relève plus que du coefficient d'individualité, de l'instinct créateur et personnel au travail, « tout ainsi serait finalement *logos* puisque tout ce qui est parle et exprime en parlant sa réalité du moment »[2] ; seule parle fort et haut l'initiative du moi, ou du groupe des moi plus prononcés et plus vigoureusement caractérisés. En fait, et l'on aura l'occasion de le voir, cet expressionnisme conduit à l'histoire, toute époque exprime son être, et à l'esthétique historique, l'art « exprime » le moi et l'histoire, le rapport du moi et de l'histoire, un engagement vécu et vivant parmi les choses et les hommes dont le langage fait partie indissolublement.

Dans cette direction, bien éloignée de la grammaire générale, sans être étrangère à ses postulats, Stendhal va s'avancer notablement, et parvenir à une autre forme d'union du signe et du sens, bien différente de la convention postulée par les nominalistes ses maîtres (fût-elle étayée de l'analogie comme chez Condillac), et plus proche d'un surgissement spontané, d'une manifestation qui prend forme par le seul fait de porter au-dehors un dedans. Le signe est alors contraignant et contraint ; solidaire de l'expérience qui le dit et se dit en lui, confondu avec elle puisqu'il n'en est au fond que la partie visible ; tel était aux origines le langage d'action, branché sur le besoin et la nature, dicté par elle, sans perte par abstraction, ni déviation par codification fautive. Le signe premier et fondamental c'est le corps parlant, la liaison de l'organique et du langage, de l'émotion et de l'éloquence immédiate de la voix et des gestes, prosodie instanta-

---

1. *La Volonté de puissance*, I, p. 67.
2. Brice Parain, *op. cit.*, p. 212.

née qui, née des profondeurs du corps et du désir, n'est que le prolongement du vécu, et vécu elle-même, signe que le désir existe, et signe de ce qu'il veut, indifféremment manière d'être et manière de dire l'être. Le signe ne vient plus par décret humain s'appliquer sur ce qu'il dit, il ne représente pas, il n'imite pas non plus, il est, il émane innocemment du sujet, il est fait de ce qu'il désigne, inséré dans ce qu'il signifie, contenant le sens et contenu en lui. Les relations de signification deviennent des relations d'appartenance, de causalité, ou de déterminisme, comme pour les symptômes maladifs, ou de symbolisme, si le signe est lié au signifié par une similitude, et demande à être interprété comme une verticalité plongeant au-dessous des relations visibles et conscientes, vers un non-dit caché, manifesté mais non dévoilé. Tous ces thèmes sont immédiatement abordés par le beyliste, dans la lancée de l'analyse du langage d'action, si l'on veut, et aussi dans un retournement complet par rapport à la rationalité linguistique. En fait le langage dans son insuffisance est tout de suite débordé par la double affirmation qu'il y a d'autres langages, hiéroglyphiques, *naturels*, expressifs en tout cas, langages muets ou chantants, qui expriment sans signifier, qui même n'expriment pas, mais provoquent seulement à une rêverie indéterminée ; et que le langage ne parle pas comme on le croit, où on le croit, mais en dessous des mots et de leur sens, au-dessous même de la conscience du sujet parlant, qui se peint alors qu'il croit noter seulement ses idées, qui se traduit comme sujet concret, vivant et profond, quand il communique des pensées ; en somme le langage parle plus qu'il ne signifie, et sait plus que le locuteur ne croit savoir.

Quand Stendhal se met soudain à prendre conscience des mots comme des objets sonores et émouvants, comme de ces « mots-musique »[1] qui ne peuvent « jamais être identiquement annulés par une représentation quelconque », le jour où il en fait des unités d'émotion, et non de sens, des vocables bouleversant par on ne sait quelle impalpable valeur, est-il conscient de se mettre à l'opposé de toute la logique et de toute la grammaire générale ? Dans son enfance, nous dit-il, il adorait ces mots, « Porte de France », ou le mot « France[2]

1. Valéry, *Œuvres*, II, p. 706.
2. *C*, III, p. 27.

pour lui-même sans songer à ce qu'il exprimait ». Fabrice respecte de même les traités d'astrologie auxquels il ne comprend rien parce que son « imagination »[1] est libre de faire dire aux mots ce qu'elle veut. Ce qui est dans un mot peut être absolument autre que la définition qui fixe son sens : une saveur, un souvenir, un respect irrationnel[2]. Brulard n'a-t-il pas « adoré »[3] les airs italiens sans les comprendre ? Pleuré à toute lecture en italien par dévotion pour le souvenir de « Mme Pietragrua », ou détesté l'*e* muet du français pour sa non-valeur musicale ? Ou établi que « la position des mots » a souvent « une physionomie qu'aucune traduction ne saurait rendre »[4]. Les mots deviennent-ils alors « quelque chose » et non le négligeable support d'un sens ? C'est là qu'il faut évoquer ce retournement insigne de Stendhal qui, « jacobin » réclamant en France et en Italie une langue et une nation, si violemment désireux d'abolir son « accent », et si détaché en général de toute nostalgie pour les traditions du *Heimat*, n'en devient pas moins un partisan chaleureux des « patois », ces langues délaissées par la construction des ensembles nationaux, et qu'au reste nul n'a jamais songé à perfectionner et à rendre « bien faites » selon les intérêts d'une communication exacte et d'une pensée scientifique. Quel est donc l'idéal, la chimie ou le dialecte vénitien ? Ou le « patois romain »[5] sans lequel les « manuscrits » des chroniques ne seraient pas ce qu'ils sont ? Ou le patois dauphinois grâce auquel Brulard ne pourrait faire resurgir la saveur des jours oubliés ? Ou le

---

1. *ChdeP*, p. 167.
2. C'est en ce sens que Burke proposera une théorie du langage dont nous reparlerons ; dans le dernier livre de son traité, il explique que les mots, bien loin d'agir par leur pouvoir représentatif, sont riches d'une tout autre valeur irréductible à leur sens.
3. *O.I*, p. 251 ; *C*, III, p. 28 ; *O.I*, p. 362.
4. *ChdeP*, p. 166 ; voir aussi *C*, III, P, p. 68, sur la valeur décisive du ton dans les mots : « un benêt dit je vous aime à une femme, les mots ne sont rien, il pourrait dire *alli balachon* ; c'est la nuance de l'intonation qui fait tout » : cf. Cabanis (*O.C.I.*, p. 573) avec l'exemple des prêches de saint Bernard où se déployait le pouvoir du mot comme son.
5. *ChdeP*, p. 678 ; sur ce problème, voir l'article d'A. Duroffour déjà cité ; Bonstetten (*Midi*, p. 92) insistait sur l'aspect naturel des patois, et les opposant à l'idéal d'une bonne langue, regrettait les vieux parlers ; voir encore sur les dialectes italiens *C*, V, p. 81 ; *Mél.*, III, p. 343, p. 358 ; *CA*, IV, p. 274 ; I, p. 219 ; III, p. 72 ; *Ch. It.*, Cl, p. 277 ; p. 48-49, sur la situation italienne comparée à la France, où « la langue de Paris a tué celle de Montaigne ».

langage travaillé par le savoir et la conscience, ou le parler des bonnes femmes, des coutumes, de l'enfance, la langue « maternelle » au sens presque puéril du mot ?

L'embardée cette fois encore est considérable. On n'oubliera pas que le voyageur ultramontain, comme le touriste[1], s'il peut évoquer l'occitan, le catalan, l'auvergnat, le franco-suisse, se déclare toujours enchanté « de la langue indigène »[2] parce qu'elle est spontanée et contient donc toute l'« énergie »[3] de la sensation à dire ; le mot vient tout seul, il n'y a pas lieu, comme dans le cas du beau toscan, de différer l'expression en se référant à une « langue morte »[4] pour des motifs de conformité académique et sociale. Le patois est la langue parlée, et vivante, donc accueillante aux « nuances de naturel »[5], aux « idées énergiques », la libre création et expression de la *sensibilité* : à Naples il y a, dit-on, autant de dialectes que de quartiers « tant est grande la sensibilité »[6] ; être soi, c'est parler sa langue (« dans aucun genre on n'a d'énergie que lorsqu'on parle sa langue d'habitude ») ; ici donc le « bon » langage est celui qui « part du cœur » ; par là s'explique le goût du beyliste pour les poètes vernaculaires, ou les comédies en dialecte qui sont peut-être la part la plus vivace de la littérature italienne, et qui vont de soi dès lors que l'on veut être compris, dire ce que l'on est, écrire comme on parle, comme on est[7]. Telle est la règle : « Tous les patois sont naturels et plus près du cœur que la langue écrite[8]. » On admettra que pour un homme qui a renié ses origines provinciales et familiales, et s'est piqué d'un « parisianisme » puriste et laborieux, cette conversion n'est pas sans difficultés : un

---

1. Par exemple pour le breton, *MT*, II, p. 131 ; *VMF*, p. 85, pour l'occitan ; *C*, X, p. 356 ; Montaigne loué d'avoir usé des dialectes picard ou languedocien, *HP*, II, p. 167.
2. *RNF 17*, p. 92.
3. *RetS*, p. 229-230 ; *RNF 17*, p. 88.
4. *RetS*, p. 229 et *RNF 17*, p. 87.
5. *RNF 17*, p. 88.
6. *Ibid.*, p. 92, « le roi ne parle que napolitain, je trouve qu'il a raison » ; *RetS*, p. 230, contre les néo-latins, leurs « tournures ne partaient pas du cœur ».
7. Cf. *RetS*, p. 285, sur les comédies en dialecte, « idée ultra-romantique » ; *Ch. It.*, Cl, p. 118 ; pour les poètes vernaculaires : *RNF 17*, p. 91 n. ; *Mél.*, III p. 297-298, p. 342-344, p. 357 ; *De l'A*, Cl, p. 192 ; *CA*, I, p. 218, p. 343 et sq. ; II, p. 209.
8. *RNF 17*, p. 37.

texte de 1817 évoquant une conversation avec Di Breme
montre bien le virage. Le patois de « chez nous » « me présente toutes les idées basses »[1], et le grenoblois va demeurer au
moins jusqu'à *Brulard* trop relatif à un passé fangeux et trop
synonyme de la trivialité familiale ou de la localité étouffante ; c'est l'idiolecte de Chrysale ; mais dès 1817 Stendhal
introduit cette nuance, converti aux dialectes par l'état de la
langue italienne : « Un patois inconnu n'est pour moi qu'une
langue étrangère. » Il va donc aimer en Italie ce qu'il détes-
tait en France, et tendre, l'exemple de Montaigne lui servant
de confirmation, à réhabiliter le parler local. Vulgaire, bas, il
plaît à l'étranger, et le touriste se dira « enchanté »[2] par le
muletier espagnol dont le langage naturel, énergique est
pour lui une « langue poétique ». C'est-à-dire le témoin d'une
individualité plus marquée : l'homme du peuple, l'homme des
petites nations provinciales est plus différencié que l'homme
des grandes nations, ou de la démocratie moderne qui à la
fois individualise et uniformise ; le dialecte se situe entre les
deux mouvements : il est collectif, et original, témoin d'une
obscure création qui ne doit rien à la conscience ou à la légalité, mais qui vient du continuel travail inconscient des siècles, du vouloir-dire naïf des hommes qui ont poussé ici ou là,
pleinement inconscients des autres. Le « révolté » récuse sa
patrie et la « localité » close ; mais il y revient, pour les « autres » en somme. En outre, le respect amoureux des patois
implique une autre perception du langage : les patois, on les
aime sans les comprendre, ou parce qu'on ne les comprend
pas. Ils valent en soi, hors de la communication rationnelle,
ou sociale, par l'investissement affectif qui les entoure ; ils
sont essentiellement une manière de dire émouvante : ainsi
pour l'Égotiste, le milanais[3] qu'il cherchait à tout prix à
entendre parler à Paris lui parlait obscurément de Métilde ;
il « connotait » pour lui seul non des idées, mais une image,
une saveur d'existence qu'il ne pouvait percevoir qu'à côté
des mots, et en dehors de leur sens. Les mots ne sont plus des
signes, ou ils sont des signes dédoublés, ils veulent dire selon
la convention, et ils disent à leur insu bien davantage ; ils

1. *Id*, p. 87.
2. *MT*, III p. 307 ; le patois est « près de la nature », « énergique », premier « mérite de toute langue poétique ».
3. *SE*, p. 56 et p. 63.

sont porteurs d'un sens qui n'est justement pas déterminé exactement, mais relève, par-delà les *idées* communicables, d'une plus obscure et plus profonde dimension.

Voilà donc des signes qui *sont* plus qu'ils ne disent. Mais que sont-ils ? Cette fois, il faut bien sortir des catégories de l'idéologie et se référer à une conception plus « romantique » du langage que Stendhal nous semble avoir retrouvée par lui-même par la logique de sa démarche. Ce qui compte ici c'est « la force intime » du langage, l'« esprit » qui du dedans agit sur lui et en lui, l'*énergie* complexe, et bien plus profonde et personnelle que les besoins du savoir, et bien plus proche au fond des « besoins » de la nature qui font surgir le langage d'action. Ici le langage monte des profondeurs vivantes, ou vitales, il manifeste une forme intérieure, un « génie » qui requiert sa manifestation, et qui y met son empreinte, son être ; le moi, l'individualité populaire qui parle, est le créateur d'une forme parce qu'il est une force qui tend à se montrer telle qu'elle est. Ici plus de système de signes convenus : le « sujet », le « génie » est créateur d'une langue qui est son *expression*, sa révélation, son œuvre, si l'on admet avec Cassirer que la conception subjective du langage comme produit d'un « esprit original » et unique[1], l'apparente à la poésie et à l'art. Il est l'organe créateur de la pensée, non sa copie, mais aussi l'œuvre créée de la pensée. Ce n'est plus la connaissance qu'il redouble, ni ses degrés de perfectionnement, mais l'activité vitale et inventive d'un « peuple » qui par lui et en lui se rend visible et s'objective ; selon la distinction célèbre il n'est plus un « ergon » mais une « energeia »[2] ; l'énergie stendhalienne ne se sépare jamais du sentiment d'une liberté et d'un dynamisme propres au « peuple », où la poussée brute du vouloir-vivre a plus de violence et de prime-saut, comme d'une contradiction inquiétante entre la conscience pensante et la vigueur du *vouloir* ; à sa manière le langage est aussi chez Stendhal « énergie », non pas un instrument produit par le savoir et les savants, comme le langage chimique, mais l'expression libre et mouvante d'une spontanéité, d'une « pensée » obscure et toute baignée d'affectivi-

1. *Formes symboliques*, I, p. 87-89.
2. Humboldt, *De l'origine des formes grammaticales*, Ducros, Bordeaux, 1969, p. 17 par exemple, ou p. 120.

té, qui *crée* d'une manière parfaitement analogue à l'artiste et au génie individuel. Ce que le signe désigne dès lors, c'est non seulement l'objet, mais c'est le producteur du signe, le sujet parlant et inventant, la *pensée* ou l'être original et unique qui s'exprime au-delà des signes, sous eux en quelque sorte, à un autre niveau de signification que le sens traduisible et presque impersonnel des mots. Loin de renvoyer à la conscience, le langage se réfère à un inconscient caché et enfoui en lui et au-dessous de lui qui peut-être est son véritable sens. Le dialecte c'est le *Volksgeist* inventif[1], qui d'en bas crée des « tournures », des « tours de phrases »[2], des images et des locutions, des lieux communs si l'on veut, qui enrichissent les langues et leur donnent quant « à tous les petits mouvements du cœur » une expressivité pertinente et jaillissante. L'on verra alors le beyliste analyser les « tropes » fabriqués en grand nombre par l'imagination et le pessimisme des Calabrais (si épris de litote comme les Corses dans *Colomba*[3]), louer le peuple de Milan pour sa créativité en fait de proverbes[4] qui augmentent la force et la grâce du dialecte, préférer des « tours » comme le *« vate far fottere »* né du dépit du « dragueur » milanais mal tombé au « beau nom descriptif ou analytique »[5] que les Allemands, gens savants, auraient inventé ; « chez les peuples sensibles » le langage a une vie qu'il n'a pas chez les peuples pédants.

Mais cet esprit créateur qu'il contient, c'est lui qui parle dans la langue, qui, muet mais dominant, est l'auteur du langage qu'il colore et détermine de bout en bout ; parler une langue, c'est adhérer à cet esprit, le penser, le sentir, c'est devenir participant de cet esprit créateur et sensible. Le logos est secrètement un pathos que le langage transmet, parce qu'il est déposé en lui avec les traditions, les habitudes du cœur et de

---

1. C'est-à-dire une application plus précise de la passion stendhalienne pour les génies nationaux, ou locaux, ces génies du lieu que le voyageur ne cesse de considérer dans les villes, puisque tous les « cent lieues » *(Ch. It.,* Cl, p. 118) ou moins encore tout change, le climat, les passions, l'art, le gouvernement, et la langue.

2. *RetS*, p. 227 et sq. ; *MT*, III, p. 82, à la gloire du français suisse ; *RNF 17*, p. 152, sur l'innovation dialectale.

3. *RNF*, II, p. 241-242, le *cascamorto* par exemple pour désigner l'amoureux.

4. *RetS*, p. 228.

5. *Molière*, p. 311.

la pensée qui ont fait le langage[1]. Ainsi le bolonais, le milanais, le vénitien ont des « tournures » qui « comme le lierre antique ont pénétré toutes les sinuosités du caractère national »[2] : un *a priori* linguistique et silencieux définit donc l'être de celui qui parle telle langue. Elle possède un contenu de sensibilité et de pensée qui se trouve au-delà du phrasé, dans le pli du langage considéré du côté du sujet général dont il est l'expression, comme du sujet particulier qui l'emploie. Tel est le message profond des langues, la contrainte qu'elles font peser sur celui qui parle, qui subit la pensée, l'émotion, la mémoire immense que le langage lui-même s'en vient dire silencieusement, au nom de l'esprit et du génie dont il est né. C'est ce que disait Rivarol[3] dans un texte repris par Stendhal dans son pamphlet sur l'italien : toute langue est le « tableau » d'un caractère, d'un *génie* qui détermine tout ce qui est dit et écrit dans cette langue. Dans la première rencontre avec « Lecchi »[4], Stendhal qui découvre avec ravissement « l'esprit » vénitien constate qu'il perd tout en ne retenant que le *sens* des phrases : l'intonation, la prononciation, sont beaucoup plus caractéristiques et plus significatives que l'énoncé lui-même ; la joie de vivre du Vénitien est dans sa diction surtout, non dans ce qu'il dit, et le témoignage moral des anecdotes est moins dans les mœurs ou le comique qu'elles révèlent, que dans la saveur interne du parler. L'accent du Midi au juste, c'est un trait de prononciation, mais c'est bien davantage, la traduction sonore d'une certaine intensité intérieure, « la force du sentiment », de « la vigueur avec laquelle on aime ou on hait »[5] ; le vrai signe, ici, ce n'est pas le mot, mais l'accentuation, la modulation tonique qui avant toute signification traduit une manière de sentir, un certain ton du cœur. Les « grâces »[6] du patois languedocien dont le

1. *RetS*, p. 231, « pour saisir la pensée jusque dans ses moindres nuances », il faut « une langue qui prenne l'habitude sur le fait... » et vérifiable dans « le livre de leurs habitudes, dans les souvenirs des oreilles ».

2. *RetS*, p. 229.

3. Del Litto, *Vie*, p. 588 n. ; cf. Condillac sur le « génie des langues », *Essai*, éd. Derrida, p. 259, sur le mouvement d'invention mutuelle du génie et du génie de la langue ; sur ce renversement des propositions, voir Gusdorf, VI, p. 365.

4. *O. I*, p. 1106-1107.

5. *O.I*, p. 278.

6. *MT*, III, p. 267-268 ; cf. Lichtenberger, cité par Gusdorf, VI, p. 327,

touriste déplore le déclin, elles sont bien mêlées certes à une
« foule de remarques basses et ignobles », telles qu'en profè-
rent les affreux Chrysales des petites villes, mais elles repo-
sent sur ces « pensées naïves » qu'un patois contient et que le
français, langue employée « pour les choses tristes et raisonnables de la vie », s'en vient assassiner. Parler languedocien,
c'est penser naïvement, c'est parler en *langue naïve.* Le mot
dès lors est un état d'âme, un état de l'être, et non une « marque » pour une idée. Toute langue est ainsi définie non par ce
qu'elle dit, mais par ce qui se dit en elle : parler italien, c'est
parler la langue de l'amour[1], parler en amoureux, ou parler
même amoureusement ; Stendhal remarque que les langues
ont une qualité occulte que l'on s'incorpore en les parlant :
dès le début il recommande à sa sœur l'italien pour la
« gaieté »[2] qui se trouve « dans cette langue » ; parler milanais, ce dialecte rapide, où l'on pense vite, avec cette intonation pleine « de bonne foi » et « d'une raison douce », ce n'est
pas la même chose que parler en vénitien, dialecte définitivement réservé à certaines crudités érotiques, ou comiques, ou
en napolitain, qui a une énergie grotesque, ni en piémontais,
langage plus fier et plus farouche, ni même dans le dialecte
de la seule île d'Ischia, dont le beyliste révèle qu'il est tout
entier tissé de « bonhomie ». Et de même parler français,
anglais, c'est adhérer aux valeurs substantielles qui animent
ces langues.

En fait, l'on pourrait dire que l'esthétique beyliste, dans la

« toute parole quel qu'en soit l'objet est une philosophie ; tout individu qui
parle allemand pratique la philosophie populaire ».
1. *RNF*, I, p. 165 ; il est difficile de traduire en français une aventure
milanaise ; de même *PR*, I, p. 221 n. ; alors l'obscurité de l'italien devient
son charme et le prédispose à la musique : *De l'A*, Cl, p. 193.
2. *C*, I, p. 225 ; *RetS*, p. 216 ; *O.I*, p. 1126 ; *De l'A*, Cl, p. 132 n. ; *O.I*,
p. 1194 ; *Mél.*, III, p. 389 ; *RNF 17*, p. 60. C'est là que la notion confuse de
tournure trouverait son sens : l'abbé Clément (V[e] lettre, II, p. 163) en parlait comme d'une création de langage par les écrivains qui enrichissent la
langue et la transforment ; dans *FN*, I, p. 102, Stendhal admettait ces
« liaisons nouvelles » que les poètes peuvent oser et inventer ; elles sont sur
le modèle alors de ces *tours* spontanés que les peuples passionnés inventent
naturellement (ainsi les Calabrais) ; ce sont ces idiotismes colorés, ces tropes et clichés que Mina se fait enseigner par son professeur Hiécky qui lui
fait explorer avec La Bruyère ce fond d'une langue sans commune mesure
avec la correction plate de l'expression simple (cf. *RetS*, p. 227).

mesure où elle se fonde sur la différenciation de systèmes de signes, a pris naissance à l'intérieur de la « sémiotique » condillacienne, au point où les contraires s'unissant elle autorisait une conception expressionniste de tous les langages. Tout repose sur la notion de « signes naturels », « motivés », comme le veut le sémiologue contemporain, et motivés parce que directement prélevés sur les choses, et doués d'un pouvoir d'imitation directe ou analogique[1]. Du Bos admettant que l'œil est proche de l'âme voulait que la peinture fût plus naturelle que la poésie, et que cette dernière elle-même fît en sorte que les mots, « signes arbitraires », capables de réveiller des idées, permettent en outre dans l'imagination la naissance de « tableaux » émouvants et intéressants. Cette idée devait trouver chez Lessing le développement que l'on sait : à la poésie de « naturaliser » ses signes, pour se distinguer de la prose et libérer ses pouvoirs propres d'imitation ou d'évocation. Que les signes se définissent comme plus ou moins premiers, ou plus ou moins motivés, par les passions, par les besoins, il y a toujours à côté des simples rapports de signification et d'intelligibilité, d'autres rapports plus confus et plus profonds où voix, gestes, métaphores, dessins (ancêtre mimétique de l'écriture encore chez Tracy et Lancelin) participent à ce qu'ils signifient, le transmettent plus qu'ils ne le transcrivent, et sont plus immédiatement liés comme signes à ce qu'ils disent : en fait, ils sont ce qu'ils signifient. Le cri, l'interjection[2] (dont Stendhal dit encore qu'elle est l'origine de toute musique), sont organiquement déterminés, arrachés par l'objet et nés du sujet en son être ; Biran[3], De Gérando[4], dans la période de formation de Stendhal reprennent ces conceptions : ce dernier oppose les *signes naturels* aux signes humains ; les uns n'ont de pouvoir qu'en vertu d'une convention, les autres agissent à un autre niveau de l'homme, plus vrai et moins social ; « puisés dans la seule vérité des choses » et de nous, ils sont essentiellement du *sensible*, de l'être naturel, ils sont voisins des cho-

---

1. Cf. Starobinski, *La Transparence...*, p. 181, p. 184, sur cette parole qui est le sentiment plus qu'elle ne le dit, ou ne le signifie ; sur l'importance du langage d'action, voir les remarques de Bénichou, *Le Sacre...*, p. 59-60.
2. *RNF 17*, p. 60.
3. *Habitude*, p. 38-44.
4. Cf. II, p. 278 et p. 282.

ses elles-mêmes (ainsi l'éloquence ne décrit pas, mais rend présent l'événement lui-même), leur puissance est magique et contagieuse, ainsi celle du drapeau, du ranz des vaches, des reliques de toutes sortes, des associations de souvenirs et de sensations, des monuments au sens large, des « formes grandes et simples », des signes « de noblesse et de majesté » de l'architecture, nous atteint bien plus profondément que les signes représentatifs parce que les signes naturels sont à la fois plus proches de nous et des choses. Ils sont d'autant plus forts comme signification qu'ils sont moins *signes*, et plus choses, symboles ou images. Hegel disait lui-même que l'art ne saurait utiliser de simples signes, c'est-à-dire « quelque chose d'extérieur et d'arbitraire », et doit « donner aux significations une présence sensible correspondante »[1]. Auguste Comte encore opposera une « logique esthétique » à la « logique scientifique », en donnant d'ailleurs la priorité à la première, car pour lui le langage dérive de l'art, qui est primitivement mimique ou musique, c'est-à-dire d'un langage plus global et plus affectif peu à peu appauvri par des séparations successives qui constituent le langage.

Il y a bien une continuité entre l'idée du langage d'attouchement selon Biran, et celle d'un langage olfactif[2] chez Comte : pour la tradition idéologique, tout est langage, et par là, l'analyse du langage articulé se perdant dans un laxisme sans frontières, rien n'est vraiment langage : c'est déjà ce que Saint-Martin[3] objectait à Garat. Le mot « signe » employé à la place de « langage » lui semblait l'erreur irréparable de la grammaire générale, qui met tous les signes sur le même plan. Est signe tout « objet » regardé « comme en représentant un autre », mais aussi toute sensation qui est associée à une autre, qui en excite une autre ; le signe articulé lui-même n'est qu'une sensation liée à une idée ; tout ce qui tient lieu de..., ou permet une liaison avec..., est délégué par..., ou substitué à... ou indice de... est signe de plein droit. Biran[4] n'a-t-il pas, avant de séparer soigneusement les signes représentatifs et volontaires des autres, à caractère purement sensitif, et

---

1. *Esthétique*, III, I, p. 31.
2. Cf. *Habitude*, p. 78 n. et pour Comte, l'article cité p. 61.
3. *Écoles normales*, *Débats*, t. III, 1801, p. 37.
4. Cf. Madinier, *op. cit.*, p. 85-88.

passif, ramené la notion de signe à celle de « détermination », ou de « mouvement » capable de *répéter*, de reproduire un rapport entre impressions, et une liaison antérieure ; le fait premier est alors l'association, la distinction selon qu'elle est voulue ou spontanée, mue ou « motrice », peut sembler secondaire par rapport à cette extension jusqu'aux régions les plus confuses et les plus indéfinissables de l'organisme et de l'imagination de la notion de « signe » : la synesthésie est-elle « langage » ? Tracy ne se comportait pas autrement : « tout ce qui représente nos idées est donc un signe, et tout le système de signes est une langue ou un langage »[1], « tout système de signes est un langage... tout emploi d'un langage, toute émission de signes est un discours... » ; la langue parlée, dont il rendait compte par une analyse qu'il jugeait paradigmatique, n'était que le cas particulier des langues par gestes[2], ou pantomimes (comme le langage des sourds-muets ou la comédie), des systèmes de signaux et d'hiéroglyphes, des langues concevables fondées sur des signes d'attouchement, de goût et d'odorat (il y a bien les attouchements maçonniques), des langues enfin comme le dessin et la peinture ; ceci se trouvait encore chez Lancelin[3] qui n'oubliait pas les beaux-arts dans son tableau général des activités humaines, et qui partant de l'idée que « la plupart de nos idées sont signes naturels les unes des autres », et que devient langage toute extension de l'association des idées, dressait un ample répertoire des signes naturels (dont le dessin et la peinture), des signes de convention (dont les vêtements, les insignes, les décorations, l'héraldique, et les langues !), et s'avançant sur des chemins que Stendhal va explorer, identifiait la musique à une langue précise, dont la gamme peut être l'alphabet, et qui « exprime les passions et rend les idées comme un langage alphabétique et de pure convention ».

Mais si tout est signe, rien ne l'est vraiment : et le beyliste reprend en les conduisant à leurs plus extrêmes conséquences ces principes de l'idéologie. Ne ferait-il qu'introduire dans ces emplois des mots *signes* et *langage* encore

1. I, p. 309.
2. Tracy, II, p. 21 ; et p. 153, il affirmait que toute sa théorie s'appliquait à tout « système de signes ».
3. I, p. 134-136 et I, p. 425 ; voir aussi De Gérando, I, p. 63, sur cette valeur du mot « signe ».

plus de laxisme et d'anarchie, l'on voit déjà comment il peut loger dans l'idéologie une conception de l'esthétique qui s'en écarte et tend vers un expressionnisme. On le voit dans sa jeunesse emprunter à Hobbes[1] la notion de « signes de causalité », qui lient l'antécédent au conséquent, de « signes de pouvoir »[2], ou d'honneur ou de pusillanimité, formule qui fait du « signe » la marque externe, la preuve, la manifestation convenue, ou le moyen de montrer et de convaincre. Mais Hobbes faisait aussi du rire un signe[3] : idée que Stendhal s'adjuge, on le sait, qu'il complète en notant que le sourire est un « signe de plaisir », que dans le rire, « l'effet physique est un signe »[4], c'est-à-dire l'indice d'un effet moral, si bien que le rire purement mécanique cesse d'être un signe. Reprenant encore une suggestion de Tracy[5], pour qui nos actions sont les « signes » irrécusables de nos sentiments et pensées, signes qui par comparaison avec notre expérience propre nous permettent d'inférer de ce que nous voyons chez autrui ce qu'il sent, et une idée de Lancelin[6], pour qui toute passion a ses *signes*, Beyle s'est convaincu que les signes passionnels pouvaient être l'objet d'une connaissance et d'un décryptage rigoureux, qu'on pouvait les « traduire » jusque dans leurs nuances et degrés ; ainsi l'acteur « produit un sentiment par chaque trait de son corps, par chaque mot »[7] : son rôle physique se découpe comme un discours. Mais alors le *signe* est un élément du comportement, il signifie la modification interne qui le porte au-dehors, le signifié du signe est la cause qui l'a déclenché, et dans ce rapport d'inhérence profond, la signification devient pleinement expression. Le « signe » le plus naturel, c'est le corps parlant, la force de

1. Cf. Hobbes, IV, § 9 et *FN*, I, p. 279.

2. *FN*, II, p. 79-80 et p. 83 ; p. 153-154 ; *J. Litt.*, II, p. 110 ; et Hobbes, VIII, §§ 3-4-5.

3. *J. Litt*, I, p. 389 et Hobbes, IX §§ 13-14.

4. *Molière*, p. 295, *FN*, II, p. 174 n.

5. I, p. 317 et I, p. 28, sur la reconnaissance des sentiments des autres ; III, p. 329, nos actions comme signes.

6. I, p. 135 ; cf. *RetS*, p. 240, « l'effet de tous nos signes quels qu'ils soient ».

7. *FN*, II, p. 180-184 ; II, p. 257 ; *O.I*, p. 565, « je sens par moi-même combien tous les signes que donnent les gens passionnés peuvent être trompeurs » ; *FN*, II, p. 27, connaître un homme c'est avoir observé « que sur sa physionomie tel signe indique telle chose ».

manifestation première qui identifie le signe à l'émotion, et à l'acte.

N'est-on pas proche alors de Lavater, de sa « symptomato-logie » universelle et mystique, qui postule à la fois l'unité de toutes les apparences individuelles et la nécessité de toutes les caractéristiques ? Tout est « physionomie »[1], l'être de l'homme est d'être, dans ses profondeurs et ses détails, un texte, un trésor de signes qui renvoient les uns aux autres et sont soutenus au-dedans par l'unité secrète de l'âme indivi-duelle et universelle. Tout se tient et parle dans l'homme : ces variations sur le « signe » et son enfouissement dans les don-nées naturelles ne sont pas étrangères à l'esthétique de l'ex-pression dans l'*Histoire de la Peinture*[2]. Non seulement Stendhal appuyé sur Cabanis et sa « science des physiono-mies » réclame que les personnages témoignent par des *signes* sans équivoque de leur appartenance à des tempéra-ments ou de leurs passions profondes, la beauté étant identi-fiée à l'obscur dynamisme passionnel dont le tableau est l'analogue ; mais encore, en tant que signe lui-même, le tableau *exprime* l'âme du créateur, la loi de l'idéal le constitue en unité, et en signe indirect où il se dit tout entier sans rien dire de lui-même. Lié ainsi à celui qui l'a fait, le tableau est signe, et ne l'est plus : Stendhal répugne à user de ce mot, et ne dira pas que la « beauté »[3] est le « signe de l'utile », mais son « expression », ou sa « saillie » ; ici le bey-liste devient obscur et la distinction qu'il fait n'est pas des plus simples. Il reste qu'il récuse le mot « signe » explicite-ment, qu'il oppose à l'œuvre comme « signe », le « galon » comme « beauté du peuple » ; comprenons-le : le galon est *beau* par ce qu'il représente, les idées qui lui sont associées : sans cesse Stendhal dira de même que pour les philistins, la « richesse » fait beauté : interprétant bassement l'art en ter-mes sociaux, ils veulent qu'il leur représente l'idée qui pour eux est le comble des jouissances. L'œuvre n'est pas le « si-gne » de *l'utile*, mais sa « saillie extérieure » ; elle ne repré-

---

1. *Op. cit.*, I, p. 135 ; III, p. 57, *Du style*, où il est affirmé que tout se tient, donc signifie, qu'un sage ne prend pas son chapeau comme un sot, que chacun a son écriture à soi qui le représente, etc.
2. Sur le mot « signe » comme relief d'une émotion, d'un caractère, d'un tempérament : *HP*, I, p. 299 ; II, p. 62 ; p. 68 ; p. 69.
3. *HP*, II, p. 135 n. et p. 159 n. ; p. 164 ; *Italie*, p. 297.

sente pas ces qualités et vertus, mais elle les rend présentes, elle est leur présence sensible, incarnée et non signifiée. L'œuvre est, elle existe en soi, elle présente et représente à la fois ; alors que le signe tend à se séparer de ce qu'il signifie pour acquérir sa perfection propre, l'expression tend à l'inhérence avec ce qui est exprimé. Ainsi à propos de la stylisation des bas-reliefs, Stendhal va opposer le « signe » et le pouvoir de ressemblance de la figure : « Dès qu'une figure est signe elle ne tend plus à se rapprocher de la réalité, mais de la clarté comme signe[1]. » Le signe se perfectionne dans la clarté de sa liaison convenue avec son sens ; mais le sens de l'œuvre est la poussée intérieure qui fait « saillie » en elle. Même opposition dans la formule étrange où Stendhal déclare que l'infidélité féminine est en partie « action directe » (action du désir), et « signe » : c'est-à-dire preuve non du désir, mais du « dévouement »[2] qui se *représente* par les dernières faveurs.

Habitué par l'idéologie à une extrême liberté dans l'emploi du concept de *signe* (tout ce qui *fait penser*, des faits collectés, des pièces d'anatomie exposées, est « signe »[3] et « les pensées de l'homme » sont indifféremment des « images ou signes »[4] de son expérience), Stendhal se met soudain pour la peinture par exemple à distinguer « signe » et « expression », cette dernière relevant d'une sorte de naturalisation du langage esthétique. En même temps il va réserver le mot « signe » à toute chaîne de sensations associées : le signe, par un abus du sens déjà abusif que le mot conserve chez les idéologues, devient la sensation en soi, qu'une autre sensation s'en vient ressusciter. Est « signe », dans le vocabulaire esthétique de Stendhal, toute sensation qui est moins intrinsèquement valable et qui agit comme référence à une autre plus lointaine ou antérieure dont elle est l'émissaire ou la résurrection : elle n'agit pas purement par elle-même mais par contiguïté au sein d'une mémoire affective riche en signes « mémoriatifs » ou en analogies. Ainsi l'inquiétude de Stendhal est de

---

1. *HP*, II, p. 32.
2. *De l'A*, p. 166.
3. *O.I.*, p. 984 ; p. 1166.
4. *SE*, p. 40 ; *VHMM*, p. 381, le superlatif italien, « signe » d'un « *esprit général* » tourné vers l'esthétique.

savoir si la musique[1] plaît par son effet propre d'œuvre écoutée, ou latéralement et indirectement comme allusion à des plaisirs goûtés jadis à propos de la même musique, ou grâce à elle ; dans ce cas la musique ne serait que le « signe » d'elle-même. D'un monument aussi informe à ses yeux que les thermes de Caracalla[2], il conseille pour en avoir du plaisir d'en faire un « signe », c'est-à-dire de l'associer à un souvenir heureux ; le « bonheur parfait » ne laissant aucune trace dans la mémoire, il est bon si l'on veut pourtant se le rappeler de « lier »[3] ce bonheur à une chose, à un autre souvenir plus cerné qui en soit « le signe », le répondant allusif et contigu. Étrangement le *signe* devient une sorte de métonymie ou de métaphore, il n'est plus qu'un mode d'association de sensations[4] qui s'appellent l'une l'autre parce qu'elles ont été associées, ou peuvent l'être au nom d'une analogie dont le moindre des caractères est qu'en musique du moins elle ne doit connaître aucun loi, et résulter de la totale liberté du sujet, d'une ivresse associative et imaginative. Le « signe » est alors ce qui unit une sensation et une image, ou un monde d'images, et n'a plus par lui-même de pouvoir propre, il est dans la déraison de l'imaginaire un prétexte, un point de départ étranger au point d'arrivée où il conduit. C'est donc bien vrai que pour l'amant une « ligne d'horizon », un profil de rocher sont des « signes »[5], du moins ils lui font signe, qu'en amour « *tout est signe* »[6] parce que rien n'a de sens, ni de vraie valeur de signe, et que tout est, dans les mouvements de cristallisation et de décristallisation, prétexte à une activité d'interprétation que les mauvais esprits pourraient taxer de délire ou de paranoïa.

La même fonction idéaliste est à l'œuvre dans la musique et dans l'amour ; au nom d'une même stratégie de la vie de l'es-

---

1. *O.I*, p. 364-365 ; *VR*, I, p. 18, avec une allusion à l'épisode de la pervenche chez Rousseau ; *PR*, II, p. 202 ; *Marg.*, I, p. 293.

2. *PR*, I, p. 307.

3. *Marg.*, I, p. 371 ; on verra plus loin l'importance de cette notion dans l'esthétique du pathétique et du sublime.

4. Cf. sur ce point la filiation biranienne notée par Alciatore, *Biran*, p. 32 et *VHMM*, p. 205 ; *VR*, I, p. 18 ; *De l'A*, Cl, p. 123 et p. 309 ; et dès le début, *FN*, II, p. 66.

5. *De l'A*, Cl, p. 258 ; *O.I*, p. 48, sur le rocher « image sensible et évidente de l'âme de Métilde ».

6. *De l'A*, Cl, p. 158 ; p. 97.

prit, qui prend appui sur l'inconditionnel, c'est-à-dire le plus souvent sur l'irrationnel et sur le pouvoir illimité de créer des significations ou des images en creusant toujours plus l'écart entre le signe et le sens, le réel et l'idéal, Stendhal peut évoquer avec coquetterie que telle musique le fait rêver à la situation politique de la Grèce, ou qu'il *voit* Métilde dans telle ligne de collines. La générosité de l'amant est consacrée par le fait qu'il n'attend rien de l'aimée, et qu'il aime sans réciprocité possible la construction idéale qui s'éloigne de l'objet réel de la femme ; identique est la fonction d'interprétation du signe esthétique : comme Dieu pour le croyant il faut l'avoir trouvé pour le chercher ou le saisir, pour le posséder il faut déjà l'avoir, être inspiré par lui pour le percevoir, et il n'est possible d'en saisir le sens qu'en débordant toute possibilité de sens, en le reprenant dans l'inspiration plus ample qui l'a fait reconnaître. Pour comprendre l'art, il faut une « âme », mais l'âme n'épelle pas les signes, elle est toujours *excès* relativement à ce qui est défini ou réel. Dans le cas du désir la beauté au sens banal du mot ne joue le rôle que de signe préparatoire, « d'enseigne »[1], dit Stendhal, elle prédispose à l'essor imaginaire, et cette fois le « signe » n'est que l'introduction du texte imaginé.

C'est donc bien en vain que Stendhal en particulier pour la musique va s'obstiner à dire qu'elle est une *langue*[2], qu'elle attend son Lavoisier, que les sons peuvent avoir leur sens précis, que cette langue qui « manquait » jusqu'au XVIIIe siècle à la communication des âmes « sensibles » est enfin venue et s'approche du moment de son établissement et de sa fixation. On le sait, cette sémiologie générale ne parle que des langues esthétiques[3] ; le dessin est une langue, et même une langue analytique[4], la peinture est « un langage non souillé par l'usage », on peut « recevoir des idées par des figu-

---

1. *De l'A*, Cl, p. 60.
2. Même « un discours qui se fait avec des sons », *VHMM*, p. 95 ; sur la musique comme langue, *ibid.*, p. 35, p. 91 ; p. 352 ; p. 358 ; *VR*, II, p. 90-91 ; voir *O.I*, p. 1247, où Stendhal enregistre dans Chateaubriand l'idée que les beaux-arts sont un langage muet ; voir aussi *VR*, I, p. 175-179 ; De Gérando (II, p. 363) en dit autant de la musique instrumentale.
3. Cf. *Molière*, p. 48-49, où tous les arts sont traités en fonction de leurs signes « convenus » ; mais la langue est aussi convenue.
4. Tracy, I, p. 310.

res » comme par « des mots alignés dans une ligne »[1], ou par
des caractères en noir sur blanc. Mais à ces langages il refuse ce qui dans sa propre conception établirait qu'ils en sont :
la convention. Ce sont bien des signes mais leurs règles de
signification et de remplacement, il ne saurait les édicter, il
ne pourrait admettre que ces langues du sujet, faites par et
pour la spontanéité d'un moi, soient soumises à la contrainte
impersonnelle d'un code. Ni le pouvoir d'énoncer ni le pouvoir d'interpréter ne sont ici bridés par une discipline. Alors
que le langage d'action était conçu comme symbolique et universel, et permettait une communication, ces langages où
tout est signe, mais signe de tout, échappent justement à
toute régulation, à toute servitude propre à une communication. C'est l'âme qui parle à l'âme, le sujet au sujet et à lui-
même. Ce langage du moi a-t-il encore quelque trait d'un langage ? Et si la parole a pu constituer pour le beyliste une
mise en question de son être, la sommation d'une règle et
comme la mise en demeure de s'aliéner à autrui en s'alignant
sur lui, l'expérience de l'esthétique en est la plus magistrale
revanche. C'est au dilettante seul que l'œuvre parle et lui seul
est le détenteur de son message, de son code, l'organisateur
d'un dialogue avec le visible ou l'audible, où il est également
le maître des questions faites au signe et de ses réponses.

1. *PR*, I, p. 64.

CHAPITRE XV

Notes sur le langage-self

Dans une certaine mesure le langage articulé, dont on a vu que le beyliste voulait qu'il fût nettement fixé, est l'objet d'une subversion semblable que le beyliste réserve pour son « intimité » et qui en constitue comme une activité de choix. S'il veut être le maître de sa rêverie, il veut aussi être le maître du langage qu'il se parle. Il va donc se créer, souverainement, une langue, une langue « privée », faite pour ses entretiens avec lui-même, et qu'il entend bien déterminer à sa guise en s'émancipant des règles ordinaires, sinon de toute règle. S'il se parle ou s'écrit à lui-même, il se juge autorisé à renforcer l'égotisme par un langage égocentrique, l'appartenance à soi et le retour à soi en dehors de toute inquiétude de publicité devant à ses yeux se manifester par le refus du langage commun, par le refus de ce qui est la sanction de la loi du langage, et de la loi des autres, la communauté de code et la discipline de la signification. Loi finalement aussi importable que toute autre loi, et que Stendhal dans le plus privé de sa vie privée refuse comme ultime marque que « les autres » sont les plus forts : ils me dominent encore si me parlant à moi-même je parle comme eux, si je sens leur présence dans l'obéissance à la règle du langage qui me constitue, pour eux, en objet clair et identique tel qu'ils me veulent. Soupçonnant dans une institution prénietzschéenne le langage de n'être qu'une catégorie sociale apte à tout réduire à des formes d'identité repérables et confortables, il ne peut mieux faire, pour ne pas être traversé par la banalité d'un langage tout fait, que de faire à son usage et à sa guise, et d'adapter à l'être unique qu'il est, une expression tout aussi unique. La « révolte » contre le langage triomphe dans l'activité scripturaire occulte du beyliste : là le langage est brouillé, rendu méconnaissable, soumis au « jeu » et au caprice, qui s'interdit évidemment de redéfinir une règle ou un sérieux ; après le débordement esthétique du langage il faut voir ce débordement secret, maniaque peut-être, qui constitue une sorte d'accord du moi et du langage entièrement réalisé au profit du moi.

Ce sabir stendhalien dont la loi en principe est d'être sans loi[1], mais dont le but est de nommer « autrement », autrement que l'usage, puisque tout est rebaptisé et redésigné par des emprunts aux langues étrangères, ou récrit par le recours aux anagrammes, abréviations, et chiffres, mais aussi autrement que son propre usage à soi, puisque Stendhal est hors d'état de demeurer fidèle à *son* code et constant dans ses mécanismes de transcription, on l'a comparé fort pertinemment à un argot[2] qui fuyant la dénomination directe cherche à greffer sur elle une permanente impropriété qui esquive le *nom* et lui préfère des substitutions riches et variables ; on l'a aussi bien, dans la mesure où l'argot réclame des termes à soi pour étayer la complicité dans l'action d'une clandestinité verbale et où il se crée par une dérive latérale et allusive par rapport à un langage qu'il suppose connu, rapproché des conduites de « sécession » du beyliste : en apparence le sabir est une cryptographie qui protège Stendhal des indiscrétions de tous ordres ; en fait ce secret est un faux secret, auquel le beyliste ne saurait croire lui-même : le langage tourne au cache-cache avec les autres et davantage avec soi, car en se donnant le « plaisir poétique » de jouer avec le langage, Stendhal joue avec soi, il singularise ses expériences par un dépaysement linguistique, « rafraîchit » le vécu, se

1. C'est la conclusion qui se dégage de deux études, *SC.*, n° 78, W.-J. Berg, « Cryptographie et communication dans *La Chartreuse de Parme* », qui montre que le recours à une communication plus sûre et non verbale aboutit à une communication sans « code socialisé », fondée sur un code personnel, secret, toujours remanié d'ailleurs, comme dans le cas des signaux faits à Fabrice, dont les règles se font de plus en plus secrètes, et qui ne se soumettent jamais à un ordre quelconque ; et Brooks, *L'Invention de l'écriture (et du langage) dans « La Chartreuse de Parme »* qui va vers les mêmes réflexions sur un langage personnel ; voir aussi V. Kogan, « Signs and Signals in *Chartreuse de Parme* », *Nineteenth Century Fr. Studies* 1974.

2. Cf. Genette, *Figures II*, p. 158 ; sur la cryptographie, voir Blin, *Personnalité*, p. 250.

« subtilise »[1] en ménageant son secret ; en raffinant sur le secret par le caractère inintelligible et labyrinthique de ses méthodes de chiffrage et d'enfermement codé, « il se donne le parfum le plus inimitablement personnel du secret », et « la sensation de réaliser avec soi-même une connivence élective d'un rapport supérieur ». Peu importe que ses alibis ne tiennent pas, que sa cryptographie soit une « comédie » ou une « mascarade » ou que ces trucs tiennent trop et que lui-même s'y égare, le secret dans tous les cas et l'usage d'un langage exclusif exhaussent l'individuel et le renforcent. Se cacher dans le langage et s'en servir comme d'un maquis salvateur où nul ne peut vous suivre, est le fait d'un être incommensurable et inépuisable : comme Montaigne pouvait dire, « je n'ai point de nom qui soit assez mien »[2] (belle explication des pseudonymes), Stendhal pourrait renchérir ; il n'a pas de langage qui soit assez le sien, auquel il s'en tienne ; seul lui convient un idiolecte a-grammatical, un langage-moi, ou le « langage-self » dont parle Valéry. Plutôt inintelligible que commun, plutôt illisible que pénétrable, le langage du beyliste joue sur les deux tableaux d'un antilangage clandestin qui sépare et n'unit pas, et d'un langage *faux* qui se moque du langage et de la clandestinité, qui est tout à la fois la « langue sacrée » dont le beyliste a rêvé, et la dérision de toute langue. S'épuisant à dire le sujet, sa vie secrète et unique, le langage devient le jouet d'une subjectivité close, séparée, *opposée*, et s'annule comme langage, devenant graphomanie, graffiti, ou fétiche.

Toute la méthodologie stendhalienne du griffonnage multiforme répond donc à un immense besoin du moi qui pour entretenir avec soi des relations privilégiées et pures écarte le langage, comme « frein » de la spontanéité expressive (Valéry l'avait bien dit, il s'agit pour Stendhal d'écrire comme on se parle), comme discipline en le pliant à une absence de lois, comme point commun, puisque le langage du moi s'écarte de la « langue maternelle » sans pourtant s'affilier à une langue. Ce que dit Stendhal de l'improvisation du chanteur ou de la cantatrice, où il est nécessaire que la liberté de l'exécution s'applique à « une chose inventée pour elle et qui ne la gêne

1. Blin, *op. cit.*, p. 251.
2. *Essais*, La Pléiade, 1950, p. 610.

pas »[1], est vrai du sabir : pour se parler librement, sans les détours d'une formulation, avec une vitesse, une immédiateté, une impatience qui ne se plient ni au moule d'une écriture, ni à l'embarras de chercher et de placer ses mots, il faut bien que le moi ait le droit d'improviser son langage et se trouve en tête à tête avec soi en inventant à l'intérieur d'un « langage » dont il est lui-même l'inventeur. L'anarchie du langage soumis à une sorte de « révolution permanente » permet seule au beyliste de s'y trouver *chez lui*, comme maître et créateur du langage, fût-ce « d'un petit nègre » ludique.

Ce n'est donc là que le cas extrême de ses rapports avec le langage ; ce qu'il croit vrai de l'*interprétation* musicale, soit par l'exécutant, soit par l'auditeur, il l'applique à son langage intime qui est pour lui l'équivalent d'un « néologisme ». N'est-il pas le contemporain d'un Mercier, d'un Fourier, le proche descendant d'un Rétif, tous théoriciens ou praticiens de la néologie ? Mais aussi il est dans la ligne des idéologues, qui en tant que nominalistes et partisans d'une manipulation du langage n'ont jamais caché que le seul langage vraiment sûr devait naître d'une convention personnelle et consciente : Locke[2] le sous-entendait en remarquant que les « idées » sont strictement individuelles, et que les sons « sont des signes arbitraires et indifférents de quelque idée que ce soit » ; on peut donc à la limite employer les mots qu'on veut à la seule condition de les employer toujours de la même manière. Condillac[3], suivi par Lancelin, conseillait de déserter carrément l'usage ; seule est précise la langue créée, celle que chacun recommence par lui-même. Chez Stendhal l'exigence de clarté ne triomphe jamais de l'exigence de sécession linguistique : « fais-toi donc une langue avec les sots et tâche de leur plaire »[4], dit-il à Pauline ; ou bien il avoue (mais est-ce pour lui déplaire ?), « l'homme qui ne parle qu'une langue entendue de lui seul est-il si différent d'un muet[5] ? ». Prudent en matière de néologismes, il n'en pense pas moins

1. *VR*, II, p. 186 n.
2. *Essai*, p. 385.
3. *Corpus*, I, p. 761 et Lancelin I, p. 329 ; de même Jullien dans son *Biomètre*, p. 19, et dans son *Mémorial horaire*, 1813, p. 15, conseillait de se faire des « signes de convention » à usage privé.
4. *C*, I, p. 317.
5. *RetS*, p. 210.

que « le vulgaire nuit aux grands hommes en profanant leurs expressions »[1]. Car « tout homme jalousement et puissamment personnel se forge un langage secret »[2] : Valéry a d'autant mieux compris la vraie valeur du sabir stendhalien, comme « entente privée » de Stendhal avec Stendhal et contre Stendhal, que ce n'était là que le moindre des désirs surhumains de Monsieur Teste, ou de lui-même ; parler dans « sa langue », être « chez soi », être obscur pour les autres et parfaitement clair pour soi seul, c'est le souhait inévitable du « puissant esprit » qui, reconnaissant dans le langage un pouvoir inacceptable, ne peut que « battre sa propre monnaie » et n'accepter dans « son secret empire » que des « pièces qui portent son signe ». L'individu aspire à un ésotérisme anarchique qui ne concerne que lui : la « langue sacrée » n'est que la langue de la superstition égotiste.

Le propre de Stendhal a été de dresser ce temple linguistique à lui-même en territoire cosmopolite : l'inouï de son identité ne peut se dire qu'« en toutes langues »[3]. Pour être vraiment soi, il faut être « étranger », se rendre autre par la sonorité étrangère des mots qui libèrent de soi, et qui étendent encore ce moi que l'on veut inimitable lors même qu'on se lasse de le baliser. La « frontière » du moi devient la frontière linguistique que l'on franchit. La langue est bien une « grille », et implicitement une prison. Mais ne peut-on s'en évader qu'en recourant à un langage barbare qui mêle les langues ? On le sait, en même temps qu'il avoue son métalent pour apprendre les langues[4], et s'obstine néanmoins à vouloir les connaître et les pratiquer, d'emblée Beyle se met capricieusement au barbarisme et combine même pour des formules banales et immédiates (le titre de ses cahiers[5] !) des débris de langues, use d'un polyglottisme intrépidement fautif[6]

1. *FN*, I, p. 29.
2. Cf. *Œuvres*, I, p. 568.
3. Valéry, *Œuvres*, I, p. 568.
4. *C*, P, I, p. 61.
5. Ou *O.I*, p. 498, « divine poeta » ; pour « *comprehensiv soul* », voir Del Litto, *Vie*, p. 133, sur le sens personnel que Stendhal donne au mot en l'utilisant.
6. Voir l'étude de Renée Denier, *L'anglomanie de Stendhal*, *SC*. n° 55 ; Pierrette Sy, sur le même sujet dans *Vie et langage*, mars 1970 ; ainsi que l'abbé Charpenteau, *Les termes anglais du « Journal » de Stendhal* dans *Divan*, 1955.

au terme duquel parler une langue étrangère devient parler toujours étrangement, en étranger irréductible. Comme le néologisme crée de l'irréel et accroît le sentiment de puissance de l'homme sur lui-même, la multiplication des langages crée dans le moi des dénivellations, des approfondissements, ajoute au terme d'une phrase un arrière-plan, un double fond fermé alors même qu'on feint de l'ouvrir ; on l'a bien vu[1], il y a une sorte de superstition dans la manière dont le beyliste, s'approchant de ce qui lui tient le plus à cœur, en esquive brutalement l'expression en conjurant le mot par un travestissement linguistique. Ainsi l'aveu de Brulard concernant la mort de Louis XVI ne porte pas sur son « plaisir », mais sur son « *pleasure* »[2] ; d'où aussi bien le rébus *firodea* où serait enfoui sous plusieurs déguisements un *fear of death*. De fait pour le beyliste, la langue étrangère, ou le sentiment d'être étranger à la langue[3] qu'on parle, autorise un double gain : ou le sang-froid, la maîtrise d'une expression à laquelle on confie d'autant plus facilement l'aveu qu'on en est plus distant (ainsi Lucien pour parler de Mme de Chasteller se met à parler « provincial ») ; Stendhal a-t-il soudain le sentiment de s'être trop livré, qu'il se replie par exemple sur une virtuelle traduction de ce qu'il a dit en italien qui diminue la portée du texte français ; ou bien le mot étranger parce qu'il est intraduisible (c'est le motif avoué par Beyle pour son engouement en faveur de la « *comprehensive soul* »[4]) ou mal traduisible, semble contenir une part d'inexprimable et de nouveauté absolue. Mais surtout dans cette négligence orgueilleuse qui évoque toutes les langues et ne se soumet à aucune, on trouvera, comme l'ont bien vu les études

1. Cf. R. Denier, p. 226.
2. *O.I*, p. 178 ; et *Calendrier stendhalien*, p. 378.
3. Ainsi *VR*, II, p. 226, le recours à une possible traduction italienne comme tant de fois dans *La Chartreuse* pour faire passer une phrase particulièrement beyliste ; ou *LL*, P, p. 946, où Lucien pour dépister tous les soupçons de Du Poirier concernant ses sentiments pour Mme de Chasteller, se lance dans une dissertation sur le bal, « le son de ses mots étrangers à sa langue habituelle semblait redoubler son sang-froid et l'empire qu'il avait sur lui-même ».
4. *C*, P, I, p. 155, « pardon de ces trois mots d'anglais... je les aime beaucoup parce qu'ils renferment une belle chose presque intraduisible » ; l'on comparera avec *Adolphe*, *Œuvres*, p. 56 : « Les idiomes étrangers rajeunissent les pensées et les débarrassent de ces tournures qu'ils font paraître tour à tour communes et affectées. »

consacrées en particulier à « l'anglais » beyliste, c'est-à-dire à la « manière maladroite, puérile, amusante et même cocasse dont Stendhal utilise le vocabulaire anglais »[1], la plus « magnifique indifférence » relativement à la correction, et le triomphe de la loi du « moindre effort ». Le mot est utilisé parce qu'il est venu : le beyliste n'a garde d'unifier son code ou sa transcription. Il « traduit » aussi bien les mots les plus indifférents. Mais comme on l'a noté, la trame de la phrase est toujours la même : il mêle les mots à l'intérieur d'une seule structure de la phrase, et fait intervenir capricieusement des blocs plus ou moins importants de langage dans *une* phrase[2]. Guerre au lexique, paix à la syntaxe ! En fait il demeure assez bien dans les catégories de l'idéologie en truquant les langues : en dessous des mots dont on peut varier sans fin le répertoire, au-delà des constructions dont il importe peu qu'elles soient en une langue, la pensée apparaît plus pure si on ne la restreint pas à un seul habillage verbal ; sous le balbutiement mécanique et informe du sabir, la pensée va plus vite, se montre au fond plus à nu, plus universelle et à la fois plus personnelle. Et faisant éclater l'arbitraire des mots, ou leur irréductibilité les uns aux autres, le beyliste confirme qu'il est en tout cas supérieur au langage.

Le vieux malaise du langage n'a-t-il donc été vaincu que par cette subversion toute « privée » qui traite le langage comme le beyliste traite la musique dans son esthétique ? L'illisibilité serait alors absolument pertinente. Elle serait la preuve qu'à la limite le révolté ne veut voir dans le langage qu'une « magie », ou qu'une télépathie d'un genre particulier, où l'intention de communiquer prévaut sur la réalité de la communication. Se faire une langue, refaire le langage, c'est aussi bien le soumettre tout entier au simple désir de dire, le faire disparaître dans une complicité supérieure et directe, qui se passe de signes ou les devance. Il semble que le caractère discursif et médiat du langage ne soit jamais totalement accepté de Stendhal ; il y a toujours quelque chose qui demeure malheureux dans toutes les relations entre les hom-

1. Cf. R. Denier, *art. cit.*, qui conclut bien que la densité de l'« anglais » beyliste augmente quand il y a « une conversation avec un autre soi-même ».

2. Cf. P. Sy, *art. cit.*, qui analyse les recettes dans l'art de manipuler l'anglais.

mes : il faut les déchiffrer, les interpréter, épier en autrui les
signes équivoques d'une pensée ou d'un vouloir. Le personnage de Stendhal répond parfois à cette difficulté de se faire
comprendre en convenant d'un signal, un bibelot placé de
telle manière, par exemple, qui annoncera à l'amant, plus
simplement que toute conduite complexe et contrainte, qu'aujourd'hui à cette heure il n'est pas souhaité ; avant Lucien,
ou Gina, Beyle lui-même avait voulu que Mélanie par ce
moyen lui épargnât[1] les à-peu-près laborieux et angoissants
de toute relation humaine. D'un seul coup d'œil et sans parole, il est possible de s'entendre sans rien faire comprendre.

Cette exigence d'immédiateté, on la trouve dans le plaidoyer beyliste pour l'illisibilité : il est tout entier dans ce mot
de Crozet, qui veut à tout prix et sur-le-champ parler à Beyle : « je ne sais plus écrire, cela va trop lentement »[2]. Former
des signes, les calligraphier, ou les prononcer, et les interpréter, se confier aux langages et aux écritures, c'est un
délai, une chute dans la médiation. Il ne s'y résigne pas :
convaincu que quand on a trop à écrire, il ne faut même pas
essayer car « en traçant une phrase on a le temps d'en
oublier dix »[3], que la pensée est incomparablement plus
rapide que toute formulation, il souhaite dès sa jeunesse un
système de sténographie qui par exemple rendrait l'écriture
contemporaine de la parole. Que plus tard son écriture soit
devenue un « chiffre »[4] il s'en justifie par la nécessité pour
lui, s'il ne veut pas oublier ce qu'il veut dire, ou sentir se
faner en lui la sensation du moment (les mots sont comme
l'occasion, chauves), d'« écrire horriblement vite », de téles-
coper ses phrases qui n'attendent pas la fin, de tracer en tout
moment et aveuglément les caractères fugitifs et évanescents
qui au moins seront la trace du texte sur lequel sa main anticipe pour courir aussi vite qu'une pensée impatiente du délai
comme du joug. Au moment même où il écrit, tout se passe
comme s'il n'écrivait pas. Attitude dont on retrouve l'exact

1. *O.I*, p. 637-638 ; *LL*, P, p. 890 ; *ChdeP*, P, p. 414 ; pour ne rien dire
du réservoir d'eau qui sert de signe ; *PR*, I, p. 20.
2. *Let. à St.*, II, p. 195.
3. *C*, I, p. 186 ; de même *FN*, II, p. 184, « on pense beaucoup plus vite
qu'on ne parle » ; *Th*, III, p. 393, « il faudrait apprendre à écrire aussi vite
que l'on parle »... ; Tracy l'avait dit : II, p. 162.
4. *HB*, I, p. 219 ; *C*, IV, p. 26 ; sur ce point J.-P. Richard, p. 61.

répondant dans l'« intimité » amoureuse : les êtres qui s'aiment sont au-delà de la parole, dans « un milieu communicant où l'amour effectue implicitement ses échanges », où l'expression de soi est déjà une réponse à l'autre ; il n'y a plus communication, il y a une fonction d'*écho*, une communauté d'esprit qui devance le langage et en dispense. Biran[1], en un texte de méditation sur la formule de saint Augustin, parlant de la douleur de l'« infans » qui ne peut ni parler ni faire que les autres « voient dans son âme », affirme la possibilité de voir ou de sentir immédiatement sans l'intermédiaire des sens et du langage : « Les personnes étroitement unies par les liens de l'amour et de l'amitié n'ont pas besoin de se parler pour s'entendre... »

Chez Stendhal le langage direct de l'âme est le langage des yeux[2] : à la lettre il leur revient de « faire la conversation ». De tous les moyens de s'entretenir sans passer par la parole, c'est à celui-là que Stendhal se confie le plus : le mutisme est le comble de l'éloquence. C'est toujours l'intensité expressive des yeux que le beyliste interroge : il note à propos de la Duchesnois, « nos yeux sont beaucoup plus amis que le reste de nous-mêmes »[3] ; ou bien avec une rencontre de hasard il enregistre, « nous nous regardons de ces regards qui veulent beaucoup dire »[4]. Il n'hésite pas dans son déchiffrement des regards à prendre acte de nuances bien subtiles : sûr d'être aimé de Mme Daru, il s'en donne comme preuve, « les yeux sont d'accord », quitte à introduire cette réserve, « mais ils n'ont point parlé »[5], qui semble distinguer des degrés dans « la parole » des yeux. Rien n'est plus caractéristique que cette volonté de voir une plénitude de signification et comme la perfection de toute communication possible dans la pure intensité d'un regard interprétée comme une intention lourde

1. *Journal*, III, p. 353-355.
2. Ils sont « une âme toute nue » (*C*, III, p. 145) ; voir l'étude de Klaus Engelhardt, « Le langage des yeux dans *La Chartreuse de Parme* », *SC*, n° 54, qui insiste sur l'idée que les yeux ne mentent pas ; comme la physiognomonie (et Stendhal analyse le regard dans une démarche initialement lavatérienne), les yeux sont *vrais* ; mais peut-être (*RNF 17*, p. 32) ne parlent-ils qu'en Italie ; là ils sont éloquents : *RNF 17*, p. 155 ; *RNF*, II, p. 199.
3. *O.I*, p. 708.
4. *Ibid.*, p. 543.
5. *Ibid.*, p. 945 n. ; voir p. 570, sur Fleury dont les yeux « parlent beaucoup, plus haut qu'on ne parle dans le monde ».

de sens[1]. Signe premier et dernier, le regard dénude l'âme et rencontre directement l'âme[2]. L'expressivité la plus intime, qu'il veut bien plus profonde que le langage ou que le langage du corps et de l'émotion, qu'il veut aussi réelle que tout autre langage, puisqu'il parle « d'une société des yeux », il lui faut avouer qu'elle dit tout et rien ; impossible de se méprendre sur un regard, et impossible aussi de le comprendre : « On peut tout dire avec un regard, et cependant on peut toujours nier[3]. » Langage irresponsable et impalpable, le discours des yeux ne peut être saisi « avec certitude que par l'indifférence observatrice »[4] ; mais c'est justement à elle qu'il ne s'adresse jamais, si bien que Lucien, à propos de qui cette remarque est faite, croit « pendant quelques instants » saisir l'expression de Mme de Chasteller, et « un moment après doutait de tout ». Tout ou rien, tout et rien, telle est la loi de ce langage ultime qui ne peut être qualifié de langage qu'à condition de renier tout langage. Stendhal le reconnaît : la « conversation » entière que l'on peut tenir par le simple échange de regards est « affective »[5] et non « significative ». Le langage dont les signes permettent l'irradiation directe du sentiment, ou qui est conducteur du bonheur et même de sa « *quantité* », ne peut au mieux que transmettre un accord, une harmonie globale et fondamentale qui se confirme à chaque contact d'autant mieux qu'elle est établie une fois pour toutes. Le regard ne dit qu'une chose, que la parole est inutile : loin de remplacer la communication, il témoigne que le silence est la vraie parole. Stendhal en donne un excellent exemple dans *Armance*[6] : Octave et son amie ne conversent pas par le

---

1. Voir *De l'A*, p. 67, p. 380 ; *CA*, III, p. 18, la langue des yeux est « comme la musique de toutes les langues la plus propre à exprimer les sentiments tendres ».

2. Cf. *Féder*, P, p. 1312, « les regards qu'ils s'adressaient étaient beaucoup plus intimes que leurs paroles ».

3. *De l'A*, p. 67 ; cf. Richard sur ce point, *op. cit.*, p. 61 ; sans doute l'impossibilité de « répéter », de dérober « textuellement » l'entretien qui bien entendu élimine les espions et « rapporteurs » est essentielle pour Stendhal : ce vieux rêve du signe sans trace, sans durée, sans indiscrétion possible est ici comblé ; unique, le discours des yeux l'est encore pour celui qui le tient ; enfin le signe est identique au sens et au moi.

4. *LL*, P, p. 987.

5. *O.I*, p. 1222, et *Compléments*, p. 245, ou *RNF 17*, p. 32.

6. *A*, P, p. 150-151.

regard, mais en doublant la conversation réelle d'une conversation à eux, où insidieusement et tout en parlant aux autres, ils se parlent en répétant les mêmes mots ; de l'un à l'autre les mots vont et viennent, riches d'une valeur qui n'a rien à voir avec leur sens ; ce sont des mots quelconques qu'ils reprennent : tout le plaisir vient seulement de les reprendre sur les lèvres de l'autre. Et que peuvent-ils bien dire ainsi qui circule dans « cette sorte d'écho » qui ne dit rien de distinct, puisqu'il borne à redire les mêmes sons ? Ce qui parle alors dans ce détournement du langage, c'est la simple *correspondance* de deux âmes, leur « amitié parfaite », leur « sympathie sans bornes » qui en vérifiant ainsi leur « contact » confirme leur mutualité et leur identité. Les yeux de même ne peuvent dire que l'accord ; mais dans cette similitude le langage est inutile.

CHAPITRE XVI

Comment se rétablit la foi
dans le langage

Fixer la langue pour Stendhal a comme contrepartie la recherche de langages rigoureusement libres. Pour en revenir au langage articulé, et aux conditions de son emploi, telles que Stendhal les envisage durablement, et au-delà de l'apprentissage idéologique, l'on va voir qu'elles relèvent d'un seul et même principe selon lequel on ne peut pas penser au langage, ou le penser ; sont incompatibles le langage et la conscience, ou le je conscient et les mots. L'effort de maîtrise rationnelle de la parole, qui tend à confier à la logique le discours qu'on élabore, conduit à son inverse, qu'il semble avoir préparé : à un intuitionnisme vigoureux qui délaisse l'examen du langage et se fie à la certitude aveugle et involontaire. Le langage est possible s'il ne repose pas sur une intention : si le beyliste accepte en dernière analyse un pacte avec le langage, s'il déserte les régions de l'ineffable et les langages anarchiques qui s'en approchent, et revient vers le langage de tous, c'est à condition de ne pas être *divisé* par lui. Difficilement le mot, s'il devient objet de réflexion et de souci, résistera au soupçon d'être joué, voulu, bref arbitraire, non arbitraire en soi, bien que l'idéologie soit une théorie conventionnaliste du langage, mais arbitraire par rapport à lui-même, c'est-à-dire se trahissant puisqu'il pourrait être différent. Il n'y a pas pour le beyliste de moyen terme entre l'intuition bouleversante, la conviction absolue, la spontanéité expressive première, d'une part, et de l'autre les mots, la démonstration qu'il faut faire, le plaidoyer qu'il faut agencer, le « rôle » qu'il faut endosser, bref la dimension rhétorique où il faut bien poser sa voix, son personnage et son langage. Le passage ne se fait pas, car c'est la notion même de passage qui initialement a été reniée, entre le moi à dire et une quelconque construction éloquente qui ne serait pas accusée d'être pure construction fabriquée. La conscience fabricatrice qui signale le mensonge et la tactique condamne comme faux ce qui n'est pas intégralement et initialement vrai. Ou la parole est d'une nécessité brute, ou elle est d'une facticité inquiétante. A l'idéologie qui enseigne une voie rationnelle pour savoir ce qu'on dit, et pour rendre les signes utilisés adéquats au savoir et contemporains de l'idée, Stendhal sur la même lancée et pour parvenir à une sorte de nécessité de sa parole, qui abolirait en elle-même toute hypocrisie et toute intempestive et impure insertion d'un moi vaniteux, substitue une voie pleinement irrationnelle. L'intuition seule corrige les méfaits de l'intention et approprie la parole à la spontanéité du cœur et du vrai. De l'idée au discours l'idéologue ne voit qu'une continuité aisée, la parole est fonction de l'analyse, son résultat, et son moyen, elle est déterminée logiquement par l'exploration menée concurremment des mots et des idées. A cette épuration des mots par la logique, Stendhal préfère une épuration par l'illogique ; la vraie parole est celle qui ne se connaît pas, seule l'impulsion aveugle réconcilie l'être et le dire. Il faut pour dire vrai s'abandonner à la parole, la subir comme une évidence irrésistible qui dit l'inconnu par ce qu'elle est inconnue au sujet. Le langage rate le moi et rate tout simplement lui-même dès qu'il est un moyen pour le moi ; inversement le moi ne peut se dire qu'en ne voulant pas, il a la parole s'il la cède. *Je* parle si *je* ne le sais pas, si, incapable de diriger ma parole, de la considérer, d'en tirer gloire ou profit, de revenir sur elle pour m'en targuer ou l'organiser, *je* suis porté par une parole qui m'est d'autant plus personnelle et fidèle qu'elle m'échappe.

Que l'on reprenne les chapitres de *De l'Amour*[1] décrivant le drame de l'amant beyliste qui dans des entrevues cruellement limitées, doit parler à l'aimée : ils sont intarissables sur les risques d'échec, ou même de résultats négatifs de la parole. Pourtant elle est décisive : il faut être éloquent, on ne le peut pas. L'excès de sensation requiert et interdit la parole. L'amant est en butte à deux périls : soit il se désintéresse de

1. *De l'A*, p. 55-58 et p. 90-93.

sa parole, et renonce à la guider, il parle « sans s'écouter »,
quitte à couper court à ses raisonnements s'il « vient à se
réveiller », résigné à être absent d'une parole radicalement
insuffisante ; soit, péril plus grave peut-être, il *veut dire*
quelque chose, et cette « attention » ou cette intention le
condamne à une surveillance de « maniaque » de ses mots,
tant son intention d'être discrédite à tout instant l'être qu'il
est et qu'il montre ; alors il force sa parole, il affecte, il
« charge » sa déclamation, insiste sur tel mot qu'il tient à dire
et qui devient déplacé, il a le tort de « vouloir dire telle chose »... ; cette fois la conscience de sa parole, et la distance
irréductible entre ce qu'elle devrait être et ce qu'elle est, la
falsifie, par le seul fait qu'il en prend conscience, et entreprend de la faire : dès lors il ne pense qu'à elle et il est tout
entier distrait de lui-même par son effort : « Comment
pourra-t-il ne pas chercher à bien dire ? ou du moins comment n'aurait-il pas le sentiment qu'il dit bien ? » Or si l'on
« embellit, toute l'attention est occupée à embellir ». Dans
cette impasse il ne peut trouver comme moments de *naturel*,
que ceux qui lui sont offerts par les circonstances d'une
conversation « vive et entrecoupée » où il peut glisser
impromptu les mots qui sont propres à son état.

La parole lui est-elle donc interdite, comme involontaire et
comme volontaire ? Non, car Stendhal ménage la possibilité
d'une troisième parole, d'autant plus propre à la personne
qu'elle ne la conduit pas. Il s'agit en fait d'une véritable
glossolalie[1] (Stendhal ne dit-il pas que l'amant « parle une
langue qu'il ne sait pas ») qui surmonte le malentendu foncier
de la parole, et sa défaillance toujours menaçante, en une
sorte de synthèse supérieure de l'activité et de la passivité qui
n'est pas sans faire penser à l'*énergie*. La « pentecôte » passionnelle, vrai miracle qui renverse l'aphasie en véritable don
des langues, ou d'une langue jusqu'alors inconnue, délivre au
fond de l'amant des ressources d'éloquence qu'il ignorait :
« sans s'en douter »[2], dans une totale méconnaissance de ce qu'il

1. Cf. *J. Litt.*, III, p. 245, « avantage d'être naturel, on parle une langue
sans la savoir, *est deus in nobis* » ; dans un texte de Hobbes (X, p. 10) que
Stendhal a copié, le philosophe parlait de la « folie » comme d'une inspiration et donnait comme exemple le fou qui ne parlait plus que par sentences
tirées des Anciens.
2. *De l'A*, Cl, p. 124.

dit, du sens où il va, fidèle à un certain « degré d'ivresse » du moment, s'exprimant par des « mots imprévus » qui sont « le cri du cœur[1] », le pauvre amant muet a enfin la parole ; ou c'est elle qui l'a. Toutes les remarques de Stendhal reviennent toujours sur l'exigence première de l'éloquence passionnelle : on y « parle un langage inconnu à soi-même »[2] ; ou simplement « naturel », on parle « une langue sans le savoir ». L'esprit au reste répond aux mêmes conditions : s'il est « argent comptant », il est « imprévu même pour le parleur »[3], qui ne sait pas qu'il a fait de l'esprit, et qui en fait plus qu'il n'en croit ; il n'est connu que rétroactivement : « Souvent ce qu'on dit a plus d'esprit qu'on n'en voit ; on fait vraiment de l'esprit sans le savoir. » Plus nettement encore Stendhal assimile cette transe de la parole à l'improvisation de l'interprète musical : celle-ci n'est possible que si la voix, loin de répéter un langage établi dans l'impersonnalité, « exécute une chose inventée pour elle qui ne la gêne pas »[4] ; il faut l'impression d'inventer son langage, d'y adhérer librement, comme s'il était lui-même improvisé et décidé dans l'instant. La parole passionnée est proche du chant : d'une part elle transcende les mots, « l'âme se rend visible à l'âme indépendamment des paroles employées », de l'autre le langage est non seulement trouvé, mais dicté, la liberté de ce « débondement » vient de ce que le langage réinventé étourdiment ou même dans l'étourdissement d'une sorte de vertige intérieur, redevient « naturel », non plus plaqué sur le moi par l'usage, mais réapproprié par lui. Aboli comme *forme*, ne « gênant » plus, il libère les ressources profondes du moi et les siennes propres : *l'énergie* où le je s'anéantit comme identité coutumière et moulée, est un moment absolu de découverte et d'invention de ressources sinon de puissances.

Mais l'on n'est ainsi en possession de soi que si l'on est libéré de tout souci latéral, de toute inhibition secondaire. Être soi c'est être de plain-pied avec soi : unifié par le souffle qui supprime tous les obstacles ou emporte au-delà d'eux. Le langage de même cesse d'être un problème,

1. *Id.*, p. 90.
2. *Marg.*, I, p. 323 ; *J. Litt.*, III, p. 245.
3. *O.I*, p. 395 ; p. 691.
4. *VR*, II, p. 186 n. ; de même *O.I*, p. 1472, « dans ma jeunesse quand j'improvisais j'étais fou ».

Stendhal et le langage

la contrainte d'une forme, si on le parle sans le savoir, si on
le consomme sans y penser : il est utilisé dans la mesure
où il est aboli. Et il l'est dans la mesure où le moi ne le sait
plus ; ou comme le disent les aveux de Stendhal, dans la
mesure où il le désapprend : les fautes contre la langue il les
justifie par ses « transports de passion »[1], par « l'attention à
la chose » qui diminue « celle de l'opération » (de parler, ou
d'écrire) si bien que dans la faute d'orthographe l'usage est
effacé par l'urgence d'écrire. Lui-même reconnaît ne pas
pouvoir être divisé entre le soin de son orthographe et l'invention de son écriture, ou entre le souvenir et la découverte.
Le moi ne se partage pas entre répétition et innovation : le
langage n'est à lui qu'à partir du moment où il cesse d'en
avoir conscience comme d'un souci extérieur, ou comme
d'une *chose* qui se distingue de lui.

On conçoit qu'il ait à cet égard admiré sinon envié la
« créativité » énergique des âmes frustes et violentes : elles
ont leur langage qui est dédaigneux des sentiers frayés. En
1812, Stendhal[2] est conquis par l'« affaire Morin » : admire-
t-il le plus le « beau crime », ou les néologismes et les figures
de l'amante bafouée qui pratique une langue, une syntaxe,
une rhétorique également sauvages ? Ce n'est pourtant pas
dans cette voie de destruction du langage que lui, si chaud
partisan d'une langue fixée à son état d'excellence, peut se
diriger. Sa procédure de suppression du langage, qui n'est
valide qu'à condition de devenir invisible, et nécessaire, est
autre. Le doute à l'égard du langage disparaît dans la
croyance au mot *propre*. Si « toute musique qui me laisse
penser à la musique est médiocre pour moi »[3], il en est de
même pour le langage : que le mot attire l'œil, ou révèle un
jeu, un écart, par rapport à ce qu'il désigne, qu'on le perçoive
à côté de son sens, par un effet d'indécision, de méprise, ou
de glissement, cela est inacceptable. Car le bon usage du langage, et par là il régit la notion de « style », implique une

1. *O.I*, p. 1216 ; *Compléments*, p. 174, « quand j'invente, ne pas chercher l'orthographe, cela divise l'opinion et nuit par conséquent » ; *O.I*,
p. 427 ; s'il écrit, s'il réfléchit plume à la main (*Molière*, p. 74 n.) il cesse
paradoxalement de se diviser.
2. *O.I*, p. 1214.
3. *C*, V, p. 114.

application parfaite du mot sur la chose, une adéquation du langage et du réel, dans laquelle le langage n'est plus que sa fonction ; le mot est inaperçu quand il est *propre* à telle chose, quand il n'a rien de louche ni de surérogatoire, quand il peut se réduire à une teneur de fait bien cernée. Au mot propre de triompher de la méfiance à l'égard des mots. Une sorte de foi nominaliste ou positiviste termine la crise du langage pour le beyliste : comme le langage peut disparaître dans le sujet, il disparaît dans l'objet, dont il est le miroir, l'« expression » si l'on veut croire que la chose demande son nom et vient se placer sous lui. Cette possibilité d'une jonction parfaite du mot et de la chose, elle remonte, on le sait, au double travail stylistique et grammatical du classicisme sur le mot juste et sur le synonyme : La Bruyère ou Vaugelas[1] ont ici précédé Stendhal, même si, comme on l'a remarqué récemment, la notion de synonyme « impur » a permis autour du mot juste qui colle à la chose une vaste zone de recherches verbales que le terme précis ne saurait épuiser. On inscrira pourtant Stendhal sur la courbe qui va de l'ambition de La Bruyère (« entre toutes les différentes expressions qui peuvent rendre une seule de nos pensées, il n'y en a qu'une qui soit bonne »), à Maupassant[2], s'abritant derrière l'autorité de Flaubert ; cette fois le credo stylistique est nettement fondé sur un principe des « indiscernables » ; tel être et tel objet requiert le mot, le verbe, l'adjectif, qui conviennent à sa nature d'existence singulière et qui peuvent seuls le caractériser dans son être unique. La chose a son nom, un nom et un seul, et le langage perd tout pouvoir de réfraction, il devient innocent, et transparent. Il n'impose rien, il se dépose sur la chose. Cet idéal de la désignation juste, de la langue si bien faite qu'elle fasse coïncider son déroulement formel et son déroulement empirique, suppose que le mot dans son sens propre, indifféremment originaire, courant, ou littéral, ou en tout cas définissable négativement comme l'emploi du mot

1. Cf. Kibredi Varga, « Synonyme et antithèse » in *Poétique*, n° 15.
2. Préface de *Pierre et Jean*, p. 25 ; Zola, *Documents littéraires*, p. 291, « Le romantisme dans ses audaces de langue a pourtant toujours reculé devant le mot propre » ; Stendhal (*C*, VI, p. 69) ne se fait pas faute de citer Boileau, « j'appelle un chat un chat... » ; Mlle de Lespinasse, *Correspondance*, 1876, p. 361, sur le mot propre, « ce don sans lequel il ne peut y avoir ni nuance ni justesse dans l'expression ».

qui évite l'imprécision ou le brouillage figuré, est propre à la chose ; qu'il n'y a de l'un à l'autre aucun effet de retour, que le mot ne détermine pas une perception ou un point de vue sur la chose[1] ; la chose l'attend, et il y a toujours un mot exact pour la chose ; le perceptif, le sensible prime sur le langage qui sans aucune autonomie en rend compte. Le monde se dit, se nomme par le langage : il n'est pas nommé ou dit.

L'idéal de la nomination juste, dont on a dit qu'il formait le lien des « classiques » aux grammairiens philosophes et aux romantiques, idéal propre à une conception de la langue établie à partir du *mot*, et qui contourne le fait que le mot, indécis ou polysémique par nature, nanti d'un immense pouvoir d'accumuler les significations, ne trouve sa propriété que par l'énoncé, et après coup, par son emploi et non comme noyau lexical de sens, on le trouvera en effet chez les maîtres de Stendhal : Condillac[2] qui semble parler comme La Bruyère (dans tel cas « il y a toujours une expression qui est la meilleure... »), Lavoisier qui veut une superposition parfaite du nom, de l'idée, du fait, Helvétius[3] pour qui toute vérité bien analysée aboutissait à une évidence qui est indistinctement fait ou proposition, Tracy[4] qui, niant que les pronoms soient une espèce de noms, affirmait que « le propre d'un nom est de ne convenir qu'à une seule idée, dont il est le signe et l'étiquette », et que le progrès des langues est de permettre peu à peu « d'exprimer d'une manière distincte des idées très peu différentes les unes des autres... », Dumarsais[5] encore qui s'appuyait sur La Bruyère pour conclure, « quand on a trouvé le signe exact d'une idée, on n'en cherche pas un autre »,

1. Sur ce problème du « nom » et de la rhétorique, voir M. Foucault, *Les Mots...* p. 136, qui en affirmant que Hugo accomplit Voiture et que le fidéisme du mot propre prolonge dans le romantisme le projet capital du classique, efface trop de nuances et de différences (est-ce le même « mot propre » ?) pour que l'on doive en discuter.

2. *Corpus*, I, p. 517.

3. *De l'H*, I, p. 230 ; *De l'E*, p. 516, contre « l'expression louche » et impropre ; *De l'E*, p. 247.

4. II. p. 75 et I, p. 356 ; contre les figures, II, p. 389 ; mais Blair (I, p. 246) réclame tout autant le mot propre, l'expression exacte et sans superflu.

5. *Tropes*, 1811, p. 208 ; exigence que ne démentent pas les rhétoriques : abbé Girard, p. 189, « toute idée a son terme », comme tout homme a son nom : « Le nom propre de chaque chose en offre l'idée à l'esprit avec lumière et précision et empêche qu'on ne la confonde avec une autre. »

car chaque idée a son mot. C'est donc une langue univoque qui permet un discours univoque ; il faut être sûr du mot comme atome mental et unité de base de la pensée, pour en tirer le discours, et non faire l'inverse, tirer le mot de l'énoncé. L'idéal stylistique qui repose sur un choix (c'est un choix de dire, « il pleut », comme de dire « génisse » pour « vache », ou de *tourner* « quelle heure est-il ? »), en devenant conception stricte de la langue, implique contre toute rhétorique une nécessité positive du mot qui transcrit le réel comme la plage prévue et inévitable pour son inscription. Les choses sont dicibles et descriptibles au nom d'une identité foncière avec les mots. Ce que le nom découpe dans le réel, c'est le réel, si le mot est juste, et il peut l'être ; la façon de dire qui fait surgir le vrai n'est pas une *façon*, mais un compte rendu ; les signes vont vers les choses comme si elles les attendaient, comme s'il suffisait d'accommoder jusqu'à la coïncidence parfaite mots et choses. L'épistémologie actuelle a bien mis en lumière la « philosophie » du mot propre[1], cet étrange refus de voir ce que le fait doit au mot, refus implicitement affirmé par la soumission inconditionnelle du mot au fait[2], comme si le fait était ce qui parle, ce qui est parlable, par définition, et par un accord spontané et idéal du langage et du réel qui suppose une structure secrètement linguistique du donné, et du sensible, qui fait que le visible est énonçable, que décrire, c'est voir et savoir, que parler, c'est lire les choses.

L'important, c'est que le beyliste se range à cette conception triomphante et sereine du mot « juste » venant se calquer sur une vérité interne ou externe préexistante ; les relations du moi et des mots sont alors unilatérales et soustraites à la tension : on voit se profiler pour lui l'idéal du langage positif[3], langage miroir, ou copie du monde, dont les termes bien lisses, bien neutres, bien fidèles, sont les doubles d'« une connaissance qui elle n'est pas verbale », et se situent « au ras de ce qu'on sait ». Langage désamorcé quant à l'in-

---

1. Cf. M. Foucault, *Clinique...*, p. 92-96 et p. 109-120 ; Moravia, *Pensiero*, p. 600 ; P. Ricœur, *Métaphore...*, p. 70-71, et p. 101 et sq.
2. Cf. *LL*, P, p. 939, Lucien « frémissait de découvrir tout à coup à l'examen quelque mot, quelque fait, qui le séparât à jamais de Mme de Chasteller ».
3. Cf. M. Foucault, *Les Mots...*, p. 309.

quiétude qu'il suscite, neutralisé, a-t-on dit, « purifié de ses accidents et de ses impropriétés », « désarmé de toute singularité propre », capable d'« incanter » la nature « par sa propre docilité et d'en recueillir finalement le portrait fidèle ». Toute distance de l'être et du dire est alors abolie : de ce que je suis à ce que je manifeste, de ce que je dis à ce qui est, se trouve la distance minimale, distance sans importance puisque le mot juste dispense de se poser la question du langage. Le mot juste délivre du mot : signifiant incontestable qui ne fait qu'un avec son signifié, il permet une confiance absolue dans le langage. Absolue, mais peut-être aussi sur un fond d'inquiétude qui ne sera pas conjuré longtemps : on n'oubliera pas que l'égotisme de Valéry va renverser les termes, discréditer le discours réductible à son sens, et édifier la notion d'un langage littéraire sur la destruction de la croyance en un langage qui dirait simplement ce qu'il dit, et davantage encore, contester absolument cette jonction du mot et du réel ; loin de pouvoir être repris par le langage et uni à lui en une sorte de véracité parfaite, le « réel », le « fait », sont ce qui nie la parole et en dénonce l'impuissance ; violence muette que les mots ne peuvent jamais capturer, « un fait est ce qui se passe de signification », « le réel ne peut s'exprimer que par l'absurde »[1], « à mesure qu'on s'approche du réel, on perd la parole »[2], autant d'aphorismes qui sont l'exact contre-pied de la position beyliste, l'exact retournement d'un nominalisme confiant en un nominalisme désespéré, le point de jonction d'une problématique dont Stendhal est peut-être le premier représentant, et d'une autre pensée axée sur les mêmes thèmes et les inversant.

Pour Stendhal il n'y a pas de saut du signe au réel, il n'y a pas entre les mots et les choses plus de distance qu'entre l'individu et la société, les passions et l'État, quand ceux-ci sont bien faits. Il y a des termes, des éléments, des atomes de langage, comme il y a des éléments du réel ; il n'y a ni forme ni systèmes ; des choses aux mots qui les disent, à peine une différence d'abstraction, et encore ! car abstraire, c'est *concraire ;* la distance du mot à la chose est du même ordre que celle qui sépare les objets rouges du « rouge ». C'est par

1. *Œuvres*, II, p. 736.
2. *Cahiers*, I, p. 386.

ce prolongement positiviste et fidéiste de la rationalité idéologique, que se rétablit la confiance dans les mots ; grâce à elle tout se passe comme s'il n'y avait plus de langage. Et d'emblée il semble que Stendhal soit convaincu que les mots peuvent recouvrir avec exactitude les sensations singulières : il y a un langage pour le pur sentir, qui peut être dit d'une manière directe et immédiate. L'impression naturelle a son nom, sa « note », comme dit Stendhal, comme si le langage était la caisse de résonance quasi musicale de l'« âme » ; écrire[1], c'est « noter les sons de mon âme par des pages imprimées », ou « noter le son que chaque chose produit en frappant mon âme », ou « noter les vibrations de son âme ». On voit ce que suppose la métaphore physique et musicale à la fois : l'impression sentie, l'effet de l'objet sur le moi produit des mots comme un cristal produit des sons. Le tintement de l'âme est verbal ; la parole est alors une simple « note », c'est-à-dire un enregistrement instantané, la conversion d'une donnée de sensibilité en langage, la continuité sans problèmes et toute simple d'un choc physique, et de son symbolisme et de sa trace graphique. On peut, on doit dire ce qu'on sent, subordonner la parole à la contrainte de l'âme qui décide des mots. Mieux, pour les récits de voyages, le beyliste réclame que l'on puisse distinguer ce qui est « sensation » et ce qui est « indication[2] » : l'énoncé d'une sensation semble par sa pureté devoir être appréhendé dans le langage même autrement qu'un énoncé impersonnel. La signification conceptuelle et la signification singulière ont des marques évidentes ; l'impression sentie est de taille à percer dans sa singularité au travers du langage, à renouveler les mots qui dans un mécanisme de création perpétuelle devraient être singularisés et rafraîchis par la présence réelle de l'objet ou du sujet. Ce qui implique une double limpidité, le monde et le moi se donnent à voir dans le langage qui se rend transparent pour eux. Le discours est un fait intégralement *esthéti-*

1. *O.I*, p. 364 ; II, p. 31 ; p. 691 ; de même *RNF*, II, p. 87 n. ; *LMT*, I, p. 247 ; *Compléments*, p. 226, « marque ta sensation par les mots les plus énergiques et les plus clairs » ; la même formule du « son » de l'âme : *O.I*, p. 1159 ; p. 940 ; p. 1073 ; Crozet (*174 let.*, I, p. 13) se met à lire l'*HP* en « écoutant bien le son de la sensation » ; voir aussi *De l'A*, Cl, p. 125, « dire exactement ce que l'âme suggère » ; *O.I*, p. 537, « rendre exactement mes sensations ».
2. *O.I*, p. 1269.

que, si l'on veut jouer sur les sens du mot, car dans une sorte de matérialisme naïf le mot semble le surgeon de la sensation, son couronnement spontané, et il se produit une conversion immédiate des sens en mouvement du sens, par un simple effet du contact ; tout l'art du langage est de *sentir*, de pousser plus loin, et avec plus de pureté l'intensité et la singularité des sensations et de les laisser l'une et l'autre s'inscrire d'elles-mêmes dans les mots[1]. Alors que le condillacisme et la tradition empiriste n'ignoraient pas que le monde et le langage faisaient deux, et que la vérité déposée dans les mots n'était pas la réalité, l'intuitionnisme du beyliste ne se soucie même plus de promouvoir le sensible en significatif par l'intermédiaire d'un langage bien codifié. Le seul raffinement de l'expérience lui permet de renouer avec les mots, et d'élargir leurs limites ; pour que le langage tienne et constitue, selon l'expérience antérieure de Rousseau[2], le milieu d'une révélation possible, une unité parfaite avec ce qui est dit et ce qui se dit, sans le moindre soupçon d'espace entre la lettre et l'esprit et ce qu'on dit et ce qu'on *veut dire*, il faut repousser plus loin les limites de la généralité des mots, mordre sur l'impersonnalité qui les rend opaques et menteurs. Ils ne sont clairs et dociles que pour dire l'unique et l'inédit. Le général est terne et vitreux ; seul l'individuel trouve ses mots, ou il les retrouve tout neufs dès qu'échappant au déjà dit, et se tournant vers l'imperceptible, la « nuance », il superpose *le* détail, *le* senti, et *le* mot.

Encore faut-il que ce dernier ait sa « propriété » : il doit être lui-même, nanti de ses qualités, et offrant avec bonne foi son identité repérée. Il faut jouer franc jeu avec les mots : ils disparaissent dans leur sens quand ils sont pris dans leur sens ; ils surgissent, inquiétants, éveillant questions et soupçons, quand par suite d'un « écart », leur sens est modifié, ou truqué, ou quand ils sont l'objet d'un contournement, d'une substitution qui les fait voir en filigrane derrière d'autres mots[3]. Le mot devient visible quand il est absent et

---

1. Si le mot ne vient pas ainsi directement, le parleur ou l'écrivain sera suspect de s'écouter lui-même et de déserter la sincérité pour l'effet ; tel est le drame de la parole : ou être aux choses, ou n'être qu'à la tentation vaniteuse.
2. Cf. Starobinski, *La Transparence...*, p. 244.
3. A cet égard un Biran proposait une violente diatribe contre la figure

quand il n'est pas lui-même. Cette perception d'un double
niveau rend le langage problématique, donc gênant. Le
grand grief envers les écrivains à style vague, et à beau style,
comme l'école de Rousseau, Chateaubriand et Mme de Staël,
c'est qu'ils « faussent et étendent la signification des mots »,
ou qu'ils les « détournent de leur sens naturel et de leur
acception commune »[1] ; leur labeur stylistique tend à
« tourmenter la langue ». Sur ce point, le beyliste s'apprête à
être à contre-courant : même l'« école du mot propre », et
même les ennemis de l'épithète réclameront des « mots indéfi-
nis... flottants qui laissent deviner la pensée sous leur
ampleur ». Tocqueville[2] affirmera que la démocratie tend à
ruiner la qualité des mots, à uniformiser leur emploi, à étendre au loin leur sens et à embrouiller l'horizon verbal comme
une sorte de compensation de l'uniformité et de la médiocrité
des relations réelles entre les hommes. En fait le discours
impropre est un discours masqué : il laisse entrevoir ce qu'il
ne dit pas, et conduit à se demander pourquoi cette esquive.
Le langage doit dire et c'est un choix réfléchi et suspect que
de ne pas dire ; le terme propre est obligatoire ; le terme
impropre est voulu. « Pourquoi préférer *ondes* à *vagues* »
ou « *Hyménée* à *mariage* »[3] ? Pourquoi contourner le mot
« pou » ? Sont à louer les écrivains « qui renoncent à une
nuance quand elle ne peut pas être rendue avec clarté »[4] et
qui limitent volontairement le langage ; mais pourquoi ne

(*Habitude*, p. 143-145, et p. 162-163), liée aux chimères « vagues et indé-
terminées » qui pourrissent l'usage des signes, et vouée à une fonction « ex-
citative » et non représentative.
    1. *LL.*, P, p. 1219 ; de même *Mél.*, III, p. 128 n., sur Pascal, « la période
à la Rousseau appuyée sur le néologisme qui fausse et étend la signification des mots n'avait pas encore tout envahi » ; *J. Litt.*, III, p. 220, même
formule contre Chateaubriand : « tourmenter la langue pour avoir l'air de
faire du neuf » ; De Gérando s'exprimait dans les mêmes termes sur la *surprise* (*op. cit.*, IV, p. 105).
    2. *Démocratie*, II, p. 72-73 ; sur « l'école du mot propre », voir Sainte-
Beuve, *J. Delorme*, p. 146 et p. 241 ; et le romantisme est bien le combat
pour *le mot* : le mot « bijoux » nous dit Eggli, *Schiller*, I, p. 350, sous l'Empire dans une *Mort de Du Guesclin*, revendiqué, contre le mot « diamant » ;
le mot « mouchoir », cf. *id.*, I, p. 512 et n., ou « chevaux » ; voir cité par L.
Séché dans *Études d'histoire romantique*, Paris, 1907, p. 80, le mot de
Vigny sur Lamartine, « il n'ose pas encore toujours dire les choses par leur
nom », il dit « l'eau qui sort d'une urne écumeuse », et non pas « l'eau bouil-
lante ».
    3. *Mél.*, III, p. 109, sur Rousseau ; *RetS*, p. 48.
    4. *LL*, P, p. 1554.

pas dire ce qu'on peut dire ? Si le beyliste use d'une périphra-
se, il peut s'en justifier : elle est fondée sur le « rapport »[1]
qu'il voit ; l'on verra le beyliste proposer à son lecteur récalcitrant d'examiner ses mots dictionnaire en main ; pour
lui il sait qu'il a nommé juste, que ses mots doivent « rendre
fort bien » son idée, « et que peut-on demander davantage
à un mot »[2]. Ceci depuis le temps où lecteur de Hobbes il
bronchait sur un terme figuré, et voulait « y substituer le propre »[3] ; où il écrivait en épigraphe de ses cahiers,
« clarté, propriété des termes, absence de toute éloquence,
la fuir exprès »[4]. Encore ne doit-on pas réduire ce grand
combat ou le mot juste à une méfiance invincible à l'encontre des à-peu-près verbaux, et à leur rôle de mystification.

Il est bien vrai qu'il lutte contre les « formes linguistiques
du hasard, qui sont l'obscurité et l'imprécision »[5] ; mais il ne
lui suffit pas de croire que les signes ne sont eux-mêmes que
bien cernés et circonscrits : il veut *le mot* pour *la chose*,
comme si tout ce qui peut être dit requérait la formule unique
qui lui convient. Tout ce qui est a son nom, et son
expression[6]. Tout ce qui est, est différent : le langage ne peut
avoir son point d'équilibre qu'une fois parvenu à cette apogée
où il est l'évidence immédiate et comme miraculeuse d'une
particularité. En ce sens le mot propre est le *mot* ; depuis le
temps où Beyle félicitait Pauline de n'affecter « que de mettre
le mot qui exprime le plus exactement possible tes idées »[7],
où il constatait pour lui-même que « chaque caractère a un
mot pour son idée, tout autre mot, tout autre tour est un

1. *O.I*, p. 566 n. : il a dit après une rencontre avec Victorine, « champ de
bataille » pour « logement ».
2. *Mél.*, III, p. 341 ; de même p. 188, ses pages contre Mme de Staël
qu'il dit ne comporter que des mots propres et pris dans l'acception du dictionnaire ; *VMF*, p. 156, « les mots propres me manquent tant je suis occupé par la sensation » ; faut-il ne tenir aucun compte des vanités (*FN*, II,
p. 167), se « peindre en noir » à force « d'appeler... les choses par leur
nom ? » (*MT*, I, p. 1).
3. *FN*, I, p. 277 n.
4. *O.I*, p. 804 ; sur les réflexions prêtées à Monti qui en qualité de poète
est un expert en nuances entre les mots, *RetS*, p. 261.
5. J.-P. Richard, p. 379.
6. Voir plus haut sur la richesse de l'italien en « mots propres » pour la
langue amoureuse.
7. *C*, I, p. 127.

contresens »[1], jusqu'à celui où il opposera à la variabilité du texte classique qui semble toujours à distance du vrai autour duquel il peut indéfiniment étendre ses broderies et ses ourlets verbaux, « le mot propre, unique, nécessaire, indispensable »[2] pour telle nuance de l'âme ou telle action, il y a chez Stendhal une exemplaire continuité. Le grief fait au vers, c'est que la nécessité de l'expression, loin de porter sur le « mot précis qu'emploierait un homme passionné dans telle situation donnée », est transférée à la mesure ; c'est elle qui oblige, et cette contrainte ne porte plus sur le mot. Passions, sensations veulent tel mot : le vrai connaisseur au théâtre doit pouvoir récuser le « froid synonyme » et revendiquer « le mot propre » ; le voyageur de même « tient au mot propre parce qu'il laisse un souvenir distinct »[3], équivalent de l'épisode vécu et unique. La certitude du beyliste est donc que le langage peut acquérir cette nécessité et ce déroulement sous contrainte : « Il faut exactement ces mots-là et non d'autres[4] », dira *Racine et Shakespeare* ; nominaliste jusqu'au bout, il ne reconnaît le langage que comme témoin de la singularité, et comme requis par elle. Il est alors revenu à *ce qui est*, il se confond avec l'existence qui le réclame ; qui donc est juge de cette fatalité du mot ? Qui donc décidera que le doute doit s'arrêter, et capituler devant la conviction qu'il n'y a pas d'autres mots, et que l'énoncé est immuable ? On entre là dans le problème de la littérature, du style, de la « vérité » : Stendhal se borne à affirmer qu'à l'extrême pointe de la particularité, le langage et la vérité sont noués l'un à l'autre, témoignent sans ambiguïté l'un pour l'autre, et cela dans l'intuition du sujet particulier. C'est le point d'arrêt de ses doutes envers le langage ; c'est aussi le point d'arrêt des questions que le critique peut lui poser. Ou mieux les interrogations n'ont plus de place maintenant qu'à l'intérieur de l'esthétique de la singularité : le langage nous y a conduits.

---

1. *O.I*, p. 483, ce qui interdit de subordonner l'expression énergique et vraie à un *bon ton* ; sur l'aversion de l'académisme pour le mot propre, *RNF b*, I, p. 85 ; voir dans Delécluze, *Journal*, p. 94-99 et p. 240, et *Souvenirs*, p. 238, les propos attribués à Stendhal pour le « mot propre », ceci en pleine complicité avec Courier ; et les hommages de Stendhal pour la traduction d'Hérodote, *CA*, II, p. 11 ; *C*, VI, p. 38 ; *RetS b*, p. 280, 286 n.
2. *RetS*, III, p. 163 ; p. 223 ; p. 358.
3. *PR*, I, p. 49.
4. *RetS*, p. 163 n.

Mais il n'est qu'un point ou une étape : un révélateur de l'attitude beyliste fondamentale, et des conflits où le révolté s'engage par la logique même de sa démarche. Ou de la métaphysique implicite qu'elle contient, et qui voudrait l'effacement des signes comme de tout intermédiaire, soit par le sémantisme abstrait de l'algèbre, soit par la communication *intérieure* des signes immédiats et évanescents. A coup sûr, que Stendhal ait pu connaître cette crise du langage, ou cette crise du moi et du langage, peut le « moderniser » : ou plutôt faire apparaître par lui les traits constants d'une « modernité » beaucoup plus répétitive et peut-être même plus traditionnelle qu'elle ne le croit. Mais Stendhal a un rapport ambigu avec le négativisme, et par là il représente une modernité bien plus complexe et bien plus profonde que les réductions et les monismes qui devaient suivre et sévir. Avec lui le problème du langage, ou le langage comme problème, conduit à ce qui est au-delà : la poétique, le *style*, l'*esthétique* ; encore le mot doit-il être pris dans sa valeur presque étymologique : il s'agit de la confiance dans le sensible, dans la *représentation*, icône où le fini et l'infini peuvent s'unir, où la promesse de l'idéalisme absolu, et le désir d'une signification multiple, ne sont pas incompatibles avec l'existence et les limites d'une œuvre, d'un style, d'un langage. En ce sens, les mots, suspects et réhabilités par un acte de foi, sont du « sensible », la condition pour que le sensible soit porteur et témoin du sens, et même d'une multiplication du sens. Attiré par l'algébrisme et les « non-langages » de l'idéalisme absolu, le beyliste résiste à ces séductions (et sans doute il résiste mieux que d'autres romantiques sommés de la même manière), ou plutôt il maintient la pluralité des tentations, et victorieux sans doute de sa propre révolte, il laisse la littérature à sa place, dans son « habitus » ou son statut ; et ceci sans renoncer à rien. Car au-delà du langage, que nous quittons ici, il faut le suivre dans la poétique, qui est l'objet d'une autre étude, et où la possibilité d'un bon usage des mots qui déjoue leur tromperie, ou la retourne en en faisant le moyen d'une création de sens, de l'emploi du langage comme promesse de sens et de plaisir, sera établie. C'est l'art qui « ré-

munère » les imperfections du langage, c'est la beauté qui
permet aux mots de mentir dans le bon sens, et qui réalise
l'utopie du langage plus plein, plus vaste, plus riche, plus
à moi.

BIBLIOGRAPHIE

1. TEXTES

ANDRIEUX, F., « Cours de grammaire et de belles-lettres. Sommaire des leçons sur l'art d'écrire », in *Journal de l'École polytechnique*, t. IV, novembre 1810.

BALLANCHE, P.-S., *Du Sentiment considéré dans ses rapports avec la littérature et les arts*, Lyon-Paris, an IX.

– *Essai sur les institutions sociales dans leur rapport avec les idées nouvelles*, Paris, 1818.

BARANTE, A. de, *De la littérature pendant le XVIIIe siècle*, Paris, 1809.

BENTHAM, J., *Théorie des peines et des récompenses rédigée en français d'après le manuscrit par E. Dumont de Genève*, Londres, 1811.

– *Traités de législation civile et pénale, publiés en français par E. Dumont de Genève d'après les manuscrits confiés par l'auteur*, Paris, 1802.

– *Apologie de l'usure rédigée en forme de lettres adressées à un ami*, Paris, 1790.

BIRAN, Maine de, *Influence de l'habitude sur la faculté de penser*. Introduction et notes de P. Tisserand, Paris, P.U.F., 1954.

– *Mémoire sur la décomposition de la pensée*, éd. Tisserand, avec introduction et notes critiques, Paris, P.U.F., 1952 (comprenant les « Notes sur les rapports de l'idéologie et des mathématiques »).

– *Le premier Journal*, éd. Tisserand, Paris, Alcan, 1920 (comprenant les « Notes qui doivent servir pour un mémoire sur l'influence des signes »).

– *Défense de la philosophie*, éd. Tisserand, t. XII, Paris, P.U.F., 1939 (comprenant le fragment sur « L'Origine du langage »).

– *Journal*, éd. Gouhier, Neuchâtel, Baconnière, 3 vol., 1954, 1955, 1957.

– *Nouvelles considérations sur les rapports du physique et du moral*, t. XIII, Paris, P.U.F., 1949.

BLAIR, H., *Leçons de rhétorique et de belles-lettres*, Paris, an V-1797.

BONALD, L. de, *Recherches philosophiques sur les premiers objets des connaissances morales*, Paris, 1853.

– *Œuvres*, Paris, 1819, t. X. Mélanges littéraires, politiques et philosophiques.

BONSTETTEN, Ch. de, *L'Homme du Midi et l'homme du Nord*, Genève-Paris, 1824.

BOURGET, P., *Essais de psychologie contemporaine*, Lemerre, Paris, 1883 (article : « Stendhal (Henri Beyle) »).

BRISSOT DE WARVILLE, J., *De la vérité, ou méditations sur les moyens de parvenir à la vérité dans toutes les connaissances humaines*, Paris, 1782.

CABANIS, P., *Œuvres*, éd. Lehec-Cazeneuve, Paris, P.U.F., 1956, 2 vol. dans le Corpus général des philosophes français (abrégé en *O.C.*).

CHAMFORT, S., *Maximes, pensées, caractères et anecdotes*, éd. Garnier-Flammarion, Paris, 1968 (abrégé : *GF*).

– *Maximes et anecdotes*, introduction et notes de J. Mistler, éd. du Rocher, Monaco, 1944.

– *Œuvres complètes*, avec une notice historique de P.-R. Auger, Paris, 1824.

CHÉNIER, M.-J., *Rapport historique sur l'état et les progrès de la littérature depuis 1789*, Paris, 1805.

CLÉMENT, J., *Lettres à M. de Voltaire*, La Haye, 1773-1776, 3 vol.

Il Conciliatore, a cura di V. Branca, Florence, Le Monnier, 1948-1954.

CONDILLAC, É. de, *Œuvres philosophiques*, texte établi et présenté par G. Le Roy, Corpus général des philosophes français, Paris, P.U.F., 1948.

– *Essai sur l'origine des connaissances humaines*, précédé de *L'Archéologie du frivole*, de J. Derrida, éd. Galilée, Paris, 1973.

CONDORCET, J. de, *Esquisse d'un tableau historique des progrès de l'esprit humain*, éd. Prior, Boivin, Paris, 1933.

CONSTANT, B., *Œuvres*, Gallimard, La Pléiade, Paris, 1957.

COUSIN, V., *Cours d'histoire de la philosophie moderne*, 2e série, nouvelle édition, 1847.

– *La philosophie sensualiste au XVIIIe siècle*, 3e édition, Paris, 1856.

CUSTINE, A. de, *Lettres inédites au marquis de La Grange*, publiées par le comte de Luppé, Presses françaises, Paris, 1925.

DESTUTT DE TRACY, voir TRACY.

DIDEROT, D., *Œuvres*, Gallimard, La Pléiade, Paris, 1946.

– *Œuvres philosophiques*, éd. P. Vernière, Garnier, Paris, 1959.

– *Œuvres esthétiques*, éd. P. Vernière, Garnier, Paris, 1959.

– *Œuvres complètes*, éd. Assezat-Tourneux, Paris, Garnier frères, 1875.

DU BOS, abbé, J.-B., *Réflexions critiques sur la poésie et la peinture*, 4e éd. Paris, 1740.

DUCLOS, C., *Œuvres complètes*, éd. Villenave, Paris, 1821.

– *Considérations sur les mœurs de ce siècle*, 4e édition, Paris, 1764.

DUMARSAIS, C., *Traité des tropes*, Paris, 1811.

GÉRANDO, J.-M. de, *Des signes et de l'art de penser considérés dans leurs rapports mutuels*, Paris, an VIII.

GIRARD, abbé, G., *Préceptes de rhétorique tirés des meilleurs auteurs anciens et modernes*, Paris, 1809.

GRIMM, M. de, *Correspondance littéraire, philosophique et critique par Grimm, Diderot, Raynal, Meister*, éd. Garnier, Paris, 1877.

GUYAU, J.-M., *Les utilitaires, la morale d'Épicure dans ses rapports avec la doctrine contemporaine*, Paris, 1878.

– *La morale anglaise contemporaine, morale de l'utilité et de l'évolution*, Paris, 1879.

HEGEL, F., *Esthétique*, traduction Jankélévitch, Aubier-Montaigne, Paris, 1944.

HELVÉTIUS, C.-A., *De l'esprit*, chez Durand, Paris, 1758 (abrégé : *De l'E*).

– *De l'Homme*, Londres, 1773 (abrégé : *De l'H*).

HÉRAULT DE SÉCHELLES, M.-J., *Théorie de l'ambition*, éd. Stendhal et Cie, Paris, 1927.

HOBBES, T., *De la nature humaine*, traduction du baron d'Holbach, Londres, 1772, reprint Vrin, Paris, 1971.

JOUBERT, J., *Carnets*, édité par A. Beaunier, Gallimard, Paris, 1938.

KIERKEGAARD, S., *Ou bien... ou bien*, Gallimard, Paris, 1943.

– *Traité du désespoir*, Gallimard, Paris, 1949.

– *Le concept de l'angoisse*, Gallimard, Paris, 1969.

– *Crainte et tremblement*, Aubier-Montaigne, Paris.

– *Journal* (extraits), Gallimard, Paris, 1942.

LANCELIN, P.F., *Introduction à l'analyse des sciences*, Paris, an IX-1802, 2 vol.

LAROMIGUIÈRE, P., *Paradoxes de Condillac. Discours sur la langue du raisonnement*, Paris, 1825.

LAVATER, J., *L'art de connaître les hommes par la physionomie*, nouvelle édition par M. Moreau, docteur en médecine, Paris, 1806.

LESPINASSE, Mlle J. de, *Lettres*, éd. E. Asse, Paris, Charpentier, 1876.

LOCKE, J., *Essai philosophique concernant l'entendement humain*, traduit par M. Coste, Amsterdam et Leipzig, 1755, reprint Vrin, Paris, 1972.

Maine de BIRAN, voir BIRAN.

MAISTRE, J. de, *Examen de la philosophie de Bacon*, Paris-Lyon, 1836.

MÉRÉ, chevalier A. de, *Œuvres complètes*, éd. Ch-H. Boudhors, Les textes français, Budé, Paris, 1930.

– *Œuvres posthumes*, id., t. III.

MONTESQUIEU, Ch. de, *Œuvres complètes*, Gallimard, La Pléiade, 1949.

NIETZSCHE, F., *La Volonté de puissance*, Gallimard, Paris, 1947.

– *Humain, trop humain*, Denoël-Gonthier, Paris, 1973.

– *Nietzsche. Cahiers de Royaumont, VI*, éd. de Minuit, Paris, 1967.

PINEL, P., *Nosographie philosophique ou la méthode de l'analyse appliquée à la médecine*, Paris, an VI.

PRÉVOST, P., *Des signes envisagés relativement à leur influence sur la formation des idées*, Paris, an VIII.

RAYNAL, abbé G., *Histoire philosophique et politique des établissements et du commerce des Européens dans les deux Indes*, Amsterdam, 1770.

RIVAROL, A., *Discours sur l'universalité de la langue française*, éd. Belfond, Paris, 1966.

ROUSSEAU, J.-J., *Œuvres complètes*, Gallimard, La Pléiade, Paris, 1959, 1961, 1964, 1969.

SAINTE-BEUVE, Ch., *Port-Royal*, Renduel, Paris, 1840.

– *Causeries du lundi*, Garnier frères, Paris, 3e édition, sans date.

– *Vie, poésies et pensées de Joseph Delorme*, texte établi par G. Antoine, Paris, Nouvelles éditions latines, 1957.

SÉANCES DES ÉCOLES NORMALES, recueillies par des sténographes et revues par les professeurs, nouvelle édition, Paris, 1800, *Leçons*, 8 vol ; *Débats*, 3 vol.

STAËL, Mme. A.-L. de, *Œuvres complètes*, éd. Didot, Paris, 1836, 2 vol.

– *De l'Allemagne*, éd. S. Balayé, Garnier-Flammarion, Paris, 1968.

– *Mme de Staël, ses amis et ses correspondants, choix de lettres (1778-1817)*, présenté et commenté par G. Solovioeff, Paris, Klincksieck, 1970.

SUARD, J.-B., *Mélanges de littérature*, Paris, 1803.

– *Variétés littéraires*, Paris, 1768.

TAINE, H., *Les philosophes classiques du XIXᵉ siècle en France*, Hachette, Paris, 1876, 4ᵉ édition.

– *Les Origines de la France contemporaine*, Hachette, Paris, 1927.

TOCQUEVILLE, A. de, *Œuvres complètes*, sous la direction de J.-P. Mayer, Gallimard, 1951, t. I, *De la démocratie en Amérique*, 2 vol.

TRACY, Destutt de, *Éléments d'idéologie*, Iʳᵉ partie : *Idéologie proprement dite*, Paris, 1817, 3ᵉ édition, reprint Vrin, Paris, 1970 (abrégé : *I*).

– *Éléments d'idéologie*, IIᵉ partie : *Grammaire*, Paris, 1817, 2ᵉ édition, reprint Vrin, Paris, 1970 (abrégé : *II*).

– *Éléments d'idéologie*, IIIᵉ partie : *Logique*, Paris, an XIII (abrégé : *III*).

– *Éléments d'idéologie*, 2ᵉ section, IVᵉ et Vᵉ parties ; *Traité de la Volonté et de ses effets*, Paris, 1815 (abrégé : *IV* et *V*).

VAUVENARGUES, L. de, *Œuvres complètes*, préface et notes de H. Bonnier, Hachette, Paris, 1968.

VOLNEY, C. de, *Œuvres complètes*, Bossange, Paris, 1821.

ZOLA, É., *Documents littéraires*, éd. Fr. Bernouard, Paris, 1928.

2. CRITIQUE STENDHALIENNE

(Liste limitée aux travaux mentionnés dans cette étude)

ALBÉRÈS, F. M., *Le Naturel chez Stendhal*, Nizet, Paris, 1956.

ALCIATORE, J.-C., *Stendhal et Helvétius*, Droz-Giard, Genève-Lille, 1952 (abrégé : *Helvétius*).

– *Stendhal et Maine de Biran*, Genève, Droz, 1954.

– « Stendhal et Lancelin », in *Modern Philology*, 1942.

– « Stendhal et Pinel », in *Modern Philology*, 1946.

– « Stendhal et Brissot de Warville », in *Modern Philology*, 1952.

ANTOINE, G., « Le mot, agent de cristallisation psychologique dans Stendhal », in *Mélanges de philologie et de linguistique offerts à M. Veikka Väöänen*, Neuphilologische Mitteilungen, nᵒ 4, 1965, Helsinki.

ARBELET, P., *Stendhal au pays des comédiennes*, Grenoble, 1934.

– *La Jeunesse de Stendhal*, Champion, Paris, 1919.

BLIN, G., *Stendhal et les problèmes de la personnalité*, Corti, Paris, 1958 (abrégé : *... Personnalité*).

– *Stendhal et les problèmes du roman*, Corti, Paris, 1954 (abrégé : *... Roman*).

BLUM, L., *Stendhal et le beylisme*, Albin Michel, Paris, 1947.

BOURJADE, L., *D. de Tracy et Stendhal*, éd. de la Baconnière, Être et penser, 36ᵉ cahier, Neuchâtel, 1952.

BOYER, F., « La Bibliothèque de Stendhal à Rome », in *Revue de littérature comparée*, 1923.

– *Bibliothèques stendhaliennes à Civitavecchia*, éd. du Stendhal-Club, Champion, Paris, 1925, n° 10.

- *Les lectures de Stendhal*, éd. du Stendhal-Club, Champion, Paris, n° 14.

BROMBERT, V., *Stendhal et la voie oblique, l'auteur devant son monde romanesque*, Yale University Press, P.U.F., New Haven et Paris, 1954.

– *Fiction and the themes of Freedom*, Random House, New York, 1968.

BUSSIÈRES, É., « Poètes et romanciers modernes de la France, H. Beyle », in *Revue des deux mondes*, 1843.

CROUZET, Michel, « Stendhal et les signes », in *Romantisme*, n° 3, 1972.

– « Le réel dans *Armance* », dans *Le réel et le texte*, A. Colin, Paris, 1974.

– « L'expérience intimiste et l'acte d'écrire chez Stendhal » dans *Intime, Intimité, Intimisme*, Université de Lille III, éditions universitaires, 1976.

DELÉCLUZE, É.-J., *Souvenirs de soixante années*, M. Lévy, Paris, 1962.

– *Journal (1824-1828)*, texte publié avec une introduction et des notes par R. Baschet, Grasset, Paris, 1948.

DEL LITTO, V., *La Vie intellectuelle de Stendhal. Genèse et évolution de ses idées, 1802-1821*, P.U.F., Paris, 1959 (abrégé : *Vie...*).

DESROCHES, « Souvenirs anecdotiques sur M. de Stendhal », in *Revue de Paris*, 1844.

FELMAN, S., *La « folie » dans l'œuvre romanesque de Stendhal*, José Corti, Paris, 1971.

IMBERT, H. I., *Stendhal et la tentation janséniste*, Droz, Genève, 1970.

– *Les métamorphoses de la liberté, ou Stendhal devant la Restauration et le Risorgimento*, José Corti, Paris, 1967.

MARTINEAU, H., *Petit Dictionnaire stendhalien*, Divan, Paris, 1948.

– *Le Calendrier de Stendhal*, Divan, Paris, 1950.

MORIER, H., *La Psychologie des styles*, Genève, 1959.

PERRUCHOT, Cl., « Stendhal et le problème du langage », in *French Review*, 1968.

PRÉVOST, J., *La création chez Stendhal. Essai sur le métier d'écrire et la psychologie de l'écrivain*, Sagittaire, Marseille, 1942.

RICHARD, J.-P., *Littérature et sensation*, Seuil, Paris, 1954.

SMITH, C., « Aspects of D. de Tracy's linguistic analysis as adopted by Stendhal », in *Modern Language Review*, 1956.

ULLMANN, S., *Style in the French Novel*, Cambridge, 1957.

3. OUVRAGES GÉNÉRAUX

ACTON, H., « The philosophy of language in revolutionnary France », in *Proceedings of the british Academy*, 1959, vol. 44.

BARTHES, R., *Le Degré zéro de l'écriture*, Seuil, Paris, 1953.

BELAVAL, Y., *Le Souci de sincérité*, Gallimard, Paris, 1944.

BÉNICHOU, P., *Le Sacre de l'écrivain*, José Corti, Paris, 1973.

BLANCHOT, M., *Faux pas*, Gallimard, Paris, 1943.

- *La Part du feu*, Gallimard, Paris, 1949.

- *L'Espace littéraire*, Gallimard, Paris, 1955.

- *Le Livre à venir*, Gallimard, Paris, 1959.

BORGES, J. L., *Enquêtes*, Gallimard, Paris, 1957.

BOURGEOIS, R., *L'Ironie romantique*, Presses universitaires de Grenoble, 1974.

BRENGUES, J., *Ch. Duclos, ou l'obsession de la vertu*, Presses universitaires de Bretagne, Saint-Brieuc, 1971.

BRUN, J., *Les Conquêtes de l'homme et la séparation ontologique*, P.U.F., Paris, 1961.

CAILLIET, É., *La Tradition littéraire des idéologues*, Memoire of the American philosophical society, vol. 19, Philadelphie, 1943.

CASSIRER, E., *La Philosophie des Lumières*, traduit de l'allemand et présenté par P. Quillet, Fayard, Paris, 1966.

- *La Philosophie des formes symboliques*, éd. de Minuit, Paris, 1972.

CERNY, V., *Essai sur le titanisme dans la poésie occidentale, entre 1815 et 1850*, Prague, 1935.

CROUZET, Marcel, *Duranty, un méconnu du réalisme (1833-1880)*, Nizet, Paris, 1964.

EGGLI, E., *Schiller et le romantisme français*, J. Gamber, Paris, 1927.

FOUCAULT, M., *Les Mots et les choses*, Gallimard, Paris, 1966.

- *Naissance de la clinique*, P.U.F., Paris, 1972.

FRIEDRICH, U., *Montaigne*, Gallimard, Paris, 1968.

GAÈDE, É., *Nietzsche et Valéry, essai sur la comédie de l'esprit*, Gallimard, Paris, 1962.

GAULMIER, J., *L'Idéologue Volney (1757-1820), contribution à l'histoire de l'orientalisme*, Beyrouth, 1951.

- *Un Grand Témoin de la révolution et de l'Empire*, Volney, Paris, 1959.

GENETTE, G., *Figures*, Seuil, Paris, 1966.

- *Figures II*, Seuil, Paris, 1969.

- *Figures III*, Seuil, Paris, 1972.

- *Mimologiques*, Seuil, Paris, 1976.

GILSON, É., *Linguistique et philosophie*, Vrin, Paris, 1969.

GIRARD, A., *Le Journal intime*, P.U.F., Paris, 1963.

GRANGER, S. G., *La Mathématique sociale du marquis de Condorcet*, P.U.F., Paris, 1956.

GUSDORF, G., *La Parole*, P.U.F., Paris, 1953.

- *Introduction aux sciences humaines. Essai critique sur leurs origines et leur développement*, Publications de la Faculté des lettres de Strasbourg, Belles-Lettres, Paris, 1960 (abrégé : *Gusdorf, I*).

- *Les Sciences humaines et la pensée occidentale. La Révolution galiléenne*, t. III, Payot, Paris, 1969 (abrégé : *Gusdorf, III*).

- *Les Sciences humaines et la pensée occidentale. Les principes de la pensée au siècle des Lumières*, t. IV, Payot, Paris, 1971 (abrégé : *Gusdorf, IV*).

- *Les Sciences humaines et la pensée occidentale. L'avènement des sciences humaines au siècle des Lumières*, t. VI, Payot, Paris, 1973 (abrégé : *Gusdorf, VI*).

– *Les Sciences humaines et la pensée occidentale. Naissance de la conscience romantique au siècle des Lumières*, t. VII, Payot, Paris, 1976 (abrégé : *Gusdorf, VII*).

– *La Conscience révolutionnaire, les idéologues*, t. VIII, Payot, Paris, 1978.

HALÉVY, É., *La formation du radicalisme anglais*, t. I, *La Jeunesse de Bentham*, t. II, *La Révolution et la doctrine de l'utilité*, t. III, Alcan, Paris, 1901-1904.

JACOB, A., *Cent points de vue sur le langage*, textes choisis et présentés par A. Jacob, Klincksieck, Paris, 1969.

JANKÉLÉVITCH, V., *Traité des vertus*, nouvelle édition, Bordas, Paris, 1970.

– *L'Aventure, l'ennui, le sérieux*, Aubier, Paris, 1963.

KEIM, A., *Helvétius, sa vie, son œuvre, d'après ses ouvrages, des écrits divers, et des documents inédits*, Alcan, Paris, 1907.

LACROIX, L., *Timidité et adolescence*, Aubier, Paris, 1936.

LARGEAULT, J., *Enquête sur le nominalisme*, Paris-Louvain, Nauwelaerts, 1971.

LAVELLE, L., *L'Erreur de Narcisse*, Grasset, Paris, 1939.

LEFEBVRE, H., *Le Langage et la société*, Gallimard, Paris, 1966.

LEFEBVE, M.-J., *J. Paulhan*, Gallimard, Paris, 1949.

LELEU, M., *Les Journaux intimes*, avant-propos de R. Lesenne, P.U.F., Paris, 1952.

LE ROY, G., *L'expérience de l'effort et de la grâce chez Maine de Biran*, Boivin, Paris, 1937.

MADINIER, G., *Conscience et mouvement*, Alcan, Paris, 1938.

MAINE DE BIRAN, Numéro de la *Revue internationale de philosophie*, Bruxelles, 1966.

MEISTER, P., *Ch. Duclos, 1704-1772*, Droz, Genève, 1956.

MORAVIA, S., *Il tramonto dell'illuminismo*, éd. Laterza, Bari, 1968.

– *Il pensiero degli Ideologues*, La Nuova Italia, Florence, 1974.

– « Logica e psicologia nel pensiero di D. de Tracy », in *Rivista critica di storia della filosofia*, 1964.

– « Aspetti della "science de l'homme" nella filosofia degli ideologues », in *Rivista critica di storia della filosofia*, 1966.

MOREAU, P., *Ames et thèmes romantiques*, José Corti, Paris, 1965.

MORNET, D., *Histoire de la clarté française*, Payot, Paris, 1929.

MUNTEANO, B., *Constantes dialectiques en littérature et en histoire*, Didier, Paris, 1967.

PARIENTE, J.-Cl., *Le Langage et l'individuel*, A. Colin, Paris, 1973.

PARAIN, B., *Recherches sur la nature et les fonctions du langage*, Gallimard, Idées, Paris, 1972.

– *De fil en aiguille*, Gallimard, Paris, 1960.

– *Petite métaphysique de la parole*, Gallimard, Paris, 1969.

PAULHAN, J., *Œuvres complètes*, Livre précieux, Tchou, Paris, 1967.

– *Les Fleurs de Tarbes, ou la terreur dans les lettres*, Gallimard, Paris, 1941.

– *Jacob Cow le pirate*, Livre précieux, Tchou, Paris, 1966.

– *Clefs de la poésie,* Gallimard, Paris, 1944.

– *Jean Paulhan le souterrain,* Colloque de Cérisy, U.G.E., Paris, 1978.

PERELMAN, Ch., et OLBRECHTS-TYTECA, L., *Rhétorique et philosophie, pour une théorie de l'argumentation en philosophie,* P.U.F., Paris, 1952.

– *Traité de l'Argumentation, la nouvelle rhétorique,* 2ᵉ éd., éditions de l'Institut de sociologie, Université libre de Bruxelles, et P.U.F., Paris, 1970.

PICAVET, F., *Les Idéologues,* Alcan, Paris, 1891.

PRAZ, M., *The Romantic Agony,* translated from italian by A. Davidson, The Fontana Library, Collins, Londres, 1966.

RASTIER, F., *Idéologie et théorie des signes,* Mouton, La Haye-Paris, 1972.

REGALDO, M., *Un milieu intellectuel. La décade philosophique, 1794-1807,* Champion, Paris, 1976.

RICARDOU, J., *Problèmes du nouveau roman,* éd. du Seuil, Paris, 1967.

RICKEN, U., « La liaison des idées selon Condillac et la clarté du français », in *Dix-huitième siècle,* 1969.

RICŒUR, P., *La métaphore vive,* Paris, Seuil, 1975.

RIFFATERRE, M., *Essais de stylistique structurale,* Flammarion, Paris, 1971.

ROUSSEL, J., *Jean-Jacques Rousseau en France après la Révolution, 1795-1830,* Armand Colin, Paris, 1972.

ROUSSET, J., *L'intérieur et l'extérieur. Essai sur la poésie et le théâtre au XVIIᵉ siècle,* Corti, Paris, 1968.

SARTRE, J.-P., *Saint Genet, comédien et martyr,* Gallimard, Paris, 1970.

– *L'Idiot de la famille,* Gallimard, Paris, 1971.

SCHMIDT-RADEFELD, J., *P. Valéry linguiste dans les « Cahiers »,* Klincksieck, Paris, 1970.

STAROBINSKI, J., *Jean-Jacques Rousseau, la transparence et l'obstacle,* Plon, Paris, 1957.

– *L'Œil vivant,* Gallimard, Paris, 1961.

– *La Relation critique,* Gallimard, Paris, 1970.

TODOROV, T., « Esthétique et sémiotique au XVIIIᵉ siècle », in *Critique,* janvier 1973.

– « La parole selon Constant », in *Critique* 1968, repris dans *Poétique de la prose,* Seuil, Paris, 1971.

– *Théories du symbole,* Seuil, Paris, 1977.

VERHOEFF, H., « Adolphe en parole », *Revue d'Histoire littéraire de la France,* 1975.

VOUTSINAS, D., *La psychologie de Maine de Biran,* Sipe, Paris, 1964.

WAHL, J., *Études kierkegaardiennes,* Vrin, Paris, 1967.

Cet ouvrage
a été reproduit
et achevé d'imprimer
par l'Imprimerie Floch
à Mayenne le 8 janvier 1981.
Dépôt légal : 1ᵉʳ trimestre 1981.
N° d'édition : 27926.
Imprimé en France.
(18732)